프렌즈 시리즈 35

프렌즈
캐나다

이주은·한세라 지음

Canada

중앙books

Prologue
저자의 말

세계에서 두 번째로 큰 나라 캐나다는 면적이 1,000만 km²라는 도무지 가늠하기 어려운 거대한 나라입니다. 남한의 100배에 달하는 이 엄청난 땅을 돌아보는 것도 무리이지만 짧은 시간에 제대로 이해한다는 것도 쉽지 않은 일입니다. 캐나다는 크고, 아름답고, 평화로운 나라입니다. 도시마다 다른 모습을 하고 있어 번화한 상업 도시도 있지만, 순박한 정취가 묻어나는 시골 마을도 가까이 있습니다. 또한 전 세계 관광객을 모여들게 하는 멋진 관광지도 있고, 오래된 원주민의 풍습이 그대로 남아 있는 전통적인 마을도 있습니다. 이처럼 다채로운 풍경을 마주하는 것이 캐나다 여행의 묘미라 생각합니다.

이 책을 통해 캐나다를 여행하는 사람들이 편하게 정보를 얻어 즐겁게 여행할 수 있었으면 합니다. 날마다 쏟아지는 수많은 정보 속에서 조금이라도 더 유용한 정보를 찾기 위해 직접 경험해 보고, 비교해 보고, 발로 뛰어다니는 일을 마다하지 않았습니다. 캐나다를 찾는 여행자들에게 유익한 책이 되기를 바라며, 책이 나오기까지 도움을 주신 중앙북스에 감사의 말씀을 전합니다.

2025년 8월
이주은·한세라

How to Use
일러두기

이 책에 실린 정보는 2025년 8월까지 수집한 정보를 바탕으로 하고 있습니다. 그러나 현지 사정에 따라 운영 시간, 요금, 교통 노선 등이 수시로 바뀔 수 있으며, 식당이나 상점은 갑자기 문을 닫는 경우도 있습니다. 특히 도시별로 비수기에는 운영 시간이 단축됩니다. 따라서 여행 직전에 홈페이지를 통해 재차 확인해 보실 것을 당부드립니다.

코로나 이후 캐나다는 수십 년간 규칙적으로 운영되던 곳이 문을 닫거나 단축 운영을 하고, 치솟는 물가로 몸살을 앓고 있습니다. 이를 항상 감안하여 계획을 세우시고 혹여 불편이 있더라도 양해 부탁드립니다. 새로운 소식이나 변경된 정보가 있다면 아래로 연락 주시기 바랍니다. 바른 정보를 위해 귀 기울이겠습니다.

저자 이메일 junecavy@gmail.com

도시별 최신 여행 정보 수록
이 책은 캐나다를 크게 5지역으로 나누어 소개합니다. 캐나다의 수많은 지역 중 한국인들이 많이 가는 서부의 브리티시 컬럼비아주, 앨버타주, 그리고 동부의 온타리오주, 퀘벡주를 중심으로 최신 정보들을 실었고, 캐나다 여행의 로망이라고 할 수 있는 애틀랜틱 캐나다 지역도 간단히 추가했습니다.

깊이 있는 캐나다 여행
로키, 아이스필드 파크웨이, 사우전드 아일랜드, 메이플 로드 등 이색적인 테마 여행지를 소개합니다. 여기에 저자가 제공하는 알짜배기 여행 팁 Travel Tip과 +Plus, 여행지를 더 세세하게 뜯어보는 Zoom in 코너, 여행의 즐거움이 배가되는 스페셜 코너 Special Page를 참고하면 더욱 알찬 여행을 즐길 수 있습니다.

지도에 사용한 기호

기호	의미	기호	의미	기호	의미	기호	의미	기호	의미	기호	의미
●	관광	●	식당	●	쇼핑	●	숙소	●	엔터테인먼트	●	인포메이션
●	지하철	●	스카이트레인, 기차역	●	버스 터미널	●	항구	●	숲	104 93	국도
✈	공항	●	학교	✉	우체국	$	은행	●	와이너리	----	철도
●	버스 정류장	●	시버스역 페리 터미널	▲	산	●	곤돌라	●	병원	●	교회

캐나다 여행 시 유의 사항

운영 시간

❶ 시즌
캐나다는 성수기·비수기, 계절, 요일 등에 따라 운영 시간이 자주 바뀌고 그 차이도 크다. 이 책에 명시된 운영 시간은 대부분 캐나다 여행 성수기에 해당하는 캐나다 데이(7월 1일)부터 노동절(9월 첫째 월요일)까지다. 홈페이지에는 가까운 날짜만 나와 있는 경우가 많으니, 방문일 즈음에 반드시 운영 시간을 확인하도록 한다. 지역과 명소에 따라 다르지만, 겨울에는 단축 운영을 하거나 아예 휴무인 곳이 많다.

❷ 휴무
휴무일이 명시되지 않았더라도 크리스마스와 1월 1일은 기본적으로 휴무인 경우가 많다. 그리고 12월 24일 Christmas Eve와 12월 31일 New Year's Eve, 일부 공휴일은 휴무이거나 단축 운영을 하는 곳이 많다.

❸ 폐관 시간
박물관, 곤돌라 등 명소에 명시된 폐관 시간은 실제로 문을 닫는 시간이며, 입장은 보통 폐관 시간 30분~1시간 전까지만 가능한 경우가 많으니 폐관 시간에 닥쳐서 가지 않도록 한다. 식당 역시 주문 시간은 더 일찍 끝나는 경우가 많다.

세금

우리나라는 물건이나 서비스 가격에 이미 세금이 포함돼 있지만, 캐나다는 대부분 세금이 제외된 가격이라 결제 시 따로 추가된다. 세율은 주마다 다르며 5~15%다.

팁

캐나다는 서비스에 대해 팁을 주는 것을 당연하게 생각한다. 택시, 일반 레스토랑 기준 15% 전후가 적당한 수준이며 패스트푸드점, 카페테리아, 푸드코트 등 셀프 서비스점에서는 주지 않아도 된다. 현금으로 지불해도 되고, 카드 결제 시 기계에 입력하거나 손으로 적는 경우도 있다.

겨울 여행

캐나다는 위도가 높은 곳에 위치한 나라라 겨울철에 해가 떠 있는 시간이 아주 짧다. 그만큼 돌아다니기 불편할 수 있고 분위기도 다소 어두운 편이다. 지역에 따라 비나 눈이 많이 오기도 한다. 연말연시에는 도심이 적막하고 공항이 복잡하다.

Contents
캐나다

저자의 말 2
일러두기 3
캐나다 전도 8

캐나다 알아가기
Things to know about Canada

캐나다 한눈에 보기 12
당신이 캐나다와 사랑에 빠질 수밖에 없는 이유 14
캐나다의 대표 도시 16
캐나다의 대자연 20
인생 최고의 버킷리스트 오로라 만나기 22
캐나다의 사계 26
캐나다의 즐길거리 28
캐나다 베스트 드라이브 코스 34
캐나다 최고의 전망 포인트 36

캐나다의 대표 음식 38
캐나다의 인기 체인 식당 40
캐나다의 커피 기행 44
캐나다 쇼핑의 세계 46
캐나다에서 탄생한 브랜드 48
캐나다 로컬 패션 브랜드 52
슈퍼마켓 & 드러그스토어 쇼핑 53

알고 가면 좋은 캐나다 정보
Facts About Canada

한눈에 보는 캐나다 기본 정보 56
캐나다의 시간대 57
캐나다의 기후 58
캐나다의 역사 59
캐나다의 축제 60
캐나다 추천 여행 일정
· 캐나다 서부 일주 6박 8일 62
· 캐나다 로키 일주 6박 8일 63
· 캐나다 서부 + 로키 일주 9박 11일 64
· 캐나다 동부 일주 8박 10일 65
· 캐나다 단풍 여행 8박 10일 66
· 캐나다 스키 여행 5박 7일 67

브리티시 컬럼비아주(BC주)
BRITISH COLUMBIA

밴쿠버 70
한 걸음 더 서부 최고의 드라이브 코스
시 투 스카이 하이웨이 132
한 걸음 더 바다와 하늘이 만나는 곳
시 투 스카이 곤돌라 134
휘슬러 136
한 걸음 더 산과 호수의 만남 조프리 호수 154
빅토리아 156
한 걸음 더 정원의 여왕, 부차트 가든 174
· 덩컨 182
· 슈메이너스 185
· 너나이모 190
· 캠룹스 196
한 걸음 더 캐나다 서부 최대의 와인 산지,
오카나간 밸리 198

앨버타주
ALBERTA

캘거리 202
한 걸음 더 오로라의 도시 옐로나이프 220
특집 캐나다 최고의 여행지, 로키 224
밴프 국립공원 236
레이크 루이즈 260
쿠트니 국립공원 270
요호 국립공원 274
특집 캐나다에서 가장 아름다운 드라이브 코스,
아이스필드 파크웨이 278
재스퍼 국립공원 288
롭슨산 주립공원 304

온타리오주
ONTARIO

토론토 310
나이아가라 폴스 354
나이아가라 온 더 레이크 386
킹스턴 392
특집 세인트 로렌스강에 떠 있는 천 개의 섬,
사우전드 아일랜드 401
오타와 406

퀘벡주
QUÉBEC

몬트리올 432
특집 끝없이 펼쳐지는 오색 빛깔 단풍을 따라
떠나는 여행, 메이플 로드 472
퀘벡 시티 478

애틀랜틱 캐나다
ATLANTIC CANADA

특집 타이타닉에서 빨간 머리 앤까지,
애틀랜틱 캐나다 502
· 프레더릭턴 505
· 세인트 존 506
· 핼리팩스 507
· 샬럿타운 509
· 캐번디시 510
한 걸음 더 노바 스코샤주의 해안도로
라이트하우스 루트 512

여행 준비
Preparing

여행 계획 세우기 516
항공권 예약하기 517
숙소 예약하기 518
도시별 숙소 잡는 요령 519
각종 서류 준비하기 520
예산 짜기 521
로밍 및 이심, 유심 준비하기 522
가방 싸기 523

실전 여행
Start to Travel

출국 및 입국하기 526
캐나다에서 이동하기 527
캐나다 시내 교통 이용하기 535
위급상황 대처하기 537
여행에 유용한 애플리케이션 538

인덱스 Index 539

캐나다 알아가기
Things to know about Canada

캐나다 한눈에 보기
당신이 캐나다와 사랑에 빠질 수밖에 없는 이유
캐나다의 대표 도시
캐나다의 대자연
인생 최고의 버킷리스트 오로라 만나기
캐나다의 사계
캐나다의 즐길거리
캐나다 베스트 드라이브 코스
캐나다 최고의 전망 포인트
캐나다의 대표 음식
캐나다 쇼핑의 세계

캐나다 한눈에 보기

밴쿠버 Vancouver
캐나다 서부 최대 관광 도시로 온화한 날씨와 멋진 풍경을 자랑하며 밴쿠버섬과 태평양을 마주하고 있다. 대도시이지만 조금만 벗어나도 대자연이 펼쳐지고 다양한 액티비티를 즐길 수 있다.

빅토리아 Victoria
브리티시 컬럼비아주의 주도다. 요트가 떠 있고 수상 비행기가 뜨고 내리는 이너 하버를 중심으로 조성된 평화롭고 아기자기한 곳으로 캐나다 사람들이 은퇴 후 살고 싶어 하는 대표적인 도시다.

재스퍼 Jasper
로키의 국립공원 중 가장 넓은 면적을 자랑하는 재스퍼 국립공원의 베이스캠프가 되는 곳. 주변에 넓은 호수와 웅장한 협곡, 폭포 등이 있으며, 캐나다 로키 산맥의 자연을 만끽할 수 있는 트레일을 따라 하이킹과 드라이브를 즐길 수 있다.

밴프 Banff
캐나다 로키 산맥에 있는 밴프 국립공원의 중심이다. 작은 마을과 만년설이 있는 웅장한 산들, 맑고 투명한 호수, 청정 지역을 뛰노는 야생동물들이 한데 어우러져 예술작품이 되는 곳이다.

유콘 준주 YUKON TERRITORY ★ Whitehorse

노스웨스트 준주 NORTHWEST TERRITORIES

누나부트 준주 NUNAVUT

★ 옐로나이프 Yellowknife

브리티시 컬럼비아주 BRITISH COLUMBIA

앨버타주 ALBERTA

서스캐처원주 SASKATCHEWAN

매니토바주 MANITOBA

빅토리아 Victoria
밴쿠버 Vancouver
재스퍼 Jasper
에드먼턴 Edmonton
밴프 Banff
캘거리 Calgary
Regina
Winnipeg

Things to know about Canada

오타와 Ottawa
캐나다의 수도이며 총독의 거주지가 있는 곳으로 시내 중심의 웅장한 국회의사당이 랜드마크다. 봄이면 튤립축제가 열리고 겨울이면 7km가 넘는 스케이트장이 열리는 리도 운하도 유명하다.

토론토 Toronto
금융 회사들이 밀집해 있는 캐나다 최대 상업 도시로 높은 빌딩으로 둘러싸여 있으며 도시 풍경을 감상할 수 있는 CN 타워가 대표적인 랜드마크다.

퀘벡 시티 Québec City
구시가지 전체가 유네스코 세계 문화유산으로 지정된 곳으로 프랑스어를 사용하며 유럽풍의 아기자기한 골목과 18세기에 지어진 건축물들이 남아 있다. 랜드마크는 페어몬트 샤토 프롱트낙 호텔이다.

몬트리올 Montréal
16세기에 역사가 시작된 몬트리올은 캐나다에서 손꼽히는 대도시다. 다운타운에는 높은 상업 건물이 많고 항구 옆의 구시가지에는 초창기 유럽풍의 건물과 광장이 보존돼 있다.

나이아가라 폴스 Niagara Falls
세계적인 관광지 나이아가라 폭포가 있는 도시로 다양하게 폭포를 즐기는 액티비티가 발달했다. 아이스와인은 이 지역의 가장 대표적인 특산품이며 크고 작은 와이너리가 많다.

Map labels: Iqaluit (Frobisher Bay), 뉴펀들랜드 앤 래브라도주 NEWFOUNDLAND, 퀘벡주 QUEBEC, 프린스 에드워드 아일랜드주 PRINCE EDWARD ISLAND, 뉴 브런즈윅주 NEW BRUNSWICK, 샬럿타운 Charlottetown, 프레더릭턴 Fredericton, 핼리팩스 Halifax, 노바 스코샤주 NOVA SCOTIA, 퀘벡 시티 Québec, 오타와 Ottawa, 몬트리올 Montréal, 토론토 Toronto, 나이아가라 폴스 Niagara Falls

당신이 캐나다와 사랑에 빠질 수밖에 없는 이유
REASONS TO LOVE CANADA

바라보는 것만으로도 힐링이 되는 아름다운 대자연과 그 속에서 즐기는 폭넓은 종류의 액티비티, 깨끗한 공기는 캐나다의 최고 매력이다. 또한 다양한 문화가 존중되며 가족 여행지로도 훌륭한 영어권의 나라로 많은 사랑을 받는 곳이다.

01 광활한 대자연
빽빽한 침엽수림 가득한 진녹색의 울창한 숲, 그 사이 고요히 자리하고 있는 맑고 투명한 호수, 태평양과 대서양, 그리고 북극해를 마주한 나라. 무슨 말이 더 필요할까.

02 청정한 공기
미세먼지로 골치를 앓는 요즘, 공기는 여행에도 너무나 중요한 요소가 되었다. 우리와 비슷한 환경의 중국인들도 매년 폐 청소를 위해 캐나다를 방문한다고 할 정도로 청정한 공기에서 진정한 휴식을 취할 수 있다.

03 신나는 액티비티
세계 최고의 스키장 중 하나로 꼽히는 휘슬러를 비롯해 도시 주변에도 수많은 산과 호수가 있어 트레킹, 카야킹, 크로스컨트리 등 각종 액티비티를 즐길 수 있는 환경과 인프라를 갖추고 있다.

04 안전한 가족 여행지
다민족이 평화롭게 모여 사는 캐나다는 해마다 살기 좋은 나라에 꼽히고 있으며, 아이를 동반한 가족 여행지로도 손색이 없다.

05 영어권 국가
중등 교육을 받은 대한민국 국민이라면 간판이 읽힌다. 동부의 퀘벡주에서는 불어와 함께 사용하지만 캐나다 어디를 가나 영어를 사용할 수 있어 첫 해외여행자들도 조금은 안심이 된다.

06 다양한 문화
아메리카 원주민의 오래된 문화는 물론 다양한 이민자들이 만들어낸 각기 다른 문화가 조화롭게 공존하는 나라로 독특한 체험을 해볼 기회가 많다.

캐나다의 대표 도시
BEST CITIES IN CANADA

캐나다에는 동부와 서부에 걸쳐 저마다의 개성을 가진 많은 도시들이 있다. 수도인 오타와를 비롯해 온화한 기후와 아름다운 경치로 유명한 밴쿠버와 최대 상업도시인 토론토, 프랑스 문화가 남아 있는 몬트리올과 퀘벡 시티, 로키 산맥과 가까운 캘거리 등이 대표적이다.

토론토 TORONTO P.310

캐나다를 넘어 북미 지역의 손꼽히는 금융·상업의 중심지로 캐나다에서 제일 큰 도시다. 캐나다에서 이민자의 비중이 높은 도시 중 하나로 여러 민족이 어우러져 살고 있다. 덕분에 다양한 문화가 공존하는 도시이기도 하다. 다채로운 식문화와 문화예술을 즐길 수 있다. 변덕스러운 기후 탓에 지하 도시(언더그라운드 시티)가 발달해 있다.

몬트리올 MONTRÉAL P.432

프랑스인 탐험가가 정착한 뒤 형성되어 약 400여 년간 프랑스령이었던 퀘벡주의 최대 도시. 이후 북미의 패권을 쥐기 위해 수년간 영국과 프랑스가 전쟁을 치르면서 영국령이 되었다. 오랜 기간 프랑스의 지배를 받아 도시 깊숙이 프랑스가 스며 들어 있다. 문화, 예술, 건축 등 도시 곳곳에 프랑스 문화가 깃들여 있어 '북미 속 파리'라 불리기도 한다.

퀘벡 시티 QUEBEC CITY P.478

퀘벡주의 주도. 몬트리올과 마찬가지로 오랜 기간 프랑스의 지배를 받은 지역이라 프랑스 문화가 도시 깊숙이 배어 있다. '작은 프랑스'라 불릴 만큼 캐나다 속의 작은 유럽 마을을 연상케 한다. 우리나라에서 큰 인기를 누린 드라마 〈도깨비〉의 촬영지로 등장하면서 더욱 관심이 높아진 도시다.

BRITISH COLUBIA
VANCOUVER

밴쿠버 VANCOUVER P.70

태평양 연안과 맞닿아 있는 브리티시 컬럼비아주의 최대 도시. 온화한 기후와 아름다운 자연경관, 다양한 볼거리와 즐길거리로 가득해 매년 살기 좋은 도시의 상위에 랭킹된다. 대도시의 세련됨과 자연의 웅장함이 공존하는 도시로 관광객들에게 인기가 높다.

캘거리 CALGARY P.202

로키 산맥의 관문이 되는 곳으로, 해발 고도 1,048m에 위치한 고원 도시다. 1875년 위스키 밀매를 근절하기 위해 북서부 기마경찰대를 설립하고 이곳에 요새를 세우면서 도시가 시작됐다. 1914년 석유가 발견되면서 도시가 급성장하였고 캐나다 중남부 지역의 교통 요충지로서 빠르게 발전했다. 역동적이고 활기찬 에너지가 넘쳐나는 도시로, 매년 최대 규모의 카우보이 축제인 스탬피드 축제가 열린다.

ALBERTA
CALGARY

ONTARIO
OTTAWA

오타와 OTTAWA P.406

캐나다의 행정 수도. 상대적으로 잘 알려진 밴쿠버나 토론토에 비해 도시 규모도 작고 인지도도 낮지만, 도시가 가진 역사와 문화는 어떤 도시보다도 깊고 크다. 도시 고유의 품격이 느껴지는 볼거리가 가득하고 조용하면서도 깨끗한 도시로 잘 알려져 있다.

캐나다의 대자연 NATURAL WONDERS OF CANADA

가장 대표적인 곳은 빽빽한 침엽수림과 거대한 빙하, 투명한 호수가 가득한 '로키 산맥'이다. 또한 직접 봐야 그 웅장함을 실감할 수 있는 '나이아가라 폭포', 호수 위에 뿌려진 1,000개의 섬 '사우전드 아일랜드', 하늘의 선물인 오로라를 볼 수 있는 '옐로나이프'에서 캐나다의 대자연을 만날 수 있다.

캐나다 로키 산맥 공원 Canadian Rocky Mountain Parks

거대한 로키 산맥에는 4개의 국립공원과 3개의 주립공원이 있으며 공원 전체가 유네스코 세계유산에 등재되어 있다. 끝없이 펼쳐지는 침엽수림과 다양한 식물 군락, 그 안에서 600여 종의 동물이 살고 있다. 웅장함을 넘어 경이로움을 안겨주는 절경들로 가득한 로키는 캐나다 여행의 필수 코스다.

나이아가라 폭포 Niagara Falls

세계 3대 폭포 중 하나로 꼽히는 나이아가라 폭포는 자연이 뿜어내는 힘찬 물줄기를 온몸으로 느낄 수 있는 멋진 곳이다. 거대한 폭포와 함께 다양한 액티비티를 즐길 수 있어 가족 여행지로 가장 인기 있다.

사우전드 아일랜드
Thousand Islands

거대한 호수 온타리오호에서 대서양으로 흐르는 세인트 로렌스 강에는 1,000개가 넘는 섬들이 고요히 떠 있다. 크고 작은 섬들이 각양각색의 모습을 하고 있어 아름답고 평화로운 풍경을 만들어 낸다.

컬럼비아 대빙원
Columbia Icefield

로키 산맥이 자랑하는 거대한 빙원으로 서울 면적의 절반이나 되는 엄청난 규모를 자랑한다. 6개의 빙하 중 한 곳은 설상차를 타고 올라가 직접 빙하를 밟아 볼 수도 있다. 한여름에도 녹지 않은 빙하 위를 걷다 보면 수만 년 빙하의 역사를 느낄 수 있다.

옐로나이프의 오로라
Aurora @Yellowknife

세계 최고 오로라 관측지로 꼽히는 옐로나이프에서 인생의 오로라를 만날 수 있는 확률은 95%! 지구의 신비를 온몸으로 느낄 수 있는 오로라는 한번 보면 평생 잊을 수 없는 추억이 된다. 캐나다 극지방이기에 가능한 자연의 신비로운 빛의 향연에 전율이 느껴진다.

짧은 일정에는, 스탠리 파크 Stanley Park

밴쿠버에 있는 거대 녹지대. 대도시 안에 이런 공원이 있다는 게 믿기지 않을 정도로 규모가 크고 울창하다. 캐나다이기에 가능한 곳으로 도심 속 공원 안에 놀라운 생태계가 숨어 있다. 너구리, 스컹크, 코요테, 비버 등을 만날 수도 있으니 이제 시간이 없어 자연을 접하지 못했다는 것은 핑계!

Special Page

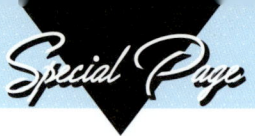

인생 최고의 버킷리스트 **오로라 만나기**

우리가 흔히 인생 최고의 경험이나 로망, 버킷리스트로 내세우는 것들 중 하나가 바로 오로라다. 이는 여행으로서 뿐만 아니라, 시공을 초월하는 대우주의 신비를 온몸으로 느낄 수 있는 경이로운 체험이기 때문일 것이다. 무수히 쏟아지는 별과 함께 오로라 댄싱을 보러 떠나자!

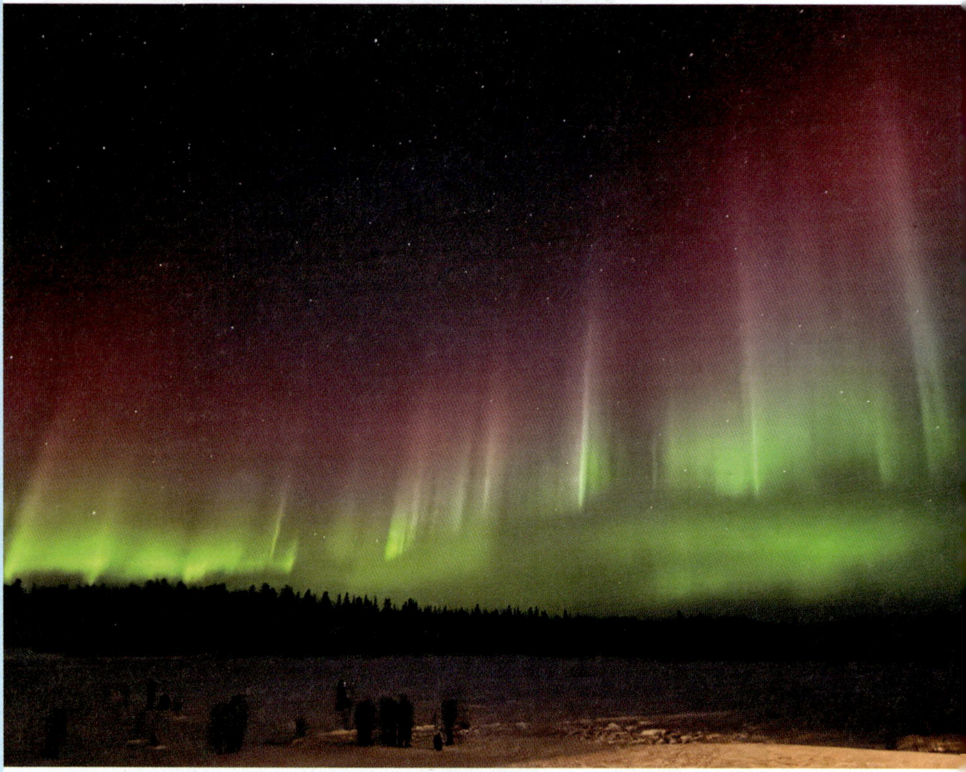

오로라 Aurora

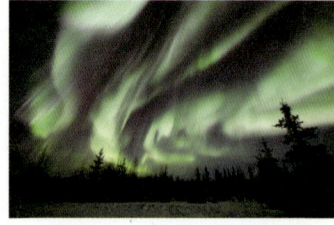

'새벽'이라는 뜻의 라틴어로 로마 신화에 나오는 새벽의 여신 '아우로라 Aurora'에서 이름을 따왔다고 한다. '하늘의 커튼'이라고 불리는 오로라는 밤하늘에서 펼쳐지는 빛의 향연이다. 위도 60도 이상 지역에서 어두운 밤에 관측되기 때문에 북미에서는 보통 '노던 라이츠 Northern Lights'라고 부른다.

오로라는 태양에서 나오는 플라스마 입자가 지구 자기장에 이끌려 양극 지대로 진입하면서 대기와 부딪쳐 빛이 발생하는 현상이다. 따라서 극지방에 가까울수록 관측이 쉬우며 산소와 질소에 의해 초록색, 붉은색, 보라색, 분홍색을 띤다.

▶ 어디서 볼까

옐로나이프는 미 항공우주국 NASA에서 인정한 세계 최고의 오로라 관측지다. 극지방에 주로 나타나는 오로라는 보통 북위 65~70도 지역에서 관측되는데, 북유럽이나 아이슬란드 등이 언급되기도 하지만 맑은 날씨 덕에 확률적으로 가장 관측이 쉬운 곳이 바로 옐로나이프다. 극한의 추위와 부족한 인프라에도 불구하고 수많은 사람들이 먼 길을 찾는 이유다. 불빛이 적은 시골이라는 점도 어두운 하늘에 도움이 된다.

▶ 언제 볼까

옐로나이프에서는 1년 365일 중 240일가량 오로라를 볼 수 있다고 하니 확률이 높기는 하지만 그렇다고 아무 때나 볼 수 있는 것은 아니다. 따라서 반드시 시기를 맞춰서 가야 하고, 오로라 댄싱이나 오로라 폭풍, 적어도 오로라가 선명하게 잘 보이는 날에 맞추려면 날짜 선정에도 신경을 써야 한다.

먼저 오로라 성수기는 크게 둘로 나뉜다. 11월 중순부터 4월 중순까지의 겨울 시즌과 8월 말부터 10월 초까지의 여름 시즌. 겨울에는 엄청난 강추위를 견뎌야 한다는 어려움이 있지만 밤이 길고 맑은 날이 이어져 오로라가 더 잘 보인다. 또한 눈으로 뒤덮인 풍경에서 오로라를 즐길 수 있고, 꽁꽁 언 호수 위에 쌓인 눈으로 오로라가 더 밝게 보인다. 여름 오로라는 날씨 면에서 수월하고 호수에 비친 오로라 풍경을 기대할 수 있지만 날씨가 흐리거나 구름이 낄 확률이 높다는 단점이 있다. 그리고 밤하늘이 어두울수록 잘 보이니 가급적 보름달보다는 초승달 즈음이 좋다.

▶ 어떻게 볼까

가장 편리하면서도 많이 하는 방법은 오로라 빌리지와 헌팅이 포함된 패키지 투어를 이용하는 것이고, 오로라 빌리지만 따로 예약해서 하거나 헌팅 투어만 하는 방법도 있다. 여름이라면 차량을 빌려 스스로 돌아다니는 방법도 있다.

❶ 오로라 빌리지 Aurora Village

오로라 관측을 위해 조성된 곳으로 시내에서 30분 정도 떨어져 있어 주변 불빛이 없는 어둡고 고요한 곳이다. 북미 원주민 전통 가옥인 티피 Teepee 안에서 따뜻하게 기다리다가 오로라가 뜨면 바로 나가서 볼 수 있다. 식당, 기념품점 등 작은 편의시설이 갖춰져 있다. 단점은 값이 비싸고 머무는 동안 그 지역에 오로라가 뜨지 않는다면 관측에 실패할 수 있으니 오로라가 잘 나오는 시기를 선택하는 것이 중요하다. 최근에는 한국인 방문자가 늘면서 시즌에 따라 한국인 직원도 있다.(P.223 참조)

[빌리지 오피스] 주소 4709 Franklin Ave, Yellowknife, NT X1A 2P4 홈페이지 www.auroravillage.com

❷ 오로라 헌팅 투어 Aurora Hunting Tour

차를 타고 오로라가 잘 보이는 곳을 찾아 다니는 투어로 현지 가이드가 동행한다. 최근 한국인 여행자들이 늘어나면서 한국인이 직접 운영하는 전문 투어 업체가 인기다. 오로라 전문 가이드가 오로라가 나타나는 지역들을 실시간으로 찾아내 이동하며 보는 것으로 매서운 추위를 동반해 체력이 약한 사람은 힘들 수 있지만 오로라를 볼 확률이 더 높고 다양한 장소에서 오로라를 즐길 수 있다는 장점이 있다. 공항 호텔 간 픽업, 방한용품 대여, 개썰매 등 추가 관광, 숙소 예약, 오로라 빌리지 예약 등을 추가하거나 패키지 투어로 판매해 편리하다.
[소니오로라] www.sonnyaurora.com [헬로오로라] www.helloaurora.net

❸ 렌터카 Rental Car

직접 차량을 빌려서 자유롭게 오로라를 찾아 다니며 관측하는 것이다. 인원이 많다면 오로라 빌리지나 투어보다 저렴하지만, 눈이 많은 겨울에는 장비도 갖추어야 하고 눈길 운전도 쉽지 않아 주의해야 한다. 빙판도 많고 호수나 강이 얼어 눈이 덮이면 길을 찾기도 어려울 때가 많다. 또한 시외로 나가면 휴대전화의 신호가 약해지거나 끊겨져 위험할 수도 있다. 불빛이 없는 곳을 찾아다니는 특성상 외진 곳으로 가게 되는 경향이 있으니 항상 조심해야 한다.
오로라는 항상 움직이고 변하기 때문에 여러 예보 사이트를 참조해 실시간으로 이동하며 찾아다니도록 한다.
예) www.swpc.noaa.gov/ www.spaceweather.com/

Travel tip!

잊지말고 챙겨가세요

9월에도 밤에는 영하로 떨어질 수 있으니 방한복이 필요하고, 겨울에는 영하 30~40도의 매서운 추위와 맞서야 하므로 준비를 철저히 해야 한다. 현지에서는 캐나다구스 중에도 방한등급(TEI)이 높은 전문 패딩과 눈비에 강한 소렐 부츠를 대여해주기도 한다.

오로라 빌리지에는 식당과 매점이 있고 티피 안에 난로, 커피, 차, 뜨거운 물이 있어 컵라면과 방한용품을 적당히 챙겨 가면 된다. 오로라 헌팅 시에는 차량 안에 있어도 춥고 밖에 있는 시간이 많아지므로 방한복은 물론 방한모자, 마스크, 장갑, 방수 방한화(깊은 눈밭을 걷기도 한다), 핫팩, 발팩, 컵라면 등을 잘 챙겨 가도록 한다. 일부 물품은 옐로나이프 다운타운의 마트에서 조금 비싸게 살 수 있다.

캐나다의 사계
FOUR SEASONS OF CANADA

봄
캐나다의 봄은 조금 늦게 찾아온다. 3~4월까지는 눈이 남아 있는 지역도 많고 부슬비가 내리는 등 쌀쌀한 날씨가 계속된다. 5월이 되면 꽃들이 만개하며 동부에는 오타와의 튤립 축제가 펼쳐지고 서부에는 빅토리아와 밴쿠버의 정원들이 화려한 색으로 변신한다.

여름
겨울 나라 캐나다의 여름은 특별하다. 무더운 곳도 있지만 누구나 햇볕을 반기며 초록을 즐긴다. 내륙 지방은 뜨겁지만 밴쿠버 등 서부 해안가나 높은 산으로 둘러싸인 로키 지역은 인기가 많다. 로키에서는 한여름에도 빙하와 만년설을 볼 수 있다.

가을
단풍의 나라 캐나다의 가을은 그 스케일도 남다르다. 나이아가라 폭포와 몬트리올을 중심으로 한 동부의 메이플 로드는 온 세상이 붉게 물들어 새로운 모습을 선사한다. 서부의 도시들도 매우 쾌적하고 아름답다.

겨울
캐나다에 겨울이 오면 동부에는 지하 도시가 발달할 정도로 매서운 강추위가 찾아오지만 온 세상이 하얗게 변하는 낭만적인 눈의 왕국이 되기도 한다. 휘슬러나 레이크 루이즈에서 낭만 스키를 즐겨보고 극지방 옐로나이프에서는 환상의 오로라를 만날 수 있다.

캐나다의 즐길거리 THINGS TO DO IN CANADA

캐나다는 사시사철 광활한 자연 속에서 즐길 수 있는 다양한 액티비티가 발달했다. 여름에는 빙하 호수 위에서 카누를 타고 겨울에는 폭신한 눈 위에서 스키를 즐긴다. 숲속으로 들어가 캠핑과 하이킹을 하는 등 다양한 방법으로 자연과 호흡한다.

캠핑 Camping

자연 속에서 숨 쉬며 피톤치드 힐링을 듬뿍 받을 수 있는 것은 뭐니 뭐니 해도 캠핑이다. 캐나다는 캠핑의 천국이라 불릴 만큼 훌륭한 인프라와 자연 조건을 갖추고 있다.

하이킹 Hiking

국립공원과 같은 잘 보존된 깊은 산속뿐 아니라 도시 주변에도 하이킹을 할 수 있는 곳이 매우 많다. 도심에서 쉽게 하이킹을 즐길 수 있는 대표적인 곳은 밴쿠버의 스탠리 파크다. 도심 속 거대한 공원 안에 수많은 트레일이 조성되어 있다.

카누 Canoe & 카약 Kayak & 패들보드 Paddleboard

로키와 같은 국립공원은 물론 도시 주변의 크고 작은 호수에서 자연스럽게 카누나 카약, 패들보드를 즐길 수 있다. 대여점도 많고 규제가 심하지 않아 쉽게 접할 수 있는 액티비티다.

크루즈 Cruise

바다와 면한 서부 해안에서는 대형 크루즈를 탈 수 있고 국립공원 안에서는 아담한 규모의 크루즈를 타고 호수 풍경을 감상할 수 있다. 1,000개의 섬이 떠 있는 사우전드 아일랜드를 비롯해 강을 끼고 있는 동부의 도시에서도 크루즈 여행이 가능하다.

고래 관찰 Whale Watch

태평양과 대서양을 품은 캐나다에서는 지역마다 다른 종류의 고래를 만날 수 있다. 가장 접근성이 좋은 곳은 빅토리아로, 아름다운 도시 여행과 함께 고래 투어를 즐길 수 있다.

헬리콥터 투어 Helicopter Tour

하늘에서 캐나다를 바라보는 것은 캐나다의 또 다른 매력을 만끽할 수 있는 이색 여행법이다. 사우전드 아일랜드나 밴쿠버, 로키도 유명하지만 가성비 최고로 꼽히는 곳은 역시 나이아가라 폭포다. 미국과 캐나다 접경에 자리한 폭포를 하늘에서 감상할 수 있다.

스키 천국, 캐나다

겨울 왕국 캐나다에서 최고의 액티비티는 역시 스키와 스노보드라고 할 수 있다. 끝없이 펼쳐지는 설원의 규모 자체부터 남다르며 잘 정비된 시설과 훌륭한 설질, 아름다운 풍경으로 최고의 스키를 즐길 수 있다.

캐나다 추천 스키장

해마다 스키 전문 사이트에서는 전 세계 스키 리조트의 랭킹을 정하는데, 캐나다의 스키장은 항상 높은 순위를 차지한다. 기후 변화로 해마다 적설량의 영향을 받기는 하지만 유럽의 알프스와 더불어 세계 최고의 스키장을 자랑하는 캐나다에서 멋진 경험을 해보자.

선 피크스 스키장

최고의 스키장을 꼽는 기준은 매우 다양하지만 가장 중요한 것은 역시 설질과 적설량, 훌륭한 인프라일 것이다. 캐나다에서는 이를 모두 만족시켜주는 스키장이 여러 곳 있지만 그 중에서도 자신에게 가장 잘 맞는 곳을 선택하는 기준은 다음과 같다.

평가 기준	추천 스키장
중급자 코스	선 피크스, 빅 화이트, 레이크 루이즈
상급자 코스	레이크 루이즈, 휘슬러 블랙콤, 선샤인
리프트 시설	휘슬러 블랙콤, 레이크 루이즈, 선샤인
식당, 쇼핑 등 부대 시설	휘슬러, 밴프

휘슬러 블랙콤

휘슬러 블랙콤

레이크 루이즈

빅 화이트

몽트랑블랑

Things to know about Canada

❶ 휘슬러 블랙콤 Whistler Blackcomb
레이크 루이즈와 1, 2위를 다투는 세계적인 스키장으로 캐나다는 물론 전 세계 랭킹에서도 5위권 안에 꼽힌다. 북미 최대 규모와 훌륭한 시설로 유명하며 밴쿠버에서 2시간 거리에 위치해 접근성도 좋은 편이다. **P.147**

홈페이지 www.whistlerblackcomb.com

❷ 레이크 루이즈 Lake Louise
규모 면에서 휘슬러가 북미 최고라면 레이크 루이즈는 북미 최장의 시즌을 자랑한다. 로키 국립공원 안에 자리해 일년 중 절반을 스키를 탈 수 있는 기후 조건을 갖추고 있으며 무엇보다 풍광이 빼어난 것으로 유명하다. **P.252**

홈페이지 www.skilouise.com

❸ 선 피크스 Sun Peaks
밴쿠버에서 5시간 떨어진 캠룹스 부근에 위치한 대형 리조트로 휘슬러 블랙콤 다음으로 엄청난 규모를 자랑한다. 그만큼 리프트도 여유 있는 편이며 초보자와 중급자 코스도 잘 되어 있다.

홈페이지 www.sunpeaksresort.com

❹ 빅 화이트 Big White
선 피크스에서 가까운 킬로나 동쪽에 자리한 리조트다. 연중 눈이 많아 파우더 스키를 즐기기 좋은 곳으로 서부 최대의 야간 스키로도 유명하다.

홈페이지 www.bigwhite.com

❺ 몽트랑블랑 Mont-Tremblant
캐나다 최고의 스키장은 대부분 서부나 로키 쪽에 몰려 있으며, 동부에서 최고로 꼽히는 곳은 몽트랑블랑이다. 예쁜 빌리지와 훌륭한 시설로 방문객이 많으며 몬트리올이나 오타와에서 2시간 거리다. **P.476**

홈페이지 www.tremblant.ca

캐나다의 국민 스포츠, **아이스하키 Ice Hockey**

아이스하키의 종주국답게 캐나다 내에서 아이스하키의 위상은 절대적이며 가장 인기 있는 스포츠이기도 하다. 캐나다인들에게 정치적 이슈보다 민감한 것이 아이스하키다. 동네마다 아이스링크가 있어 우리나라와는 달리 접하기 쉬운 운동 중 하나가 됐다. 1920년 동계 올림픽 공식 종목으로 인정됐으며, 가장 인기 있는 북미 아이스하키 리그인 NHL 외에도 대학 하키, 주니어 하키, 여자 하키 등에서 다양한 팀이 활동한다.

북미 아이스하키 리그 National Hockey League (NHL)

NHL은 미국과 캐나다 아이스하키팀이 경기를 벌이는 프로 아이스하키 리그다. 캐나다에서 가장 열광하는 스포츠 리그로 미국 4대 프로 스포츠 중 하나이기도 하다. 1917년 시작해 100년이 넘는 역사를 가지고 있으며, 현재 32여 개의 참가 팀 중 캐나다는 총 7팀이다. 우승팀에게는 '스탠리컵'이 수여된다.

캐나다 NHL 참가 팀	홈구장
토론토 메이플 리프스 Toronto Maple Leafs	스코샤뱅크 아레나 Scotiabank Arena(구 에어 캐나다 센터 Air Canada Centre) 홈페이지 www.scotiabankarena.com
몬트리올 캐나디안스 Montreal Canadians(NHL 통산 최다 우승팀)	벨 센터 Bell Centre 홈페이지 www.centrebell.ca
밴쿠버 커넉스 Vancouver Canucks	로저스 아레나 Rogers Arena 홈페이지 www.rogersarena.com
오타와 세네터스 Ottawa Senators	캐나디안 타이어 센터 Canadian Tire Centre 홈페이지 www.canadiantirecentre.com
캘거리 플레임스 Calgary Flames	스코샤뱅크 새들돔 Scotiabank Saddledome 홈페이지 www.scotiabanksaddledome.com
에드먼턴 오일러스 Edmonton Oilers	로저스 플레이스 Rogers Place 홈페이지 www.rogersplace.com
위니펙 제츠 Winnipeg Jets	캐나다 라이프 센터 Canada Life Centre 홈페이지 www.canadalifecentre.ca

NHL 경기 방식

동부와 서부 '콘퍼런스 Conference'로 팀이 나뉘고 이는 다시 두 개의 '디비전 Division'으로 나뉜다. 9월 중순 프리 경기를 시작으로 10월 초 정규 시즌이 시작되며 다음 해 4월 중순까지 이어진다. 4월 중순 정규 시즌이 끝나면 상위권 팀끼리 경기를 하는 '스탠리컵 플레이오프'가 시작된다. 동부, 서부 각 8팀씩 16팀이 진출해 7전 4선승제로 경기를 치르며 6월에 최종 우승팀이 결정된다. 프로 아이스하키는 경기 도중 싸움이 많이 일어나는 것으로도 유명하며 일정 정도 용인된다.

경기 관람하기

티켓은 미리 한국에서 온라인으로 예매하는 것이 좋으며 구단 홈페이지, NHL 홈페이지, 온라인 티켓 예매 사이트 등에서 구입할 수 있다. 티켓 가격은 경기와 좌석에 따라 차이가 많이 나며 C$110~400선으로 비싼 편이지만 시즌 티켓을 가진 사람들이 정가보다 저렴하게 내놓은 티켓을 구할 수도 있다. 예매를 하면 영수증을 프린트해 가거나 휴대폰으로 보여주면 된다. 구단 홈페이지에서는 가끔 프로모션을 진행하니 잘 살펴보자.

홈페이지 NHL www.nhl.com, 스텁허브 www.stubhub.com, 싯긱 https://seatgeek.com

아이스하키 팬이라면, 하키 명예의 전당 Hockey Hall of Fame

토론토에 위치한 아이스하키 박물관으로 아이스하키 마니아들에겐 결코 지나칠 수 없는 곳이다. 아이스하키에 관한 역사와 각종 기록, 영상물, 유니폼과 장비, 역대 스탠리컵, 올림픽 등 다양한 자료와 전시물을 볼 수 있다. 자세한 내용은 P.330 참조.

캐나다 베스트 드라이브 코스
SCENIC DRIVES IN CANADA

캐나다는 자동차를 타고 가면서 산과 바다의 아름다운 자연을 감상할 수 있는 드라이브 코스가 많다. 로키 산맥의 척추인 아이스필드 파크웨이와 가을의 단풍을 즐길 수 있는 메이플 로드가 인기 드라이브 코스다.

◀◀ 아이스필드 파크웨이
Icefield Parkway P.278

로키의 하이라이트 밴프와 재스퍼를 이어주는 도로로 해발 3,000m가 넘는 산들로 둘러싸인 도로를 달리며 만년설을 감상할 수 있는 멋진 코스다.

보 밸리 파크웨이 ▶▶
Bow Valley Parkway P.253

로키의 오래된 도로로 조금 돌아가는 길이지만 산과 호수가 이어진 아름다운 풍경을 지녔다. 야생동물을 만날 수 있는 운치 있는 코스다.

◀◀ 시 투 스카이 하이웨이
Sea to Sky Highway P.132

'바다에서 하늘까지'라는 길 이름처럼 태평양을 따라 이어지는 구불구불한 도로가 하늘과 맞닿을 듯 이어진다.

◀◀ 밴쿠버 해안도로

태평양과 마주한 밴쿠버는 해안선을 따라 이어진 도로가 많다. 스탠리 파크에서 시작해 잉글리시 베이와 선셋 비치를 거쳐 제리코 비치와 스패니시 비치까지 이어지는 코스다. 도시 안에 있어 짧은 일정에도 무리가 없다.

메이플 로드 ▶▶
Maple Road P.472

메이플(단풍나무)의 나라 캐나다에 가을이 찾아오면 전국이 오색 빛깔 단풍으로 물든다. 특히 몬트리올을 중심으로 한 캐나다 동부는 청명한 가을 하늘 아래 찬란하게 아름다운 800km의 메이플 로드가 펼쳐진다.

◀◀ 라이트하우스 루트
Lighthouse Route P.512

대서양을 면하고 있는 캐나다 동부의 해안도로 중 등대가 있는 아름다운 마을들로 이어지는 인기 코스로 아기자기한 마을도 함께 볼 수 있다.

캐나다 최고의 전망 포인트
BEST VIEWPOINTS IN CANADA

캐나다에는 대자연과 도시의 모습을 다른 각도에서 내려다볼 수 있는 전망 포인트가 곳곳에 있다. 곤돌라를 이용해 산 위에 오르거나 타워의 꼭대기 또는 강이 보이는 테라스에서 환상적인 경치를 감상할 수 있다.

나이아가라 스카이론
미국과 캐나다에 걸쳐 있는 나이아가라 폭포를 한눈에 내려다볼 수 있는 대표적인 장소다. P.366

토론토 CN 타워
북쪽으로 토론토의 빌딩 숲과 남쪽으로 온타리오 호수가 펼쳐지는 360도 파노라마 전망대다. P.321

스쿼미시 시 투 스카이 곤돌라
바다와 산, 하늘을 함께 만날 수 있는 멋진 전망대로 흔들거리는 현수교도 있다. P.134

휘슬러 피크 투 피크
휘슬러가 자랑하는 곤돌라로 봉우리에서 봉우리를 넘어가며 놀라운 풍경이 펼쳐진다. **P.144**

로키 밴프 곤돌라
설퍼산에 올라 밴프를 내려다보는 전망대로 로키의 절경을 한눈에 담을 수 있다. **P.250**

퀘벡 시티 테라스 뒤프랭
퀘벡의 상징 페어몬트 샤토 프롱트낙 호텔을 배경으로 세인트 로렌스강이 시원하게 보이는 멋진 테라스다. **P.487**

캐나다의 대표 음식
GOURMANDISE OF CANADA

캐나다 역사는 150여 년 정도로 짧은 데다가 다민족이 모여 사는 다문화 국가이다 보니 전통 음식이라고 할 것이 많지 않다. 여러 민족의 음식이 섞여 만들어진 퓨전 음식이나 특정 민족의 음식이 발전한 경우가 많다. 또는 메이플 시럽이나 아이스와인처럼 천혜의 자연환경으로부터 얻을 수 있는 음식들도 있다. 캐나다에 가면 꼭 먹어 봐야 하는 캐나다 대표 음식을 소개한다.

푸틴 Poutine

감자튀김 위에 치즈 또는 그레이비 소스(육류를 구울 때 나오는 육즙에 소금, 후추, 버터, 캐러멜 등을 넣어 만든 소스)를 얹어 먹는 캐나다 전통 요리. 웬만한 캐나다 식당에서는 다 파는 캐나다의 국민 요리다. 감자가 많이 나는 캐나다에는 다양한 감자 요리가 있는데 그중 푸틴은 가장 대표적이고 흔한 음식이다.

메이플 시럽 Maple Syrup

전 세계 메이플 시럽의 70%를 생산하는 나라 캐나다. 그중에서도 퀘벡 지역은 캐나다의 주요 메이플 시럽 생산지다. 캐나다에서는 메이플 시럽으로 만든 모든 것을 맛볼 수 있다. 와플이나 팬케이크에 붓는 시럽은 기본이고 메이플 시럽으로 만든 아이스크림, 팝콘, 커피, 차, 쿠키 등 매우 다양하다.

고기 파이 Meat Pie

파이를 보통 단 음식으로 생각하지만 캐나다에서 많이 먹는 식사용 파이는 안에 고기가 들어 있어 든든한 끼니가 되며 다양한 종류의 고기를 활용한다.

© BeaverTails

비버 테일 Beaver Tail

추운 날씨에 당분 보충으로 인기 있는 길거리 음식으로 특히 겨울에 많이 먹는다. 비버의 꼬리 모양과 닮았다 하여 붙여진 이름으로 둥글고 넓적한 도우를 튀겨 누텔라, 생크림, 초콜릿, 쿠키 등 달달한 재료를 토핑해 먹는다.

아이스와인 Ice Wine

여름에 햇빛을 받고 무르익은 포도를 따지 않고 겨울에 냉동된 채로 따서 즙을 짜 발효시킨 와인으로 단맛이 강한 편이다. 얼리는 동안 새들이 먹어버리는 것을 방지하기 위해 그물을 씌워 놓아야 하며 최저 온도인 영하 8도를 맞추는 것이 매우 중요하다. 제조 과정이 까다롭고 일반 와인에 비해 포도 양이 6~7배 필요하기 때문에 가격이 비싸다.

스테이크 Steak

캐나다에서는 엘크나 버펄로 등 다양한 스테이크를 쉽게 접할 수 있으며 평원에서 풀을 먹고 자란 앨버타의 비프 스테이크도 유명하다.

해산물 Seafood

태평양과 대서양을 끼고 있는 캐나다는 바닷가 연안 도시에서 특히 신선한 해산물을 맛볼 수 있다. 동부 애틀랜틱 캐나다에서는 랍스터가 유명하며, 서부 밴쿠버에서는 연어가 유명하고 일식 퓨전도 다양하게 발달했다.

베이커리 및 디저트류

프랑스, 영국, 미국의 영향을 받은 캐나다는 페이스트리, 스콘, 머핀, 베이글 등 다양한 빵 종류가 발달했고 맛도 뛰어나다.

너나이모 바 Nanaimo bar

밴쿠버섬의 너나이모에서 시작된 케이크로 BC주를 중심으로 인기를 끌면서 전국으로 퍼졌다. 3겹 케이크인데 맨 아래는 견과류, 코코넛 등을 넣어 바삭하며 그 위에 부드러운 커스터드 크림이 올라가고 맨 위에는 초콜릿이 얇게 덮인다. 부드럽고 달콤해 커피와 함께 많이 먹으며 민트, 모카 등 여러 가지 맛으로 응용되기도 한다.

캐나다의 인기 체인 식당

A&W A&W

원래 미국에서 탄생한 패스트푸드점이지만 캐나다 지점은 다른 회사에 매각되면서 메뉴와 맛도 다르고 체인점 수도 상당히 많다. 빵 대신 양상추를 번으로 대신한 레터스 버거 Lettuce Burger도 있으며 미국의 A&W와 마찬가지로 맥콜 같은 느낌의 달콤한 탄산 루트 비어 Root Beer가 유명하다.

홈페이지 https://web.aw.ca

케그 The KEG

캐나다의 대표적인 스테이크 하우스 체인점. 미국에도 진출해 지점 수만 160개가 넘는다. 중고급 수준의 체인점으로 대부분 주요 도시의 교통이 편리한 곳에 위치하고 맛과 가격대가 무난해 인기가 많다.

홈페이지 https://thekeg.com

코라 Cora

아침식사와 브런치를 전문으로 하는 캐주얼 레스토랑. 캐나다 전역에 130여 개의 지점이 있다. 무난한 맛과 가성비 좋은 푸짐한 양으로 인기가 높으며, 아이들이 좋아할 만한 메뉴도 많아서 가족 단위로도 방문하기 좋다.

홈페이지 www.chezcora.com

캑터스 클럽 카페
Cactus Club Cafe

밴쿠버를 중심으로 캐나다 전국에 30개가 넘는 지점이 있는 캐주얼 레스토랑이다. 바다가 보이는 밴쿠버의 잉글리시 베이 지점을 제외하고는 대부분의 매장이 어두운 느낌의 인테리어로 꾸며져 있다. 밤 시간대에 특히 붐비는 곳으로 바 같은 분위기이며 웬만한 음식이 모두 맛있다.

홈페이지 www.cactusclubcafe.com

얼스 키친 Earls Kitchen + Bar

캐나다와 미국에 70여 개의 지점을 둔 캐주얼 레스토랑. 깔끔한 분위기라 데이트 장소로도 인기이며 음식 맛도 좋다.

홈페이지 www.earls.ca

마일스톤즈
Milestones Grill + Bar

캐나다 곳곳에 40개가 넘는 지점이 있는 바 겸 레스토랑이다. 바 같은 분위기의 어둑한 인테리어로 꾸며져 있으며, 다양한 종류의 칵테일 메뉴가 유명하다.

홈페이지 www.milestonesrestaurants.com

캐나다의 **전망 좋은 레스토랑**

식사를 하거나 칵테일을 마시면서 나이아가라 폭포나 레이크 루이즈를 본다는 것은 생각만 해도 기대되는 일이다. 유명한 명소의 환상적인 뷰를 자랑하는 전망 좋은 레스토랑에서 멋진 시간을 보낼 수 있다.

나이아가라
STK 스테이크하우스 폴스뷰 P.381

나이아가라 폭포 인근의 전망 좋은 식당 중에서도 가장 뛰어난 위치와 전망을 자랑하는 곳이다. 스테이크 전문점으로 낮과 밤의 분위기가 다른데 저녁에는 시끄러운 클럽 분위기다.

퀘벡
시엘 비스트로 바 P.499

높은 건물이 많지 않은 퀘벡에서 눈에 띄는 고층 건물로, 360도 회전하는 전망대를 가지고 있다. 퀘벡의 상징인 페어몬트 샤토 프랑트낙 호텔은 물론 세인트 로렌스강과 시타델까지 퀘벡의 주요 볼거리가 한눈에 들어온다.

밴쿠버
콜 하버 바 P.117

멋진 풍경을 가진 밴쿠버의 콜 하버에 자리한 라운지바로 밴쿠버 하버와 워터프런트, 멀리 스탠리 파크까지 보인다.

밴프 **비스타스 다이닝룸** P.257

밴프 곤돌라와 재스퍼 스카이트램 위에도 전망 레스토랑이 있지만 비스타스는 좀 더 조용한 풍경을 즐길 수 있는 곳이다.

레이크 루이즈
레이크뷰 라운지 P.266

너무나 유명한 레이크 루이즈의 페어몬트 샤토에는 레스토랑과 카페가 여럿 있는데 가장 인기 있는 곳은 레이크뷰 라운지다.

오타와
국립 미술관 카페테리아

메뉴 수가 다양하진 않지만 미술관에서 작품을 감상하고 난 뒤 잠시 들러 간단하게 식사하면서 오타와의 풍경을 즐길 수 있는 곳이다

캐나다의 커피 기행

캐나다 인기 **프랜차이즈 카페**

팀 호튼 Tim Hortons

캐나다 국민 커피숍으로 캐나다 어디에서든 쉽게 찾을 수 있다. 전 세계에 5,700개가 넘는 지점을 둔 엄청난 규모를 자랑한다. 커피뿐 아니라 다양한 종류의 도넛과 수프 등도 판매한다. 달달함의 끝을 보여주는 프렌치 바닐라와 커피 아이스크림 맛이 나는 슬러시 음료인 아이스캡이 인기 메뉴다. 특히 가격대가 저렴해 압도적인 인기를 자랑한다.

홈페이지 www.timhortons.com

세컨드 컵 Second Cup

1975년 온타리오주 토론토에서 시작한 대중적인 커피숍이다. 한때 360개가 넘는 매장이 있었으나 코로나로 상당수가 폐업했다가 최근 다시 퀘벡을 중심으로 지점을 늘리고 있다. 심플하면서도 세련된 로고가 인상적인데, 진한 에스프레소와 부드러운 우유의 조합이 훌륭한 라테 종류가 인기가 높다.

홈페이지 www.secondcup.com

블렌즈 커피 Blenz Coffee

밴쿠버에서 시작해 60개가 넘는 체인이 있는 커피숍으로 주로 브리티시 컬럼비아(BC)주에 지점이 있다. 밴쿠버 다운타운에만 10여 개의 지점을 두고 있을 정도라 밴쿠버를 여행할 때 쉽게 만날 수 있다. 팀 호튼과 세컨드 컵에 비하면 역사가 짧지만, 뛰어난 커피 맛 덕분에 캐나다 서부 지역에서 인기가 높다. 핫 초콜릿과 칠로 Chillo(얼음을 갈아서 만든 음료) 종류가 인기가 있다.

홈페이지 www.blenz.com

개성 넘치는 **캐나다 로컬 커피**

밴쿠버 ▶ **49th 패럴랠** 49th Parallel

밴쿠버의 수많은 로컬 커피 중에서도 가장 인기 있는 커피다. 직접 로스팅한 원두를 여러 카페와 마켓에 판매할 정도로 영향력 있는 커피숍이다. 커피만큼 갓 구운 도넛도 유명한데, 러키스 도넛 Lucky's Doughnuts 이라는 자체 브랜드가 있을 정도다. 그날 그날 다양한 종류의 도넛을 구워내며 맛 또한 일품이다.
홈페이지 49thcoffee.com

캘거리 ▶ **로소** Rosso

캘거리 지역을 중심으로 생겨난 로컬 커피숍으로 캘거리 곳곳에 5개 지점이 있다. 공정무역 커피를 판매한다. 캘거리 곳곳에는 개성 있는 로컬 커피숍들이 많이 있는데, 캘거리 커피 투어 Calgary Cafe Tour가 있을 정도로 커피 사랑이 대단하다. 로소도 캘거리 커피 투어의 코스 중 하나다.
홈페이지 www.rossocoffeeroasters.com

오타와 ▶ **브리지헤드** Bridgehead

오타와에서 가장 유명한 로컬 커피로 오타와에만 20여 곳의 지점이 있다. 본래는 직접 로스팅한 원두를 판매하는 회사로 시작해 지금의 규모로 성장했다. 캐나다의 여러 카페에 신선한 원두를 공급하고 있다. 다양한 종류의 원두와 진한 풍미의 커피 맛이 특징이다.
홈페이지 www.bridgehead.ca

토론토 ▶ **발자크** Balzac's

커피 애호가였던 프랑스의 대문호 오노레 드 발자크 Honore de Balzac에서 영감을 얻어 생겨난 카페다. 커피를 마시며 책 한 권을 읽어야만 할 것 같은 앤티크한 실내 인테리어와 진한 커피향으로 두터운 마니아층을 형성하고 있다. 토론토를 비롯한 온타리오주에만 지점이 있다.
홈페이지 www.balzacs.com

캐나다 쇼핑의 세계 SHOPPING IN CANADA

캐나다에서 꼭 사야 할 추천 아이템

메이플 시럽 Maple Syrup

캐나다의 대표 특산품 답게 다양한 제품들을 판매한다. 전 세계 메이플 시럽의 85%가 캐나다산으로 소소한 선물용부터 품질 좋은 식재료까지 그 종류가 엄청나다. 매장에서 살 수 있는 메이플 시럽은 거의 A등급이며 빛 투과율과 색상에 따라 크게 네 가지로 나뉜다. 취향과 용도에 따라 다르지만 가장 무난한 것이 앰버 Amber다. 시럽 병에는 작은 글씨로 시럽 등급이 적혀 있다.

메이플 커피 메이플 슈가 메이플차 메이플 쿠키

> **Tip!**
>
> 투과율에 따른 등급(밝을수록 높은 등급)
>
> - Golden, Delicate Taste: 부드럽고 섬세한 맛
> - Amber, Rich Taste: 풍부한 맛
> - Dark, Robust Taste: 진한 맛
> - Very Dark, Strong Taste: 매우 강한 맛

차가 버섯 파우더 Chaga Powder

강력한 항산화 성분으로 암이나 당뇨, 면역 등에 좋다는 차가 버섯은 자작나무에서 잘 자라기 때문에 캐나다에서 많이 나며, 차로 마실 수 있는 가루 형태로도 구입할 수 있다.

겨자 Mustard

전 세계 겨자의 50%를 생산하는 캐나다에서는 다양한 종류의 겨자소스를 판매한다. 가장 유명한 브랜드는 코즐릭스 Kozlik's와 그라벨보그 Gravelbourg로 품질이 뛰어나며, 메이플이나 허브, 과일 등이 들어간 다양한 맛이 있다.

아이스와인 Ice Wine

가격대가 조금 비싸고 휴대나 반입에 제한이 있지만 한 번 맛을 보면 사갈 수밖에 없는 베스트 아이템이다.

육포 Jerky

소고기는 물론 돼지고기, 엘크 등 다양한 고기로 만든 육포가 있다. 여기에 여러 종류의 양념이 가미된 것도 있다. 그중에서도 가장 인기 있는 것은 연어로 만든 육포다.

Tip!
국내 반입 시에는 연어 육포만 가능하고 소, 돼지 등 축산가공품은 불가능하다.

기념품
Souvenir

한국에 돌아가서도 두고두고 캐나다를 추억할 수 있는 개성 넘치는 기념품들.

캐나다에서 탄생한 브랜드

룰루레몬 Lululemon
국내에도 잘 알려진 유명 브랜드. 편안하고 품질 좋은 요가복으로 캐나다 최고의 브랜드로 자리 잡았다. 원산지답게 캐나다 곳곳에 매장이 있으며 아웃렛에도 입점해 있다.
홈페이지 lululemon.com

캐나다 구스 Canada Goose
겨울이 길고 추운 나라 캐나다에서 만든, 짱짱한 성능을 자랑하는 방수 패딩. 특히 시즌 한정 디자인이 많고, 세일을 하지 않는 브랜드로 유명하다. 매장보다는 백화점이나 편집숍에서 쉽게 볼 수 있다.
홈페이지 www.canadagoose.com

허셜 Herschel
디자인은 다소 투박하지만 튼튼한 가방으로 인기를 끌고 있는 가방 브랜드. 최근에는 예쁜 디자인의 백팩도 나오고 있다. 보통 편집숍에 많으며 밴쿠버 플래그십 매장에는 다양한 디자인의 제품이 있다.
홈페이지 herschel.com

MEC MEC

MEC는 Mountain Equipment Co-op의 약자로 대형 아웃도어 용품 편집숍이다. 아웃도어가 발달한 캐나다답게 각종 아웃도어 관련 용품으로 가득한 곳이다. 카누나 카약까지 판매하는 대형 매장도 있으며 다양한 브랜드와 자체 브랜드도 있다. 특히 등산용품의 인기가 높다.

홈페이지 www.mec.ca

루츠 Roots

대중적인 캐나다 국민 브랜드로 매장이 많고 캐나다 국기를 활용한 디자인이 많다. 후드티 같은 캐주얼 옷이나 가방, 아동복 등이 인기이며 중급 가격대를 형성하며 세일을 종종 이용하면 무난한 가격에 구입할 수 있다.

홈페이지 www.roots.com

아리치아 Aritzia

캐나다와 미국에 많은 지점이 있는 여성 패션 브랜드로 합리적인 가격대와 실용적인 디자인으로 인기가 있다. 자체 브랜드는 물론이고, 편집숍처럼 리바이스, 아디다스 등 스포츠 의류와 Tna, Auxilary 등 타 브랜드 잡화들을 함께 판매해 좀더 다양하게 믹스앤매치로 연출하기 좋다.

홈페이지 aritzia.com

바바톤 Babaton

캐나다의 대표적인 여성 브랜드로 자리 잡은 아리치아의 서브 브랜드로 모던하고 미니멀한 디자인을 특징으로 한다. 직장 여성을 위한 심플하면서도 세련된 스타일의 재킷, 니트, 팬츠, 블라우스, 원피스 등이 주를 이룬다.

홈페이지 www.aritzia.com

소렐 Sorel

겨울 나라 캐나다의 온타리오주에서 탄생한 소렐은 혹한의 날씨에도 견딜 수 있는 방한·방수 기능이 뛰어난 부츠로 유명하다. 최근 국내에도 수입이 되지만 역시 현지에서는 더 저렴한 가격에 다양한 디자인을 만날 수 있다.

홈페이지 www.sorel.com

맥카지 Mackage

캐나다구스, 노비스, 무스너클과 함께 캐나다의 프리미엄 패딩 브랜드로 유명하다. 기능성과 함께 슬림한 핏을 강조하는 깔끔한 디자인으로 다운 패딩과 가죽 제품이 잘 알려져 있다. 유행에 민감하면서도 개성이 있고 대담한 스타일이 종종 나온다. 내구성도 좋은 편이라 스키복이나 방한화도 있다.

홈페이지 www.mackage.com

아크테릭스 Arc'teryx

노스 밴쿠버에서 탄생한 아웃도어 브랜드로 현재는 중국 안타 스포츠의 자회사다. 시조새를 뜻하는 명칭답게 아웃도어 제품에 있어서도 기술적 진화와 혁신에 대한 의지를 담고 있다. 초경량 고어텍스 등 뛰어난 기술력으로 기능성 의류를 잘 만들어 인기가 높다.

홈페이지 https://arcteryx.com

레이닝 챔프 Reigning Champ

캐나다 스트리트 패션 브랜드이자 프리미엄 애슬레틱 브랜드로 룰루레몬과 마찬가지로 밴쿠버에서 탄생했다. 국내에서는 주로 편집숍에서 볼 수 있으며 아디다스나 아식스 같은 유명 스포츠 브랜드와도 종종 콜라보레이션한 상품을 선보인다. 심플한 디자인으로 밴쿠버의 자체 공장에서 생산하는 질 좋은 소재를 사용해 편안하면서도 기능성을 갖춘 티셔츠, 후디, 운동복 등 제한된 아이템에 집중한다. 매장 분위기도 미니멀리즘 그 자체다

홈페이지 https://reigningchamp.com

Things to know about Canada

세이지 Saje

자연주의 에센셜 오일과 보디용품 전문점으로 매장에 들어서는 순간 은은한 향에 힐링이 되는 기분이다. 페퍼민트 오일이 베스트셀러다.

홈페이지 www.saje.com

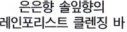
두통에 좋은 진한 향의 페퍼민트 할로

은은한 솔잎향의 레인포리스트 클렌징 바

퍼디스 초콜릿 Purdy's Chocolates

캐나다의 대형 쇼핑몰에 가면 쉽게 볼 수 있는 유명 초콜릿 브랜드로 100년이 넘는 역사를 자랑한다. 메이플 이파리 등 캐나다를 느낄 수 있는 디자인이 선물용으로 인기다.

홈페이지 www.purdys.com

데이비드스 티 DAVIDs TEA

미국과 캐나다에 200개가 넘는 매장이 있는 차 전문점으로 다양한 차 종류는 물론 관련 물품도 다양하게 판다.

홈페이지 www.davidstea.com

(왼쪽부터) 녹차 립밤, 벚꽃 립밤, 겨울 응급용 립밤

캐나다 로컬 패션 브랜드

러드삭 RUDSAK
패션의 도시 몬트리올에서 탄생한 브랜드로 패셔너블하면서 고급스러운 멋을 자랑한다. 가죽 의류와 백이 유명하다.

홈페이지 www.rudsak.com

M0851 M0851
몬트리올에서 시작해 도쿄와 상하이까지 진출한 잡화 브랜드다. 질 좋은 가죽으로 만든 가방과 재킷이 유명하다.

홈페이지 www.m0851.com

더 레이티스트 스쿱 The Latest Scoop
밴쿠버에서 팝업 스토어로 오픈했다가 현재는 캐나다에 10개가 넘는 매장이 생겨난 중저가 콘셉트 스토어로 다양한 아이템이 있어 구경하는 재미가 쏠쏠하다.

홈페이지 www.thelatestscoop.ca

슈퍼마켓 & 드러그스토어 쇼핑
SUPERMARKET & DRUGSTORE

시내 곳곳에 위치한 슈퍼마켓이나 드러그스토어에서 마트 쇼핑을 즐길 수 있다. 슈퍼마켓에서는 메이플 시럽, 꿀, 육포 등이 인기 품목이며, 드러그스토어에서는 비타민과 스킨케어 제품이 인기 품목이다. 드러그스토어에서도 매장에 따라 육포, 메이플 시럽, 기념품 등을 팔기도 한다.

캐나다 대표 슈퍼마켓

로블러스 Loblaws

노프릴스 NoFrills

메트로 metro

세이프웨이 SAFEWAY

캐나다 대표 드러그스토어

쇼퍼스 드러그 마트 Shoppers Drug Mart

렉셜 Rexall

런던 드러그스 London Drugs

장 쿠투 Jean Coutu

알고 가면 좋은 캐나다 정보
Facts About Canada

한눈에 보는 캐나다 기본 정보
캐나다의 시간대
캐나다의 기후
캐나다의 역사
캐나다의 축제
캐나다 추천 여행 일정

한눈에 보는 캐나다 기본 정보

국가명
캐나다 Canada

인구
약 4,150만 명

수도
오타와 Ottawa

면적
998만 km²
러시아 다음으로 세계 2위

지리
북아메리카 대륙 북부에 있으며, 동쪽으로 대서양, 서쪽으로 태평양, 북쪽으로 북극해가 접해 있다. 남쪽으로 미국과 국경을 접하고 있다.

행정 구역
10개 주(Province)와 3개 준주(특별 지역:Territories)로 이루어져 있다. 10개 주는 브리티시 컬럼비아 British Columbia, 앨버타 Alberta, 서스캐처원 Saskatchewan, 마니토바 Manitoba, 온타리오 Ontario, 퀘벡 Quebec, 뉴펀들랜드 앤 래브라도 Newfoundland and Labrador, 뉴 브런즈윅 New Brunswick, 노바 스코샤 Nova Scotia, 프린스 에드워드 아일랜드 Prince Edward Island다. 3개의 준주는 유콘 Yukon, 노스웨스트 Northwest, 누나부트 Nunavut다.

1인당 GDP
$65,707(PPP)

시차
13~17시간

국가 번호
1

언어
영어, 프랑스어
연방 공용어

통화
캐나다 달러(CAD), 2025년 8월 기준
C$1=약 1,030원 (현찰 살 때)

공휴일
신년 New Year's Day 1월 1일 • 성 금요일 Good Friday 부활절 전 금요일(이어지는 주말과 부활절 다음 날인 월요일까지 연휴) • 빅토리아 데이 Victoria Day 5월 24일 전 월요일 • 캐나다 데이 Canada Day 7월 1일(건국 기념일) • 노동절 Labor Day 9월 첫째 월요일 • 추수 감사절 Thanksgiving Day 10월 둘째 월요일 • 종전 기념일 Remembrance Day 11월 11일 • 크리스마스 Christmas 12월 25~26일

비자
우리나라와 비자면제협정 국가라 단기 방문 시 비자는 필요 없으나 반드시 사전에 ETA(Electronic Travel Authorization; 전자여행허가) 승인을 받아야 한다. ETA는 캐나다 정부 홈페이지에서 온라인으로 신청할 수 있다. www.canada.ca/eta (수수료 C$7)

캐나다의 시간대

6개의 시간대(Time Zone)로 나뉜다. 서부 끝과 동부 끝은 4시간 30분의 시차가 있다.

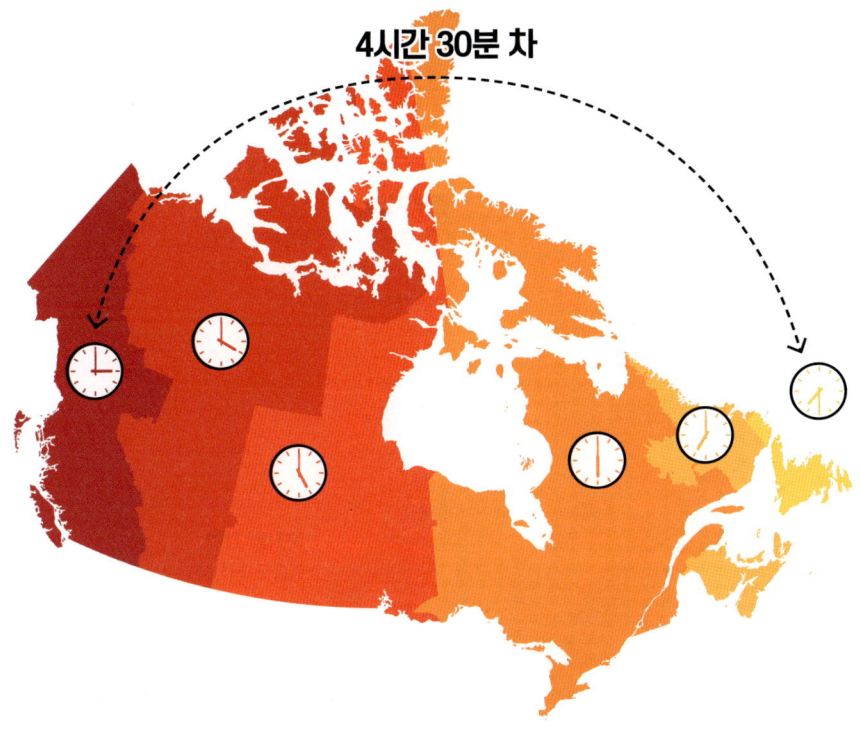

- 서부 Pacific Standard Time(밴쿠버) : 한국 시간 -17시간
- 서부 산악 Mountain Standard Time(캘거리) : 한국 시간 -16시간
- 중부 Central Standard Time(위니펙) : 한국 시간 -15시간
- 동부 Eastern Standard Time(토론토) : 한국 시간 -14시간
- 애틀랜틱 Atlantic Standard Time(핼리팩스) : 한국 시간 -13시간
- 뉴펀들랜드 Newfoundland Standard Time(세인트 존스) : 한국 시간 -12시간 30분

Travel tip!

서머 타임 Summer Time(Daylight Saving Time)
표준시를 한시간 앞당긴 것으로 낮이 긴 캐나다의 여름을 효율적으로 보내기 위해 적용한다. 시행 기간은 3월 둘째 일요일~11월 첫째 일요일이며 서스캐처원주와 유콘주를 제외한 모든 주에 적용한다.

캐나다의 **기후**

한국과 마찬가지로 사계절을 가지고 있지만 지역별로 다양한 기후의 특징을 가지고 있다. 위도가 높아 한국보다 기온은 낮은 편이며 겨울에는 해가 짧아 오후 4시면 어두워진다. 미국 국경에서 북쪽으로 300km까지 인구의 90%가 살며 그 위는 툰드라지대와 극지방이라 사람이 많이 살지 않는다.

홈페이지 www.weather.gc.ca/forecast/canada

중부 지역
대륙성 기후의 영향으로 여름은 덥고 건조하지만 짧다. 반면 겨울은 매우 춥고 길다.

서부 로키 산악지대
여름엔 건조하고 저녁에는 선선한 편이다. 가을부터 기온이 떨어지고 눈이 많이 오기도 하는데 겨울엔 영하 40도까지 내려가기도 한다.

극지방 지역
여름은 선선하고 건조하며 해가 거의 지지 않아 일조량이 많다. 겨울은 길고 영하 30~50도로 떨어지는 혹한이 이어진다.

서부 해안 지역
태평양에 인접하며 여름엔 건조하고 겨울에는 온화하지만 비가 많이 온다.

동부 지역
여름은 덥고 습하다. 겨울에는 춥고 눈이 많이 오며 바람도 많이 분다.

캐나다의 **역사**

❶ 초기 원주민

10세기경 노르만인에 의해 세상에 알려졌으며 14세기 덴마크인이 살기도 했으나 금방 사라졌다. 유럽인들이 본격적으로 들어오기 전까지 전 지역에 여러 부족의 원주민들이 거주했는데 이들을 퍼스트 네이션스(The First Nations)라 부른다. 캐나다는 원주민 이로쿼이족의 '마을'이라는 뜻의 '카나타 Kanata'에서 유래됐다고 본다.

❷ 영국인의 진출

영국인은 1497년 영국 국왕 헨리 7세의 명을 받은 탐험가 '존 캐벗 John Cabot'이 뉴펀들랜드에 첫발을 내디뎠으며, 1628년 노바 스코샤에 식민지를 건설하면서 본격적으로 진출하기 시작했다. 이후 애틀랜틱 캐나다와 허드슨만을 중심으로 세력을 확장했다.

❸ 프랑스인의 진출

1534년 탐험가 '자크 카르티에 Jacques Cartier'가 가스페 반도에 도착했으며 이후 이민자들이 1604년 노바 스코샤주 지역인 '아카디아 Acadia'에, 1608년 세인트 로렌스강 유역인 지금의 몬트리올과 퀘벡 시티에 정착했다. 이 일대를 중심으로 150년간 '뉴프랑스 Nouvelle-France'라는 식민지를 건설했다. 원주민과의 어업, 모피 교역에 관한 이권 분쟁으로 영국과 갈등이 커져갔다.

❹ 영국과 프랑스의 전쟁

두 나라는 수차례 전쟁을 벌였고 영국은 1755년 아카디아인들을 강제이주시켰다. 1755~1763년 유럽에서 일어난 7년 전쟁 기간에는 원주민 영토를 차지하기 위한 프렌치 인디언 전쟁을 벌였으며 영국이 최종 승리했다. 1763년 파리조약을 통해 캐나다 일대는 영국의 지배하에 들어갔으며 뉴프랑스는 몰락의 길을 걸었다.

❺ 캐나다의 탄생

영국은 미국과 캐나다를 분리하고자 캐나다 각 지역의 식민지 통합을 추진했다. 1864년 4개 주 통합을 시작으로 10개의 주와 3개의 준주가 통합된 영연방 국가가 탄생했다. 그리고 1926년 캐나다의 완전 자치령을 인정했고 1951년에는 정식으로 국가명을 캐나다로 바꾸면서 법적으로 완전 독립을 이루었다.

❻ 오늘날의 캐나다

영국에 뿌리를 둔 연방국가 캐나다는 독립은 했지만, 현재 국가원수는 영국의 국왕 찰스 3세이며 캐나다 총독은 영국 국왕의 대리인이다. 정치 시스템은 의원내각제이며 지방자치제가 발달했다. 최근에는 국가원수를 캐나다인으로 뽑고 싶어 하는 캐나다인들이 늘어나는 추세다.

캐나다의 축제

캐나다는 이민자들의 나라로 다양성을 인정하며 국민은 국가에 대한 자부심이 뛰어나다. 이를 바탕으로 여러 축제가 일년 내내 전국에서 열린다.

오타와 튤립 축제
The Canadian Tulip Festival

매년 5월 중순 2주 동안 열리는 오타와의 대표적인 축제다. 네덜란드의 선물을 계기로 1953년부터 열렸으며, 리도 운하, 국회의사당 등 오타와의 주요 명소마다 세계 각국의 튤립을 심고 흥겨운 이벤트를 개최한다.

홈페이지 www.tulipfestival.ca

토론토 프라이드 퍼레이드
Toronto Pride Parade

매년 6월 한 달 동안 열리는 대규모 성 소수자 축제다. 캐나다는 동성 결혼을 합법화한 국가다. 토론토의 중심 거리인 영 스트리트 Yonge St.를 중심으로 성 소수자들의 인권을 상징하는 무지개 깃발 아래 화려한 퍼레이드와 다양한 행사가 열린다.

홈페이지 www.pridetoronto.com

몬트리올 국제 재즈 페스티벌
The Montreal International Jazz Festival

매년 6월 말에서 7월 초 전 세계 3,000명 이상의 재즈 음악가들이 모여 개성 있는 음악 공연을 펼치는 몬트리올의 권위 있는 음악 축제다. 재즈뿐 아니라 블루스, 펑크, 힙합 등 다양한 종류의 음악과 다채로운 행사를 야외와 실내 공연장에서 선보이며 이 중 3분의 2는 무료로 진행된다.

홈페이지 www.montrealjazzfest.com

토론토 국제 영화제 Toronto International Film Festival(TIFF)

매년 9월 토론토에서 열리는 국제 영화제로 노동절이 지난 그 주 목요일부터 10일간 열린다. 1976년 출범한 이래 북미에서는 중요한 영화제로 자리 잡았다. 주요 거리와 영화관, 공연장에서 수백 편의 영화가 상영되고 각종 이벤트가 열린다.

홈페이지 www.tiff.net

오타와 캐나다 데이 축제
Ottawa Canada Day Festivities

캐나다의 건국 기념일인 캐나다 데이(7월 1일)를 맞이해 전국에서 열리는 대규모 축제로 특히 수도인 오타와에서 성대하게 열린다. 온 도시를 빨간색과 흰색으로 치장하며 근위병 교대식, 에어쇼, 공연 등 각종 행사와 불꽃놀이가 펼쳐진다. 이날은 대중교통과 주요 박물관을 무료로 이용할 수 있다.

홈페이지 www.ottawatourism.ca/events/canada-day

오타와 블루스 축제 Ottawa Bluesfest

몬트리올에 재즈 페스티벌이 있다면 오타와에는 블루스 페스티벌이 있다. 점차 팝, 힙합, 레게, 록 등으로 음악적 장르를 넓혀가고는 있지만 블루스 축제로는 캐나다에서 가장 큰 축제다. 오타와 다운타운 바로 서쪽의 거대한 개발지역인 르브레턴 플라츠 LeBreton Flats에서 매년 7월에 개최된다.

홈페이지 https://ottawabluesfest.ca

퀘벡 여름 축제
Festival d'été de Québec (FEQ)

겨울이 긴 퀘벡주에 봄이 찾아오면 도시 전체가 설레기 시작한다. 그리고 마침내 여름이 되면 퀘벡 시티 전체가 흥겨운 분위기를 띠는데, 바로 이 여름 축제가 큰 몫을 한다. 매년 7월에 아브라함 평원을 주무대로 펼쳐지는 이 음악 축제는 여러 곳의 공연장에 지역 뮤지션들은 물론 메탈리카나 레이디 가가 같은 세계적인 뮤지션들이 등장하면서 흥분의 도가니를 만든다.

홈페이지 www.feq.ca

밴쿠버 불꽃 축제
Vancouver's Fireworks Festival

매년 7월 말 잉글리시 베이의 밤하늘을 수놓는 대규모 불꽃놀이다. 세계 각국에서 고유의 음악과 주제로 참여한다. 매년 40만 명이 관람하는 축제로 인해 잉글리시 베이 일대는 교통이 통제되고 인산인해를 이룬다.

홈페이지 www.vancouverfireworks.ca

캐나다 추천 여행 일정 1

SCHEDULE 캐나다 서부 일주 6박 8일

한국인이 가장 선호하는 일정이다. 거리상으로도 가장 가까우며 이동 시간이 적은 효율적인 동선이다. 날짜를 줄여야 한다면 근교 지역을 제해서 1~2일 정도 더 짬짬이 있게 여행할 수도 있다. 겨울에 간다면 빅토리아와 스쿼미시 대신 그라우스 마운틴이나 휘슬러도 좋다.

DAY 1 인천 → 밴쿠버
항공 이동

DAY 2 밴쿠버
밴쿠버 다운타운 관광

DAY 3 밴쿠버
스탠리 파크, 다운타운 외곽 관광

DAY 4 빅토리아
빅토리아에서 1박 또는 당일치기

DAY 5 스쿼미시
스쿼미시 주변 관광

DAY 6 밴쿠버
노스 밴쿠버 관광

DAY 7 밴쿠버
밴쿠버 관광(항공 스케줄에 따라) 후 항공 이동

DAY 8 밴쿠버 → 인천
도착

캐나다 추천 여행 일정 2

SCHEDULE 캐나다 로키 일주 6박 8일

캐나다 여행의 하이라이트라고 할 수 있는 로키를 집중적으로 보려면 캘거리를 중심으로 여행하는 것이 가장 효율적이다. 단, 캘거리는 한국에서 직항 노선이 주3회 정도 밖에 없기 때문에 경유 스케줄에 따라서 출발·도착 일정이 변경될 수 있다.

DAY 1
인천 → 캘거리
항공 이동(항공 스케줄에 따라 다음 날 도착할 수도 있음)

DAY 2
밴프
밴프로 이동 → 밴프 다운타운 관광

DAY 3
밴프
밴프 다운타운 외곽, 레이크 루이즈 관광

DAY 4
밴프 → 재스퍼
아이스필드 파크웨이를 따라 재스퍼로 이동

DAY 5
재스퍼
재스퍼 관광

DAY 6
재스퍼 → 캘거리
캘거리로 이동 → 캘거리 구경 및 쇼핑

DAY 7
캘거리
(항공 스케줄에 따라) 항공 이동

DAY 8
캘거리 → 인천
도착

캐나다 추천 여행 일정 3

SCHEDULE 캐나다 서부 + 로키 일주 9박 11일

조금 타이트한 일정이지만 캐나다 서부의 평화로운 도시와 로키의 대자연을 함께 여행할 수 있는 알찬 코스다. 일정을 더 줄이고 싶다면 빅토리아를 빼는 것이 좋고, 반대로 시간 여유가 있다면 밴쿠버에서 캘거리까지 항공편 대신 렌터카를 이용해 로드 트립을 즐기는 것도 좋다.

DAY	일정	장소
1	항공 이동	인천 → 밴쿠버
2	밴쿠버 다운타운 관광	밴쿠버
3	스탠리 파크, 다운타운 외곽 관광	밴쿠버
4	빅토리아 당일치기	빅토리아
5	(항공 스케줄에 따라) 밴쿠버나 캘거리에서 반나절 보내기	밴쿠버/캘거리
6	밴프로 이동 → 밴프 다운타운 주변	밴프
7	밴프 다운타운 외곽, 레이크 루이즈 관광	밴프
8	아이스필드 파크웨이를 따라 재스퍼로 이동	밴프 → 재스퍼
9	재스퍼 관광	재스퍼
10	캘거리 공항으로 이동 후 항공 이용	캘거리
11	도착	캘거리 → 인천

캐나다 추천 여행 일정 4

SCHEDULE **캐나다 동부 일주** 8박 10일

캐나다 동부는 발전된 도시와 아름다운 자연이 함께 있는 여행지로 일정을 좀 더 여유롭게 잡는 것이 좋다. 대중교통이 발달해 도시 간 이동을 기차나 버스로 하기 쉬운 편이라 뚜벅이 여행자들도 편리하게 여행할 수 있으며 도시 간 이동 거리도 짧은 편이라 운전하기에도 부담이 적다.

DAY 1 인천 → 토론토
항공 이동

DAY 2 토론토
토론토 다운타운 관광

DAY 3 토론토
토론토 다운타운 관광 후 나이아가라 폴스로 이동

DAY 4 나이아가라 폴스
나이아가라 폭포 관광

DAY 5 킹스턴
킹스턴과 사우전드 아일랜드 관광

DAY 6 오타와
오타와 다운타운 관광

DAY 7 몬트리올
몬트리올 다운타운 관광

DAY 8 퀘벡
퀘벡 구시가지 관광

DAY 9 퀘벡
항공 이동

DAY 10 퀘벡 → 인천
도착

캐나다 추천 여행 일정 5

SCHEDULE **캐나다 단풍 여행** 8박 10일

캐나다 동부를 제대로 즐기려면 가을에 붉은 단풍으로 뒤덮인 메이플 로드를 방문해야 한다. 메이플 로드를 따라 가면 캐나다 동부의 여러 도시를 어렵지 않게 방문할 수 있다. 접근이 편리한 도시를 중심으로 일정을 짜되 렌터카를 이용해 아름다운 산길을 달려보는 것을 잊지 말자.

DAY 1 인천 → 토론토 / 항공 이동

DAY 2 토론토 / 토론토 다운타운 관광

DAY 3 나이아가라 폴스 / 나이아가라 폭포 및 주변 관광

DAY 4 오타와 / 오타와 다운타운 관광

DAY 5 몽트랑블랑 / 몽트랑블랑에 들러 몬트리올로 이동

DAY 6 몬트리올 / 몬트리올 다운타운 관광

DAY 7 몬트리올 / 몬트리올 다운타운 외곽 관광

DAY 8 퀘벡 / 퀘벡 구시가지 관광

DAY 9 퀘벡 / 항공 이동

DAY 10 퀘벡 → 인천 / 도착

캐나다 **추천 여행 일정 6**

SCHEDULE **캐나다 스키 여행** 5박 7일

겨울 왕국 캐나다에서 즐기는 스키는 남다르다. 스릴 넘치는 슬로프와 뛰어난 설질을 갖춘 스키의 천국이자 특히 세계적인 스키장으로 손꼽히는 휘슬러 - 블랙콤에서의 스키는 인생 스키라고 말할 수 있을 만큼 평생 잊을 수 없는 경험을 선사할 것이다.

DAY 1
인천 → 밴쿠버
항공 이동

DAY 2
밴쿠버
밴쿠버 다운타운과 스탠리 파크 등 관광

DAY 3
휘슬러
스키 즐기기

DAY 4
휘슬러
스키 즐기기

DAY 5
휘슬러
스키 즐기기

DAY 6
휘슬러 → 밴쿠버
항공 스케줄에 따라 밴쿠버에서 반나절 쇼핑 후 항공 이동

DAY 7
밴쿠버 → 인천
도착

브리티시 컬럼비아주(BC주)
BRITISH COLUMBIA

밴쿠버 Vancouver   P.70
휘슬러 Whistler   P.136
빅토리아 Victoria   P.156
덩컨 Duncan   P.182
슈메이너스 Chemainus   P.185
너나이모 Nanaimo   P.190
캠룹스 Kamloops   P.196

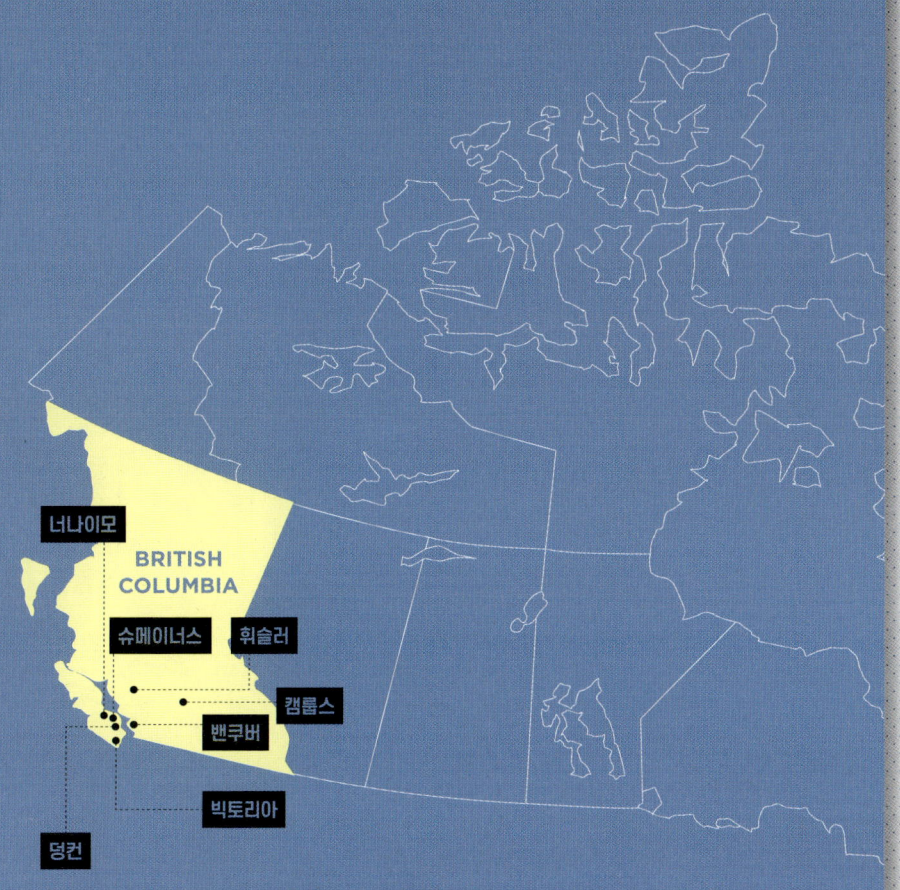

캐나다 면적의 10% 정도를 차지하고 있는 BC주는 동쪽으로는 로키의 앨버타 주, 서쪽으로는 태평양과 마주하고 있다. 도시 밖으로 조금만 벗어나도 대자연의 아름다움을 만끽할 수 있으며 자연을 보존하고 원주민 문화를 보호, 계승하려는 노력을 게을리하지 않는 곳이다. 주도는 빅토리아이며 가장 큰 도시는 밴쿠버다. 산과 호수가 많아 아웃도어와 각종 스포츠가 발달했으며 사시사철 즐길 수 있는 액티비티가 넘쳐난다. 먹거리가 풍부한 이곳은 특히 싱싱한 연어와 해산물이 많이 나는 곳으로 유명하며 대규모 포도 농장이 있어 다양한 와인이 생산된다. 캐나다의 다른 지역에 비해 온대 우림 기후를 가지고 있기 때문에 여행하기에 더없이 좋다.

밴쿠버
VANCOUVER

밴쿠버는 태평양 해안선 조사를 위해 1792년 첫발을 디딘 영국인 선원이자 탐험가 '조지 밴쿠버 George Vancouver'에 의해 처음 세상에 알려졌다. 온화한 기후와 풍부한 강수량, 천연자원이 많은 축복받은 지역으로 대도시임에도 산과 바다로 둘러싸여 있어 빼어난 자연경관을 자랑한다. 다양한 민족이 서로를 존중하며 살아가고 있는 이민자의 도시이기도 하며, 때문에 생활 전반에 다양한 문화가 녹아 있다.

밴쿠버 🍁
대표 명소

1 개스타운 P.87
명물 증기 시계를 중심으로 레스토랑, 카페, 편집숍, 기념품점이 있는 재미있고 맛있는 곳이다.

2 워터프런트 P.84
캐나다 플레이스와 컨벤션 센터, 바다가 어우러져 아름다운 풍경을 연출하는 대표적인 뷰 포인트다.

3 스탠리 파크 P.103
밴쿠버가 자랑하는 어마어마한 규모의 공원으로 울창한 숲과 바다를 끼고 있다.

4 롭슨 스트리트와 그랜빌 스트리트 P.89
다운타운에서 가장 번화하고 복잡한 거리로 레스토랑, 상점이 밀집해 있다.

5 캐필라노 현수교 공원 P.110
캐필라노 계곡 위의 현수교가 유명한 곳으로 짜릿한 어트랙션이 가득하다.

6 그랜빌 아일랜드 P.94
버려져 있던 공장 지대가 재미있고 독특한 지역으로 거듭났다. 마켓과 갤러리, 레스토랑이 가득하다.

7 밴쿠버 룩아웃 P.86
밴쿠버의 시내를 350도 파노라마로 조망할 수 있는 곳이다.

8 그라우스 마운틴 P.112
사시사철 액티비티를 즐길 수 있는 산으로 멀리 밴쿠버의 풍경도 볼 수 있다.

밴쿠버 가는 방법

비행기

인천에서 밴쿠버까지 가는 직항은 티웨이항공, 대한항공, 에어캐나다, 아시아나항공(공동 운항)이 있으며 10시간이면 도착한다(돌아올 때는 11시간 30분 정도 소요). 저가항공인 티웨이항공의 운항으로 좀 더 저렴하고 빠르게 갈 수 있다. 그 밖에 대한항공(시애틀 경유), 유나이티드항공, 델타항공 등 여러 항공사가 경유 노선으로 밴쿠버에 도달하며 13~22시간 정도 소요된다.

밴쿠버 국제공항 Vancouver International Airport(YVR)

다운타운에서 남서쪽으로 약 15km 떨어진 리치먼드 Richmond 지역에 위치하며, 메인 터미널 Main Terminal과 사우스 터미널 South Terminal이 있다. 메인 터미널은 국내선과 국제선이 도착하는 터미널로 나뉘며 사우스 터미널은 국내선 일부와 개인 비행기들이 이용한다. 공항 내부에는 안내센터, 은행, 환전소, 카페 등 각종 편의시설이 있다.
홈페이지 www.yvr.ca

● 공항에서 시내로

스카이트레인 SkyTrain

밴쿠버의 전철 스카이트레인 Skytrain의 캐나다 라인 Canada Line이 공항에서 다운타운까지 연결된다. 짐을 찾고 난 후 'Train to City'라고 써 있는 이정표를 따라 가면 티켓 발매기와 승강장이 있는 곳에 이를 수 있다. 반대로 다운타운에서 공항으로 갈 때는 중간에 노선이 갈라지므로 반드시 공항 행 열차인지 확인하고 타야 한다.
홈페이지 www.translink.ca **소요시간** 약 30분 **요금** 공항→다운타운 C$9.65(공항 출발은 2존 요금 C$4.65에 C$5 추가), 다운타운→공항 C$4~6, 평일 18:30 이후 주말·공휴일은 모두 1존 요금 적용)

택시 Taxi

비싸지만 편리하게 이동할 수 있는 수단으로, 공항에서 택시를 탈 때는 '존 페어 Zone Fares'를 적용해 구역 별로 요금이 정해져 있다. 안내 데스크에서 요금이 표시된 지도를 얻을 수 있다.
소요시간 30~40분 **요금** 다운타운까지 C$35~46+팁(15~20%)

우버·리프트 Uber·Lyft

공항 Level 2에서 탈 수 있다. 우버나 리프트 앱을 다운받아 이용하면 되는데 교통 상황에 따라 요금이 달라질 수 있다.
요금 C$30~35

렌터카

공항에서 바로 렌트하면 도심까지 편리하게 진입할 수 있다. 주차장 1층에 달라 Dollar, 트리프티 Thrifty, 에이비스 Avis, 허츠 Hertz 등 여러 렌터카 회사가 있다.

버스

여러 회사의 버스들이 밴쿠버와 많은 도시를 연결하고 있으며 노선과 스케줄이 기차보다 다양하다. 밴쿠버 주변 도시에서 갈 때는 주로 E버스 Ebus를 이용하며 장거리 노선에는 라이더 익스프레스 Rider Express를 탄다. 시애틀 등 가까운 미국 도시에서 가는 버스로는 플릭스버스 Flixbus나 그레이하운드 Greyhound도 있다.

홈페이지 E버스 www.myebus.ca, 라이더 익스프레스 https://riderexpress.ca, 플릭스버스 www.Flixbus.ca

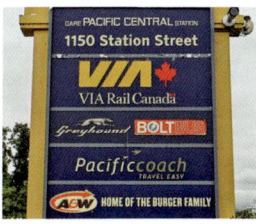

기차

여러 도시를 연결하는 노선이 있으나 버스보다 요금이 비싸고 편수가 적다. 그러나 캐나다의 자연을 감상하기 위한 관광의 목적으로 대륙을 횡단하는 기차를 타기도 한다. 밴쿠버의 기차역은 종착역인 퍼시픽 센트럴 Pacific Central역이다.

지도 P.83-C3 [퍼시픽 센트럴역] **주소** 1150 Station St, Vancouver, BC V6A 4C7

비아 레일 VIA Rail

캐나다 전역을 연결하는 국영 열차다. 주요 노선 중 캐나디안 Canadian 노선은 주 2회 토론토와 밴쿠버를 연결하며, 4일에 걸쳐 4,466km를 이동한다. 열차 칸의 등급별로 다른 서비스를 제공하며 일찍 예약하는 것이 저렴한 편이다.

홈페이지 https://www.viarail.ca

퍼시픽 센트럴역

앰트랙 Amtrak

미국 시애틀과 밴쿠버를 오가는 기차로 밴쿠버 근교 도시인 리치먼드 Richmond, 서리 Surrey를 지나 퍼시픽 센트럴역에 도착한다.

홈페이지 www.amtrak.com

Travel Plus

로키 마운티니어 레일 투어스 Rocky Mountaineer Rail Tours

밴쿠버에서 출발해 로키를 지나 캘거리로 가는 호화 관광열차. 총 4개의 루트에 다양한 패키지 상품을 운행한다. 로키를 비롯해 캐나다 서부의 절경을 감상할 수 있지만 요금이 매우 비싼 것이 단점이다. 루트에 따라 다르나 중간 호텔비까지 포함해 수백만 원에 이른다. 출발역은 퍼시픽 센트럴역 옆 전용 역이다.

홈페이지 www.rockymountaineer.com

밴쿠버 시내 교통

밴쿠버의 대중교통은 트랜스링크 Translink라는 회사에서 운영한다. 버스, 전철(스카이트레인), 페리(시버스)를 한 장의 티켓으로 이용할 수 있으며, 한국에서 발급받은 자신의 컨택리스 카드도 바로 이용할 수 있다.
홈페이지 www.translink.ca **요금** P.77 참고

버스

밴쿠버의 버스는 대부분 전선이 연결된 전기차다. 탈 때는 카드를 탭하여 탄다. 내릴 때는 벨을 누르거나 노란 줄을 당기면 되며 보통 문은 자동으로 열리기도 하고 손으로 밀어야 열리는 것도 있다. 버스는 존에 상관없이 모두 1존 요금이 적용된다. 현금 승차가 가능하지만 거스름돈을 주지 않으니 정확한 금액을 준비해야 하며 환승이 필요하면 버스 전용 종이 티켓을 받아야 한다. 이 버스 티켓으로 스카이트레인이나 시버스로 환승은 불가능하지만 버스끼리는 가능하다. 번호 앞에 N이 쓰여 있는 버스는 나이트 버스다.
운행 시간 05:30~01:00(노선별로 다르니 홈페이지 참조), 나이트 버스 01:30~05:00

스카이트레인 SkyTrain

밴쿠버의 지상과 지하를 달리는 무인 전철이다. 밴쿠버 국제공항과 다운타운을 연결하는 캐나다 라인 Canada Line을 비롯해 엑스포 라인 Expo Line, 밀레니엄 라인 Millennium Line 총 3개의 노선이 있다. 개찰구에서 탭하고 드나드는 방식이며, 평일 18:30 이후와 토·일요일 및 공휴일에는 구간 상관없이 모두 1존 요금으로 이용할 수 있다. 종착역이 갈라지는 루트가 있으니 목적지를 잘 확인하고 타야 한다. 무임승차를 했다가 적발되면 C$173의 벌금이 부과되니 주의하자.
운행 시간 [캐나다 라인] 워터프론트 Waterfront 출발 04:48~01:05, 공항 YVR/Airport 출발 05:07~24:56, (엑스포 라인과 밀레니엄 라인은 보통 05:30 운행을 시작하며 주중엔 01:20분 전후, 주말엔 24:15 전후 마친다)

택시, 우버·리프트 Taxi, Uber·Lyft

대중교통이 애매한 가까운 거리나 짐이 많을 때 주로 이용한다. 택시는 보통 옐로 캡 Yellow Cab이라는 애플리케이션을 이용하며 정류장이나 길에서 탈 수도 있고 전화로 부를 수도 있다. 요즘은 앱에서 미리 요금을 알 수 있는 우버나 리프트를 많이 이용한다. 요금은 택시보다 약간 저렴하다. 교통상황에 따라 요금이 달라질 수 있다.

렌터카

다운타운은 늘 교통체증이 심하고 일방통행로가 많으며 주차 요금도 비싸다. 그러나 휘슬러, 빅토리아, 노스 밴쿠버 등으로 여행 계획이 있다면 자동차를 이용하는 것이 편리하다. 공항, 기차역, 다운타운에 렌터카 회사 사무소가 있다.

[허츠 Hertz] 홈페이지 www.hertz.com [에이비스 AVIS] 홈페이지 www.avis.com

시버스 SeaBus

다운타운 Downtown(워터프런트 Waterfront)과 노스 밴쿠버 North Vancouver (론즈데일 키 Lonsdale Quay)를 연결하는 페리로 대중교통 수단이다. 바다 위에서 2존으로 넘어가므로 2존 요금을 내야 하며 론즈데일 키에서 내리면 노스 밴쿠버 각 지역으로 가는 버스로 환승할 수 있다. 소요 시간이 12분으로 버스로 가는 것보다 훨씬 시간을 절약할 수 있다. 관광객들은 저렴한 요금으로 버라드만과 밴쿠버의 스카이라인을 보기 위해 일부러 타기도 하는데 사람이 많으면 조금 불편할 수도 있다.

교통 티켓의 종류와 요금

1회 요금은 컴퍼스 카드가 가장 저렴하다. 하루 요금 상한제가 있어 여러 번 사용한다면 한국에서 발급해간 컨택리스 카드를 사용하는 것이 편리하다. 두 가지 모두 여의치 않다면 컴퍼스 티켓을 구매해야 한다.

컴퍼스 티켓   컴퍼스 카드

컴퍼스 티켓 Compass Ticket

스카이트레인, 버스, 시버스를 모두 이용할 수 있는 종이 티켓으로 1회권, 1일권이 있다. 종이 티켓이지만 탭 기능이 있으며 1회권은 90분 안에 환승이 가능하다. 1일권 Day Pass Ticket은 언제 구입하든지 다음 날 04:00에 종료된다.
요금 1회권 1존 C$ 3.35 할인 C$ 2.25 1일권 1~3존 C$ 11.95 할인 C$ 9.40

컴퍼스 카드 Compass Card

충전하는 플라스틱 카드로 1회권과 1일권, 1개월권으로 사용할 수 있다. 카드의 구입과 충전은 역 발매기에서 할 수 있다. 컴퍼스 티켓보다 1회 요금이 조금 더 저렴하지만 보증금 C$6를 내야 한다. 내릴 때 탭해야 한다. 사용 후에는 평일에 워터프런트 Waterfront역이나 차이나타운 Chinatown역 서비스센터에서 보증금을 환불 받을 수 있다.
요금 1존 C$ 2.70 할인 C$ 2.25 홈페이지 www.translink.ca
※12세까지 무료, 할인은 13~18세, 65세 이상에 적용되며 신분증이 필요. 현금, 컨택리스 카드, 스마트카드(애플, 삼성 페이 등) 이용 시 동일 금액 적용. 단, 성인 요금으로만 이용 가능하다.

> **Travel tip!**
> 밴쿠버 시내 교통은 존에 따라 요금이 달라지는데 오프 피크 타임(평일 06:30 이후)과 주말, 공휴일은 모두 1존 요금이 적용된다. 요금은 컴퍼스 카드로 낼 때 조금 더 할인되지만 보증금을 내고 환불 받는 과정이 좀 번거롭기 때문에 단기 여행자보다는 장기 체류자에게 유용하다.

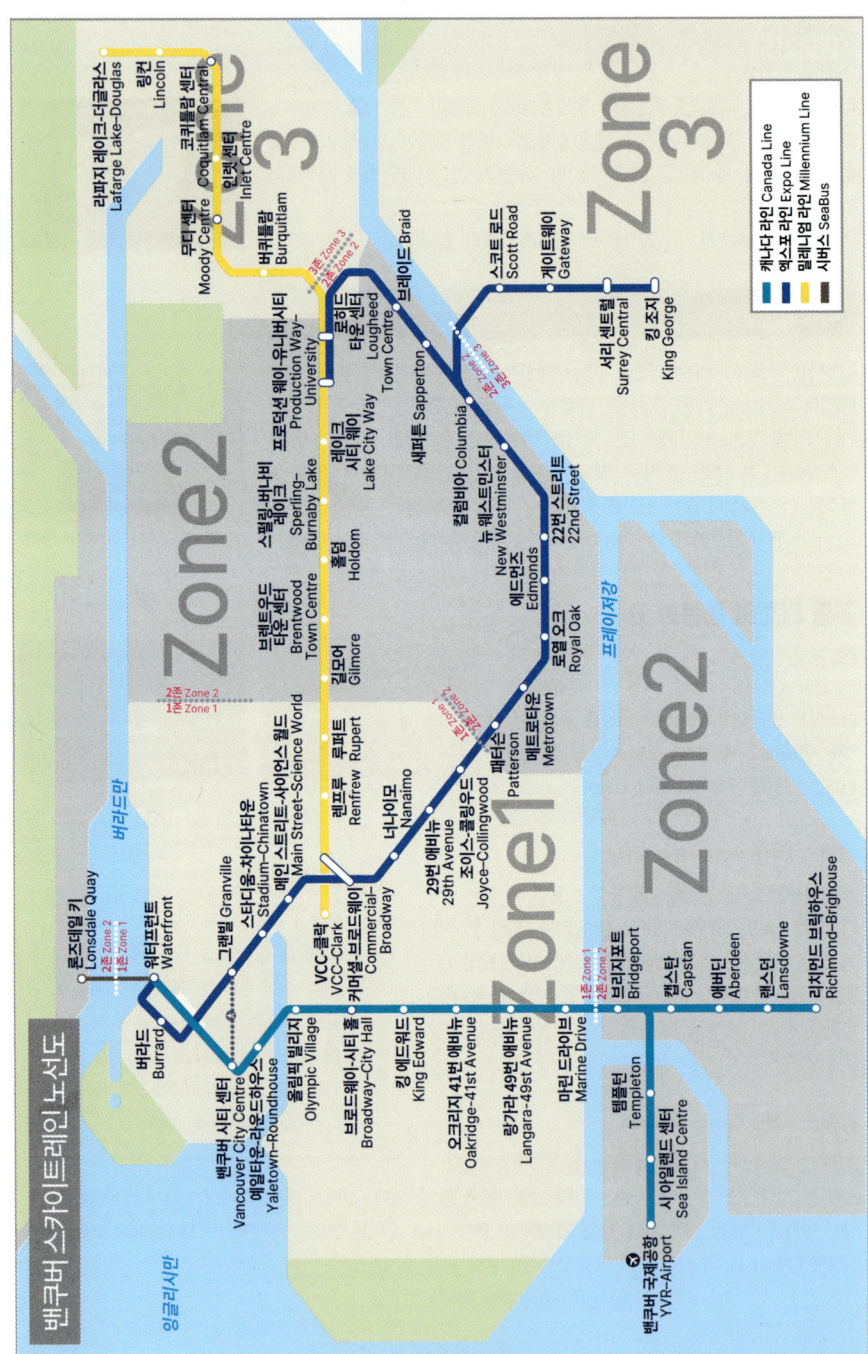

밴쿠버 추천 일정

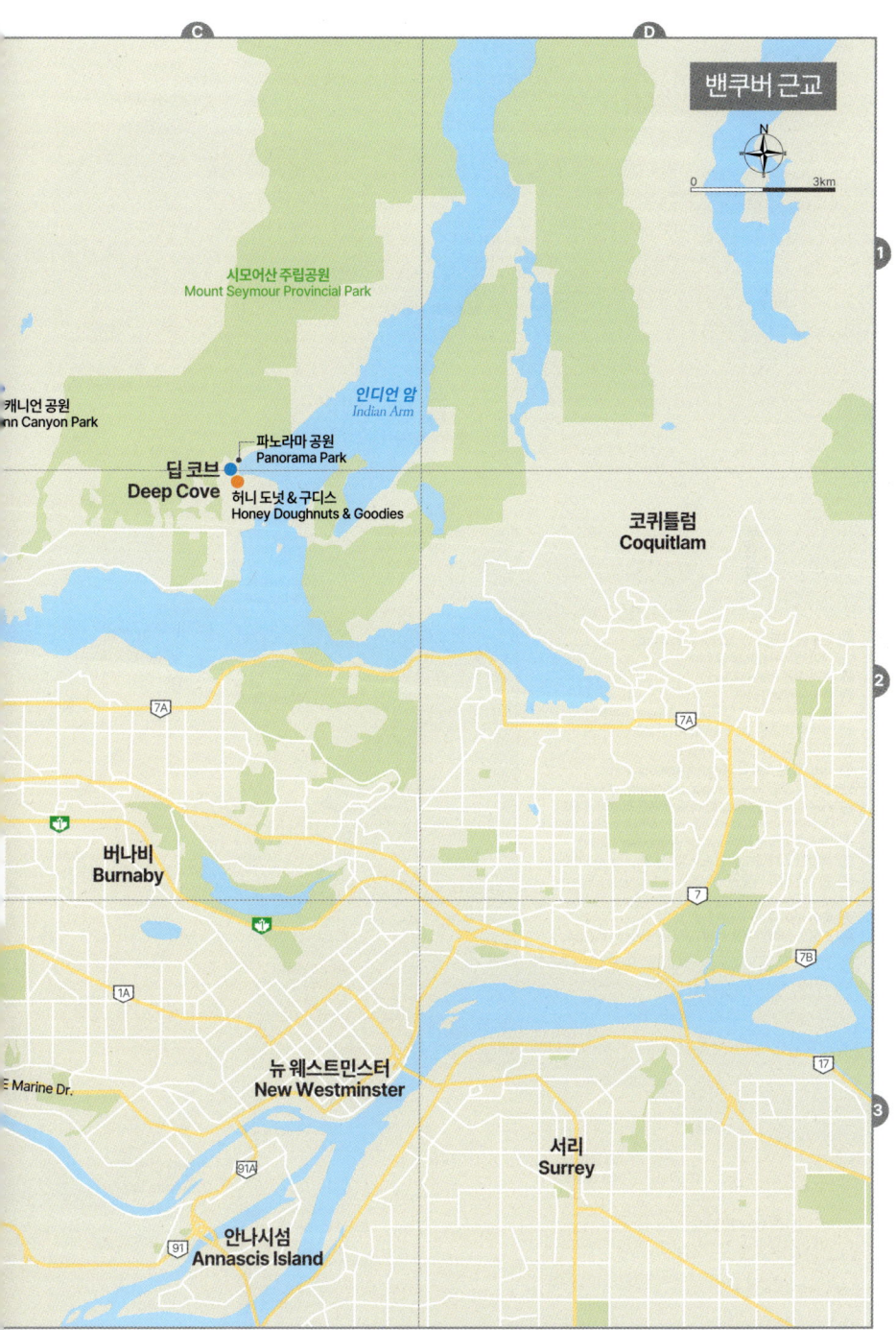

Attraction 밴쿠버의 볼거리

다운타운 Downtown

밴쿠버 여행의 시작점인 다운타운은 직장인과 유학생, 관광객이 모여 늘 분주한 곳이다. 바다를 마주한 워터프런트와 밴쿠버의 발상지 개스타운, 중국인의 파워를 느낄 수 있는 차이나타운, 미술관, 각종 경기장을 비롯해 다양한 상점이 모여 있는 화려한 거리들이 있다.

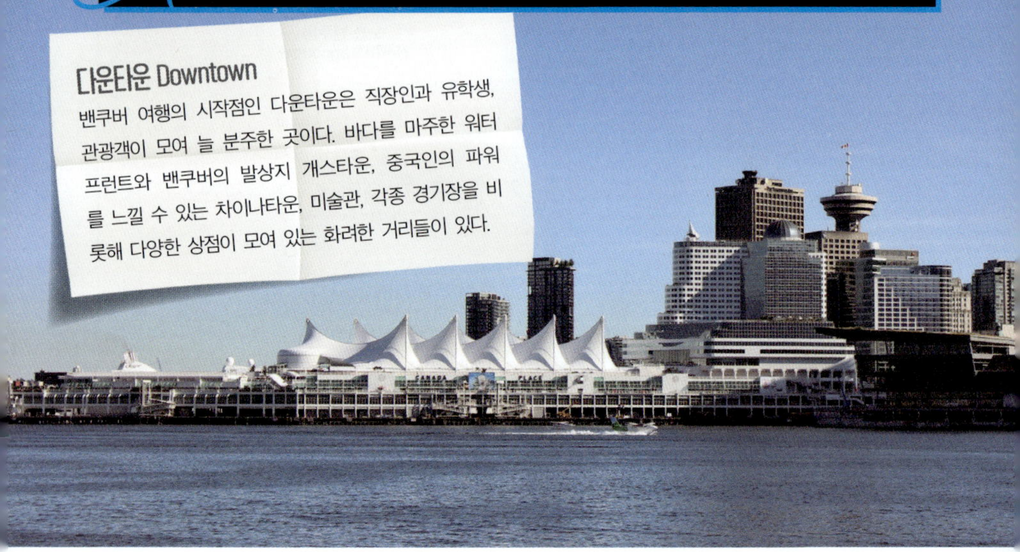

워터프런트 Waterfront

스카이트레인 워터프런트 Waterfornt역 바로 옆 유람선 선착장을 끼고 있는 캐나다 플레이스 Canada Place에서부터 굵직한 국제 행사를 여는 밴쿠버 컨벤션 센터 Vancouver Convention Centre, 고층 아파트가 즐비한 콜 하버 Coal Harbour까지 이르는 지역. 바다를 끼고 산책하며 밴쿠버 경치를 즐기기 좋은 곳이다. 밴쿠버를 대표하는 이미지가 담긴 이 경치를 보기 위해 모여든 관광객들로 항상 복잡한 지역이다.

지도 P.80-B2, P.83-C2

캐나다 플레이스 Canada Place

1986년 밴쿠버에서 엑스포가 열렸던 당시 캐나다관으로 사용된 건물. 돛을 연상시키는 하얀 지붕의 외관이 밴쿠버의 랜드마크 역할을 한다. 현재는 밴쿠버 컨벤션 센터 동관 Vancouver Convention Centre East과 세계무역센터, 전시장, 호텔 등이 자리해 늘 많은 사람으로 북적인다. 건물 바로 옆에 있는 크루즈 선착장은 알래스카 등지로 떠나는 대형 크루즈가 정박하는 곳으로, 정박해 있는 동안 급유, 급수, 수리, 폐기물 처리 등을 한다. 사람들을 가득 태운 크루즈가 떠나는 모습 자체도 볼거리 중 하나. 그래서 이 주변은 사진을 찍고 경치를 감상하는 크루즈 여행객과 일반 관광객들로 가득하다. 선착장과 건물 사이로 산책로가 조성돼 있는데, 이 산책로를 따라 걸으면 탁 트인 밴쿠버 경치를 감상할 수 있다. 산책로의 끝에는 '플라이 오버 캐나다 Fly over Canada'라는 4D 체험 놀이기구도 있다.

지도 P.83-C2 주소 999 Canada Pl, Vancouver, BC V6C 3T4 홈페이지 www.canadaplace.ca 가는 방법 스카이트레인 캐나다·엑스포 라인 워터프런트 Waterfront 역 하차 후 도보 5분.

Vancouver

밴쿠버 컨벤션 센터 서관
Vancouver Convention Centre West

여러 전시와 국제 행사를 치르는 대규모 컨벤션 센터. 캐나다 플레이스에 있는 동관과 콜 하버 쪽에 위치한 서관으로 구성돼 있다. 2009년에 문을 연 서관은 현대적인 시설을 자랑하며 대규모 회의장과 미팅룸을 갖추고 있다. 서관은 친환경 인증을 받은 건물로도 유명한데, 재활용 캔을 이용한 아트월과 '살아있는 지붕'이라 일컬어지는 녹지대 지붕이 대표적인 예다. 회의장으로 올라가면 거대한 유리창 너머로 바다 건너편 노스 밴쿠버 North Vancouver 지역이 한눈에 보이며 건물 뒤쪽으로는 산책하기 좋은 부두가 있어 시원한 경치를 즐길 수도 있다.

▶지도 P.83-C2 ▶주소 999 Canada Pl, Vancouver, BC V6C 3C1 ▶홈페이지 vancouverconventioncentre.com ▶가는 방법 스카이트레인 캐나다·엑스포 라인 워터프런트 Waterfront역 하차 후 도보 5분.

밴쿠버 컨벤션 센터 서관 볼거리

더 드롭 The Drop

건물 옆 부두를 따라 걸으면 바다쪽 코너 전망대에 거대한 물방울 모양의 조형물이 있다. 푸른 물방울을 연상하게 하는 이 작품은 밴쿠버의 푸른 바다와 잘 어울린다. 독일 예술가 그룹 '이그네 이데 Inges Idee'의 2009년 작품이다.

▶지도 P.83-C2 ▶주소 Vancouver Convention Centre West Building, 1055 Canada Pl, Vancouver, BC

잭 풀 광장 Jack Poole Plaza

엘리베이터나 계단을 이용해 컨벤션 센터 지붕 쪽으로 올라가면 바다를 향해 트인 광장이 나온다. 2010년 밴쿠버 동계 올림픽을 유치해 성공적으로 이끈 사업가 잭 풀을 기념하기 위해 조성된 광장이다. 이곳에는 밴쿠버 동계 올림픽에서 성화 봉송 주자가 마지막에 불을 붙인 성화 봉송대와 디지털 범고래 조형물, 식물들이 자라고 있는 일명 '살아있는 지붕'이 있다.

▶지도 P.83-C2 ▶주소 1055 Canada Pl Vancouver, BC V6C 0C3 ▶홈페이지 www.vancouverconventioncentre.com ▶가는 방법 스카이트레인 캐나다·엑스포 라인 워터프런트 Waterfront역 하차 후 도보 10분.

디지털 범고래 조형물

성화 봉송대

살아있는 지붕

콜 하버 Coal Harbour

밴쿠버 컨벤션 센터의 서쪽 스탠리 파크 Stanley Park(P.105) 사이에 있는 버라드만 Burrard Inlet에 인접한 항구 일대를 콜 하버라고 부른다. 1862년 한 영국인이 석탄(Coal)이 난다는 말을 듣고 이곳 땅을 매입하면서 그대로 콜 하버라 부르게 됐으며 현재는 밴쿠버의 대표적인 부자 동네로 인식되기도 한다. 하버 안쪽에는 고급스러운 고층 빌딩이, 바다에는 고급 요트들이 즐비하다. 바다 너머 노스 밴쿠버, 그라우스 마운틴까지도 조망할 수 있으며 빌딩 주변에 하버 그린 공원 Harbour Green Park과 산책로가 이어져 있다. 수상 비행기 선착장과 선박 주유소도 보인다.

지도 P.82-B2 주소 1199 W Cordova St, Vancouver, BC, V6E 4R5(하버 그린 공원) **가는 방법** 밴쿠버 컨벤션 센터 서관에서 도보 10분.

밴쿠버 룩아웃 Vancouver Lookout

워터프런트의 하버 센터 Harbour Centre 건물에 자리한 전망대로 밴쿠버 시내를 360도 조망할 수 있다. 밴쿠버의 고층 빌딩과 어우러진 아름다운 하버 풍경을 168m 상공에서 내려다볼 수 있으며, 한 층 위에는 회전 레스토랑이 있어 식사를 하면서 전망을 감상할 수 있다. 레스토랑은 별도의 예약이 필요하다. 건물 옥상에는 수상 비행기를 관제하는 항공관제소가 있고 지하에는 상점과 푸드코트가 있다. 셀프 가이드 오디오 투어를 할 수 있으며 한국어도 있다.

밴쿠버 룩아웃

지도 P.83-C2 주소 555 W Hastings St, Vancouver, BC V6B 4N4 **홈페이지** www.vancouverlookout.com **운영** 매일 09:30~19:00(마지막 엘리베이터는 18:30) **요금** 성인 C$21.09, 어린이(6~17세) C$15 **가는 방법** 스카이트레인 캐나다·엑스포 라인 워터프런트 Waterfront역 하차 후 도보 3분.

개스타운 명물, 증기 시계

개스타운 Gastown

워터프런트 동쪽에 위치한 개스타운은 1867년 '존 데이튼 John Deighton'이라는 영국 상선의 선원이 처음 정착하면서 생겨난 마을이다. 1886년 밴쿠버가 정식으로 시작되기 전부터 마을을 형성하고 살았던 곳으로 다운타운에서 가장 오래됐다. 존은 이곳에 술집을 열고 정착했는데 사람들은 수다스러운 그를 '개시 잭 Gassy Jack'이라 불렀고 마을 이름도 그의 별명에서 유래됐다고 보고 있다.

길바닥을 돌로 깔아 유럽의 구시가지 같은 느낌을 주는 이곳은 증기 시계를 비롯해 갤러리, 레스토랑, 브루어리, 카페, 기념품점, 부티크, 편집숍 등 많은 상점이 모여 있어 천천히 돌아다니며 구경하기 좋다. 한때는 낙후되고 위험한 동네였지만 2009년 밴쿠버 동계 올림픽을 앞두고 재정비되었고 같은 해 국립 역사 유적지로 지정되기도 했다. 아직도 이스트 헤이스팅스 거리 East Hastings St. 쪽은 위험할 수 있으니, 너무 늦은 시간엔 가지 않는 것이 좋다. 2024~2026년 대대적인 공사로 또 한 번 재정비될 예정이다.

지도 P.83-C2 **주소** 389 Water St., Vancouver, BC V6B 1B8 **홈페이지** www.gastown.org **가는 방법** 스카이트레인 캐나다·엑스포 라인 워터프런트 Waterfront역 하차 후 도보 3분.

증기 시계 Steam Clock

잔뜩 기대를 하고 갔다가 막상 실제로 보면 유명세에 비해 조금 실망한다는 이 증기 시계는 그래도 개스타운을 대표하는 명물이다. 유명 관광명소답게 시계 앞은 사진을 찍으려는 사람들로 넘쳐나 줄을 서야 할 때도 있다. 시계는 15분마다 증기를 내뿜는데 정시가 되면 멜로디와 함께 더욱 길게 증기를 내뿜는다. 부슬부슬 비가 오는 날에는 옛날로 돌아간 느낌이 들 만큼 운치를 뿜어내기도 한다.

지도 P.83-C2 **주소** 305 Water St, Vancouver, BC V6B 1B9

차이나타운 Chinatown

개스타운 남쪽으로 넓게 퍼져 있는 밴쿠버 차이나타운은 중국 이주민들이 북미권에 형성한 여러 차이나타운 중에서도 규모가 매우 큰 편이다. 미국의 샌프란시스코와 뉴욕에 이어 3번째로 큰 규모인 밴쿠버의 차이나타운은 황금을 찾아 모여든 중국인들이 1895년 그들의 커뮤니티인 'Chinese Benevolent Association(CBA)'을 형성해 정착한 것이 시작이었다.

차이나타운 초입에 자리한 천희문 千禧門이 자리한 웨스트 펜더 스트리트 W Pender St.와 그 주변을 중심으로 늘어선 이국적인 건물들, 한자와 영어가 섞인 간판들이 눈길을 끌며 길을 따라 생필품점, 약재상, 음식점, 카페 등이 빼곡히 들어서 있다. 이곳의 기념품점은 다른 지역보다 가격대가 조금 저렴한 편이라 마음 편히 구경해볼 수도 있다. 특히 매년 설날(구정)에 열리는 신년 퍼레이드 Chines New Year Parade는 현지들 사이에서도 인기만점이다. 최근에는 차이나타운을 넘어 밴쿠버 남쪽의 리치먼드 Richmond 지역까지 중국인들의 상권이 번지는 추세라고 한다.

지도 P.83-C3 주소 CBA 108 E. Pender St., Vancouver, B.C. Canada V6A 1T3 가는 방법 스카이트레인 엑스포 라인 스타디움-차이나타운 Stadium-Chinatown역 하차 후 바로.

중산(순얏센) 정원
Dr. Sun Yat-Sen Classical Chinese Garden

중국의 혁명가인 순얏센(본명 쑨원) 선생의 이름을 딴 정원으로 1986년 밴쿠버 엑스포 때 만들어졌다. 중국 명나라 때의 정원을 재현해 놓은 곳으로, 실제로 중국에서 숙련된 정원 장인들이 재료를 들여와 전통적인 방식으로 지어졌다. 정원에는 도교의 기본 원리인 균형과 대비가 주제로 반영돼 있다. 입구 쪽에 위치한 순얏센 공원 Dr. Sun Yat-Sen Park도 편안하면서도 정교하게 배치한 정자와 호수, 나무들이 조화를 이루는 곳이다. 입구 쪽의 공원만 보는 것은 무료이고 안쪽의 정원으로 들어가려면 입장료가 있다.

지도 P.83-C3 주소 578 Carrall St, Vancouver, BC V6B 5K2 홈페이지 www.vancouverchinesegarden.com 운영 화~일요일 09:30~16:00(마지막 입장은 15:30) 월요일 휴무 요금 성인 C$16 가는 방법 스카이트레인 엑스포 라인 스타디움-차이나타운 Stadium-Chinatown역 하차 후 도보 10분.

그랜빌 스트리트 Granville Street

워터프런트에서 다운타운을 관통해 밴쿠버 남쪽까지 이어지는 긴 거리. 다운타운에 있는 그랜빌 스트리트 Granville St와 웨스트 조지아 스트리트 W Georgia St가 만나는 지점에 규모가 큰 런던 드러그 London Drug와 노드스트롬 Nordstrom 백화점 등 쇼핑센터와 크고 작은 레스토랑, 카페들이 줄지어 있다. 남쪽으로 더 내려가면 보그 Vogue나 오르페움 Orpheum 같은 극장이나 공연장, 호텔도 많이 보인다.

지도 P.82-B3 ▶ **주소** Granville St, Vancouver, BC V6Z 1X6 **가는 방법** 스카이트레인 캐나다 라인 밴쿠버 시티 센터 Vancouver City Centre역, 엑스포 라인 그랜빌 Granville역 하차.

롭슨 스트리트 Robson Street

밴쿠버 웨스트 엔드 West End 지역에서 다운타운까지 동서 방향으로 이어지는 중심 거리로, 거리가 생긴 지 100년이 넘는 역사를 가지고 있다. 다운타운의 중심지이다 보니 늘 사람들이 북적이고 관광객들로 넘쳐난다. 유명한 브랜드 숍들과 다양한 레스토랑, 카페 등이 밀집해 있으며 한인마트, 어학원 및 각종 편의시설도 몰려 있다. 그랜빌 스트리트와 만나는 지점을 주변으로 밴쿠버 미술관, 롭슨 스퀘어, CF 퍼시픽 센터 등 굵직한 명소들이 있다.

지도 P.82-B2 ▶ **주소** Robson Street Vancouver, BC V6Z 2V7 **가는 방법** 스카이트레인 캐나다 라인 밴쿠버 시티 센터 Vancouver City Centre역 하차 후 도보 3분.

밴쿠버 미술관 Vancouver Art Gallery

고풍스러운 모습으로 웅장하게 서 있는 밴쿠버 미술관은 캐나다를 대표하는 화가인 에밀리 카 Emily Carr의 작품을 비롯해 샤갈의 일러스트레이션, 유럽 화가들의 작품, 사진, 조각, 그래픽 아트, 원주민 예술 등 1만 점이 넘는 작품을 소장하고 있다. 캐나다가 자랑하는 작가들의 작품을 많이 볼 수 있으며 소장품들의 상설 전시 외에도 특별전, 초청전 등 다양한 전시를 진행하고 있다.

1931년 최초로 설립된 이후 3번에 걸쳐 확장 이전을 해왔다. 현재의 갤러리 건물은 1911년 프랜시스 래튼버리 Fransis Rattenbur에 의해 신고전주의 양식으로 지어졌던 대법원 건물로, 1983년 미술관으로 개조해 새롭게 문을 연 후 지금에 이르렀다. 신전을 연상하게 하는 이오니아식 기둥이 이어져 있고 건물 중앙에는 돔이, 정문 옆에는 사자 조각상이 있다. 건물 내부에도 섬세한 조각 장식들을 볼 수 있다.

총 4층 규모로 1, 2층에는 주로 특별전이 열리고 3, 4층에 소장품들을 전시한다. 포스터, 책자, 작품이 인쇄된 상품들을 파는 기념품점과 야외 테이블이 있는 갤러리 카페 Gallery Café도 있다. 다운타운 중심부에 위치하며 미술관 앞에 광장이 있어 패션쇼 등의 이벤트, 버스킹, 집회, 촬영 등 다양한 행사가 열리며 뒤에는 롭슨 스퀘어가 이어진다.

지도 P.83-C2 **주소** 750 Hornby St., Vancouver, BC V6Z 2H7 **홈페이지** www.vanartgallery.bc.ca **운영** 토~목요일 10:00~17:00, 금요일 10:00~20:00 **요금** 18세 이상 C$29, 18세 미만 무료, 매월 첫째 금요일 저녁 무료 **가는 방법** 스카이트레인 캐나다 라인 밴쿠버 시티 센터 Vancouver City Centre역 하차 후 도보 3분.

롭슨 스퀘어 Robson Square

밴쿠버 미술관 1층에서 계단 아래에 위치한 광장으로 천장이 없는 지하 광장 같은 형태를 하고 있다. 1983년 조성된 이 광장 주변에는 밴쿠버 미술관, 법원 등 주요 건물이 모여 있으며 광장 내에는 UBC 위성 캠퍼스인 UBC 롭슨 스퀘어 UBC Robson Square 등이 있다. UBC 롭슨 스퀘어는 취업을 위한 하이테크 수업이나 평생 교육 프로그램 등을 운영한다. 미술관과 이어주는 계단 중앙에는 UBC의 마스코트인 천둥새 조형물을 세워놓았다. 겨울이면 아이스링크가 조성되어 스케이트를 타는 사람들로 항상 붐빈다.

지도 P.82-B3 **주소** 800 Robson St., Vancouver, BC V6Z 3B7 **홈페이지** www.robsonsquare.ubc.ca

밴쿠버 공립 도서관 Vancouver Public Library

다운타운 도심 한복판에 위치한 밴쿠버의 공립 도서관. 로마의 콜로세움을 닮은 독특한 외관이 눈길을 끄는 곳으로 1992년 지어졌다. 밴쿠버 공립 도서관들의 본관이라 중앙 도서관 Central Library으로 불리며 보유 장서와 자료가 매우 많은 것이 특징. 총 9층으로 이루어진 건물 입구로 들어서면 유리로 된 지붕과 높은 천장때문에 확 트인 느낌을 주며 그 옆으로 카페와 서점들이 줄지어 자리한다. 자료실, 회의실, 극장 등 다양한 시설뿐 아니라 2018년 9월부터는 옥상에 정원을 만들어 개방하고 있다. 안내센터에서 여권을 보여주면 와이파이 Wi-Fi 비밀번호를 받을 수 있다.

지도 P.83-C3 **주소** 350 W Georgia St., Vancouver, BC V6B 6B1 **홈페이지** www.vpl.ca **운영** 월~목요일 09:30~20:30, 금요일 09:30~18:00, 토요일 10:00~18:00, 일요일 11:00~18:00 **가는 방법** 스카이트레인 캐나다 라인 밴쿠버 시티 센터 Vancouver City Centre역 하차 후 도보 10분.

BC 플레이스 스타디움 BC Place Stadium

1983년 캐나다 엑스포를 앞두고 지어진 6만 석 규모의 지붕 개폐식 경기장으로 캐나디언 풋볼 리그(CFL)인 'BC 라이온스 BC Lions'의 홈구장이다. 2010년 밴쿠버 동계 올림픽 개막식과 폐막식이 열렸던 곳으로 눈에 띄는 흰색의 지붕은 밴쿠버의 랜드마크이다. 지붕은 천으로 이루어져 있는데 주입된 공기가 지지하는 공기 부양 방식의 돔으로 덮개의 원주는 760m에 달한다. 각종 경기, 공연 등을 하는 복합 단지이며 내부에는 경기장 외에도 BC 명예의 전당과 스포츠 박물관이 있다.

지도 P.83-C3 **주소** 777 Pacific Blvd, Vancouver, BC V6B 4Y8 **홈페이지** www.bcplace.com **가는 방법** 스카이트레인 엑스포 라인 스타디움-차이나타운 Stadium-Chinatown역 하차 후 도보 10분.

사이언스 월드 Science World

호수 위에 반짝이는 둥근 유리 건물이 멀리서도 눈에 띄는 이곳은 밴쿠버의 대표적인 과학 박물관이다. 과학 관련 전시뿐 아니라 연령대별로 과학적 원리를 이용한 놀이기구나 퍼즐 등 다양한 체험을 할 수 있어 가족 여행자들이 많이 찾는다. 2개 층에 나뉘어 8개의 갤러리와 거대한 과학공원이 있으며 맨 꼭대기 5층에는 대형극장 대형 극장 옴니맥스(임시 휴업)가 있다. 박물관 옆에는 크리크사이드 공원 Creekside Park이 있어 산책하기에도 좋다.

지도 P.83-C3 **주소** 1455 Quebec St,, Vancouver, BC V6A 3Z7 **홈페이지** www.scienceworld.ca **운영** 10:00~17:00(시기에 따라 변동됨) **요금** 19세 이상 성인 C$35.75, 13~18세 또는 65세 이상 C$28.80, 3~12세 C$24.25 **가는 방법** 스카이트레인 엑스포 라인 메인 스트리트-사이언스 월드 Main Street-Science World역 하차 후 도보 4분.

예일타운 Yaletown

젊은 감성의 캐나다를 느껴보고 싶다면 다운타운 남쪽으로 향해보자. 트렌디한 숍과 카페, 레스토랑들로 즐비한 예일타운은 밴쿠버 다운타운 남쪽의 핫한 지역이다. 폴스 크리크 False Creek(P.94) 인근에 위치한 예일타운에는 과거 수많은 무역선들의 하역장이자 물건을 보관하는 창고들이 모여 있었다. 1986년 엑스포가 열린 이후 도시 정비에 들어가면서 현재의 세련된 모습으로 변모하였다. 특히 밴쿠버에서 부유한 동네로 손꼽힐 정도로 고급 주택가가 밀집해 있다. 평일 낮에는 한산한 편이지만, 주말이면 현지인과 관광객들로 붐빈다.

지도 P.82-B3 ▶ **주소** Davie St., Vancouver, BC V6B 0H8 **가는 방법** 스카이트레인 캐나다 라인 예일타운 라운드 하우스 Yaletown-Roundhouse역 하차.

라운드하우스 커뮤니티 아트 앤 레크리에이션 센터
Roundhouse Community Arts & Recreation Centre

현대적인 분위기의 예일타운과는 반대로 오랜 역사를 간직한 명소가 있다. 캐나다가 자랑하는 철도의 역사를 보존하고자 유적지로 지정된 라운드하우스 커뮤니티 아트 앤 레크리에이션 센터는 현재 지역 커뮤니티 센터로 사용되고 있으며 주민들의 교육, 전시, 공연 등이 열린다.

붉은 벽돌 건물로 지어진 이곳은 캐나다 퍼시픽 레일웨이 Canada Pacific Railway의 종점 터미널이었는데, 라운드하우스라는 이름도 거기서 유래됐다. 특히 눈여겨볼 것은 1887년 5월 밴쿠버로 첫 손님을 태우고 왔던 기차 '엔진 Engine 374'다. 캐나다 대륙을 횡단했던 기차로 서부 개척에 중요한 역할을 했다. 기차 옆에 관련 자료도 함께 전시하고 있다.

지도 P.82-B3 ▶ **주소** 181 Roundhouse Mews, Vancouver, BC V6Z 2W3 **홈페이지** www.roundhouse.ca **운영** 날짜별 상이 **요금** 무료 **가는 방법** 스카이트레인 캐나다 라인 예일타운-라운드 하우스 Yaletown-Roundhouse역 하차 후 도보 5분.

도심 속 보물찾기
그랜빌 아일랜드 Granville Island

다운타운 남단 폴스 크리크 False Creek에 둘러싸인 작은 섬 그랜빌 아일랜드는 20세기 초 산업 부흥기에 세워졌던 오랜 공장 지대를 독특한 문화 공간으로 재개발한 곳으로 늘 사람들로 붐비며 활기가 넘친다. 엄밀히 따지면 섬은 아니지만 육지와 붙어 있는 부분이 작기 때문에 섬이라 불린다. 싱싱한 식재료를 파는 마켓과 극장, 갤러리, 예술학교, 레스토랑, 카페, 브루어리가 가득한 이곳은 현지인들뿐 아니라 관광객들에게도 인기가 많아 밴쿠버 여행의 필수 코스로 자리 잡았다. 그랜빌 아일랜드를 걷다 보면 옛 공장을 개조한 모습을 쉽게 발견할 수 있다. 신선하고 맛있는 먹거리를 맛보며 다양한 상품을 구경하는 재미가 쏠쏠하며 폴스 크리크와 어우러지는 아름다운 다운타운의 스카이라인을 감상할 수 있다. 사람이 많이 몰리는 주말이면 각종 공연과 행사가 많이 열려 더 흥겨운 곳이 된다.

지도 P.80-B2, P.82-B3　**주소** Granville Island, Vancouver, BC V6H 3S6　**홈페이지** www.granvilleisland.com　**운영** 상점별 상이　**가는 방법** 페리 또는 아쿠아버스 Granville Island 하차 또는 버스 15·50번 W2nd Ave @Anderson St. 하차.

Travel Plus

폴스 크리크 False Creek

그랜빌 아일랜드를 둘러싸고 있는 폴스 크리크는 다운타운 서쪽 잉글리시 베이의 한 부분이다. 좁다랗게 생긴 모습이 강처럼 보여 '크리크 Creek'라 불렸다가 알고 보니 바다여서 '틀렸다'는 뜻의 '폴스 false'를 붙여 '폴스 크리크'로 불리게 되었다. 움푹 들어가 있으니 정확히는 '만 Bay'이다.

Vancouver

● 관광　● 식당

Travel tip!

그랜빌 아일랜드를 오가는 미니 페리

그랜빌 아일랜드는 지하철이나 버스보다 페리를 이용하는 것이 편리하다. 폴스 크리크를 떠다니며 다운타운과 주변 지역들을 연결해주어 경치를 즐기기에도 제격인 교통수단이다. 미니 페리는 2가지 종류가 있는데, 작고 귀여운 통통배 모양의 아쿠아버스 Aquabus는 폴스 크리크를 따라 8개의 정류장을 오간다. 다운타운과 그랜빌 아일랜드, 배니어 공원까지 연결되는 폴스 크리크 페리 False Creek Ferries는 4개의 노선이 있다.

[아쿠아버스] 요금 성인 편도 C$4.50~10.00, 1일권 C$20 홈페이지 www.theaquabus.com

[폴스 크리크 페리] 요금 성인 편도 C$4.00~12.00, 1일권 C$20 홈페이지 granvilleislandferries.bc.ca

그랜빌 아일랜드의 볼거리 1   퍼블릭 마켓 Public Market

싱싱한 해산물, 과일, 채소 등의 식재료와 베이커리, 초콜릿, 케이크 등 각종 음식이 가득한 곳이다. 50개가 넘는 매대에서 맛있는 먹거리들을 구경하고 맛볼 수 있는 밴쿠버의 대표적인 마켓이다. 날씨에 상관없이 사시사철 사람들이 북적이는 곳으로 푸드 투어를 하는 관광객들도 볼 수 있다. 각종 차를 파는 그랜빌 아일랜드 티 컴퍼니 The Granville Island Tea Company, 사카이 연어 Wild Smoked Sockeye Salmon를 맛볼 수 있는 롱라이너 시푸즈 Longliner Seafoods 등 흥미로운 가게들이 많다.

지도 P.95 주소 1669 Johnston St, Vancouver, BC V6H 3R9 운영 매일 09:00~20:00

그랜빌 아일랜드의 볼거리 2   퍼블릭 마켓 코트야드 Public Market Courtyard

마켓 뒤쪽으로는 폴스 크리크가 보이는 작은 광장이 있다. 나무 갑판이 깔려 있는 이 코트야드에는 휴식을 취할 수 있는 벤치가 있다. 주변에는 종종 버스킹을 하는 사람들이 있어 흥겨운 라이브 음악이 더해지기도 한다. 건너편으로는 다운타운의 고층 빌딩 숲과 함께 요트가 떠 있는 모습을 감상할 수 있다. 지도 P.95

그랜빌 아일랜드의 볼거리 3   네트 로프트 Net Loft

퍼블릭 마켓 바로 앞에 자리한 네트 로프트는 아기자기한 상점들이 모여 있는 곳이다. 수공예품, 기념품, 의류, 문구용품, 부엌용품을 파는 상점들이 있어 하나씩 구경하는 재미가 있다.

지도 P.95 주소 1650 Johnston St, Vancouver, BC V6H 3R5 운영 매일 10:00~18:00

그랜빌 아일랜드의 볼거리 4   키즈 마켓 Kids Market

아이들의 동심을 자극하는 키즈 마켓은 입구에서부터 눈길을 사로잡는다. 동화 속 주인공들의 모형이 매달려 있고 아이들의 호기심을 자극하는 각종 키즈숍들이 보인다. 2층으로 올라가면 게임존, 파티존, 아트존, 체험존, 어드벤처존 등이 있어 아이들이 신나게 놀 수 있다.

지도 P.95 주소 1496 Cartwright St, Vancouver, BC V6H 3Y5 운영 매일 10:00~18:00

Vancouver

키칠라노 Kitsilano
배니어 공원이 있는 '키츠 포인트 Kits Point'와 해변을 포함한 서쪽 일대를 '키칠라노'라 한다. 아름다운 해변과 커다란 박물관이 위치하며 쇼핑 거리가 형성돼 있어 소소한 재미를 주는 곳이다.

밴쿠버 박물관 Museum of Vancouver (MOV)

캐나다에서 가장 오래된 시립 박물관인 이곳은 1894년 시민단체에 의해 처음 설립됐으며 지금의 건물은 캐나다 건국 100주년을 기념해 1968년에 문을 연 것이다. 박물관 입구의 커다란 철제 게 조형물과 흰색의 원형 지붕이 눈길을 끄는 곳으로, H.R. 맥밀란 스페이스 센터도 같이 들어가 있다. 처음 디자인할 당시에는 박물관 건물로만 지으려 했으나 독지가였던 맥밀란 H.R. MacMillan의 후원으로 천체 투영관인 지붕이 더해지면서 지금의 모습이 됐다. 지붕의 독특한 디자인은 북서부 해안가에서 살던 원주민들의 바구니 모자의 모양을 본뜬 것으로 천체 투영관의 역할을 하고 있다.

캐나다 역사가 시작되기 전부터 살았던 원주민의 예술품들과 1900년대 밴쿠버의 근현대사를 보여준다. 자료 전시만 하는 게 아니라 시대별로 특징적인 상황들을 모형으로 꾸며 놓아 더 흥미를 불러일으킨다. 밴쿠버에서 가장 오래된 길인 그랜빌 스트리트나 태평양의 관문이었던 밴쿠버, 1950년대의 자가용과 당시 1만 9,000여 개가 있었다는 네온 사인, 1960년대 이후의 히피 문화, 일반 가정집의 재현 등 당시 생활, 문화, 경제 등을 재미있게 볼 수 있다

지도 P.82-B3 **주소** 1100 Chestnut St., Vancouver, BC V6J 3J9 **홈페이지** www.museumofvancouver.ca **운영** 일~수요일 10:00~17:00, 목~토요일 10:00~20:00 **휴관** 크리스마스 연휴·신년 연휴 **요금** 성인 C$23, 학생 또는 65세 이상 C$18 **가는 방법** 버스 2번 탑승 Westbound Cornwall Ave @ Cypress St 하차 후 도보 8분.

맥밀란 스페이스 센터 H.R. MacMillan Space Centre

우주에 관한 다양한 분야의 전시물을 관람하고 체험을 할 수 있는 박물관으로 밴쿠버 박물관 바로 옆에 있다. 우주와 우주인들의 생활에 대해 탐험하며 이해할 수 있도록 꾸민 코스믹 코트야드 갤러리 Cosmic Courtyard Gallery와 소극장 그라운드스테이션 캐나다 시어터 Groundstation Canada Theatre가 있고 둥근 지붕에 위치한 천문 극장 Planetarium Star Theatre에서는 천체 레이저쇼를 볼 수 있다. 천체를 직접 관측하는 천문대 GMS Observatory는 박물관 외부 조금 떨어진 곳에 위치해 있다.

지도 P.82-B3 ▶ **주소** 1100 Chestnut St, Vancouver, BC V6J 3J9 **홈페이지** www.spacecentre.ca **운영** 매일 09:30~16:30 **요금** 성인 C$24(인터넷으로 원하는 프로그램을 예약하는 게 편리) **가는 방법** 버스 2번 탑승 Westbound Cornwall Ave @ Cypress St 하차 후 도보 8분.

밴쿠버 해양 박물관 Vancouver Maritime Museum

항구 도시로서의 밴쿠버를 잘 알 수 있는 박물관이다. 여러 종류의 보트와 배들을 많이 전시하고 있으며 배를 만드는 과정을 보여주는 전시실도 있다. 가장 인기 있는 볼거리는 돛이 달린 범선인 '세인트 로크 St. Roch'호다. 1928년 만들어졌으며 캐나다 북쪽에 파견돼 있던 기마경찰대의 물자를 실어 나르는 역할을 했다. 북서 항로를 오가던 항해 일지와 선원들이 생활하던 내부도 볼 수 있다.

지도 P.82-B3 ▶ **주소** 1905 Ogden Ave, Vancouver, BC V6J 1A3 **홈페이지** www.vanmaritime.com **운영** 매일 10:00~ 17:00 **요금** 성인 C$18.50 **가는 방법** 버스 2번 탑승 Westbound Cornwall Ave @ Cypress St 하차 후 도보 10분.

배니어 공원 Vanier Park

잉글리시 베이 남쪽 해안가에 위치한 공원으로 서쪽으로는 키칠라노가 이어진다. 밴쿠버 박물관 등 3개의 박물관과 문서보관소 등이 자리하고 있으며 인근 주민들이 산책을 하거나 운동하는 모습을 볼 수 있다. 바다 너머로는 노스 밴쿠버와 다운타운이 보이는 아름다운 경치를 자랑한다.

지도 P.82-B3 ▶ **주소** 1000 Chestnut St, Vancouver, BC V6J 3J9 **가는 방법** 폴스 크리크 페리 False Creek Ferries 배니어 공원 하차 후 2번 버스 탑승. WB Cornwall Ave FS Cypress St 하차 후 도보 15분.

키칠라노 해변 Kitsilano Beach

다운타운과 노스 밴쿠버가 보이는 전망 좋은 해변으로, 누워서 태닝을 하거나 바닷가를 산책하는 해변의 풍경이 평화로워 보이는 곳이다. 모래사장이 있는 이곳에는 놀이터와 비치 발리볼 코트가 있어 날씨가 좋으면 많은 사람들이 이용하며, 길이가 137m나 되는 야외 수영장 키칠라노 풀 Kitsilano Pool과 레스토랑이 있다. 배니어 공원에서 서쪽 해안길을 따라 조금만 걸어가면 나온다.

지도 P.82-A3 **주소** 1499 Arbutus St, Vancouver, BC V6J 5N2 **홈페이지** www.vancouver.ca **가는 방법** 밴쿠버 박물관에서 도보 8분.

웨스트 4번가 West 4th Avenue

키칠라노를 대표하는 유명한 거리로 보통 '키츠 Kits'라는 애칭으로 불린다. 키칠라노 해변에서 10여 분 정도 걸어 내려오면 4번가가 나오는데 화려한 번화가는 아니지만, 발삼 거리 Balsam Street에서 버라드 거리 Burrard Street까지 1km 정도 거리에 다양한 상점과 카페, 레스토랑들이 모여 있다. 1960~70년대 히피들이 모여들던 곳이었지만 부유한 주택가로 변모하면서 이제는 웰빙을 추구하는 가게들이 주를 이루고 있다. 유기농 마켓과 건강한 재료를 강조하는 베이커리, 고메커피숍, 편집숍, 요가용품점, 스파용품점, 여행용품점, 선물용품점, 스포츠용품점 등이 있다.

지도 P.82-A3·B3 **주소** W 4th Avenue Vancouver, BC **가는 방법** 버스 4·7·84번이 4번가 곳곳에 정차하는데, Balsam St 또는 Burrard St에서 하차하는 것이 편하다.

브리티시 컬럼비아 주립대학 주변
University of British Columbia

밴쿠버 서쪽 태평양을 향해 튀어나온 반도에는 바다로 둘러싸여 아름다운 경치를 자랑하는 브리티시 컬럼비아 주립대학(UBC)이 넓게 자리하고 있다. 특히 밴쿠버 시내에서 UBC까지 가는 길을 따라 아름다운 해변들이 줄지어 있어 드라이브 코스로 인기다.

©Russ Heinl

브리티시 컬럼비아 주립대학 University of British Columbia (UBC)

캐나다 서부 최고의 명문 종합대학으로 밴쿠버 남서쪽 태평양을 바라보는 아름다운 해변가에 위치한다. 1915년 설립된 이후 8명의 노벨상 수상자와 3명의 캐나다 총리 등 걸출한 인물들을 배출한 명문 학교로도 잘 알려져 있다. 현재 캐나다는 물론 전 세계 140여 개국에서 온 6만 5,000여 명의 학생들이 공부하고 있으며 해마다 증가하는 추세다. 캠퍼스는 8개의 단과 대학과 연구소, 도서관, 각종 편의시설을 비롯해 인류학 박물관, 식물원, 장미 정원 등 UBC가 자랑하는 시설들도 다수 있다. 바다를 끼고 있는 주변의 아름다운 경관 때문에 관광객들도 많이 찾고 있다.

지도 P.80-A2, P.100 **주소** 6200 West Mall, Vancouver, BC V6T 1Z4 **홈페이지** www.ubc.ca **가는 방법** 버스 25·33·44·49·68·84번 UBC Exchange 하차.

브리티시 컬럼비아 주립대학 볼거리

UBC 장미 정원 UBC Rose Garden

이름처럼 봄이 되면 형형색색의 장미들로 가득한 정원. 포인트 그레이 Point Grey 방향으로 바다도 조망할 수 있어 경치가 제법 그럴싸하다. 겨울에는 꽃이 져 좀 썰렁하지만 장미가 피는 계절에 맞추어 찾으면 아름다운 정원을 감상할 수 있다.

지도 P.100 주소 6301 Crescent Rd, Vancouver, BC V6T 1Z2 가는 방법 버스 68번 WB NW Marine Dr @ Cecil Green Park Rd 하차 후 도보 3분.

니토베 기념 정원 Nitobe Memorial Garden

UBC의 교수였고 도쿄 여자대학의 학장이었던 니토베 이나조 Nitobe Inazō를 추모하고 기념하는 일본식 정원이다. 일본 지폐에도 나온 니토베 박사는 『무사도』라는 책을 통해 서양에 일본을 알린 인물이며 빅토리아에서 생을 마감했다. 일본 정원 특유의 정갈하면서도 편안한 느낌을 주는 곳으로 연못, 정자, 목재 교각, 석탑 등과 전통방식으로 지은 티 하우스가 있다. 이곳에서는 5~9월 매달 마지막 토요일에 티 세레모니 Tea ceremonies를 연다. 정문 옆에 위치한 현대식 티 하우스에서도 '차도 Chado'라 부르는 일본식 다도를 체험해 볼 수 있다.

지도 P.100 주소 1895 Lower Mall, Vancouver, BC V6T 1Z4 홈페이지 www.botanicalgarden.ubc.ca 운영 4/1~10/31 화~일요일 10:00~16:30, 11/1~12/24 화~일요일 10:00~14:00 (1·2월은 휴무) 요금 성인 C$7(겨울 C$5) 가는 방법 84번 Exchange Bay 2 하차 후 도보 10분, 인류학 박물관에서 도보 5분.

UBC 식물원 UBC Botanical Garden

1916년에 설립돼 100년이 넘는 역사를 자랑하는 식물원이다. BC주 식물들을 포함해 다양한 수종들을 보유하고 있는 이곳은 노스 아메리카 가든 North America Garden, 아시아 가든 Asia Garden처럼 지역별로 구분해 놓은 정원들과 피직 가든 Physic Garden, 푸드 가든 Food Garden 같이 주제별로 꾸며진 정원들을 포함해 여러 가든이 모여 있다. 니토베 기념 정원도 그중 하나다.

지도 P.100 주소 Administration Building, 6804 SW Marine Dr, Vancouver, BC V6T 1Z4 홈페이지 www.botanicalgarden.ubc.ca 운영 4/1~10/31 화~일요일 10:00~16:30, 11/1~12/24 화~일요일 10:00~14:00 (1·2월은 휴무) 요금 성인 C$11(니토베 정원과 통합권 C$16.50, 겨울 C$5) 가는 방법 버스 68번 Stadium Rd @ West Mall 하차 후 도보 1분.

UBC 인류학 박물관 Museum of Anthropology (MOA)

UBC 캠퍼스 서쪽 끝 포인트 그레이 Point Grey에 위치한 박물관으로, 북서 해안 원주민 지역과 아시아, 아프리카 등지의 방대한 고고학 유물과 자료를 전시한다. 대학교 지하에서 모으던 인류학 자료들을 바탕으로 1976년 정식으로 개관했다. 박물관 건물은 원주민 가옥 구조에서 힌트를 얻어 캐나다 건축가인 아서 에릭슨 Arthur Erickson이 디자인했다. 박물관 입구 안쪽에 위치한 그레이트 홀 Great Hall에는 원주민들의 토템폴과 그들이 사용했던 그릇, 카누가 있다. 토템폴에는 각 부족들이 신성시하던 동식물이나 자연이 표현되어 있다. 내부로 더 들어가면 멀티버시티 갤러리 Multiversity Gallery가 등장하는데 여기에서도 다양한 유물을 볼 수 있다. 그 밖에도 16~19세기 도자기를 전시하는 커너 유럽 도자기 갤러리 Koerner European Ceramics Gallery 등 다양한 갤러리와 도서관 및 자료실이 있다. 박물관 야외에서도 원주민 하이다족 Haida의 주택과 토템폴을 전시하고 있다.

지도 P.100 주소 6393 NW Marine Dr, Vancouver, BC V6T 1Z2 홈페이지 www.moa.ubc.ca 운영 금~수요일 10:00~17:00, 목요일 10:00~21:00 요금 성인 C$26, 목요일 17:00 이후 C$13 가는 방법 버스 68번 NW Marine Dr @ West Mall 하차 후 도보 1분.

MOA 대표 작품

까마귀와 최초의 사람들 The Raven and the First Men

빌 레이드 로툰다 Bill Reid Rotunda에 있는 작품으로 인류학 박물관에서 가장 유명한 작품이다. 3m에 달하는 이 거대한 조형물은 원주민 예술가로 유명한 빌 레이드 Bill Reid의 작품으로 BC주의 원주민이었던 하이다족의 탄생설화를 표현한다.

제리코 해변 Jericho Beach

밴쿠버에 있는 여러 해변 중 키칠라노 해변 서쪽에서 이어지는 조용한 해변이다. 긴 모래사장이 펼쳐진 이곳은 웨스트 밴쿠버와 스탠리 파크, 다운타운을 한눈에 조망할 수 있으며, 제리코 해변 공원 Jericho Beach Park으로 둘러싸여 있어 나무와 산책로가 많다. 다운타운에서 좀 떨어져 있어 사람이 많지 않아 한가롭게 산책할 수 있으며 브리티시 컬럼비아 주립대학(UBC) 쪽으로 가는 길에 잠시 들러 밴쿠버의 해안을 감상하기에 제격이다.

지도 P.100 주소 3941 Point Grey Rd, Vancouver, BC V6R 1B5 운영 매일 07:00~20:00 가는 방법 버스 4·42번 탑승 Westbound W 4th Ave@Wallace St 하차 후 도보 5분.

Vancouver

도심 속 오아시스
스탠리 파크 Stanley Park

밴쿠버가 자랑하는 도심 속의 거대한 녹지대. 크기가 다운타운에 버금가는 거대 규모의 공원으로 울창한 숲과 바다를 끼고 있어 '그린 오아시스 Green Oasis'라 부른다. 27km에 달하는 숲속 트레일과 '시월 Seawall'이라 부르는 8.8km의 해안 도로, 주변에 펼쳐지는 아름다운 해변, 아이들이 좋아하는 수족관, 볼거리를 제공하는 다양한 관광 포인트가 있고 레스토랑, 카페 등의 편의시설도 갖추고 있다. 코요테, 비버 등 수많은 야생 동물이 살며 산책을 하다 보면 라쿤 같은 동물도 볼 수 있다.

지도 P.80-B2, P.82-A1·B1·B2 **주소** Vancouver, BC V6G 1Z4 **홈페이지** www.vancouver.ca **운영** 매일 09:00~22:00 **가는 방법** 버스 19번 Stanley Park Dr 하차. 또는 W Georgia St. @ Gilford St. 하차 후 자전거 렌탈하여 이동.

Travel Plus

스탠리 파크는 어떻게 만들어졌을까

도심 가까이에 있는 스탠리 파크가 이렇게 울창하고 거대할 수 있었던 데는 한때 무기 저장고로 쓰인 역사 때문이다. 1863년 미국이 콜 하버 부근까지 점령해오자 원주민들과 이민자들은 콜 하버를 지키기 위해 지금의 공원 자리를 군사 지역으로 지정하고 무기를 저장하면서 전쟁 준비를 했다. 그러나 예기치 못하게 전염병이 돌고 전쟁도 흐지부지되면서 스탠리 파크는 방치됐다. 이를 1886년 밴쿠버 공원 연맹이 되살리기 시작했고 1888년 당시 총독이었던 스탠리 경의 이름을 따 지금의 스탠리 파크로 남게 된 것이다.

스탠리 파크의 볼거리

로스트 라군 Lost Lagoon

공원 입구에 있는 호수로 오리, 백조, 너구리 등이 서식하고 있다. 원래는 바다였으나 퇴적 작용으로 막힌 후로는 담수호가 됐다. 바다에서 발견될 법한 조개류 화석들이 발견되면서 원래 바다였음을 증명하고 있다.

지도 P.82-B2 ▶ 주소 Lost Lagoon Path, Vancouver, BC V6G 2S1

토템폴 Totem Poles

BC주에 살았던 원주민들의 토템폴이 서 있다. 원주민들의 전설을 조각해 놓은 이 토템폴에는 물고기, 고래, 새 등이 새겨져 있는데 고래의 증가로 연어의 수가 감소하자 천둥새 Thunder Bird가 나타나 고래를 낚아채 갔다는 원주민들의 전설을 담고 있다.

지도 P.82-B2·P.83-C2 ▶ 주소 Vancouver, BC V6G 3E2

브록턴 포인트 Brockton Point

공원 동쪽 끝에 위치해 있으며 바다의 대형 여객선이나 화물선이 떠 있는 바다를 향해 작은 등대가 서 있다. 이 등대는 1890년 처음 세워졌고 지금의 것은 1915년에 세워진 것이다.

지도 P.83-C1 ▶ 주소 Vancouver, BC V6G 3E2

Travel tip!

스탠리 파크 돌아보기

스탠리 파크는 워낙 규모가 커서 짧은 시간에 걸어서 볼 수는 없다. 공원을 다니다 보면 숲길을 따라 트레킹을 하거나 자전거, 인라인 스케이트를 타는 현지인들이 많이 보인다. 여행자들도 시월 Seawall을 따라 자전거를 렌트해 타거나 자동차로 드라이브를 하면 큰 공원을 한 번에 보기 좋다. 계절에 따라 마차 투어도 이용할 수 있다(유료).

잠수복을 입은 소녀 Girl in a Wetsuit

브록턴 포인트를 지나 시월을 따라가다 보면 바다 가운데 놓여 있는 동상을 볼 수 있다. 조각가 엘렉 임레디 Elek Imredy의 1972년 작품으로 이름처럼 소녀가 잠수복을 입고 오리발까지 하고 있는데 재미있는 것은 매일 바다의 수위가 높아지면서 진짜로 잠수를 한다는 것이다.

> 지도 P.82-B1 ▶ 주소 2743 Stanley Park Dr, Vancouver, BC V6G 3E2

프로스펙트 포인트 Prospect Point

스탠리 파크 내에서 가장 높은 곳에 위치한 전망대로 밴쿠버 북쪽을 내려다보기 좋은 곳이다. 노스 밴쿠버의 집들과 유람선이 떠다니는 바다, 그 옆으로 라이언스 게이트 브리지 Lions Gate Bridge가 보인다. 바로 옆에 기념품점, 아이스크림 가게, 카페, 레스토랑이 있어 전망을 감상하며 쉬기 좋다.

> 지도 P.82-B1 ▶ 주소 5601 Stanley Park Dr, Vancouver, BC V6G 3E2

할로우 트리 Hollow Tree

이름처럼 속이 빈 나무. 공원 내에 있는 할로우 트리 중 가장 크며, 둘레도 18m가 넘는 800년 이상 된 노목이다. 나무가 마르기 시작하면서 속이 비게 됐지만 지금도 주변에 양분을 나눠주고 있어 간호사 나무라 불린다.

> 지도 P.82-A1 ▶ 주소 Rawlings Trail, Vancouver, BC V6G 3E2

사이위시 록 Siwash Rock

젊은 추장의 자식 사랑에 대한 전설이 있는 곳. 추장이 자신의 아기를 지키기 위해 거인들에게 당당히 맞서자 거인들이 살아 있는 바위로 만들어버렸다는 전설이 있다. 사이위시는 '인디언 같은'이라는 뜻으로 바위의 모습이 추장의 옆모습 같다 하여 붙여진 이름이며 바위의 높이는 15m에 달한다.

> 지도 P.82-A1 ▶ 주소 Stanley Park Seawall Path, Vancouver, BC V6G 3E2

더 티하우스 The Teahouse

버라드만 Burrard Inlet과 노스 밴쿠버의 경치를 감상할 수 있는 뷰 포인트에 위치한 레스토랑 겸 찻집으로 차를 마시거나 식사를 하며 경치를 즐길 수 있다. 티하우스 앞으로 완만한 언덕에 벤치가 있어 앉아서 경치를 감상할 수 있고 바닷가 쪽으로 내려가면 시월이 이어지는 해변에 다다를 수 있다.

▶ 지도 P.82-A1　주소 7501 Stanley Park Dr, Vancouver, BC V6G 3E2

잉글리시 베이 비치 English Bay Beach

스탠리 파크 프로스펙트 포인트 서쪽부터 다운타운 남서쪽까지 이르는 바다를 따라 군데군데 모래사장이 있는 해변들이 있는데 그중에서 다운타운 서쪽에 위치한 잉글리시 베이 비치는 도심과 가까우면서도 아름다워 사람들이 많이 찾는 곳으로 특히 일몰이 장관이다. 7월 말에 열리는 '불꽃 축제'와 1월 1일에 열리는 '폴라 베어 수영 대회' 시즌에는 더욱 많은 인파가 몰린다.

▶ 지도 P.82-B2　주소 Beach Ave, Vancouver, BC V6C 3C1　가는 방법 버스 6번 Davie St. @ Denman St. 하차 후 도보 2분.

Travel Plus

라이언스 게이트 브리지 Lions Gate Bridge

1938년에 지어진 제법 오래된 다리로 밴쿠버의 랜드마크 중 하나다. 2005년에는 국립 역사 유적지로 지정되었다. 노스 밴쿠버의 두 산봉우리에서 이름을 따왔는데 다리 남단 입구에는 두 개의 사자상이 있다. 길이 1,823m, 높이 111m의 현수교로 큰 배들도 충분히 지나갈 수 있다. 밴쿠버시 건립 100주년에는 이를 기념해 다리에 전구를 달아 밤이 되면 반짝반짝 아름다운 야경을 선사한다. 시월 Seawall로 내려가면 다리가 더 가까이 보인다. ▶ 지도 P.82-B1

자전거로 즐기는 **밴쿠버 풍경**

밴쿠버를 즐기는 방법은 여러 가지다. 대중교통을 이용해 뚜벅이 여행도 가능하고 차를 빌려 해안도로를 시원하게 달려볼 수도 있다. 하지만 친환경 도시 밴쿠버에서 자연과 하나되는 가장 멋진 방법은 자전거를 이용하는 것이다. 물론 도시 전체를 자전거로 다니는 것은 무리이고, 자전거를 이용해 자연 속 도시 밴쿠버의 멋진 풍경을 즐길 수 있는 곳이 스탠리 파크다.

스탠리 파크를 자전거로 둘러보면 주차 걱정 없이 반나절만 투자해도 차가 다닐 수 없는 구석구석을 돌아볼 수 있다. 스탠리 파크 해안가의 시월 Seawall을 따라 로스트 라군 Lost Lagoon에서 프로스펙트 포인트 Prospect Point를 지나 한 바퀴를 돌면서 브록턴 포인트 Brockton Point, 사이워시 록 Siwash Rock 등 주요 명소를 볼 수 있고 다운타운과 바다의 아름다운 경치를 감상할 수 있다. 자전거는 스탠리 파크 주변의 대여점에서 빌릴 수 있으며 여권이나 신분증이 있어야 한다.

추천 자전거 대여점

조이 사이클 Jo-E Cycles

스탠리 파크 근처에서 한국인이 운영하는 대여점으로 현지인에게도 인기가 많다. 일반 자전거는 물론 전기 자전거도 취급하며 다양한 종류와 가격대의 자전거가 있다. 스키 시즌이 되면 각종 스키 장비를 대여하며 스키 프로그램을 진행하기도 한다.

지도 P.82-B2 **주소** 768 Denman St., Vancouver, BC V6G 2L5 **홈페이지** www.jo-e-cycles.com **영업** 월~토요일 08:00~21:00, 일요일 08:30~21:00 **요금** 성인 1시간 C$9, 반나절 C$25 **가는 방법** 버스 240·246번 Georgia St@Denman St. 하차 후 도보 3분.

스포크스 바이시클 렌털 Spokes Bicycle Rentals

다양한 종류의 자전거를 대여하며 판매도 한다. 상점 규모가 크며 조이 사이클에서 한 블록 떨어진 큰길에 있다.

지도 P.82-B2 **주소** 1798 W Georgia St., Vancouver, BC V6G 2V7 **홈페이지** www.spokesbicyclerentals.com **영업** 월~금요일 08:00~21:00, 토·일요일 08:00~21:30 **요금** 성인 1시간 C$8.75, 반나절 C$25.71 **가는 방법** 조이 사이클에서 도보 5분.

사우스 밴쿠버 South Vancouver

밴쿠버의 남쪽은 산이 거의 없고 평지가 많은 편이다. 이 지역에서 주로 방문하는 퀸 엘리자베스 공원과 밴듀센 식물원은 그리 높지 않은 곳이지만 밴쿠버 시내가 내려다 보이는 시민들의 휴식처다.

퀸 엘리자베스 공원 Queen Elizabeth Park

밴쿠버 남쪽 시내에서 가장 높은 언덕인 리틀 마운틴 Little Mountain에 위치한 공원으로 꽃과 나무, 잔디, 조각, 산책로, 스포츠 시설, 블뢰덜 온실 등이 있다. 높다고 해도 153m밖에 되지 않지만 정상에 오르면 밴쿠버 시내와 멀리 북쪽 산들까지 시원하게 조망할 수 있다. 원래 채석장이던 이곳은 1939년 퀸 엘리자베스 여왕의 방문을 기념해 조성됐다.

지도 P.80-B2 주소 4600 Cambie St., Vancouver, BC V5Z 2Z1 가는 방법 스카이트레인 캐나다 라인 킹 에드워드 King Edward역 하차 후 도보 10분.

블뢰덜 온실 Bloedel Conservatory

퀸 엘리자베스 공원 꼭대기에 위치한 온실로 1969년 오픈했다. 거대한 돔이 인상적인 곳으로 온도가 조절되는 환경 속에 살고 있는 다양한 아열대 식물들과 자유롭게 날아다니는 여러 종의 조류를 볼 수 있다.

지도 P.80-B2 주소 4600 Cambie St., Vancouver, BC V5Z 2Z1 홈페이지 https://vandusengarden.org/ 운영 3~4월 10:00~18:00, 5~8월 10:00~19:00, 9~10월 10:00~17:00, 11~2월 10:00~16:00 요금 성인 C$8.05

밴듀센 식물원 VanDusen Botanical Garden

BC주 북서부 해안의 다양한 식물이 자라고 있는 곳으로 1975년 개장했다. 원래는 이곳에 아파트가 들어서려 했는데 밴듀센 VanDusen이라는 사업가가 후원을 하면서 식물원으로 남아 있게 됐다. 7,500여 종의 식물이 자라고 있으며 미로 정원, 허브 정원, 장미 정원 등 주제별로 꾸며진 정원과 국가별 정원이 있다.

지도 P.80-B3 주소 5251 Oak St., Vancouver, BC V6M 4H1 홈페이지 https://vandusengarden.org/ 운영 3월 10:00~17:00, 5월 09:00~18:00, 6~8월 9:00~19:00, 4·9·10월 09:00~17:00, 11~2월 10:00~14:00 요금 성인 4~10월 C$15.05, 11~3월 C$10.67 가는 방법 퀸 엘리자베스 공원에서 도보 15분.

론즈데일 키 마켓 Lonsdale Quay Market

1986년 문을 연 노스 밴쿠버의 대표적인 시장이다. 3층으로 이루어져 있으며 식재료 매장, 다국적 음식의 푸드코트, 베이커리, 디저트 가게, 와인 가게, 부엌용품, 의류, 기념품, 도자기, 액세서리 가게들이 있다. 정문 앞에는 작은 분수와 광장이 있는데 이곳에서 밴쿠버의 스카이라인을 감상할 수 있다. 광장 주변으로는 초콜릿 가게, 카페, 레스토랑 등이 이어져 있다.

지도 P.83-D1 주소 123 Carrie Cates Ct, North Vancouver, BC V7M 3K7 홈페이지 www.lonsdalequay.com 운영 [마켓 층] 매일 09:00~19:00(레스토랑, 바는 늦게까지 연다) 가는 방법 다운타운에서 자동차로 20분, 시버스 론즈데일 키 마켓 Lonsdale Quay Market역 하차 후 바로.

노스 밴쿠버 North Vancouver

평지가 많은 남쪽과 달리 노스 밴쿠버는 산악지대라 공원이 많이 조성돼 있다. 여름에는 등산이나 트레킹, 캠핑을 위해 여행자들의 발길이 끊이지 않으며 겨울이 되면 스키어들이 모여든다. 사철 색다른 매력을 선보이는 곳이다.

론즈데일 키 마켓 주변의 볼거리

마켓 건물 옆에는 유리 벽면과 독특한 디자인의 지붕이 눈에 띄는 더 폴리곤 갤러리 The Polygon Gallery와 대형 펍이 있다. 옆에 위치한 더 쉽야드 The Shipyards에서는 5~9월 매주 금요일마다 나이트 마켓이 열린다. 다양한 공예품, 식재료를 팔 뿐 아니라 라이브 음악이 들리고 푸드트럭도 있어 흥겨운 밤을 보낼 수 있다.

지도 P.83-D1 [더 폴리곤 갤러리 The Polygon Gallery] 주소 101 Carrie Cates Ct, North Vancouver, BC V7M 3J4

지도 P.83-D1 [더 쉽야드 The Shipyards] 주소 125 Victory Ship Way, North Vancouver, BC V7L 0B2

Travel tip!

워터프런트역에서 시버스 타기

론즈데일 키 마켓에 갈 때는 시버스를 타고 가는 것이 좋다. 밴쿠버항을 떠나는 시버스는 스카이트레인 캐나다·엑스포 라인 워터프런트 Waterfront역에서 탈 수 있으며 내리면 바로 마켓과 연결된다. 워터프런트역 내 '시버스 SeaBus' 안내판을 따라 연결 통로를 지나면 선착장 정면에 작은 관리 사무소와 왼쪽에 입구가 보인다. 입구 안쪽에 승선을 위한 여러 개의 문이 있는데 승객들이 하차하고 나서 이 문이 열린 후 승차하면 된다.

캐필라노 현수교 공원 Capilano Suspension Bridge Park

밴쿠버 북쪽으로 길게 이어진 캐필라노 계곡 옆에 위치한 공원이다. 캐필라노강 위에 만들어진 유명한 현수교가 있는 곳으로 영화 촬영 장소로도 잘 알려져 있다. 현수교를 건너는 짜릿한 재미와 더불어 산책, 숲 속 탐험도 즐길 수 있는 밴쿠버의 대표 명소로 어른과 아이 모두에게 모험심을 자극하는 곳이다. 가족 단위의 현지인들과 소풍을 나온 학생들, 세계 각지에서 온 관광객으로 늘 붐빈다.

정문을 지나면 현수교에 대한 역사를 알 수 있는 사진과 자료, 건설에 쓰인 장비들을 전시해 놓은 스토리 센터 Story Centre가 있다. 현수교로 가는 길은 그리 멀지 않으며 가는 중간에 원주민들의 재미있는 토템폴들이 서 있고 카페, 레스토랑, 간이음식점, 기념품점 등 편의 시설이 있다. 입장 시 공원 지도를 주는데 각 체험을 마칠 때마다 스탬프를 찍으면 마지막에 완료 증서를 줘 어린이들에게 인기다.

지도 P.80-B1 **주소** 3735 Capilano Rd, North Vancouver, BC V7R 4J1 **홈페이지** www.capbridge.com **운영** 5월 중순~9월 08:30~20:00(날짜별로 다르므로 홈페이지 참조, 행사 기간에는 늦게까지 하기도 한다) **휴무** 12/25 **요금** 성인 C$78, 18세 이상 학생 C$64, 13~17세 C$49, 6~12세 C$28, 6세 미만 무료(17:00 이후 입장하는 이브닝 티켓은 좀 더 저렴함) **가는 방법** 다운타운에서 자동차로 10분 또는 버스 232·236번 NB Capilano Rd @ 3600 Block하차(다운타운에서 무료 셔틀 운행 픽업 장소 홈페이지 참조).

캐필라노 현수교 공원

캐필라노 현수교
Capilano Suspension Bridge

캐필라노 공원을 대표하는 가장 인기 있는 스폿이다. 높이 70m, 길이 137m의 이 흔들 다리는 보기와 다르게 1,300명 이상의 무게를 견딜 수 있을 만큼 튼튼하다. 1889년 최초로 건설됐고 이후 4번에 거쳐 다시 만들어졌으며 지금의 것은 1956년 강철 케이블로 보강 공사가 이루어진 것이다. 중간쯤 갔을 때가 제일 아찔하다. 지도 P.80-B1

트리탑스 어드벤처
Treetops Adventure

나무와 나무 사이를 7개의 현수교로 연결해 건너가며 숲을 관찰하게 만든 곳이다. 다리를 건널 때마다 숲을 조망할 수 있는 전망대도 설치해 놓았다. 볼트와 못을 사용하지 않고 다리들을 건설해 250년 된 미송들을 보호하고 있다. 마치 나무를 타는 다람쥐처럼 땅보다 높은 시야로 숲속을 관찰할 수 있어 자연체험 학습장으로 인기가 많다. 지도 P.80-B1

클리프워크 Cliffwalk

발밑으로 강물이 흐르는 깊은 협곡 옆에 서 있는 절벽을 따라 반원 모양의 다리와 산책로를 놓아 걸어가게 해 놓은 곳이다. 2011년 개장한 또 하나의 어드벤처로 총 길이가 213m에 달하고 높이는 90m다. 산책로를 따라가다 보면 마치 공중에 떠서 걸어가는 느낌을 주며, 더욱 아찔하게 유리 바닥으로 해 놓은 곳도 있어 포토 스폿으로 인기다. 지도 P.80-B1

그라우스 마운틴 Grouse Mountain

겨울철 스키는 물론 스케이트, 스노슈잉, 집라인 등의 다양한 액티비티를 즐길 수 있는 그라우스 마운틴은 다운타운에서 차로 20여 분 거리에 위치해 많은 사람들이 즐겨 찾는다. 특히 정상에서 밴쿠버 도심이 보이는 것으로 유명한데 주차장에서 '스카이라이드 Skyride'라는 빨간색 대형 곤돌라나 '블루 그라우스 곤돌라 Blue Grouse gondola'를 타고 해발 1,200m의 산 위로 올라가면 스탠리 파크와 다운타운이 시원하게 내려다보인다. 겨울이 되면 파우더 스노 위에서 타는 스키를 즐기기 위해 차량 행렬이 이어지며 밴쿠버 야경을 보며 타는 야간 스키가 일품이다. 여름에도 볼거리와 즐길거리가 가득하다. 그리즐리 베어를 볼 수 있는 곳도 있고 패러글라이딩을 타는 곳도 있으며, 곳곳에 트레일이 있어 하이킹도 가능하다. 또한 '바람의 눈 The Eye of the Wind'이라 불리는 전망대가 있으며 밴쿠버 전경을 보며 식사를 즐길 수 있는 레스토랑도 있다.

지도 P.80-B1 **주소** 6400 Nancy Greene Way, North Vancouver, BC V7R 4K9 **홈페이지** www.grousemountain.com **운영** 매일 09:00~21:00 **요금** 19~64세 C$82, 65세 이상 C$72, 13~18세 C$62, 5~12세 C$42(여름만18:00 이후 C$29) **가는 방법** 다운타운에서 자동차로 20분, 버스 232·236번 Grouse Mountain@Skyride 하차 후 도보 1분(여름 시즌만 운행하는 무료 셔틀버스 캐나다 플레이스 Canada Place-그라우스 마운틴 30분 소요, 입장권 구입 시에만 탑승 가능).

Vancouver

딥 코브 Deep Cove

녹음이 우거진 산들 안쪽으로 조용히 들어와 있는 바다와 그 위에 평화롭게 떠 있는 요트들이 그 자체로 자연의 선물임을 보여주는 곳이다. 다운타운에서 동쪽으로 약 15km 떨어져 있어 좀 멀지만 아름다운 풍경 때문에 여행자들에게 인기 있는 장소이며 밴쿠버 시민들이 은퇴 후 살고 싶어 하는 곳 중 하나로 꼽힌다.

바다와 가까운 곳에 파노라마 공원 Panorama Park이 조성돼 있어 날씨가 좋을 때는 잔디에 앉아 쉬거나 책을 읽으면서 조용히 시간을 보내는 사람들이 많다. 또한 밴쿠버의 카누 체험 장소 중 단연 인기 있는 곳으로 여름이 되면 카누를 타기 위해 많은 사람이 찾는다. 또 하나의 빠질 수 없는 액티비티는 트레킹이다. 파노라마 공원 북쪽 바덴 파월 트레일 입구 Baden Powell Trail Head에서 약 한 시간 정도 올라가면 영화 '트와일라잇'의 촬영 장소였던 '쿼리 록 Quarry Rock'이라는 바위가 나오는데 이 바위에 앉아 딥 코브의 경치를 내려다보는 것이 인기다.

지도 P.81-C1·C2 ▶ **주소** Panorama Dr, North Vancouver, BC V7G 1L2 **가는 방법** 다운타운에서 자동차 25분, 버스 212번 Deep Cove Rd. @ Badger Rd. 하차 후 도보 2분.

Travel Plus

허니 도넛 & 구디스 Honey Doughnuts & Goodies

이곳에서 허니 도넛을 사 먹는 것도 딥 코브의 필수 코스. 할리우드 영화배우 존 트래볼타가 헬기를 타고 와 먹었다는 유명한 집으로 갓 튀긴 도넛의 달콤한 맛 때문에 늘 많은 사람들로 붐비는 딥 코브의 명물이다.

지도 P.81-C2 ▶ **주소** 4373 Gallant Ave, North Vancouver, BC V7G 1L1 **운영** 06:00~17:00

린 캐니언 공원 Lynn Canyon Park

다운타운에서 북동쪽으로 올라가다 보면 만날 수 있는 공원인 데다 멀지 않아 밴쿠버 사람들이 주말을 즐기러 찾는 숲이다. 잘 닦인 숲길 산책로에서 피톤치드를 받으며 산책도 할 수 있고 폭포와 계곡의 시원한 물소리를 들으며 힐링할 수 있는 곳이다. 이곳에도 현수교가 있는데 캐필라노의 현수교보다는 규모가 작지만 무료라는 점이 매력적이다. 공원이 문을 연 1912년에 건설됐다.

지도 P.81-C1 **주소** 3690 Park Rd, North Vancouver, BC V7J 3K2 **홈페이지** https://ecologycentre.ca **운영** 매일 07:00~21:00(공원 내 생태센터 월~금요일 09:00~16:00, 토·일요일 10:00~16:00) **가는 방법** 다운타운에서 자동차로 30분, 시버스 론즈데일 키 마켓 하차+228번 버스 Burrill Ave 하차 후 도보 10분.

시모어산 주립공원 Mount Seymour Provincial Park

딥 코브의 북쪽 산악지대에 위치한 시모어산 주립공원은 여름에는 등산과 캠핑, 겨울에는 스키나 스노 슈잉 같은 액티비티를 즐기기 위해 많은 사람들이 찾는 곳이다. 호수와 나무가 우거진 숲에 크고 작은 다양한 동식물이 생태계를 이루고 살아가고 있다. 트레킹을 하다 보면 코요테나 사슴을 종종 볼 수 있으며 가끔 곰도 나타난다. 다운타운에서 차로 40분 거리에 있어 주말 여행지로 인기 있는 곳이다.

지도 P.81-C1 **주소** Mt Seymour Rd, North Vancouver, BC V7G 1L3 **홈페이지** https://bcparks.ca **운영** 매일 07:00~22:00 **가는 방법** 다운타운에서 자동차 40분~1시간.

웨스트 밴쿠버 West Vancouver

노스 밴쿠버에서 서쪽으로 이어지는 지역 일대로 밴쿠버섬으로 가는 페리 터미널이 있는 '홀슈 베이 Horseshoe Bay'가 있다. 바다와 산이 어우러지는 경치가 아름다운 곳이다.

등대 공원 Lighthouse Park

사람 키의 몇 배가 되는 미송과 삼나무들이 가득하고 예쁜 등대와 바다가 있는 공원이다. 1792년 처음 조성됐으며 보호지로 지정되어 수백 살이 넘는 나무들이 관리되고 있다. 안으로 산책로가 나 있으며 남쪽 바닷가에 '포인트 애킨슨 Point Atkinson'이라는 등대가 서 있다. 등대는 가까이 접근할 수는 없지만 공원에 조성된 뷰 포인트에서 볼 수 있으며 등대 너머로 멀리 스탠리 파크와 밴쿠버 다운타운이 보인다. 1874년 지어져 이 자리를 지켜 온 등대는 1912년 다시 세운 것으로 1994년 국립 역사 유적지로 지정됐다.

> **지도 P.80-A1** ▶ **주소** 4902 Beacon Ln, West Vancouver, BC V7W 1K5 **홈페이지** https://westvancouver.ca **운영** 매일 07:00~22:00(겨울 07:00~19:00) **가는 방법** 다운타운에서 자동차로 30~40분, 버스 250번 EB Marine Dr @ Beacon Lane 하차.

홀슈 베이 Horseshoe Bay

밴쿠버와 밴쿠버섬의 너나이모를 연결해 주는 페리 터미널이 있는 곳으로 말발굽 모양처럼 생긴 만이다. 크지는 않지만 만 안쪽을 따라 요트들이 정박해 있고 홀슈 베이 공원 Horseshoe Bay Park과 페리 터미널이 있다. 마을의 중심도로인 베이 스트리트 Bay Street에 페리 터미널과 바로 연결되는 매표소가 크게 세워져 있고 그 옆으로 카페, 기념품점, 레스토랑 등이 있어 잠시 쉬어갈 수 있다. 주로 페리를 타기 위해 가게 되지만 고즈넉한 만의 모습과 아담하고 깨끗한 마을을 둘러보며 여유를 느끼기에 좋은 곳이다.

> **지도 P.80-A1** ▶ **주소** 6750 Keith Rd, West Vancouver, BC V7W 2V1(홀슈 베이 페리 터미널) **가는 방법** 다운타운에서 자동차로 40분, 버스 250·257·262번 Horseshoe Bay Terminus 하차.

Restaurant 밴쿠버의 식당

워터프런트와 개스타운, 예일타운 등이 자리한 다운타운에 많은 식당들이 모여 있고, 그 밖에도 그랜빌 아일랜드나 키칠라노에서도 식사를 즐길 수 있다.

미쿠 MIKU

워터프런트 지역에서 가장 인기 있는 식당 중 하나다. 퓨전 일식으로 깔끔하면서도 고급스러운 인테리어와 캐나다 플레이스 바로 옆 워터프런트의 경치를 볼 수 있는 곳으로 현지인과 관광객 모두에게 인기다. 2008년 밴쿠버에 처음으로 아부리 스타일 스시(Travel Tip 참고)를 소개한 식당인데, 더 고급스러운 외관으로 훌륭한 위치에 새로 문을 열었다. 초밥과 회는 물론이고 차라시 타르트와 디저트도 인기이며 예약을 하지 않으면 대기 시간이 매우 길다.

지도 P.83-C2 주소 200 Granville St #70, Vancouver, BC V6C 1S4 **홈페이지** www.mikurestaurant.com **영업** [런치] 월~금요일 11:30~17:00, 토·일요일 12:00~17:00 [디너] 매일 17:00~22:00 **가는 방법** 스카이트레인 캐나다·엑스포 라인 워터프런트 Waterfornt역 하차 후 도보 2분.

Travel tip!

아부리 스시

식당 입구에도 새겨져 있는 이 식당의 로고에는 빨간 바탕에 흰 글자로 '炙(적)'이라 써 있는데 '굽다'라는 뜻이며 일본어로 '아부리'라 읽는다. 초밥에 얹혀진 생선을 토치를 이용해 살짝 구워내는 아부리 스타일 스시는 이 식당의 시그니처 메뉴로 꼽힌다. 정통 스시를 좋아하는 사람에게는 호불호가 갈리지만 스시를 못 먹거나 처음 접하는 사람에게는 오히려 부담이 덜할 수 있다.

콜 하버 바 Coal Harbour Bar

팬 퍼시픽 호텔 Pan Pacific Hotel에 자리한 라운지바다. 대형 유리창 너머로 밴쿠버 컨벤션 센터 서관이 보이고 그 뒤쪽으로 스탠리 공원과 함께 밴쿠버항이 펼쳐지는 멋진 풍광을 자랑한다. 야외 테라스로 나가면 캐나다 플레이스가 바로 옆으로 보이며 시원한 바람을 느낄 수 있다. 호텔 레스토랑은 비싼 편인데 이곳에선 무난한 가격대에 식사나 커피, 와인, 맥주, 칵테일을 즐길 수 있다. 저녁 시간에는 로컬 뮤지션의 라이브 공연이 펼쳐지기도 한다.

지도 P.83-C2 **주소** 999 Canada Place, Vancouver, BC V6C 3B5 **홈페이지** www.panpacific.com **영업** 매일 11:30~23:30 **가는 방법** 스카이트레인 캐나다·엑스포 라인 워터프런트 Waterfront역 하차 후 도보 5분.

캑터스 클럽 카페 Cactus Club Cafe Coal Harbour

밴쿠버의 유명한 체인 레스토랑으로 모던 캐나디안 쿠진을 지향하는 곳이다. 세계적인 셰프들이 개발해 낸 독특한 인터내셔널 메뉴가 특징이며 와인이나 칵테일도 종류가 많다. 다양한 해산물과 두부 같은 아시안 재료, 그리고 신선한 채소를 사용하는 건강한 메뉴도 많고 여럿이 술과 함께 안주로 즐길 메뉴도 많다. 콜 하버 지점은 잉글리시 베이 지점과 마찬가지로 바다가 보이는 멋진 뷰를 가지고 있어 더욱 인기다.

지도 P.83-C2 **주소** 1085 Canada Pl, Vancouver, BC V6C 3E1 **홈페이지** cactusclubcafe.com **영업** 일~수요일 11:00~24:00, 목~토요일 11:00~24:30 **가는 방법** 컨벤션 센터 서관의 잭 폴 광장에 있다.

리볼버 Revolver

입구는 작고 평범하지만 커피 애호가들이 사랑하는 카페다. 맛과 분위기를 고루 갖춘 카페로 손꼽히는 곳이다. 작은 공간이지만 트렌디하면서도 세련되며 입구부터 전문성이 엿보이는 바리스타들의 포스가 느껴진다. 에스프레소 머신은 물론, 다양한 추출기구들을 볼 수 있으며 안쪽으로 들어가면 방이 하나 더 있다. 세계적인 로스터들로부터 공급받는 다양한 원두의 풍미를 즐길 수 있으며 콜드 브루나 핸드 드립도 인기지만 라테도 매우 진하고 맛있다.

지도 P.83-C2 **주소** 325 Cambie St., Vancouver, BC V6B 2N4 **홈페이지** www.revolvercoffee.ca **영업** 월~토요일 07:30~17:00, 일요일 휴무 **가는 방법** 스카이트레인 캐나다·엑스포 라인 워터프런트 Waterfront역 하차 후 도보 5분.

팀버트레인 커피 로스터스 Timbertrain Coffee Roasters

리볼버와 함께 개스타운에서 커피 맛 좋기로 유명한 카페다. 작고 아담한 가게지만 커피 애호가들의 발길이 끊이지 않는다. 커피와 함께 즐길 수 있는 빵과 쿠키, 와플이 있다. 한국인 교포들이 창업한 곳이라 더 친근함이 느껴지는데, 창업자들 모두 기차를 좋아해서 카페 이름에도 기차가 붙고 인테리어도 기차 내부 같은 느낌이 든다.

지도 P.83-C2 **주소** 311 W Cordova St., Vancouver, BC V6B 4K2 **홈페이지** www.timbertraincoffeeroasters.com **영업** 월~금요일 08:00~16:00, 토·일요일 9:00~17:00 **가는 방법** 스카이트레인 캐나다·엑스포 라인 워터프런트 Waterfront역 하차 후 도보 5분.

Vancouver

퓨어브레드 Purebread

휘슬러에서 탄생한 베이커리 퓨어브레드는 입소문을 타고 인기를 끌면서 밴쿠버에도 오픈했다. 푸짐하게 쌓여 있는 빵들을 보기만 해도 흐뭇해진다. 종류가 너무 많아 무엇을 시킬지가 고민될 정도다. 달콤함은 기본이고 버터가 듬뿍 들어가 고소한 페이스트리들은 언제 먹어도 커피와 잘 어울린다. 스페셜티 커피로 유명한 미국의 스텀프타운 커피 원두를 사용해 커피 또한 일품이다.

지도 P.83-C2 　 주소 159 W Hastings St., Vancouver, BC V6B 1H5　홈페이지 www.purebread.ca　영업 매일 08:00~16:00　가는 방법 스카이트레인 캐나다·엑스포 라인 워터프런트 Waterfront역 하차 후 도보 6분.

미트 앤 브레드 Meat & Bread

개스타운과 워터프런트에 자리한 인기 샌드위치 카페다. 기다란 대형 테이블이 인상적인 이곳은 심플하면서도 세련된 인테리어에 친절한 서비스, 적당한 가격, 그리고 맛있는 샌드위치로 항상 많은 사람들로 붐빈다. 두툼한 포카치아에 재료를 푸짐하게 넣어 고기를 싫어하는 사람들은 오히려 부담스러울 정도다. 고기가 없는 그릴 치즈 샌드위치와 아이스크림 샌드위치도 있다. 주문을 할 때마다 고기를 직접 썰어 바로 만들어주는데 고깃덩어리를 써는 모습을 직접 볼 수 있어 더 먹음직스럽게 보인다. 샐러드나 수프를 곁들이면 배부른 한 끼 식사로 손색이 없다.

지도 P.83-C2 　 주소 370 Cambie St., Vancouver, BC V6B 1H7　홈페이지 www.meatandbread.com　영업 매일 08:00~16:00　가는 방법 스카이트레인 캐나다·엑스포 라인 워터프런트 Waterfront역 하차 후 도보 5분.

더 플라잉 피그 The Flying Pig

밴쿠버 인기 맛집으로 잘 알려진 더 플라잉 피그는 다운타운에만 총 세 곳의 지점이 있었다. 그중 개스타운 지점이 가장 인기가 많았는데, 아쉽게도 화재로 인해 폐점되었다. 하지만 아쉬워하기엔 이르다. 개스타운과 함께 여행자들이 방문하기 좋은 위치에 있는 예일타운 지점이 있으니 말이다. 메뉴 수가 다양할 뿐만 아니라 대부분의 음식이 맛있어 뭘 선택해도 중박 이상이다. 해산물 요리가 특히 인기이며, 흔하디흔한 푸틴 Poutine이나 마카로니 치즈 Macaroni Cheese 같은 요리도 맛있다. 저렴하고 간단하게 즐길 수 있는 해피 아워 Happy Hour(15:00~18:00) 메뉴도 인기다. 항상 대기 시간이 길어 예약을 하고 가는 것이 좋다.

지도 P.82-B3 **주소** 1168 Hamilton St., Vancouver, BC V6B 2S2 **홈페이지** www.theflyingpigvan.com **영업** 월~수요일 15:00~23:00, 목요일 11:30~23:00, 금·토요일 11:30~00:00, 일요일 11:30~22:00 **가는 방법** 스카이트레인 캐나다 라인 예일타운-라운드하우스 Yaletown-Roundhouse역 하차 후 도보 1분.

프라도 카페 Prado Cafe

밴쿠버의 개스타운과 차이나타운의 경계선에 자리한 카페다. 밴쿠버에서 가장 핫한 커피 중 하나인 49번가 퍼렐 커피 로스터스 49th Parallel Coffee Roasters에서 공급받는 커피를 사용하고 있다. 지점에 따라 식사 메뉴를 하는 곳에서 신선한 유기농 재료로 만드는 샌드위치도 인기 만점이다. 크지 않은 공간에 노트북을 끼고 앉아 있는 사람들이 많아 자리를 얻기가 쉽지 않다.

지도 P.83-C3 **주소** 100 W Hastings St., Vancouver, BC V6B 1G8 **홈페이지** www.pradocafe.com **영업** 월~금요일 07:00~18:00, 토·일요일 08:00~17:00 **가는 방법** 스카이트레인 캐나다·엑스포 라인 워터프런트 Waterfront역 하차 후 도보 8분.

트리스 오가닉 커피 Trees Organic Coffee

이름에서 알 수 있듯이 유기농 커피를 사용하는 카페이며 공정무역을 통해 산지별로 원두를 가져온다. 커피도 맛있지만 치즈 케이크도 이 집의 명물. 치즈 케이크의 종류가 다양해서 가장 기본적인 뉴욕 치즈 케이크는 물론, 라즈베리나 초콜릿, 메이플 월넛 등이 들어가 새콤달콤하면서도 진한 치즈의 풍미가 가득 느껴지는 것이 특징이다. 개스타운, 예일타운 등 밴쿠버에 여러 지점이 있다. 실내가 큰 편은 아니지만 아늑하며 창가 쪽 바에 앉으면 바깥 풍경을 즐기며 잠시 쉬기에 좋은 곳이다.

지도 P.83-C2 **주소** 450 Granville St., Vancouver, BC V6C 1V4 **홈페이지** www.treescoffee.com **영업** 월~금요일 07:00~22:00, 토·일요일·공휴일 08:00~22:00 **가는 방법** 스카이트레인 캐나다·엑스포 라인 워터프런트 Waterfront역 하차 후 도보 4분.

메디나 Medina

밴쿠버의 브런치 맛집으로 손에 꼽히는 카페다. 메뉴가 브런치만 있다고 할 수는 없지만 브런치 전문점이라 저녁 식사는 하지 않기 때문에 아침부터 줄을 선 사람들로 북적인다. 버터가 듬뿍 들어간 고소한 벨기에 와플이 특히 유명하며 다양한 지중해식 메뉴들도 인기다. 입구에 'Life is too short for bad coffee(나쁜 커피를 마시기에는 인생이 너무 짧다)'라고 슬로건을 내건 만큼 커피 맛도 일품이다. 브런치 식당이지만 의외로 실내 조명이 어두운 편이며 인테리어는 깔끔하지만 테이블 간격이 좁고 시끄러운 편이다. 그래도 주말 오전에는 대기시간이 1시간이 넘는다.

지도 P.83-C3 **주소** 780 Richards St., Vancouver, BC V6B 3A4 **홈페이지** medinacafe.com **영업** 월~금요일 08:00~15:00, 토·일요일 09:00~15:00 **가는 방법** 스카이트레인 캐나다 라인 밴쿠버 시티 센터 Vancouver City Centre역 하차 후 도보 4분.

팰러트 키친 Palate Kitchen

워터프런트에서 두 블록 안쪽에 자리한 분위기 좋은 브런치 카페. 위치상 관광객보다는 현지인들에게 더욱 인기 있는 곳으로 저택 같은 외관에 내부는 높은 천장으로 탁 트인 인테리어가 쾌적함을 더한다. 아침식사와 브런치, 런치, 애프터눈티를 제공하고 저녁은 하지 않는다. 가장 인기 있는 메뉴는 팰러트 브렉퍼스트 Palate Breakfast와 페이머스 프렌치 토스트 Famous French Toast인데, 특히 겉은 바삭하고 속은 촉촉하며 신선한 생과일을 올려주는 프렌치 토스트가 일품이다. 직접 로스팅한 팰러트 Pallet 커피(발음이 같으나 철자가 다른)도 유명하다.

지도 P.83-C2 ▶ 주소 848 W Hastings St, Vancouver, BC V6C 1C8 홈페이지 www.palatekitchen.com 영업 매일 08:00~16:00 가는 방법 스카이트레인 캐나다·엑스포 라인 워터프런트 Waterfront역에서 도보 5분.

티에리 Thierry

미슐랭 레스토랑의 화려한 경력을 자랑하는 쇼콜라티에이자 파티셰인 티에리 버셋 Thierry Busset이 밴쿠버에 오픈한 디저트 카페. 다운타운의 명품거리에 자리해 분위기도 고급스럽다. 카페 내부와 야외에 자리가 많지는 않으며 선물용으로 포장해 가기 위해 줄을 선 사람들로 분주한 곳이다. 가장 인기 있는 메뉴는 마카롱과 초콜릿이며, 다른 케이크와 쿠키들도 맛이 좋다.

지도 P.82-B2 ▶ 주소 1059 Alberni St., Vancouver, BC V6E 1A1 홈페이지 www.thierrychocolates.com 영업 일~목요일 08:00~22:00, 금·토요일 08:00~23:00 가는 방법 스카이트레인 엑스포 라인 버라드 Burrard역 하차 후 도보 4분.

퍼시피코 피제리아 Pacifico Pizzeria & Ristorante

다운타운의 골목길에 자리한 인기 피자집이다. 식당에 들어서면 오른쪽에 바가 있고 바로 그 뒤쪽으로 화덕이 보인다. 붉은 벽돌로 만들어진 대형 화덕에서 수많은 피자들을 순식간에 구워낸다. 높은 천장의 2층에도 좌석이 있으며 합리적인 가격에 맛있는 피자와 맥주를 즐길 수 있다. 레스토랑이지만 현지인들은 테이크아웃도 많이 해간다.

지도 P.82-B3 　주소 970 Smithe St., Vancouver, BC V6Z 0A4 　홈페이지 www.pacificopizza.com 　영업 일~목요일 11:45~22:00, 금·토요일 11:45~23:00 　가는 방법 스카이트레인 캐나다 라인 밴쿠버 시티 센터 Vancouver City Centre역 하차 후 도보 7분.

브레카 베이커리 앤 카페 Breka Bakery & Café

밴쿠버에 여러 지점을 둔 인기 베이커리 카페다. 다양한 종류의 페스트리와 도넛, 케이크, 쿠키는 물론 식사용 샌드위치와 파니니, 수프 등도 맛있으면서 가성비가 좋아서 많은 사람들이 찾는다. 특히 24시간 영업을 하기 때문에 아침 일찍이나 늦은 시간, 휴일에도 편리하게 이용할 수 있다. 지점마다 분위기가 다른데 워터프런트와 가까운 웨스트 헤이스팅스 지점이 위치도 편리하고 현대적인 인테리어로 분위기가 좋다.

지도 P.83-C2 　주소 [웨스트헤이스팅스 지점] 740 W Hastings St, Vancouver, BC V6C 1A3 　홈페이지 www.breka.ca 　영업 24시간 　가는 방법 스카이트레인 캐나다·엑스포 라인 워터프런트 Waterfront역에서 도보 2분.

라이수 Raisu

키칠라노의 웨스트 4번가 한쪽에 자리한 이 식당은 입구가 작아 지나치기 쉽지만 식사 시간대라면 줄을 서 있는 사람들로 인해 눈에 띄는 곳이다. 계단을 올라 2층으로 가면 의외로 넓고 모던하면서도 퓨전한 인테리어로 되어있다. 직원들 대부분이 일본어가 더 익숙한 듯한 일본인들이며 식당 이름인 '라이수'는 'Rice(라이스)', 즉 '밥'을 뜻한다. 다른 메뉴들도 인기지만 가장 핫한 메뉴는 쇼카도 벤또 Sho Ka Do Bento(C$37.00)다. 정사각형 벤토에 9개의 음식이 가지런히 담긴 비주얼 덕에 인스타를 통해 유명해졌다. 한정 판매를 하기 때문에 예약을 하는 것이 좋으며 특히 채식주의 메뉴를 원하면 반드시 하루 전에 예약해야 한다.

지도 P.82-A3 ▶ **주소** 2340 W 4th Ave, Vancouver, BC V6K 1P1 **홈페이지** www.raisu.ca **영업** 매일 11:30~23:00 **가는 방법** 버스 4·7번 탑승 Westbound W 4th Ave @ Yew St 하차 후 도보 3분.

캅스 브레드 COBS Bread Bakery

모양은 조금 투박해 보이지만 하나하나가 다 맛있는 유명 베이커리 체인점이다. 론즈데일 키 마켓을 비롯해 캐나다 수십 곳에 지점이 있다. 매장은 아주 작아서 테이크아웃만 가능하지만 아침 일찍부터 빵을 사가는 손님들의 발길이 이어진다. 특히 인기 있는 빵은 시나몬 번 Cinnamon Bun으로 하얀 크림이 무심한듯 얹혀져 있지만 번 속에는 시나몬 향이 가득하다. 웰빙 추세에 맞추어 씨앗이 가득한 고소하고 건강한 호밀빵도 인기다.

지도 P.82-A3 ▶ **주소** 2320 W 4th Ave, Vancouver, BC V6K 1P1 **홈페이지** www.cobsbread.com **영업** 매일 07:00~19:00 **가는 방법** 버스 4·7번 탑승 Westbound W 4th Ave @ Yew St 하차 후 도보 3분.

49번가 퍼렐 카페&러키스 도넛 49th Parallel Café&Lucky's Doughnuts(4TH WEST)

밴쿠버를 대표하는 커피 중 하나로 꼽히는 이 커피는 이미 여러 유명 카페에 원두를 공급하고 있으며 슈퍼마켓에서도 원두를 판매할 정도로 성장했다. 밴쿠버 시내에도 지점이 여럿 있는데, 러키 도넛을 함께 판매하고 있다. 진한 커피 맛도 일품이지만 티파니 상자를 연상시키는 고운 빛깔의 커피잔도 인기의 비결이 아닐까. 머그잔과 찻잔은 다른 굿즈들과 함께 따로 판매도 한다.

지도 P.82-A3 **주소** 2198 W 4th Ave, Vancouver, BC V6K 1N7 **홈페이지** https://luckysdoughnuts.com **영업** 월~목요일 07:00~18:00, 금~일요일 07:00~19:00 **가는 방법** 버스 4·7번 탑승 Westbound W 4th Ave @ Yew St 하차 후 도보 1분.

테라 브레드 Terra Breads

그랜빌 아일랜드의 퍼블릭 마켓 등 밴쿠버 곳곳에 지점이 있는 유명한 베이커리다. 사이언스 월드 근처에 자리한 이곳은 카페 같은 분위기로 커피와 함께 빵을 즐길 수 있어 더욱 인기다. 재료가 듬뿍 들어간 브라우니와 머핀, 타르트, 스콘 등 커피와 먹는 빵도 다양하지만 바게트, 치아바타 같은 식사용 빵도 가득하며 샌드위치 메뉴도 먹음직스럽다.

지도 P.83-C3 **주소** 1605 Manitoba St, Vancouver, BC V5Y 3B7 **홈페이지** www.terrabreads.com **영업** 매일 07:30~17:00 **가는 방법** 사이언스 월드에서 도보 5분

크래프트 비어의 천국, 밴쿠버

크래프트 비어 Craft Beer는 편의상 수제맥주로 불리며 우리나라에서도 점차 늘어나고 있다. 세계적인 보리 생산국이자 물이 좋은 캐나다는 수많은 로컬 양조장에서 직접 만들어내는 크래프트 비어를 신선하게 즐길 수 있으며, 밴쿠버는 그 특유의 문화 속에서 더욱 자유로운 분위기로 발전했다. 해가 질 무렵 가까운 브루어리에서 시원한 맥주로 하루 일정을 마무리하는 것은 어떨까.

그랜빌 아일랜드 브루잉 Granville Island Brewing

1984년 밴쿠버에 처음 오픈한 마이크로 브루어리로 너무나 유명하다. 그랜빌 아일랜드와 함께 꼭 들러야 할 곳으로 꼽힌다. 샘플러를 골라 주문하면 테이스팅 맵 위에 맥주를 올려주어 맥주의 이름과 설명을 바로 읽어볼 수 있어 편리하다. 꿀이나 메이플, 코코아, 바닐라, 과일향 등 다양한 맛을 즐길 수 있으며 샘플이라기엔 제법 양이 많다. 샌드위치 등 대부분의 음식도 맛있어서 항상 많은 사람으로 붐빈다.

지도 P.95 **주소** 1441 Cartwright St., Vancouver, BC V6H 3R7 **홈페이지** www.granvilleislandbrewing.ca **영업** 일~목요일 11:00~21:00, 금·토요일 11:00~22:00 **가는 방법** 버스 50번 탑승 Westbound W 2nd Ave @ Anderson St 하차 후 도보 3분.

탭 앤 배럴 Tap & Barrel

'브루어리'와 '펍'이 합쳐진 '브루펍'으로 유명한 곳이다. 밴쿠버에는 4곳의 지점이 있는데, 모두 규모가 크고 분위기가 좋으며 바다가 보이는 시원한 풍광을 자랑한다. 브리티시 컬럼비아주에서 생산되는 다양한 맥주는 물론, 독특한 애피타이저 메뉴와 대부분의 음식이 맛있어서 주말에는 브런치를 즐기기 위한 가족 단위 방문자가 많다.

지도 P.83-D1 [노스 밴쿠버 지점] **주소** 8 Lonsdale Ave, North Vancouver, BC V7L 0B2 **홈페이지** tapandbarrel.com **영업** 월~목요일 11:00~00:00, 금요일 11:00~01:00, 토요일 10:00~01:00, 일요일 10:00~00:00, 주말·공휴일 브런치 10:00~14:00 **가는 방법** 시버스 Lonsdale Quay역 하차 후 도보 1분.

예일타운 브루잉 컴퍼니 Yaletown Brewing Company

예일타운 안에서도 가장 변화한 메인랜드 스트리트 한복판에 자리한 이곳은 저녁 무렵 노천 테이블을 가득 메운 사람들로 항상 왁자지껄한 곳이다. 브리티시 컬럼비아주에 3개의 브루어리를 거느리고 있는 마크 제임스 그룹의 브루어리 중 한 곳으로 커다란 규모와 활기찬 분위기에 펍과 레스토랑이 함께 있다. 음식도 대부분 맛있는데 화덕에 구워져 나오는 피자가 특히 인기다.

지도 P.82-B3 **주소** 1111 Mainland St., Vancouver, BC V6B 2T9 **홈페이지** https://yaletownbrewing.com **영업** 월~목요일 11:30~23:00, 금요일 11:30~02:00, 토요일 10:00~03:00, 일요일 10:00~23:00 **가는 방법** 스카이트레인 캐나다 라인 예일타운-라운드하우스 Yaletown-Roundhouse역 하차 후 도보 1분.

크래프트 비어 마켓 CRAFT Beer Market

캘거리에서 탄생해 캐나다의 주요 도시에 모두 진출한 마이크로 브루어리이자 레스토랑이다. 밴쿠버 다운타운에서는 조금 떨어져 있지만 깔끔한 동네인 올림픽 빌리지에 자리하고 있다. 가게 곳곳에는 어릴 때부터 맥주를 좋아해 18세에 부모님 집에서 맥주를 직접 만들었다는 주인장의 열정으로 가득 차 있다. 소금 창고를 개조해 만들었다는 거대한 규모도 놀랍지만 100가지가 넘는 다양한 맥주와 바에 앉으면 보이는 수많은 탭들이 인상적이다.

지도 P.83-C3 **주소** 85 W 1st Ave, Vancouver, BC V5Y 3K8 **홈페이지** www.craftbeermarket.ca **영업** 월~목요일 11:00~00:00, 금요일 11:00~01:00, 토요일 10:30~01:00, 일요일 10:30~00:00 **가는 방법** 버스 84번 탑승 Westbound W 2nd Ave @ Manitoba St 하차 후 도보 2분.

Travel Plus

밴쿠버 크래프트 비어 위크 페스티벌 Vancouver Craft Beer Week Festival

매년 5월 말~ 6월 초 열리는 축제로 해마다 규모가 커지며 인기를 끌고 있다. 수많은 브루어리에서 참여해 다양한 주제로 재미난 이벤트가 벌어진다. 밴쿠버의 활기찬 분위기와 청명한 날씨도 흥겨움을 더한다. 참여 인원이 많으니 온라인에서 티켓을 예매해두는 것이 좋다. 날짜별 이벤트와 장소는 홈페이지에서 확인하자.

홈페이지 vancouvercraftbeerweek.com

밴쿠버의 쇼핑

CF 퍼시픽 센터 CF Pacific Centre

땅값 비싼 다운타운 한복판에 커다란 규모로 들어선 쇼핑몰이다. 100여 개가 넘는 상점이 들어서 있으며 최고의 접근성으로 밴쿠버 쇼핑의 대표적인 명소로 꼽힌다. 애플 스토어 Apple, 루츠 Roots, 알로 alo, 캐나다 구스 Canada Goose, 홀리스터 Hollister, 애버크롬비 Abercrombie & Fitch, 클럽 모나코 Club Monaco, H&M 등 수많은 브랜드 상점과 대형 푸드코트, 레스토랑, 카페도 있어 원스톱으로 쇼핑과 식사를 마칠 수 있기 때문에 비가 오는 날이면 특히 많은 사람으로 붐빈다. 푸드코트는 규모도 크고 메뉴도 다양해 인기가 많다. 바로 옆에는 최고급 백화점 홀트렌프류 Holt Renfrew가 있으며, CF 퍼시픽 센터는 아니지만 건너편에 캐나다 유명 백화점 체인인 더 베이 The Bay(Hudson's Bay)까지 자리해 거대한 쇼핑 지구를 형성하고 있다. 또한 다운타운의 번화가인 롭슨 스트리트 Robson St와 버라드 스트리트 Burrard St가 지척에 있어 쇼핑으로 하루를 보내기에 충분하다.

지도 P.83-C2 주소 701 W Georgia St., Vancouver, BC V7Y 1G5 **홈페이지** https://shops.cadillacfairview.com **영업** 화·수요일 10:00~19:00, 목~금요일 10:00~21:00, 토요일 10:00~20:00, 일·월요일 11:00~19:00 **가는 방법** 스카이트레인 캐나다라인 밴쿠버 시티센터 Vancouver City Centre 역, 또는 그랜빌 Granville역에서 1분.

Vancouver

파크 로열 쇼핑센터 Park Royal Shopping Centre

웨스트 밴쿠버에 자리한 대규모 고급 쇼핑몰이다. 대중교통은 조금 불편하지만 무료 주차장이 있으며 넓고 쾌적한 쇼핑몰로 200개가 넘는 상점이 들어서 있다. 1950년에 캐나다에서 최초로 오픈한 실내 쇼핑몰인데 그 후 주인이 바뀌고 계속 확장되어 지금의 거대한 쇼핑몰이 되었다. 현재는 크게 세 구역으로 나뉘어 있는데, 먼저 마린 드라이브 Marine Drive를 사이에 두고 북쪽이 파크 로열 노스 Park Royal North, 남쪽은 파크 로열 사우스 Park Royal South이며, 서쪽으로 야외에 상점들이 모여 있는 구역은 파크 로열 빌리지 The Village at Park Royal다. 백화점, 대형 서점, 푸드코트와 수많은 브랜드 상점들이 모여 있어 돌아보는 것만으로도 하루가 걸린다.

지도 P.80-B2 주소 2002 Park Royal S, West Vancouver, BC V7T 2W4 홈페이지 https://parkroyal.ca 영업 월~수요일 10:00~19:00, 목·금요일 10:00~21:00, 토요일 10:00~20:00, 일요일 10:00~18:00 가는 방법 버스 250, 250A, 254, 257번으로 파크 로열 노스 Park Royal North 정류장에서 도보 1분.

스포트체크

퍼디스

인디고

맥아더글렌 디자이너 아웃렛 밴쿠버
McArthurGlen Designer Outlet Vancouver

밴쿠버 국제공항 바로 근처에 자리한 아웃렛. 시내 중심에서는 떨어져 있지만 스카이트레인으로 연결되며 주차도 편리하다. 밴쿠버 남쪽 리치먼드 지역은 중국인 이민자들이 많은 곳으로, 아웃렛에서도 중국인들이 유난히 눈에 띈다. 브랜드별 아웃렛 상점들이 빌리지처럼 형성된 곳으로 유럽풍의 분위기에서 쇼핑을 즐기기에 좋다. 아르마니 Armani, 휴고 보스 Hugo Boss 등의 명품 브랜드와 나이키 Nike, 폴로 Polo Ralph Lauren, 어그 Ugg, 마이클 코어스 Michael Kors, 케이트 스페이드 Kate Spade 등 다양한 인기 브랜드가 있으며, 레스토랑과 카페는 많지 않지만 커피나 피자, 핫도그, 크레페 등 간단한 식사를 할 만한 곳은 있다. 구매 전 카드 행사 등을 이용하면 할인 쿠폰도 받을 수 있으니 홈페이지를 확인하자.

지도 P.80-B3 **주소** 1000-7899 Templeton Station Rd, Richmond, BC V7B 0B7 **홈페이지** www.mcarthurglen.com **영업** 매일 10:00~21:00 (계절별 연휴와 세일 기간에 달라짐) **가는 방법** 스카이트레인 캐나다 라인 템플턴 Templeton역에서 5분.

스카이트레인 템플턴역

밴쿠버 쇼핑팁

대도시 밴쿠버에는 수많은 쇼핑몰과 쇼핑 거리가 있다. 제한된 시간 안에 모든 쇼핑 명소를 둘러볼 수는 없을 터. 쇼핑의 목적에 따라 적합한 쇼핑 명소를 결정하여 방문해보자.

1 브랜드 상점을 찾는다면

밴쿠버에는 캐나다 브랜드는 물론 세계적인 유명 브랜드 상점들이 대부분 입점해 있다. 대형 플래그십 매장에서 다양한 물건을 고르고 싶다면 다운타운의 롭슨 스트리트 Robson St, 버라드 스트리트 Burrard St, 알버니 스트리트 Alberni St 등에 자리한 매장으로 가거나, 파크 로열 쇼핑센터로 가는 것이 좋다. 하지만 다운타운에서 쇼핑을 끝내고 싶다면 CF 퍼시픽 센터도 좋다.

2 기념품 쇼핑이 필요하다면

밴쿠버 기념품은 론즈데일 키 마켓이나 그랜빌 아일랜드, 워터프런트 부근, 개스타운 등에 있는 기념품점에서 구입할 수 있다. 특히 개스타운에 있는 대형 기념품점인 허드슨 하우스 Hudson House는 기념품 종류가 많다.

3 관광을 겸한 쇼핑이 필요하다면

꼭 무언가를 사지 않더라도 걸어다니며 예쁜 가게들을 구경하고 카페에서 쉬어가며 관광처럼 즐기고 싶다면 키칠라노나 예일타운이 좋다. 최근에는 개스타운에도 편집숍들이 점차 늘어나고 있다. 그리고 시장 구경을 하면서 먹거리를 즐기고 싶다면 론즈데일 키 마켓과 그랜빌 아일랜드도 좋다

서부 최고의 드라이브 코스
시 투 스카이 하이웨이
Sea to Sky Highway

밴쿠버 서쪽 해협 하우 사운드 Howe Sound 옆을 지나는 99번 도로를 말하는 것으로, 캐나다를 대표하는 아름다운 드라이브 코스 중 하나다. 밴쿠버에서 시작된 해안 절벽과 빙하, 만년설이 있는 산들이 도로 옆으로 이어지는 절경이 펼쳐진다. 이 도로는 소도시 스쿼미시 Squamish를 지나 휘슬러 Whistler까지 이어지는데 도로 중간에 곤돌라, 폭포 등 관광 명소들이 있으며 잠시 머물다 갈 곳도 많다. 예전에는 바위가 떨어지고 눈사태가 나서 도로가 막히는 경우가 종종 있었으나 왕복 4차선으로 정비된 후 비교적 안전한 도로가 됐다.

Travel tip!

스쿼미시 Squamish

시 투 스카이 하이웨이에 자리한 소도시. 도시의 시작은 1910년 철도가 놓이면서부터다. 울창한 수림 덕에 제재업이 발달했으며 광산에 많은 사람들이 몰려들었으며 최근에는 관광지로 거듭났다. 주변에 아름다운 바다와 산, 접근성 좋은 도로, 하이킹을 위한 트레일이 많으며 산악자전거, 암벽 등반, 각종 수상 스포츠 등 즐길 거리가 많다.

홈페이지 www.squamish.ca

라이언스 베이 비치 파크 Lions Bay Beach Park

BC주 서쪽 해안가의 작고 조용한 마을 라이언스 베이 Lions Bay에 위치한 해변공원으로 작은 모래사장이 있다. 자동차 안에서만 보는 시 투 스카이 하이웨이의 경치가 아쉽다면 잠시 내려 천천히 감상해 볼 수 있는 곳이다.

▶지도 P.133-C **주소** 60 Lions Bay Avenue, Lions Bay, BC V0N 2E0 **홈페이지** www.lionsbay.ca **운영** 08:00~22:00 **가는 방법** 홀슈 베이에서 자동차 13분.

브리타니아 광산 박물관 Britania Mine Museum

도로 바로 옆에 있어 접근하기도 좋은 이곳은 한때 최대 구리광산이었던 폐광에 세운 이색적인 박물관이다. 이 광산은 골드러시 당시 몰려든 6만여 명의 사람들이 70여 년간 살고 일했던 곳이다. 이곳을 거쳐 간 광부들의 이야기와 BC주 광산 역사를 볼 수 있는 자료, 당시 사용하던 기계와 각종 장비, 시설 등을 전시하고 있다. 1914년의 광부들처럼 실제 갱도를 들어가는 투어가 있으며 사금 캐기 체험도 할 수 있다. 야외에는 전시물이 있는 작은 공원과 카페, 기념품점이 있다.

▶지도 P.133-B **주소** 150 Copper Dr, Britannia Beach, BC V8B 1J1 **홈페이지** www.britanniaminemuseum.ca **운영** 매일 09:00~18:30 **요금** C$41.95, 13~17세 C$31.95, 5~12세 C$23.95 **가는 방법** 라이언스 베이 비치 파크에서 자동차 18분.

섀넌 폭포 Shannon falls

높이 335m의 BC주에서 3번째로 높은 폭포로 폭은 좁지만 높은 곳에서 떨어지는 물의 힘과 소리가 매우 크다. 폭포 주변에 산책로와 기념품점, 피크닉 벤치 등이 있는 머린공원 Murrin Park이 있다. 폭포의 이름은 1889년 이곳에 정착했던 윌리엄 섀넌 William Shannon이라는 사람이 자신의 이름을 붙여 말하다가 그대로 정해졌다고 한다. 시 투 스카이 곤돌라 승강장 근처에 위치하며 99번 도로에서도 보인다.

▶지도 P.133-B **주소** 36800 BC-99, Squamish, BC V0N 3G0 **홈페이지** https://bcparks.ca/shannon-falls-park **요금** 무료 **가는 방법** 브리타니아 광산 박물관에서 자동차 6분.

바다와 하늘이 만나는 곳
시 투 스카이 곤돌라
Sea To Sky Gondola

해발 885m의 산을 단 10분 만에 올라가 푸른 하늘과 어우러진 해협, 그리고 만년설이 쌓인 산을 한 번에 감상할 수 있는 곤돌라로, 99번 도로인 시 투 스카이 하이웨이 Sea to sky Highway의 명물이다. 곤돌라를 타는 10분 동안 높이에 따라 변하는 산세와 경치에 감탄하게 되며 바위산에 매달려 암벽 등반을 하는 사람이 보이기도 한다. 곤돌라 정상에서도 다양한 각도로 경치를 즐길 수 있다.

지도 P.133-B ▶ **주소** 36800 BC-99, Squamish, BC V8B 0B6 **홈페이지** seatoskygondola.com **운영** 8월 매일 09:00~20:00 (나머지 달의 경우 오픈은 09:00이며 보통 16:00~18:00에 마감한다. 월별로 다르니 홈페이지 참조.) **요금** 성인 C$71.95~74.95, 13~18세 C$41.95~42.95, 6~12세 C$28.95~29.95 **가는 방법** 밴쿠버에서 자동차로 50분 또는 버스 5번 탑승 Sea to Sky Gondola (WB) 하차.

Travel tip!

곤돌라 탑승장

곤돌라 탑승장에는 매표소, 카페, 작은 놀이터가 있으며 눈앞에서 아찔하게 올라가는 곤돌라가 보인다. 곤돌라가 자리한 스타와무스 치프산 Stawamus Chief Mountain의 정상으로 가는 트레일 입구가 있어 하이킹으로 올라갔다가 내려올 때 곤돌라를 이용하는 사람도 있다.

❶ 더 서밋 로지 뷰잉 데크 The Summit Lodge Viewing Deck

곤돌라를 타고 정상에 내리면 카페테리아와 기념품점이 있는 서밋 로지 Summit Lodge와 바로 연결된다. 로지 바깥에는 음료나 간단한 식사를 할 수 있는 야외 테이블이 있고 그 앞으로 나무로 된 데크가 이어지는데 이곳이 '더 서밋 로지 뷰잉 데크'다. 이 위에서 시원하게 펼쳐지는 산과 바다의 경치를 보는 순간 감탄사가 저절로 나온다. 가끔 공연이나 결혼식이 열리기도 한다.

❷ 스카이 파일럿 서스펜션 브리지 Sky Pilot Suspension Bridge

서밋 로지 옆에 수백m 상공에 매달려 있는 현수교. 길이는 약 100m 정도이며 이 흔들리는 다리 위에서도 360도 전망을 즐길 수 있다.

❸ 더 스피릿 뷰잉 플랫폼
The Spirit Viewing Platform

다리 건너편에 자리한 또 하나의 전망 데크. 이곳에서도 탁 트인 하우 사운드의 경치가 펼쳐지며 다리 건너편에 보이는 서밋 로지의 모습도 아름답다.

❹ 더 치프 오버룩 뷰잉 플랫폼
The Chief Overlook Viewing Platform

공중으로 길게 뻗은 데크 위에 서서 전망을 즐기는 곳이다. 서밋 로지에서 조금 떨어져 있으며 파노라마 트레일 Panorama Trail을 지나야 하는데, 이 트레일은 일찍 닫는 편이니 미리 다녀오는 것이 좋다.

휘슬러
WHISTLER

세계적인 스키 리조트가 있는 휘슬러는 사계절 내내 다양한 액티비티가 가능한 레포츠의 천국이다. 특히 북미 최고의 스키장이자 스키어들 사이에서 꿈의 스키장이라 불리는 휘슬러 블랙콤 Whistler Blackcomb에는 환상적인 슬로프들이 펼쳐져 있다. 그리고 산 아래 빌리지에는 호텔과 레스토랑이 옹기종기 모여 있다. 그림같은 설산 위의 폭신한 눈 위를 달리는 스키와 보드, 하늘을 가르는 집라인, 짜릿한 산악 자전거와 함께 아름다운 자연을 감상하기 위해 많은 사람이 찾는 곳이다.

··· 휘슬러 가는 방법 ···

휘슬러로 직접 가는 비행편은 없으며 가장 가까운 공항은 밴쿠버 국제공항이다. 밴쿠버에서는 렌터카로 가는 것이 가장 편리하고 시간도 절약된다. 차가 없는 사람들은 다양한 버스 편을 이용할 수 있다.

렌터카

밴쿠버 국제공항이나 다운타운에 있는 렌터카 회사들에서 차를 빌릴 수 있다. 여행 일정에 따라 다르지만 보통 밴쿠버에서 차로 2시간 거리에 있어 당일치기도 가능하다. 밴쿠버 시내는 도로가 복잡하고 주차 공간이 많지 않으므로 자신의 일정이나 상황을 고려해 공항에서 빌릴지, 다운타운에서 빌릴지 결정하자.

Travel tip!

안전이 최고! 궂은 날씨에 운전 주의

밴쿠버와 휘슬러를 연결하는 99번 도로 '시 투 스카이 하이웨이 Sea to Sky Highway'는 관광지에 버금갈 만큼 훌륭하다. 차를 타고 달리면서 창밖으로 펼쳐지는 아름다운 경치를 감상하는 것 자체가 휘슬러 여행길의 또 하나의 즐거움이다. 하지만 날씨가 험할 때는 반드시 운전에 주의해야 한다. 최근에는 도로가 정비되어 사고가 많이 줄었지만 눈사태나 낙석 사고가 종종 일어나는 지역이기 때문이다. 따라서 궂은 날씨에는 대중교통을 이용하고 렌트를 할 경우에는 타이어 등 차량 상태를 점검하고 24시간 출동 서비스에도 가입해 두자.

셔틀버스

밴쿠버 공항이나 다운타운에서 휘슬러를 왕복하는 셔틀버스가 있다. 회사마다 운행 스케줄과 요금이 다르며 시즌에 따라 차이도 크다. 휘슬러에서 다운타운까지는 교통 상황에 따라 2~3시간 소요되며 대부분의 차량에는 와이파이가 있다.

▶ **스카이링스** SkyLynx

밴쿠버 공항에서 바로 가는 노선은 국제선 에스컬레이터 옆에 스카이링스 키오스크에서 출발하며 스탠더드와 익스프레스 두 종류가 있다. 익스프레스는 다른 곳에 들르지 않고 바로 가기 때문에 2시간이면 도착하며 숙소 앞에 내려준다(스탠더드 노선은 3시간 소요, 휘슬러 빌리지의 버스 정류장 Gateway Loop 하차). 다운타운에서는 퍼시픽 센트럴역 또는 버라드역 근처의 하얏트 호텔 밖 Melville St에서 출발한다.

요금 여름·가을 시즌 기준 [공항] (익스프레스 성인) 편도 C$65~70, 왕복 C$85~90 (스탠더드 성인) 편도 C$55~59, 왕복 C$75~79 [다운타운] (익스프레스 성인) 편도 C$37~40, 왕복 C$47~50 (스탠더드 성인) 편도 C$32~35, 왕복 C$42~46 **홈페이지** https://yvrskylynx.com

▶ **휘슬러 셔틀** Whistler Shuttle
가장 비싸지만 스케줄이 많은 편이며 밴쿠버 공항, 다운타운을 연중 운행한다. 휘슬러 빌리지 안에 있는 호텔까지 내려준다(빌리지 밖은 추가 요금 발생).
요금 [편도] 여름 성인 C$79, 6~12세 C$35, 겨울 성인 C$120, 6~12세 C$36.50 **홈페이지** www.whistlershuttle.com/

▶ **에픽 라이드** Epic Rides
다운타운 버라드 Burrard역에서 휘슬러 빌리지의 버스 정류장 Gateway Loop까지 왕복한다. 가격이 저렴한 편이지만 정류장에서 숙소까지는 짐을 들고 가야 한다. 스키 시즌에는 UBC에서 출발하기도 하며 비시즌에는 리치몬드 카지노를 운행하기도 한다. 겨울에만 한시적으로 운행하는 경우가 많으니 홈페이지를 확인하자.
요금 [성인] 편도 C$33.50, 왕복 C$44 **홈페이지** www.epicrides.ca

> *Travel tip!*
> **버스를 탄다면 왼쪽 자리로!**
> 밴쿠버에서 출발하면 시 투 스카이 하이웨이(99번 도로)를 거쳐서 간다. 이때 버스 좌석은 왼쪽에 앉아야 바다의 풍경을 보면서 갈 수 있다. 밴쿠버로 돌아올 때는 반대 방향이다.

••• **휘슬러 시내 교통** •••

휘슬러 빌리지 안에서는 대부분 도보로 이동이 가능하지만 스키 장비와 같은 무거운 짐이 있거나 빌리지 밖으로 나가려면 버스를 타야 한다. 빌리지와 리프트 간에는 시즌별로 무료 셔틀이 운행되며 일반 버스는 휘슬러 비지터 센터에서 출발해 휘슬러 크리크사이드와 호수까지도 연결된다. 티켓은 휘슬러 비지터 센터에서 살 수 있으며, 현금 승차 시에는 거스름돈을 주지 않으니 유의하자.
요금 1회권 C$2.50, 1일권 C$7, 10회권 C$22.50 **홈페이지** www.bctransit.com/whistler

> *Travel tip!*
> **휘슬러 관광안내소** Whistler Visitor Centre
> 빌리지 센터 Village Centre에 자리한 관광안내소로, 휘슬러에서 할 수 있는 각종 액티비티와 투어, 버스 정보, 숙박에 대한 정보를 제공하며 예약도 대행해 준다. 관련 브로셔와 지도를 얻을 수 있고 버스 티켓도 구입할 수 있다. 안내소 한쪽에는 작은 간이식당이 있는데, 여기엔 한식 메뉴도 있어 반갑다. 휘슬러 비지터 센터 앞에는 시외버스, 관광버스, 시내버스가 정차하는 버스 터미널이 있어 교통이 편리하다.
> **지도 P.140-A2** **주소** 4230 Gateway Dr, Whistler, BC V8E 1J2 **홈페이지** www.whistler.com/whistler-visitor-centre/ **운영** 매일 08:00~18:00(시즌별 변동 가능)

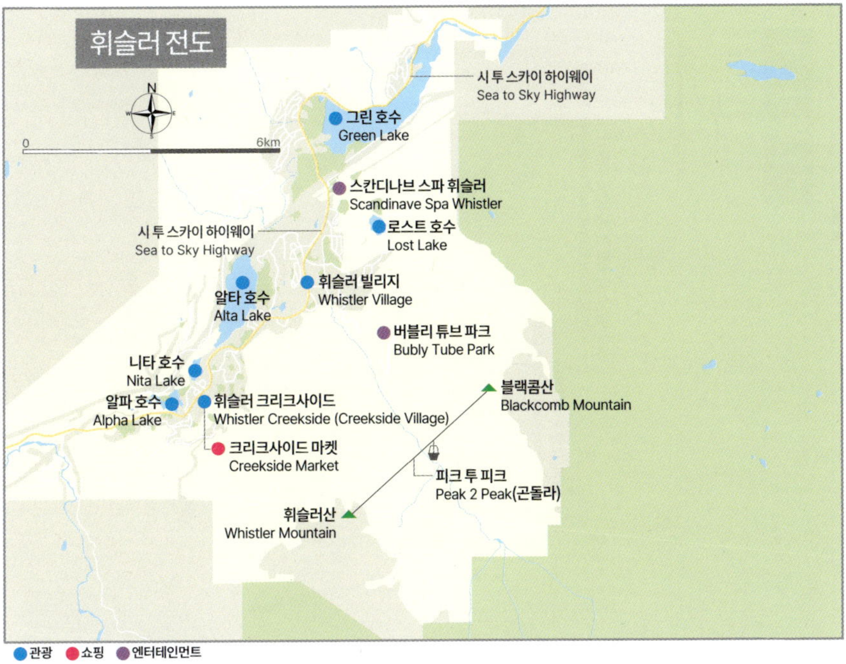
휘슬러 전도
N
0
6km
시 투 스카이 하이웨이
Sea to Sky Highway
그린 호수
Green Lake
스칸디나브 스파 휘슬러
Scandinave Spa Whistler
시 투 스카이 하이웨이
Sea to Sky Highway
로스트 호수
Lost Lake
휘슬러 빌리지
Whistler Village
알타 호수
Alta Lake
버블리 튜브 파크
Bubly Tube Park
니타 호수
Nita Lake
알파 호수
Alpha Lake
휘슬러 크리크사이드
Whistler Creekside (Creekside Village)
블랙콤산
Blackcomb Mountain
크리크사이드 마켓
Creekside Market
피크 투 피크
Peak 2 Peak(곤돌라)
휘슬러산
Whistler Mountain
관광
쇼핑
엔터테인먼트

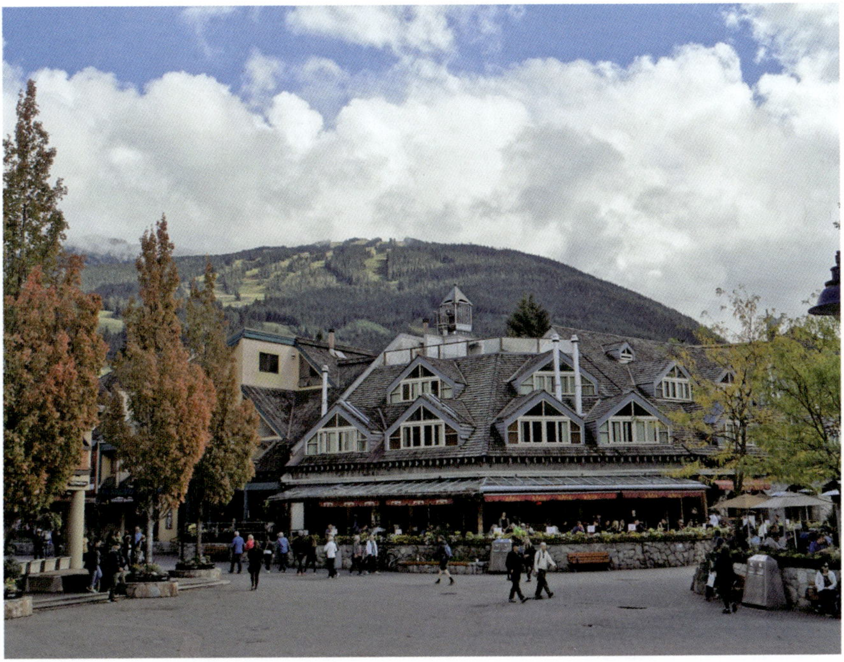

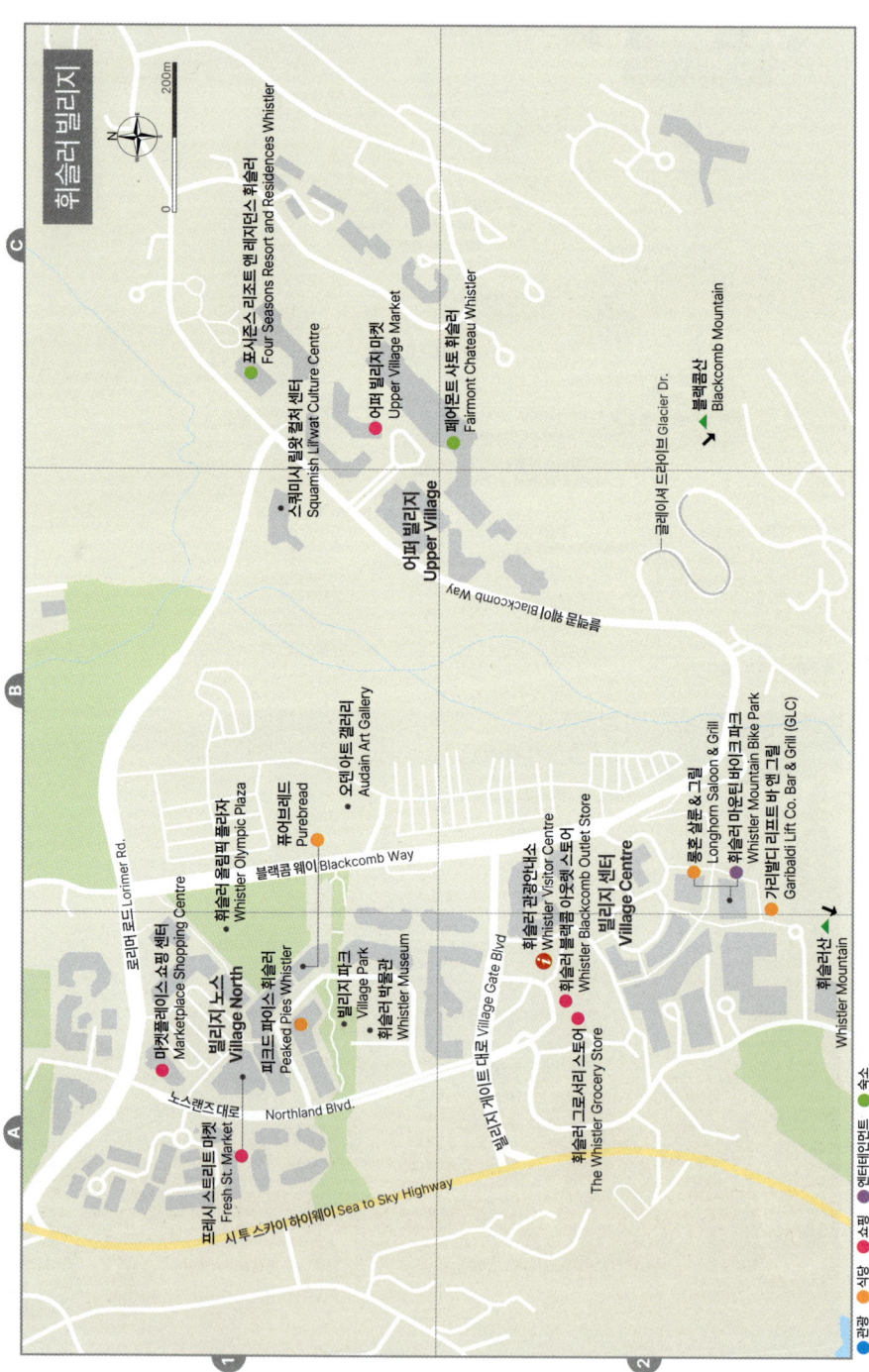

Attraction 휘슬러의 볼거리

휘슬러산과 블랙콤산 Whistler Mountain & Blackcomb Mountain

해발 2,182m의 휘슬러산 Whistler Mountain은 1965년 스키장을 개장한 이래로 많은 스포츠인의 사랑을 받아 왔다. 휘슬러라는 이름은 산에 서식하는 다람쥐같이 생긴 동물 마멋 marmot이 짝짓기를 할 때 내는 휘파람 소리에서 유래됐다. 산 정상에는 빙하와 화산지대가 남아 있으며, 여러 종의 고산지대 식물과 동물이 살고 있다. 겨울이면 눈으로 덮여 흰색으로 변한 산봉우리들이 끝없이 펼쳐지며 장관을 이룬다. 스키 시즌에는 스키와 보드를, 비시즌에도 하이킹, 산악자전거 등 여러 액티비티를 즐길 수 있다.

해발 2,440m의 블랙콤산 Blackcomb Mountain은 1980년 휘슬러산보다 늦게 스키장을 개장했다가 지금은 휘슬러산과 한 회사로 운영되고 있다. 블랙콤산은 휘슬러산보다 더 험준한 산세를 가지고 있으며, 스키 슬로프 또한 전문가들을 위한 코스가 많다. 특히 빙하 위에 있는 코스는 스키 마니아들에게 인기이며 여름에도 스키를 즐길 수 있다. 지도 P.139

휘슬러 빌리지 Whistler Village

휘슬러산과 블랙콤산 아래에는 숙박, 식사, 장비 대여, 쇼핑 등을 할 수 있는 빌리지가 있다. 관광안내소 Village Centre, 빌리지 노스 Village North, 어퍼 빌리지 Upper Village와 휘슬러 크리크사이드 Whistler Creekside 까지 모두 4개로 이루어져 있다. 중심이 되는 곳은 관광안내소. 휘슬러 크리크사이드는 남쪽으로 조금 떨어져 있고 나머지 3개는 붙어 있다. 휘슬러 여행의 베이스 캠프로 산을 오르는 리프트를 탈 수 있으며, 아기자기한 마을을 구경하면서 산책과 쇼핑, 식사를 즐기기에 제격이다.

지도 P.139, P.140 주소 [휘슬러 관광안내소] 4230 Gateway Dr, Whistler, BC V8E 홈페이지 www.whistler.com/village/

휘슬러 빌리지 구역

빌리지 센터 Village Centre

휘슬러 빌리지 센터 Whistler Visitor Centre와 버스 터미널이 있어 여행의 출발점이자 각종 액티비티의 베이스 캠프가 되는 곳. 휘슬러 빌리지의 이미지를 대표하는 곳이기도 하다. 예쁜 호텔들과 야외 테이블이 있는 분위기 있는 레스토랑, 각종 장비 대여점, 마트, 리커 스토어, 의류 매장 등이 모여 아기자기하면서도 재미있는 곳이다. 이곳의 호텔은 성수기에 가격이 천장부지로 치솟지만 늘 관광객들로 넘쳐난다. 빌리지 센터는 휘슬러산과 블랙콤산으로 향하는 휘슬러 빌리지 곤돌라나 블랙콤 곤돌라 승강장과 가까워 바로 곤돌라를 타기에도 편하다. 곤돌라 승강장 앞으로도 전망 좋은 레스토랑들이 즐비하다.

지도 P.140-A2·B2

빌리지 노스 Village North

관광안내소 북쪽에 형성된 또 하나의 빌리지로, 나무들과 아기자기한 목조 건물들이 많은 곳이다. 관광안내소에서 빌리지 게이트 대로 Village Gate Blvd.를 건너 북쪽으로 올라가면 된다. 가는 길에 동쪽으로 휘슬러 뮤지엄 Whistler Museum, 오덴 아트 갤러리 Audain Art Gallery가 있고 조금 더 올라가면 대형 마켓과 다양한 상점들이 모여 있는 마켓플레이스 쇼핑 센터 Marketplace Shopping Centre가 나온다. 휘슬러에서 장을 많이 보거나 기념품을 사려면 이곳으로 가는 것이 좋다. 쇼핑 센터 옆으로는 오륜기 조형물이 있는 휘슬러 올림픽 플라자 Whistler Olympic Plaza가 있으며 주변에 카페, 베이커리, 다양한 레스토랑이 있다. 지도 P.140-A1

어퍼 빌리지 Upper Village

빌리지 북동쪽에 형성된 비교적 조용한 마을. 페어몬트 샤토 휘슬러 Fairmont Chateau Whistler, 포시즌스 리조트 앤 레지던스 휘슬러 Four Seasons Resort and Residences Whistler와 같은 5성급 호텔이 자리하고 있으며 고급 로지들도 많다. 주변에 트레일이 잘 조성돼 있어 산책하기 좋으며 리커 스토어, 마트 등 편의 시설이 있다. 원주민 박물관이면서 전통문화 체험관인 스쿼미시 릴왓 컬처 센터 Squamish Lil'wat Culture Centre 와 작은 갤러리들도 있어 스키 등 액티비티를 즐기지 않는 시간에 여유를 즐기기 좋은 곳이다. 어퍼 빌리지 남쪽에는 블랙콤산으로 향하는 리프트가 있다. 지도 P.140-B1

휘슬러 크리크사이드 Whistler Creekside (Creekside Village)

휘슬러 빌리지에서 조금 떨어진 위치에 숙소들이 하나둘씩 생기면서 형성된 곳이다. 숙박비는 휘슬러 빌리지에 비하면 저렴한 편이지만 그래도 성수기에는 엄청 비싸다. 이곳에도 휘슬러산으로 올라가는 크리크사이드 곤돌라가 있다. 피크 투 피크 Peak 2 Peak 곤돌라(P.148)로 갈아탈 수 있는 라운드하우스 로지 Roundhouse Lodge까지 간다. 지도 P.139

피크 투 피크 Peak 2 Peak

휘슬러산과 블랙콤산의 꼭대기를 잇는 곤돌라로 하늘에서 두 산 전체를 한 번에 조망할 수 있어 멋진 풍경을 선사한다. 승강장이 있는 휘슬러산의 라운드하우스 로지 Roundhouse Lodge에서 블랙콤산의 랑데부 로지 Rendezvous lodge를 연결하며 거리는 4.4km로 11분이 소요된다. 두 산을 빠르게 오갈 수 있어 스키어들에게 편리할 뿐 아니라 풍경이 좋아 관광용으로도 인기다.

곤돌라는 바닥 일부가 유리로 된 것(회색)과 바닥이 막힌 일반(붉은색), 두 가지가 있다. 일반 곤돌라는 자주 오지만 회색은 15분 간격으로 오기 때문에 기다렸다 탈 정도인지는 상황에 따라 판단하자.

지도 P.139 **홈페이지** www.whistlerblackcomb.com **운영** 6월 중순~9월 중순 10:00~17:00, 나머지 기간은 매월 다르고 주말만 운행하거나 폐쇄 기간도 있으니 홈페이지 참조 **요금** 여름 성인 C$105, 13~18세 C$95, 7~12세 C$55 겨울 성인 C$145, 13~18세 C$115, 7~12세 C$67 **가는 방법** 곤돌라를 이용해 랑데부 로지나 라운드하우스 로지로 가면 탈 수 있다.

탑 오브 더 월드 Top of the World

휘슬러산 정상의 전망대다. 높이로 따지면 블랙콤산 정상이 2,440m로 더 높지만, 휘슬러산 정상 2,182m 지점은 리프트(피크 익스프레스)로 쉽게 오를 수 있으며 주변이 관광지로 잘 개발되어 있어 많은 사람이 찾는다.

먼저 곤돌라를 이용해 라운드하우스 로지까지 올라야 하고, 여기서 10분 정도 트레일을 걷다가 피크 익스프레스를 타면 정상에 오를 수 있다. 꼭대기 지점에는 동계올림픽의 마스코트이기도 했던 돌무더기 이눅슈크가 서 있으며 옆에는 아찔한 흔들 다리 클라우드레이커 스카이브리지(피크 서스펜션 브리지) Cloudraker Skybridge (Peak Suspension Bridge)가 있다. 130m 길이의 짜릿한 현수교 끝에는 삼각형 모양으로 절벽 위에 튀어나온 레이븐스 아이 Raven's Eye 전망대가 있어 360도 파노라마 전경을 즐길 수 있다. 스카이브리지는 여름에만 제한적으로 문을 열며, 레이븐스 아이 전망대로는 1km 정도의 트레일이 조성되어 있어 걸어서 갈 수도 있다.

정상에 위치한 이눅슈크

지도 P.147 **홈페이지** www.whistlerblackcomb.com **운영** [피크 익스프레스] 비수기에는 주말만 운행, [스카이브리지] 6~9월만 오픈 **요금** 입장료는 따로 없고 곤돌라와 리프트를 타야 함 피크 익스프레스 C$26, 피크 익스프레스+휘슬러 빌리지 곤돌라 C$45 **가는 방법** 피크 익스프레스 The Peak Express 탑승해 정상에서 내리면 바로 보인다.

휘슬러에서 즐길 수 있는
다양한 액티비티

스키 외에도 휘슬러에서 할 수 있는 것들은 무궁무진하다. 겨울에는 스노슈잉, 봅슬레이, 스노모빌 투어를, 여름에는 카누, 수영, 래프팅, ATV, 하이킹, 집라인, 번지점프, 베어뷰잉 투어 등 각종 액티비티를 체험할 수 있다. 예약은 휘슬러 비지터 센터에서 가능하다.

산악자전거 Mountain Bike

스키 시즌이 끝난 5월 중순~9월 중순은 산악자전거 시즌이다. 눈이 녹은 슬로프의 산길을 자전거로 내려가는 산악자전거는 스키 못지않게 스릴 넘치는 액티비티다. 경사면을 지날 때마다 공중에 자전거를 띄우고 점핑하며 쉴 틈 없이 베이스캠프로 내려오는데, 특히 모험심이 가득한 젊은이들에게 인기가 많은 액티비티다. 본격 산악자전거 시즌이 시작되면 휘슬러 마운틴 바이크 파크 Whistler Mountain Bike Park와 자전거 장비 대여점, 관련 매장들이 문을 연다. 티켓은 온라인으로 구입할 수 있으며 게스트 서비스 Guest Service 센터에 가면 레슨과 렌털 등 각종 안내를 받을 수 있다.

주소 4165 Springs Lane, Whistler, BC V0N 1B0 **홈페이지** www.whistlerblackcomb.com **운영** 5월 중순~10월 중순 **요금** 1일권 C$90~100 [리프트] 성인 Sampler(3회권) C$63

튜빙 Tubing

스키나 보드를 타지 않는 사람들도 눈을 즐길 수 있는 액티비티로 커다란 튜브를 타고 눈길을 미끄러져 내려오다 보면 어른부터 아이들까지 모두 동심으로 돌아간다. 블랙콤산 엑스칼리버 곤돌라 Excalibur Gondola 미드 스테이션 아래에 위치한 버블리 튜브 파크 Bubly Tube Park에서 즐길 수 있다.

지도 P.139 [버블리 튜브 파크] **주소** 4545 Blackcomb Way, Whistler, BC V0N 1B4 **홈페이지** www.whistlerblackcomb.com **운영** 겨울 시즌 내 매일 11:00~17:00 **요금** 1시간 성인 C$34, 13~18세 C$31, 7~12세 C$26, 온라인 구매는 가격이 좀 더 저렴하다. **가는 방법** 휘슬러 관광안내소에서 자동차 6분 또는 버스 7번 Glacier at Summit 하차 후 도보 10분.

스파 Spa

스키나 보드를 타고 난 뒤 따뜻한 물에 몸을 담그고 쌓인 피로를 풀다 보면 저절로 힐링이 된다. 휘슬러 곳곳에 스파가 있지만 가장 유명한 곳은 스칸디나브 스파 휘슬러 Scandinave Spa Whistler다. 시설이 잘 갖추어져 있고 야외 스파는 가문비나무와 삼나무숲으로 둘러싸여 있으며 밤이 되면 별도 보인다. 조용한 가운데 진정한 휴식을 취할 수 있다는 스칸디나비아식 스파를 추구하는 곳이다.

지도 P.139 [스칸디나브 스파 휘슬러] **주소** 8010 Mons Rd, Whistler, BC V0N 1B8 **홈페이지** www.scandinave.com **운영** 매일 10:00~21:00 **요금** 예약 시 시즌에 따라 C$138~183 **가는 방법** 휘슬러에서 99번 도로로 자동차 5~10분. 또는 휘슬러 관광안내소 앞 30·31·32번 버스 Spruce Grove Way에서 하차.

알타 호수 Alta Lake

휘슬러 빌리지에서 조금만 벗어나면 아름다운 호수들이 자리하는데 그중 알타 호수는 빌리지에서 제일 가까이 위치해 있다. 호수 주변으로 레인보 공원, 블루베리 해변공원, 레이크사이드 공원 등이 조성돼 있고 모래사장이 있어 피크닉, 일광욕 등을 즐기는 사람들로 가득하다.

지도 P.139 ▶ 주소 3102 St Anton Way, Whistler, BC V0N 1B3 가는 방법 휘슬러 관광안내소에서 자동차로 4분.

그린 호수 Green Lake

휘슬러의 호수 중 제일 큰 규모를 자랑하는 호수. 골프 코스가 있으며, 밴쿠버에서 날아온 수상비행기가 상륙하는 곳이기도 하다. 99번 도로 옆에 자리해 자동차로 접근하기에 편리하다.

지도 P.139 ▶ 주소 8069 Nicklaus N Blvd, Whistler, BC V0N 1B8 가는 방법 휘슬러 관광안내소에서 자동차로 7분.

알타 호수 / 그린 호수 / 로스트 호수 / 니타 호수

로스트 호수 Lost Lake

규모가 크진 않아도 고즈넉하고 평화로운 호수로 주변에 별장도 많이 있다. 군데군데 모래사장과 캠핑장이 있어 피크닉을 즐길 수 있다. 휘슬러 빌리지에서 이곳까지 트레일이 조성돼 있다.

지도 P.139 ▶ 주소 4700 Lost Lake Rd, Whistler, BC V0N 1B4 가는 방법 휘슬러 관광안내소에서 자동차로 6분.

니타 호수 & 알파 호수 Nita Lake & Alpha Lake

크리크사이드 빌리지에서 가까운 곳에 있는 호수로 굉장히 잔잔하고 조용한 분위기다. 다른 호수처럼 모래사장이 있는 것은 아니지만 산책하며 휴식을 취하기 제격인 곳. 니타 호수 남쪽에 위치한 알파 호수에는 모래사장, 부두, 놀이터를 갖춘 공원이 조성돼 있다.

지도 P.139 ▶ 주소 [니타 호수] Whistler, BC V0N 1B2, [알파 호수] Whistler, BC V0N 0A0 가는 방법 휘슬러 크리크사이드 입구에서 자동차로 3분.

생애 최고의 스키를 즐겨라!
휘슬러 블랙콤 제대로 즐기기

매년 9m 이상의 적설량을 자랑하는 스키 리조트, 휘슬러 블랙콤 Whistler Blackcomb. 폭신한 파우더 스노와 휘슬러산과 블랙콤산이 만들어낸 경이로운 경치, 수백 개에 달하는 다양한 슬로프가 한데 어우러져 최고의 스키장이라는 찬사를 받는다. 설질과 규모 외에도 이곳의 매력은 백컨트리 Backcountry 스키가 가능하다는 것. 숲속의 나무 사이를 누비는 트리런 Tree run 같은 다양한 종류의 스키를 즐길 수 있으며 장기간의 스키 시즌을 자랑한다. 오전 8시 30분에 리프트가 가동되기 시작되며 겨울에는 해가 빨리 지기 때문에 오후 4시면 모든 슬로프가 문을 닫는다. 야간 개장은 하지 않는다.

홈페이지 www.whistlerblackcomb.com **운영** [겨울 시즌] 11월 중순~4월 말, [봄 시즌] 4월 말~6월 초, [일부 빙하 지역] 6월 초~8월 초 **가는 방법** 휘슬러 빌리지 곤돌라 Whistler Village Gondola 또는 블랙콤 곤돌라 Blackcomb Gondola 이용.

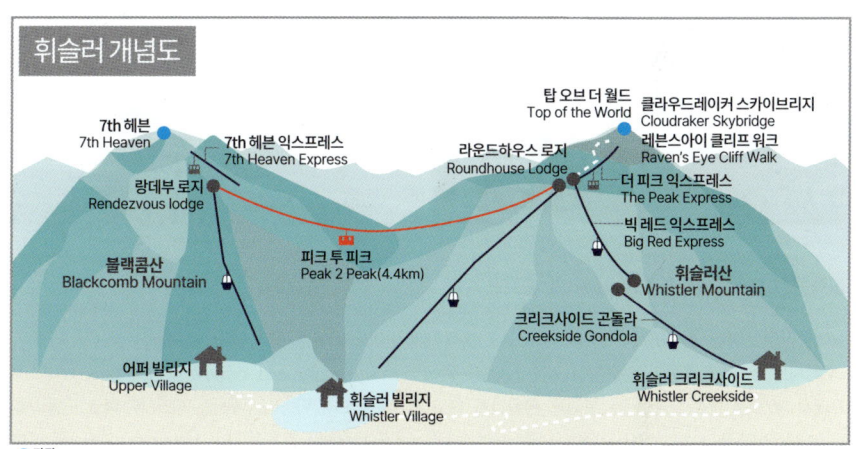

휘슬러산 Whistler Mountain의 슬로프

휘슬러산으로 가기 위해서는 휘슬러 빌리지 곤돌라나 크리크사이드 곤돌라를 타야 한다. 탑승하면 올림픽 스테이션을 지나 1,850m의 라운드하우스 로지 Roundhouse Lodge가 있는 곳까지 올라간다. 이곳에는 오륜기 시상대와 피크 투 피크 곤돌라 승강장이 있다. 여기에서 피크 투 피크 곤돌라를 타면 블랙콤산으로 가고, 더 피크 익스프레스 The Peak Express를 타면 휘슬러산 정상으로 간다.

● 휘슬러산 슬로프 특징

휘슬러산 정상에 오르면 스키어들에게 특히 인기가 좋은 슬로프들이 뻗어 있다. 정상 주변은 전문가용 슬로프가 많다. 이곳에서 휘슬러 볼 Whistler Bowl, 글레이셔 볼 Glacier Bowl, 하모니 볼 Harmony Bowl, 심포니 볼 Symphony Bowl 등지로 갈 수 있다. 특히 심포니 볼은 넓게 자리한 눈밭의 경치가 아름답게 펼쳐진다. 하모니 6 익스프레스 Harmony 6 Express와 심포니 익스프레스 Symphony Express를 이용하면 된다. 휘슬러산에서 주목할 슬로프는 정상에서 크리크사이드로 이어지는 피크 투 크리크 Peak-to-Creek가. 길이가 7km에 달하는 코스로 마니아들이 도전장을 내미는 곳이다. 다시 라운드하우스 로지로 내려가면 중급자용 코스가, 올림픽 스테이션 밑으로 내려가면 초급자용 코스가 이어진다. 보드 전용, 크로스컨트리 스키, 모굴 스키를 위한 다양한 슬로프가 있다.

블랙콤산 Blackcomb Mountain의 슬로프

블랙콤산의 산세는 휘슬러보다 거칠고 슬로프도 복잡하며 난이도가 높은 곳이 많다. 블랙콤산 정상을 향해 가려면 피크 투 피크 곤돌라 승강장이 있는 1,860m 랑데부 로지 Rendezvous lodge까지 가야 한다. 베이스캠프에서 2019년 새로 오픈한 뉴 블랙콤 곤돌라를 타고 갈 수 있으며 휘슬러산에서는 피크 투 피크 곤돌라를 타고 건너가면 된다. 여기에서 글레이셔 익스프레스 Glacier Express나 호츠만 티바 Horstman T-Bar를 타면 정상에 위치한 캠프 호츠만 헛 Horstman Hut에 도착한다. 이 주변의 슬로프는 최상급이라는 평가를 받는다.

● 블랙콤산 슬로프 특징

블랙콤산에서 가장 인기가 좋은 지역은 7th 헤븐 7th Heaven이다. 사방에 광활한 설원이 펼쳐지며 왜 천국이라 하는지 절로 고개가 끄덕여질 만큼 절경 속을 미끄러져 내려올 수 있다. 이곳으로 올라가는 7th 헤븐 익스프레스 7th Heaven Express는 기다리는 줄도 길다. 블랙콤산도 베이스캠프가 가까워질수록 다양한 중급, 초급자용 슬로프가 있다.

스키 타기 전 **준비사항**

 장비 준비

마니아들은 자신의 장비를 챙겨 오기도 하지만 장비가 없어도 빌리지 주변에 많은 대여점과 다양한 브랜드 매장이 있다. 홈페이지에서 장비 대여를 예약하면 할인받을 수도 있다.

> **Travel tip!**
>
> **조금이라도 저렴하게 이용하려면 미리 데이 패스를 구입하자.**
>
> 이용 당일 매표소에서 일반 리프트권을 구입할 경우 많이 비싸다. 성수기나 주말, 특히 크리스마스 시즌 등의 연휴를 피해 미리 (늦어도 일주일 이전) 온라인으로 데이 패스 Day Pass를 구입하면 좀 더 저렴하게 이용할 수 있다. 성수기에 갈 수밖에 없다면 아주 일찍 시즌 전에 데이 패스를 사두는 것이 조금이라도 저렴하다. 데이 패스는 미리 사두는 시즌권으로 1~10일까지 선택할 수 있다. 이용 날짜가 늘어날수록 (연속되지 않아도 된다) 하루당 이용 금액이 더 저렴해진다. 그 밖에 호텔 패키지 등의 할인도 있다.
>
> **홈페이지** www.whistlerblackcomb.com **요금** 성인 1 일권 One Day Pass C$132~154

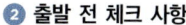 출발 전 체크 사항

● **자신의 실력에 맞는 슬로프 찾기**

200개가 넘는 슬로프에서 스키나 보드를 효율적으로 즐기려면 우선 자신의 실력을 파악해야 한다. 홈페이지에 나와 있는 리프트와 곤돌라 지도를 숙지한 뒤 실력에 맞게 계획을 세우고 올라가는 것이 중요하다. 홈페이지에 업로드된 당일 날씨, 슬로프, 설질에 대한 정보를 참고하자.

홈페이지 www.whistlerblackcomb.com

● **곤돌라나 익스프레스 타기 전에 슬로프 오픈 여부와 레벨 확인하기**

곤돌라가 출발하는 승강장과 산 위의 정류장에는 리프트와 곤돌라 오픈 여부를 알 수 있는 전광판이 있으며 난이도를 표시한 팻말과 안내문도 붙여 놓는다. 변수가 많은 산속 날씨에 대처하기 위해 출발하기 전 이를 잘 점검해 넓은 산속에서 낭패를 보지 않도록 한다. 긴 슬로프가 많고 인기 있는 리프트는 줄을 많이 서기 때문에 시간 계산도 필수다.

> **Travel tip!**
>
> **익스프레스 Express와 티바 T- Bar**
>
> 익스프레스는 의자에 앉아 올라가는 리프트를 말하며, 티바는 리프트의 일종으로 T자형의 바를 다리에 걸고 발을 바닥에 댄 채 미끄러져 올라가는 방식이다. 주로 상급자 코스에 있다.

Restaurant 휘슬러의 식당

가리발디 리프트 바 앤 그릴 Garibaldi Lift Co. Bar & Grill (GLC)

관광안내소의 중심에 자리한 바 겸 레스토랑. 휘슬러산으로 향하는 휘슬러 빌리지 곤돌라 건물 끝 2층에 있다. 위치도 편리하고 2층에서 내려다보이는 휘슬러 빌리지의 전경이 훌륭하다. 바를 겸하고 있어 늦은 시간까지 영업하며, 분위기도 좋고 메뉴도 대부분 맛이 있어 인기가 높다. 실내에는 벽난로가 있고 야외 테라스에는 모닥불 모양의 히터가 있어 추운 날씨에도 가게를 채우는 사람들이 많은 편이다.

지도 P.140-B2 주소 4165 Springs Ln, Whistler, BC V0N 1B0 **홈페이지** www.whistlerblackcomb.com **영업** 매일 11:30~20:30 **가는 방법** 휘슬러 관광안내소에서 도보 5분.

피크드 파이스 휘슬러 Peaked Pies Whistler

휘슬러와 사랑에 빠진 호주 사람이 휘슬러에 살면서 가족만큼이나 그리워했던 호주 파이를 직접 만들기 위해 오픈한 파이집이다. 호주 스타일의 전통 파이부터 치킨 파이, 비건 파이, 커리 파이, 달콤한 디저트 파이까지 다양한 맛의 파이를 맛볼 수 있다. 시그니처 메뉴는 트래디셔널 오지 Traditional Aussie 파이인 소고기 파이 위에 매시드 포테이토와 으깬 그린빈(풋강낭콩)을 올리고 구수한 그레이비 소스를 뿌린 것이다. 밴쿠버에도 지점이 생길 만큼 휘슬러에서 인정받은 맛집이다.

지도 P.140-A1 주소 4369 Main St #105, Whistler, BC V0N 1B4 **홈페이지** www.peakedpies.com **영업** 매일 08:00~21:00 **가는 방법** 휘슬러 관광안내소에서 도보 7분.

퓨어브레드 Purebread

빌리지 노스에서 가장 인기 있는 베이커리로, 휘슬러에서 시작해 큰 인기를 누리면서 밴쿠버까지 진출한 인기 빵집이다. 아침마다 이 집 빵을 먹기 위한 사람들로 문전성시를 이룰 정도. 가게 안으로 들어서면 눈이 휘둥그레질 정도로 먹음직스러운 빵이 한가득 진열돼 있는데, 시나몬롤, 머핀, 크루아상 등 빵 종류가 다양해 깊은 고민에 빠지게 한다. 진열대 안쪽에 있는 직원에게 원하는 빵을 말하면 골라서 담아 준다. 빵 못지않게 커피 맛도 일품이니, 빵과 함께 즐겨보자.

지도 P.140-A1 **주소** 122-4338 Main St, Whistler, BC V0N 1B4 **홈페이지** www.purebread.ca **영업** 매일 08:00~17:00 **가는 방법** 휘슬러 관광안내소에서 도보 6분.

롱혼 살룬 & 그릴 Longhorn Saloon & Grill

관광안내소에서 곤돌라와 리프트가 모여 있는 가장 붐비는 자리에 위치한 레스토랑이다. 겨울이면 스키 부츠를 신고 돌아다니는 수많은 사람으로 가득하다. 펍 같은 분위기에 햄버거나 샌드위치, 멕시칸 푸드를 주 메뉴로 하며 저녁시간에는 스테이크도 많이 먹는다. 특별한 맛집이라기보다는 스키를 타다가 일행들과 한 끼 식사를 하기 좋은 곳이다. 위치를 찾기 쉽고 곤돌라 탑승장이 인근에 있다는 점이 가장 큰 장점이다.

지도 P.140-B2 **주소** 4280 Mountain Square, Whistler, BC V0N 1B4 **홈페이지** www.gibbonswhistler.com **영업** 매일 07:00~01:00 **가격대** 햄버거 C$25~30 **가는 방법** 휘슬러 관광안내소에서 도보 5분.

Shopping 휘슬러의 쇼핑

IGA
휘슬러 그로서리 스토어   리커 스토어

슈퍼마켓 Supermarket

휘슬러에 자리한 4개의 빌리지에는 각각 슈퍼마켓이 있다. 관광안내소에는 휘슬러 그로서리 스토어 The Whistler Grocery Store라는 중간 사이즈의 마트가 있으며 바로 앞에 리커 스토어(주류 전문점)가 있다. 가장 큰 마트는 빌리지 노스의 마켓 플레이스 Market Place에 자리한 IGA 슈퍼마켓이다. 대형 마트인 IGA는 상품 종수가 많고 가격도 무난한 편이다. 어퍼 빌리지에 있는 어퍼 빌리지 마켓 Upper Village Market은 작은 상점이고, 크리크사이드에 자리한 크리크사이드 마켓 Creekside Market은 로컬 마켓이지만 생필품을 사기에 무난하다.

Travel tip!

슈퍼마켓별 기본 정보

휘슬러 그로서리 스토어
지도 P.140-A2 주소 4211 Village Square, Whistler, BC V0N 1B4 홈페이지 whistlergrocery.com 영업 08:00~21:00

어퍼 빌리지 마켓
지도 P.140-C1 주소 4580 Chateau Blvd, Whistler, BC V0N 1B4 홈페이지 uppervillagemarket.com 영업 08:00~21:00

프레시 스트리트 마켓
지도 P.140-A1 주소 4330 Northlands Blvd, Whistler, BC V0N 1B4 홈페이지 www.igastoresbc.com 영업 08:00~22:00

크리크사이드 마켓
지도 P.139 주소 2071 Lake Placid Rd, Whistler, BC V8E 0B6 홈페이지 creeksidemarket.com 영업 07:00~21:00

기념품

휘슬러 빌리지 곳곳에 휘슬러 방문을 기념할 만한 것들을 구입할 수 있는 기념품점이 있다. 휘슬러를 대표하는 특별 기념품이 있거나 기념품점 수가 많은 것은 아니지만 관광지로서의 소소한 물건들을 찾는 재미가 있다. 보통 티셔츠나 열쇠고리, 머그잔, 목도리나 장갑 같은 겨울용품이 인기다.

스포츠용품

세계적인 스키 명소 휘슬러답게 휘슬러 빌리지 안에는 다양한 상점이 있다. 특히 스포츠와 아웃도어 전문 브랜드숍의 규모가 크고 물건도 다양한 편이다. 캐나다 스포츠웨어 브랜드로 유명한 룰루레몬 Lululemon과 아웃도어 브랜드 아크테릭스 ARC'TERYX는 물론, 미국 브랜드인 노스페이스 The North Face, 파타고니아 Patagonia, 그리고 북유럽 스키용품 브랜드인 살로몬 Salomon 등 다양한 브랜드 매장이 있다.

휘슬러 블랙콤 아웃렛 스토어 Whistler Blackcomb Outlet Store

스키복, 스키, 보드, 고글, 장갑, 패딩 등 다양한 스포츠용품을 판매하는 작은 아웃렛 상점이다. 여러 상점에서 팔고 남은 재고 상품들이라 가격대는 저렴하지만 사이즈가 없거나 상품 종수가 다양하지는 않다. 그래도 급하게 저렴한 물품을 찾을 때는 도움이 되는 곳이다.

지도 P.140-A2 **주소** 4204 Village Square, #301, Whistler, BC V8E 1H5 **영업** 10:00~18:00 **가는 방법** 휘슬러 관광안내소에서 도보 2분.

한 걸음 더

산과 호수의 만남
조프리 호수 Joffre Lakes

작은 로키라 불리는 조프리 호수는 빙하가 녹아 형성된 에메랄드 빛의 호수다. 주위를 둘러싸고 있는 빽빽한 침엽수림과 그 뒤로 펼쳐지는 만년설이 하나의 장관을 만들어 낸다. 트레일을 따라 3개의 호수로 이루어져 있으며, 호수 주변으로 다양한 종의 식물군과 사슴, 블랙 베어, 그리즐리 베어, 산양 등이 살고 있다. 등산, 낚시, 하이킹 등 다양한 액티비티를 즐길 수 있으며 여름 시즌에는 캠프 그라운드에서 캠핑도 가능하다.

지도 P.8-A3 **주소** Duffey Lake Rd, Mount Currie, BC V0N 2K0 **홈페이지** www.env.gov.bc.ca

조프리 호수 가는 방법

·자동차

밴쿠버에서 약 190km 정도 떨어져 있어 차가 있다면 밴쿠버에서 당일치기로 다녀올 수 있다. 99번 도로를 타고 가다 보면 어렵지 않게 진입할 수 있다. 조프리 레이크로 향하는 길로 접어들면 얼마 안 가 주차장이 나온다. 주차장은 넓은 편이지만 여름철 성수기에는 자리가 없을 만큼 붐빈다.

·대중교통

2025년 현재 차가 없을 경우 공원까지 데려다 주는 대중교통은 없는 상황이다. 2024년까지 파크 버스 Park Bus라는 비영리 단체에서 운영하는 버스가 있었으나 BC Parks의 내부 방침으로 파크 버스를 포함, 다른 민간 셔틀도 모두 운행이 임시 중단된 상태다. 언제 재개할 지는 미정이다.

홈페이지 www.parkbus.ca **소요 시간** 3시간 (2025년 임시휴업)

Travel tip!

하이킹 전에 준비할 것

당일치기 하이킹이라도 준비를 단단히 하는 것이 좋다. 산이 높고 트레일이 평탄한 편이 아니어서 체력 소모가 심하다. 중간중간 물 마시는 구간이 있지만, 마실 물과 간단한 도시락을 준비해 가자. 산에서는 취사 금지이니 반드시 조리된 음식을 준비해야 한다. 뜨거운 여름이라면 선글라스와 선크림도 필수다. 땀을 많이 흘릴 것에 대비해 간단한 여벌 옷이 있으면 더욱 좋다. 가장 혹사당하는 발을 위해 등산화나 편한 신발은 필수. 여름에는 주차난이 있으므로 아침 일찍 서둘러야 한다. 화장실은 호수마다 있지만 주차장에서 미리 다녀오는 것이 좋다.

① 로어 조프리 호수 Lower Joffre Lake

3개의 호수 중 두 번째로 크며 에메랄드 빛의 호수를 보는 순간 산 위의 호수들이 궁금해서 올라가 보고 싶은 충동을 느끼게 한다. 가까이 있다고 하여 위에 있는 호수들보다 경치가 안 좋은 것도 아니다. 하이킹 할 준비가 돼 있지 않다거나 시간이 없는 여행자들도 이곳만큼은 쉽게 볼 수 있으니 99번 도로를 지나간다면 꼭 들러 보자. 주차장 입구에서 50m, 걸어서 5분 거리에 있다.

② 미들 조프리 호수 Middle Joffre Lake

이곳부터는 본격적인 하이킹이 필요하다. 입구에서 3km 거리에 있고 개인차가 있지만 2시간 이상 소요된다. 하이킹 코스는 잘 다듬어져 있는 편이지만 편안하지는 않다. 쉽지 않은 코스에 첫 번째 호수만 보고 힘들어 포기하는 사람들이 많은데 포기하고 싶어질 때쯤 갑자기 또 하나의 에메랄드 빛 호수 미들 조프리가 나타난다. 인위적으로 다듬어 놓은 것 같은 절경에 감탄사가 나온다. 미들 조프리 호수에는 호수 쪽으로 쓰러져 반쯤 잠긴 긴 통나무가 있는데 그 위에 서서 사진을 찍기 위해 줄을 서기도 하는 인기 포토 스폿이다.

③ 어퍼 조프리 호수 Upper Joffre Lake

입구에서 4km 떨어져 있고 3시간은 하이킹을 해야 한다. 경사도 심하고 중간중간 바위와 돌들도 많아 체력 소모가 심하다. 중간에 계단 모양을 한 홀로웨이 폴스 Holloway Falls라는 폭포도 있다. 그런 만큼 정상에 도달했을 때 주는 만족감은 최고다. 위로 올라올수록 산과 만년설이 더 가까워지는 느낌을 선사한다. 하이킹을 하기로 마음을 먹었다면 힘들어도 어퍼 조프리 호수까지 가는 것을 추천한다. 물은 정말 차지만 한여름에는 수영하는 사람들도 있다.

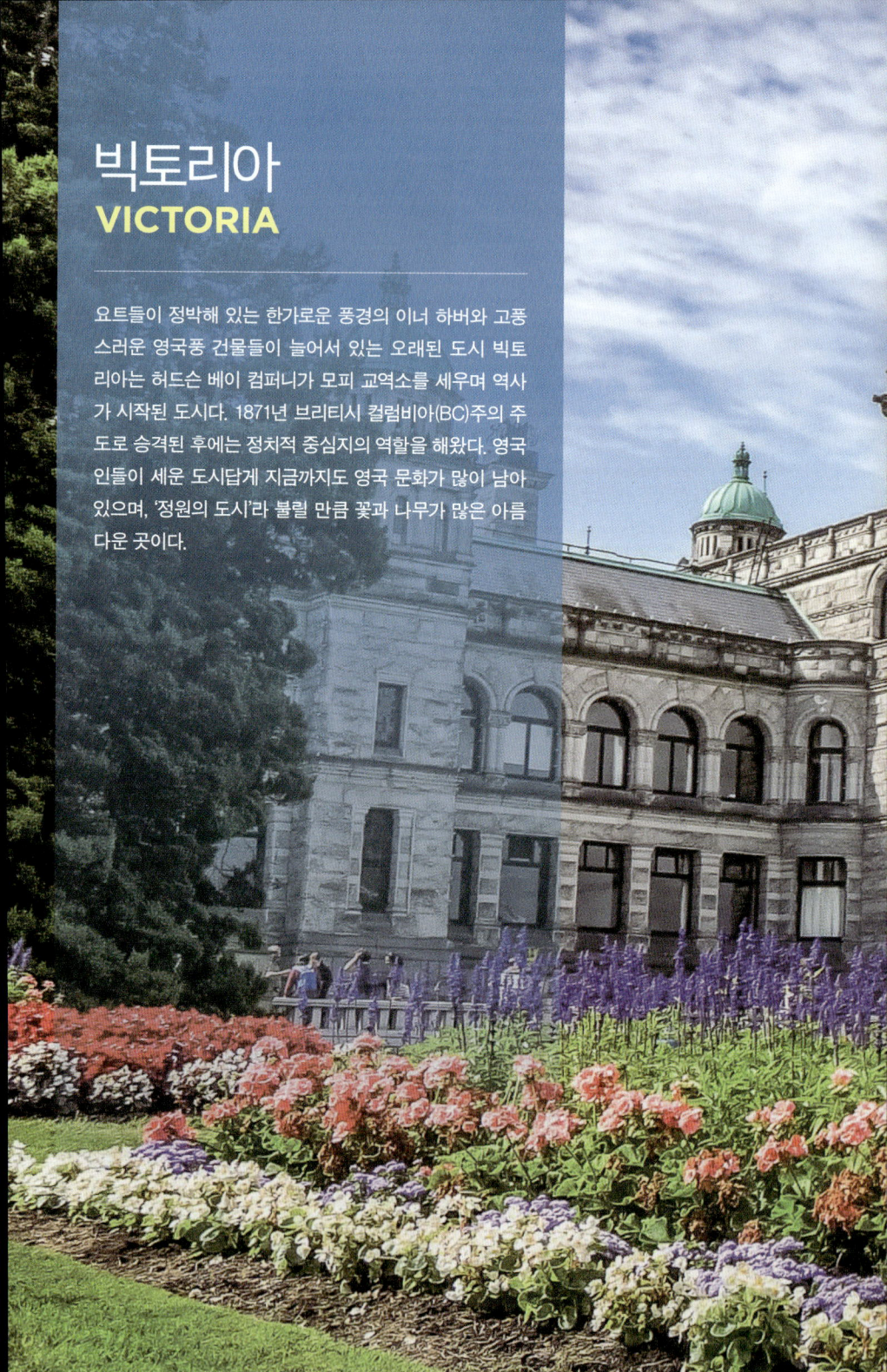

빅토리아
VICTORIA

요트들이 정박해 있는 한가로운 풍경의 이너 하버와 고풍스러운 영국풍 건물들이 늘어서 있는 오래된 도시 빅토리아는 허드슨 베이 컴퍼니가 모피 교역소를 세우며 역사가 시작된 도시다. 1871년 브리티시 컬럼비아(BC)주의 주도로 승격된 후에는 정치적 중심지의 역할을 해왔다. 영국인들이 세운 도시답게 지금까지도 영국 문화가 많이 남아있으며, '정원의 도시'라 불릴 만큼 꽃과 나무가 많은 아름다운 곳이다.

빅토리아 🍁
대표 명소

1

2

3

1 주의사당 P.165
100년이 넘게 빅토리아를 상징하는 영국풍 건물로, 내부에 회의장을 비롯해 볼거리가 많다.

2 이너 하버 P.164
주의사당, 엠프레스 호텔 등 빅토리아를 대표하는 고풍스러운 건물로 둘러싸여 있는 항구다.

3 크레이그다로크 성 P.173
19세기 석탄업 갑부의 초호화 저택으로 고급스러운 인테리어와 빈티지한 물건들이 볼 만하다.

4 부차트 가든 P.174
수많은 아름다운 꽃들의 향연이 펼쳐지는 100년 이상 된 대형 정원으로 계절마다 모습을 바꾼다.

5 피셔맨스 워프 P.170
바다 위에 떠 있는 알록달록한 수상 가옥들과 맛있는 해산물 레스토랑이 줄지어 있는 곳이다.

4

5

빅토리아 가는 방법

밴쿠버에서 페리를 타고 가는 것이 가장 일반적이다. 빅토리아 공항이 있기는 하지만 다시 차를 렌트해야 하고 공항 위치도 시내에서 떨어져 있기 때문이다. 그리고 렌터카나 버스를 이용해도 바다를 건널 때는 차량이 페리 안으로 들어간다.

페리

밴쿠버섬 교통

빅토리아에 가려면 바다를 건너야 하기 때문에 가장 많이 이용하는 교통수단이다. 보통 밴쿠버 남서쪽에 위치한 트와슨 Tsawwassen에서 빅토리아 근교의 스와츠 베이 Swartz Bay로 들어간다. 이후 빅토리아 시내까지는 30Km 정도 떨어져 있기 때문에 차를 타고 이동해야 한다. 렌터카가 있으면 17번 도로를 타고 남쪽으로 가면 되고, 차가 없다면 BC 트랜싯에서 운영하는 시내버스를 타면 된다. 성수기에는 매우 복잡하고 밴쿠버 다운타운에서 출발하는 것을 감안한다면 빅토리아 다운타운까지 적어도 3~4시간 잡아야 한다. 웨스트 밴쿠버에 위치한 홀슈 베이 Horseshoe Bay에서 북쪽의 너나이모 Nanaimo로 들어가 빅토리아까지 이동하기도 한다.

Travel tip!

티켓 구입과 타는 법

홈페이지를 통해 예약하는 것이 좋다. 요금은 Saver 세이버, Prepaid 프리페이드, Drive-up 현장 결제가 있다. 세이버와 프리페이드는 모두 사전예약 방식이다. 그중 세이버 요금은 가장 저렴하지만 적용되는 시간대가 드물어 빨리 매진된다. 따라서 정해진 시간이 아니어도 되는 사람은 이런 시간대를 이용하면 요금을 절약할 수 있다. 현장 결제는 매우 비싸지기 때문에 피하는 것이 좋다. 차를 가져가는 경우에는 반드시 30분 전에 터미널에 도착하는 것이 안전하며 안내에 따라 배 안으로 차를 운전해 들어가서 주차한 후 내려 선실로 가면 된다.

[트와슨 – 스와츠 베이] 홈페이지 www.bcferries.com 소요 시간 1시간 30분 요금 12세 이상 세이버 C$15, 프리페이드 C$20, 현장 C$20.70 자동차(소형) 세이버 C$34~71, 프리페이드 C$85, 현장 C$92.80

[스와츠 베이 – 빅토리아 다운타운(버스 70번)] 홈페이지 www.bctransit.com 소요 시간 50분~1시간 요금 C$3(1일권 C$6)

비행기

국내선 항공을 이용하면 빅토리아 북쪽으로 25km 떨어진 곳에 빅토리아 국제공항 Victoria International Airport(YYJ)에 도착한다. 버스 70번(C$5), 우버나 리프트, 제이라이드 Jayride라는 공유 셔틀을 이용해 시내까지 갈 수 있다. 또는 밴쿠버 워터프런트 경비행기 승강장에서 수상 비행기를 타면 빅토리아 이너 하버까지 갈 수 있는데, 가격이 비싸지만 가장 빠르고 편리한 방법이다.

[제이라이드] 홈페이지 www.jayride.com 요금 차량에 따라 C$20~40(고정 요금)
[하버 에어 시플레인스 Harbour Air Seaplanes] 홈페이지 www.harbourair.com 요금 편도 C$120~130

버스

밴쿠버에서 빅토리아까지 가는 버스다. 버스에 탄 채로 페리에 오르고 빅토리아 시내까지 바로 갈 수 있는 편리함이 있지만 요금이 비싸다.

▶ **BC 페리스 커넥터 BC Ferries Connector**
밴쿠버 공항 또는 밴쿠버 다운타운(픽업 장소가 여러 곳이니 홈페이지 참조) - 빅토리아 다운타운
소요 시간 3시간 50분 요금 출발지에 따라 C$77.17~85.14(성인 편도) 홈페이지 www.bcfconnector.com

빅토리아 시내 교통

다운타운과 이너 하버 쪽은 충분히 걸어서도 다닐 수 있다. 그러나 다운타운 외곽의 크레이그다로크 성이나 교외의 부차트 가든 등으로 가려면 버스를 타야 한다. 버스는 BC 트랜짓에서 운행하며 요금은 우모 Umo 앱이나 우모 카드로 낼 수 있다. 충전식 우모 카드는 보증금이 없다. 현금으로도 요금을 낼 수 있지만 정확한 금액을 준비해야 한다. 앱이나 카드 사용 시 2번 이상 탑승하면 자동 1일권 요금이 적용된다.
요금 현금 C$3, 1일권 C$6 홈페이지 www.bctransit.com

Travel Plus

빅토리아의 독특한 투어 프로그램

고래 투어 Whale Watching Tour
멕시코 난류를 따라 알래스카로 이동하는 고래를 보러 가는 투어다. 매년 4월에서 10월까지가 고래를 관찰할 수 있는 최적의 시기로 혹등고래, 범고래, 쇠고래, 물범 등을 관찰할 수 있다. 이너 하버나 피셔맨스 워프에서 출발해 밴쿠버섬 서쪽 바다로 간다. 이너 하버에 고래 투어를 하는 회사들이 여럿 있다.
소요 시간 3~4시간 요금 C$159~189

[추천 고래 투어]
프린스 오브 웨일스 Prince of Whales https://princeofwhales.com
BC 웨일 투어스 BC Whale Tours Victoria https://bcwhalewatchingtours.com
이글 윙 투어스 Eagle Wing Whale & Wildlife Tours https://eaglewingtours.com

밴쿠버에서 떠나는 **밴쿠버섬** Vancouver Island

밴쿠버섬은 밴쿠버와 조지아 해협 Strait of Georgia을 사이에 두고 있는 길이 약 450km의 긴 타원형 섬이다. 거대 규모에 비해 인구가 매우 적어 도시가 발달해 있기보다는 국립공원, 주립공원 등 녹지공간으로 조성돼 있거나 원시 자연 그대로인 곳이 많다. 천연자원이 풍부해 임업, 농업, 광업 등이 골고루 발달하고 어획량도 풍부한 비옥한 땅이다. 온화한 기후와 축복받은 자연환경 때문에 관광업이 발달했으며 많은 캐나다인이 노후를 보내고 싶어 하는 곳이다. 섬의 남동쪽 끝에 브리티시 컬럼비아주(BC주)의 주도인 빅토리아가 있다.

밴쿠버섬 여행 일정

가장 큰 도시 빅토리아를 중심으로 여행하는 것이 일반적이며 일정이 여유롭다면 자동차를 이용해 너나이모까지 간다. 빅토리아와 너나이모 둘 다 페리 터미널이 있어 밴쿠버에서 페리로 갈 수 있으며, 두 도시 중간에 덩컨(P.182)이나 슈메이너스(P.185) 등의 소도시가 있어 잠시 들러 둘러보기에도 좋다. 빅토리아는 1~2일 정도, 그 외 도시들은 묶어서 1일이면 가능하다. 루트는 보통 세 가지로 나뉜다.

추천 여행 루트

1 밴쿠버 — 빅토리아 — 덩컨 — 슈메이너스 — 빅토리아 — 밴쿠버 **3일**

2 밴쿠버 — 빅토리아 — 밴쿠버 **1일 or 2일**

3 밴쿠버 — 빅토리아 — 덩컨 — 슈메이너스 — 너나이모 — 밴쿠버 **3일(역방향 가능)**

빅토리아 추천 일정

DAY 1

① 이너 하버 P.164 — 도보 3분 — ② 주의사당 P.165 — 도보 10분 — ③ 크라이스트 처치 대성당 P.168 — 도보 20분 — ④ 크레이그다로크 성 P.173 — 버스 25분(자동차 10분) — ⑤ 피셔맨스 워프 P.170

이너 하버 / 피셔맨스 워프 / 오그덴 포인트 / 부차트 가든

DAY 2

① 로열 BC 박물관 P.167 — 버스 20분(자동차 5분) — ② 오그덴 포인트 방파제 P.171 — 버스 15분(자동차 3분) — ④ 마일 제로 기념비 P.172 — 버스 1시간 30분(자동차 30분) — ⑤ 부차트 가든 P.174

Attraction 빅토리아의 볼거리

다운타운 Downtown
빅토리아의 중심 지역으로 요트가 떠 있는 이너 하버 주변에 캐나다의 역사를 담고 있는 주의사당과 고풍스러운 건축물이 모여 있는 곳이다. 박물관, 마켓 등 구경거리가 많다.

이너 하버 Inner Harbour

빅토리아의 랜드마크인 주의사당 Legislative Assembly of British Columbia, 페어몬트 엠프레스 Fairmont Empress 호텔, 로열 BC 박물관 Royal BC Museum이 둘러싸고 있는 항구다. 요트는 물론 수상 비행기, 페리 등이 오가는 빅토리아의 심장부 같은 곳으로 여름에는 고래 투어를 떠나는 보트로 가득하다. 멀리 보이는 미국 올림픽 산맥의 만년설과 함께 빅토리아를 대표하는 뷰 포인트로도 유명하다. 이너 하버 중앙에는 1778년 빅토리아를 처음 발견한 제임스 쿡 James Cook 선장의 동상이 있고 주변의 산책로에는 버스킹을 하는 사람, 이런저런 물건을 파는 좌판들이 줄지어 있어 구경하는 재미가 쏠쏠하다. 이너 하버 입구에 관광안내소가 있으니 여행 시작 전 들러서 여행 정보를 얻으면 좋다.

지도 P.163-B1 가는 방법 2·3·5·10·30·70·72번 탑승 Southbound Douglas at Courtney 하차 후 도보 2분.

Travel tip!

빅토리아 관광안내소 Tourism Victoria Visitor Centre

빅토리아 정보 및 교통 안내, 각종 티켓, 투어, 숙소 예약을 도와준다. 빅토리아에 대한 자료를 비치해 두고 있으며 여행 설계를 위한 상담도 가능하다.

지도 P.163-B1 주소 812 Wharf St, Victoria, BC V8W 1T3 홈페이지 www.tourismvictoria.com 운영 월~수요일 09:00~18:00, 목~일요일 09:00~19:00 가는 방법 버스 10번 탑승 Wharf at Broughton 하차 후 도보 2분.

주의사당
Legislative Assembly of British Columbia (Parliament Buildings)

빅토리아의 대표적인 랜드마크로 웅장하면서도 아름다운 건물이다. 1897년 주의사당 건축 공모전에서 당선된 프랜시스 매슨 래튼버리 Fransis Mawson Rattenbury의 작품으로 계속적인 증축과 보수를 거쳐 100년이 넘도록 빅토리아를 상징하는 건축물로 자리 잡았다. 빅토리아의 풍부한 자원을 건축 자재로 사용해서 르네상스와 로마네스크 양식으로 지었다.

웅장하게 서 있는 의사당 중앙 건물의 청동 돔 꼭대기를 자세히 보면 동상이 서 있는데 이는 밴쿠버섬을 최초로 자세히 조사한 조지 밴쿠버 George Vancouver 선장으로, 금으로 도금돼 있다. 정문의 아치형 출입구는 총독이나 여왕이 입장하는 의전용 입구다.

지도 P.163-B1 **주소** 501 Belleville St, Victoria, BC V8V 2L8 **홈페이지** www.leg.bc.ca **가는 방법** 이너 하버에서 도보 3분.

Travel tip!

주의사당 투어

주의사당의 역사를 알고 내부 곳곳을 둘러보고 싶다면 무료로 진행되는 가이드 투어(퍼블릭 투어 Public Tour)를 추천한다. 여름에는 매일 있으며 9월부터 봄까지는 주중에만 운영한다. 투어는 30~45분 정도 소요되며, 영어로만 진행된다. 평일에는 가이드 투어를 이용하지 않아도 셀프 가이드 투어로 내부를 자유롭게 둘러볼 수 있지만, 주말 및 공휴일에는 가이드 투어를 이용해야만 한다. 셀프 가이드 투어 시 인포메이션 데스크에 비치된 소책자를 참고하면 좋다.

운영 (성수기) 가이드 투어 월~금요일 09:00~16:30(30분~1시간 간격으로 운행), 토·일요일 09:00~16:40 셀프 가이드 투어 월~금요일 08:30~16:30 **요금** 무료 ※ 15명 이상 방문 시 온라인 예약 필요.

주의사당 들여다보기

의사당 내부

내부로 들어가면 엘리자베스 2세의 초상화와 영빈관, BC주 출신의 전사 군인들을 기념하기 위한 메모리얼 로툰다 The Memorial Rotunda, 붉은 카펫이 깔린 의원들의 회의장 Legislative Chamber 등이 있다. 눈여겨봐야 할 또 한 가지는 아치형으로 생긴 영국 빅토리아 여왕 통치 60주년 기념 창과 엘리자베스 여왕 통치 50주년 기념 창인 스테인드글라스다. 무료 가이드 투어를 30~45분 진행한다. 가이드 투어에 참여하지 않더라도 한국어 안내 책자를 가지고 셀프 투어를 할 수 있다.

1987년 채택된 BC주의 문장.

의사당 정원

영국풍의 의사당 건물 앞으로 드넓은 정원과 분수가 자리하고 있으며, 날씨가 좋으면 잔디에 앉아 쉬는 사람들이 많다. 정원 양 옆으로 세계대전과 한국전쟁 참전 용사를 추모하는 기념 동상과 빅토리아 여왕의 동상이 있다. 또한 3,300개의 전구가 주의사당을 둘러싸고 있어 밤이 되면 더욱 아름답다.

Travel Plus

프랜시스 매슨 래튼버리 Francis Mawson Rattenbury (1867-1935)

1892년 빅토리아 주의사당 설계 공모전에서 당선된 건축가. 당시 나이가 25세에 불과한 영국인이었다. 빅토리아에 온 지 1년 만에 대형 프로젝트를 맡아 주의사당을 영국풍으로 건축했고 그 후 페어몬트 엠프레스 Fairmont Empress 호텔, 밴쿠버 미술관 Vancouver Art Gallery, 페어몬트 샤토 레이크 루이즈 Fairmont Chateau Lake Louise 등 굵직한 건축물을 지어 내며 이름을 알렸다.

로열 BC 박물관 Royal British Columbia Museum

1886년 세워진 로열 BC 박물관은 인간과 자연이 만들어낸 BC주의 역사가 담긴 각종 전시물을 볼 수 있는 곳이다. 1987년 영국 왕실로부터 로열의 지위를 받았다. 1층에는 아이맥스 극장을 비롯해 카페, 기념품점 등이 있고, 2층 자연사 갤러리에는 빙하시대 기후 변화 등을 사실적으로 재현한 디오라마관과 특별 전시실이 있다. 3층은 현대사 갤러리와 원주민 갤러리에서 토템폴부터 HMS 디스커버리호까지 다양한 자료와 유물들을 볼 수 있다. 건물 밖에도 각종 조각과 토템폴이 전시된 선더버드 공원, 공룡 발자국, 원주민의 중요한 도구였던 방추차, 자생 식물원, BC 기록 보관소, 아름다운 종소리를 선사하는 네델란드 카리용, 헬름켄 하우스 등이 있다. 한 시간 반 정도 걸리는 가이드 투어도 있으며 매표소에서 스케줄과 주제를 확인할 수 있다.

지도 P.163-B1 ▶ 주소 675 Belleville St, Victoria, BC V8W 9W2 홈페이지 www.royalbcmuseum.bc.ca 운영 매일 10:00~18:00 요금 성인 C$29.95 가는 방법 주의사당에서 도보 3분.

페어몬트 엠프레스 호텔 Fairmont Empress Hotel

북미 주요 도시에 있는 고급 호텔 페어몬트 Fairmont의 빅토리아 지점으로 이너 하버를 바라보며 서 있는 고풍스러운 영국풍 건물이다. 건물 전체를 덮고 있는 담쟁이 덩굴이 운치를 더하는 이 호텔은 프랜시스 매슨 래튼버리의 작품이다. 1908년 완공됐으며 빅토리아에서 가장 오래된 호텔이다. 건물 내부도 유럽 고성 같은 인테리어를 하고 있으며, 지하에는 호텔의 역사를 알 수 있는 물건과 자료들을 전시하는 전시실도 있다. 로비 라운지에서 영국의 오랜 전통인 애프터눈 티를 마실 수 있으며 야경으로도 유명하다.

지도 P.163-B1 ▶ 주소 721 Government St, Victoria, BC V8W 1W5 홈페이지 www.fairmont.com 가는 방법 로열 BC 박물관에서 도보 4분.

미니어처 월드 Miniature World

재미있는 동화나 역사적 사건 등 다양한 주제로 꾸민 미니어처들을 전시하는 곳이다. 〈걸리버 여행기〉, 〈잭과 콩나무〉 같은 동화의 한 장면, 전쟁이나 서부 개척 같은 사건들, 중세 시대의 기사들, 서커스와 여러 마을 풍경을 비롯해 영국 런던의 버킹엄 궁전 전경도 그대로 재현해 놓았다. 뿐만 아니라 버튼을 클릭하면 인형이 움직이도록 꾸며진 곳도 있어 시간 가는 줄 모르고 관람할 수 있다. 귀엽고 아기자기한 미니어처들을 보고 있노라면 어느새 동심의 세계로 빠져든다.

지도 P.163-B1 ▶ **주소** 649 Humboldt St, Victoria, BC V8W 1A7 **홈페이지** www.miniatureworld.com **운영** 매일 10:00~21:00 **요금** 성인 C$19, 학생(13~17세) C$11, 어린이(5~12세) C$9 **가는 방법** 페어몬트 엠프레스 호텔에서 도보 3분.

크라이스트 처치 대성당 Christ Church Cathedral

BC주 교구 주교좌로 밴쿠버섬 일대를 모두 관할하는 성당이다. 13세기 고딕 양식으로 지어졌고 1929년 봉헌됐다. 지금의 성당은 세 번째 대성당의 교구이며 첫 번째, 두 번째 성당은 지금의 대성당 맞은편 재판소 자리에 있었다. 서쪽 탑은 1950년에, 동쪽 건물은 1991년에 증축하면서 규모를 확장해 왔다. 세례당은 헌금으로 지어졌으며 바닥은 BC주의 대리석으로 만들었다. 교구장의 문장이 있는 교구장 의자와 1087년에 설립된 턱스베리 수도원에서 가져온 턱스베리 십자가 Tewksbury Cross, 여러 대의 파이프 오르간, 런던 주교가 사용했던 의자, 사제석, 성서 이야기가 가득한 스테인드글라스 등 다양한 볼거리가 있다.

지도 P.163-C1 ▶ **주소** 930 Burdett Ave, Victoria, BC V8V 3G8 **홈페이지** www.christchurchcathedral.bc.ca **운영** 월~금요일 08:30~17:30, 토요일 10:00~16:00, 일요일 07:30~17:00 **가는 방법** 페어몬트 엠프레스 호텔에서 도보 10분.

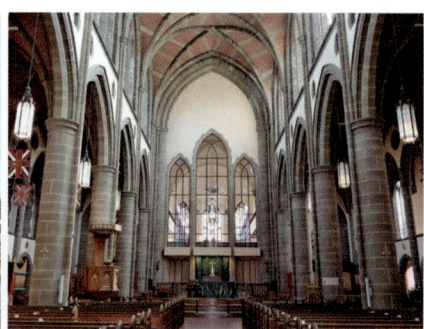

배스천 스퀘어 Bastion Square

배스천 스퀘어는 과거에 요새로 쓰였던 곳으로 현재는 좁은 골목이다. 1843년 허드슨스 베이 컴퍼니가 모피 교역소를 세운 곳으로 유명하다. 빅토리아에서 가장 오래된 건물들이 서 있었으며 이곳에서 빅토리아의 역사가 시작됐다. 1963년부터 복원해 보존하고 있으며 카페와 레스토랑이 모여 있다.

지도 P.163-B1 주소 Bastion Square Victoria, BC V8W 1H9 가는 방법 크라이스트 처치 대성당에서 도보 12분.

마켓 스퀘어 Market Square

배스천 스퀘어에서 북쪽으로 조금만 가면 골드러시가 있던 1880~1890년대 경제가 활성화되면서 지어졌던 건물들을 복원해 놓은 곳이 있다. 그중 존슨 스트리트에 위치한 3층으로 된 붉은 건물이 마켓 스퀘어다. 안으로 들어가면 안뜰 같은 작은 광장이 있고 건물에는 여러 식당과 상점들이 있으며 갖가지 쇼핑 아이템들이 많아 기념품을 고르기에도 좋다. 건물의 일부는 대학교에서 사용하고 있다.

지도 P.163-B1 주소 560 Johnson St, Victoria, BC V8W 3C6 홈페이지 marketsquare.ca 운영 월~토요일 10:00~17:00, 일요일·공휴일 11:00~17:00 가는 방법 배스천 스퀘어에서 도보 5분.

제임스베이 James Bay와 로클랜드 Rockland 지역

다운타운 남쪽의 제임스 베이 지역은 태평양이 눈앞에 펼쳐지는 평화로운 곳으로 산책로가 조성된 공원이 있다. 로클랜드 지역에서는 캐나다 초창기 신흥 갑부의 성 같은 저택을 구경할 수 있다.

피셔맨스 워프 Fisherman's Wharf

이너 하버 서쪽에는 공원이 있는 재미있는 부둣가가 있다. 바다 위의 데크에 알록달록한 색깔의 수상 건물들이 모여 있고 그 앞으로 요트와 어선, 통통배, 미니 배들이 떠다닌다. 해산물을 파는 가게부터 다양한 레스토랑, 카페, 아이스크림 가게 등이 있어 야외 테이블에서 시원한 맥주나 해산물 요리를 먹으며 시간을 보내기 그만인 곳이다. 주변 선착장에서는 배를 이용한 각종 투어를 할 수도 있다.

이곳은 세계대전이 끝나고 1990년대 말까지 모든 부두에 배가 묶여 있을 정도로 항구로서 전성기였다가 현재는 바다를 보며 먹고 즐기는 관광지로 바뀌었다. 데크를 따라 바닷가를 산책할 수도 있고 중간에 위치한 어드벤처 회사들의 투어 프로그램도 신청할 수 있다. 이곳에 떠다니는 미니 페리나 수상 택시는 이너 하버를 오갈 때 이용할 수 있다. 부둣가 앞쪽으로는 공원이 있는데 약간 언덕이어서 부두 쪽을 내려다볼 수 있다.

지도 P.163-B1 **주소** 12 Erie St, Victoria, BC V8V 4X5 **홈페이지** www.fishermanswharfvictoria.com **운영** 가게마다 다름 **가는 방법** 이너 하버에서 자동차 3분 또는 도보 10분.

Travel tip!

수상 택시 H2O Taxi

이너 하버와 피셔맨스 워프 등 항구에서 항구로 이동하는 수상 택시로 빅토리아의 항구를 감상하며 이동할 수 있다. 거리에 따라 요금이 올라간다.

[이너 하버~피셔맨스 워프] 요금 성인 C$15, 어린이 C$7
홈페이지 www.victoriaharbourferry.com

오그덴 포인트 방파제 Ogden Point Breakwater

도심에서 벗어나 한가롭게 산책하며 여유를 느낄 수 있는 곳으로 태평양이 눈앞에 시원하게 펼쳐진다. 이너 하버에서 댈러스 로드 Dallas Road를 따라 남쪽으로 가면 나온다. 바다 안으로 조성된 약 800m의 방파제 길을 따라가면 브레이크워터 등대 Breakwater Lighthouse가 있는 곳에 도착한다. 방파제 길을 따라 가는 동안 탁트인 태평양을 감상할 수 있다. 등대 옆에는 쉴 수 있는 작은 벤치가 있고 운이 좋으면 물개도 볼 수 있다. 낮의 경치도 아름답지만 저녁에 가면 예쁜 노을을 볼 수 있다. 입구에 카페와 레스토랑이 있어 운치 있는 석양을 감상하기 좋다.

지도 P.163-A2 주소 The Breakwater, Victoria, BC V8V 1A1 가는 방법 피셔맨스 워프 공원에서 자동차로 3분 또는 도보 10분 또는 버스 2·5번 탑승 Dallas Rd at Montreal St 하차.

에밀리 카 하우스 Emily Carr House

캐나다를 대표하는 여류 화가 에밀리 카 Emily Carr(1871~1945)의 생가다. 에밀리 카는 이곳에서 자라면서 그녀만의 독특한 화풍으로 빅토리아의 하늘과 바다, 나무를 그렸다. 특히 원주민들의 마을과 생활상을 그리면서 원주민들의 영혼을 담는 화가로 알려졌다. 노란색의 목조 건물과 아담한 정원이 인상적인 이 집은 영국에서 이민해 온 그녀의 아버지가 1863년 지은 것으로 실내 인테리어도 영국풍으로 꾸며져 있다. 내부에는 에밀리 카가 아이들을 가르치던 다이닝 룸과 갤러리도 있다.

지도 P.163-B2 주소 207 Government St, Victoria, BC V8V 2K8 홈페이지 www.carrhouse.org 운영 화~일요일 10:00~17:00, 월요일 휴무 요금 기부금제 가는 방법 주의사당에서 자동차 3분 또는 도보 10분.

비콘힐 공원 Beacon Hill Park

다운타운 남단에 위치한 공원으로 바닷가를 끼고 있는 빅토리아의 대형 녹지대다. 비콘(신호등)이라는 이름에서 알 수 있듯이 1840년대 횃불을 켜 뱃길을 인도하던 데서 유래했다. 1882년 공원으로 조성되어 현재는 빅토리아 시민들의 편안한 휴식처가 되었다. 공원 곳곳에서 아기를 데리고 산책 나온 부부, 운동하는 사람들을 심심찮게 볼 수 있다. 공원 안쪽으로 분수와 나무들, 거위들이 있는 굿에이커 호수 Goodacre Lake와 모스 레이디 Moss Lady라는 대형 조각, 공원 남단으로 해안 도로, 트레일, 마일 제로 기념비 등이 있다.

지도 P.163-B2 주소 100 Cook St, Victoria, BC V8V 2P1 홈페이지 www.beaconhillpark.com 운영 매일 24시간 가는 방법 에밀리 카 하우스에서 자동차 2분 또는 도보 10분.

마일 제로 기념비 Mile Zero Monument

비콘힐 공원 남쪽의 작은 공원에 있는 기념비. 캐나다 동부까지 이어지는 고속도로인 트랜스 캐나다 하이웨이 고속도로가 시작되는 서부 지점을 표시한다. 기념비 뒤쪽으로 눈여겨볼 것이 있는데 바로 테리 폭스 동상 Terry Fox Statue(1958~1981)이다. 촉망 받는 미식축구 선수였던 그는 어린 나이에 암으로 인해 오른쪽 다리를 절단하게 되었다. 이후 1980년 암 환자들을 위한 암 연구 기금을 모으기 위해 자선 마라톤을 시작했고, 한쪽 다리로만 동부 뉴펀들랜드에서 이곳 마일 제로를 목표로 마라톤을 하다 온타리오주에서 암이 폐로 전이되면서 마일 제로까지 도달하지는 못하고 사망했다. 그를 기리기 위한 동상이 테리 폭스 동상이다. 이곳에서 조금만 남쪽으로 걸어가면 바다가 시원하게 펼쳐진다.

지도 P.163-B2 주소 18 Douglas St, Victoria, BC V8V 2N6 가는 방법 비콘힐 공원에서 도보 1분.

크레이그다로크 성 Craigdarroch Castle

19세기 광산업으로 큰돈을 번 스코틀랜드 이민자 로버트 던스무어 Robert Dunsmuir의 초호화 저택으로 1890년 완공됐다. 18~19세기 광산 부자들이 탄생하면서 부를 과시하기 위해 지은 집들 중 하나다. 빅토리아 시내가 내려다보이는 언덕에 총 4층 규모로 지어졌으며 성이라고 부르기엔 작은 편이지만 견고해 보이는 대저택이다. 던스무어는 이 성을 짓기 위해 미국 등 여러 나라에서 고급 건축 자재를 들여왔고 건축양식은 유럽의 로마 네스크 양식을 현대적으로 응용했다. 1887년부터 3년 동안 지었는데 정작 던스무어는 완공을 보지 못하고 세상을 떠났다. 던스무어 일가가 모두 사망한 후에는 군대 병원 Military Hospital, 빅토리아 칼리지 Victoria College, 음악 학교 Conservatory of Music 등으로 사용되다가 지금은 박물관으로 관리·유지되고 있다. **지도 P.163-C1**

크레이그다로크 성 내부 볼거리

입구 안쪽 메인 홀에서 4층까지 순서대로 방을 둘러보며 올라가면 된다. 삼나무, 마호가니 나무 등으로 지어진 다이닝 룸, 도서관, 가족별 침실, 화장실 등 공개하는 방마다 섬세하고 고급스러운 인테리어를 자랑한다. 또한 당시 부자들의 생활양식, 던스무어 가문의 이야기도 엿볼 수 있어 흥미롭다. 바닥에 깔린 페르시아 카펫과 그릇 등 값비싼 물건과 앤티크 가구들, 3층에 있는 200년 된 피아노, 화려하게 장식된 스테인드글라스도 볼거리다. 4층에서 다시 내려오는 길에도 도우미 방, 손자들의 방, 부엌 등을 볼 수 있다.

운영 수~일요일 10:00~18:00 **휴관** 월·화요일 12/25·26, 1/1 **요금** 성인 C$23.50, 학생(13세 이상) C$19.50, 12~17세 C$16, 4~11세 C$11 **가는 방법** 주의사당에서 자동차로 8분 또는 버스 11,14,15번 탑승 Fort at Fernwood 하차 후 도보 4분.

정원의 여왕
부차트 가든
The Butchart Gardens

1904년 문을 열어 100년이 넘도록 꽃들이 만발하고 있는 아름다운 이 정원은 원래 로버트 핌 부차트 Robert Pim Butchart의 시멘트 공장에 공급하던 석회암을 채굴하던 곳이었다. 채석장이던 이곳을 정원으로 꾸며보자고 아이디어를 낸 사람은 부인인 제니 부차트 Jennie Butchart다. 이들 부부는 캐나다와 전 세계를 여행하며 수집한 희귀 식물들과 수많은 종류의 꽃과 나무들을 조화롭게 조성해 훌륭한 정원으로 탄생시켰다. 부차트 가든은 여러 해를 거치면서 확장됐으며 2004년에는 그 가치를 인정받아 국립 역사 유적지로 지정됐다.
정원은 사계절 다른 분위기로 바뀌는데 특히 장미가 피는 봄부터 여름까지가 피크다. 겨울에도 나무에 장식한 형형색색의 전구가 빛을 발하며 볼거리를 선사한다. 사계절마다 각기 다른 매력을 선사하는 꽃의 향연에 흠뻑 취하기 위해 전 세계에서 사람들이 모여든다. 시즌별로 운영 시간과 입장료가 달라지니 반드시 방문 전에 홈페이지 확인은 필수다.

지도 P.161 주소 800 Benvenuto Ave, Brentwood Bay, BC V8M 1J8 **홈페이지** www.butchartgardens.com **운영** 3·10월 09:00~16:00, 4~5월 09:00~17:00, 6~9월 매일 09:00~17:00, (9월 중순까지 수~일요일 09:00~22:00), 12월 15:00~21:00(크리스마스 휴무), 11·1·2월 09:00~15:30 **요금** (시즌별) 성인 C$27.60~42.75, 학생(13~17세) C$13.80~21.38, 어린이(5~12세) C$3.00~5.00 ※시즌별로 요금이 달라지니 홈페이지 확인 필수 **가는 방법** 빅토리아 다운타운에서 자동차로 30분 또는 버스 75번 탑승 후 부차트 가든 정문 하차.

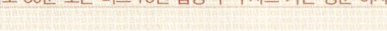

Travel tip!
7~8월 성수기에 방문한다면
극성수기인 7~8월에는 방문자가 많아 정원이 다소 혼잡하다. 조금이라도 한산한 때에 정원을 둘러보고 싶다면 오전 10시 30분 이전 또는 오후 3시 30분 이후에 방문해 보자.

부차트 가든 둘러보기

들어가는 길목부터 부차트 가든임을 알리는 표지판이 친절하게 길을 안내하며 환영한다. 주차장을 지나 입구로 들어가면 카페와 기념품점, 방문자센터가 있는 물레방아 광장 Waterwheel Square이 나오는데 이곳부터 화려한 꽃 장식으로 가득하다. 가든을 둘러본 뒤 기념품점에 들르는 것도 잊지 말자. 형형색색의 예쁜 물건들을 구경하는 재미가 있다. 방문자센터에서 안내도와 꽃, 나무에 대한 가이드 책자를 받아 이정표를 따라가면 된다. 전체 가든은 테마별로 구성돼 있으며 하이라이트는 선큰 가든 Sunken Garden이다.

❶ 선큰 가든 Sunken Garden

부차트 가든의 핵심으로 커다란 나무와 꽃들이 하나의 작품처럼 가꿔져 있다. 사이에 나 있는 길을 따라 꽃들과 나무를 구경하다 보면 석회석 호수인 쿼리 호수 Quarry Lake와 부차트 가든 조성 60주년을 기념해 설치한 로즈 분수 Rose Fountain가 나온다.

❷ 장미 가든 Rose Garden

많은 종류의 장미들이 형형색색 뽐내는 이곳은 7~8월이 되면 더욱 화려해진다. 장미 덩굴로 덮인 아치들을 지나며 다양한 하이브리드 티 장미 Hybrid Tea Rose들을 보면서 은은한 장미 향을 맡을 수 있다. 소원을 비는 우물과 철갑상어 분수대도 보인다.

❸ 일본 가든 Japanese Garden
일본인 조경사를 데려와 조성한 가든으로 동양적인 미가 돋보이는 곳. 입구 계단을 내려가면 히말라야 양귀비 꽃이 있는데 제니 부차트가 북미 지역에서 처음 재배하기 시작한 희귀종이다. 계단을 올라가면 별 모양의 스타 폰드 Star Pond가 등장한다.

❹ 이탈리아 가든 Italian Garden

가든 안으로 들어서면 예전에 부차트 가족의 테니스장이었다는 십자형 연못에 헤르메스 신의 동상이 서 있으며 연못 주변도 여지없이 꽃으로 장식돼 있다. 헤르메스는 제우스와 마이아 사이에서 태어난 막내아들로 신들의 전령이라 불리는 신이다.

❺ 이탈리아 광장 The Piazza

부차트 가든의 초입에 자리한 광장으로 주변에 식사를 할 수 있는 레스토랑과 차를 마실 수 있는 다이닝 룸 The Dining Room이 있다. 중앙에는 멧돼지 동상 타카 Tacca가 있는데, 코를 만지면 행운을 가져다 준다는 속설 때문에 코가 반질반질하다.

❻ 지중해 가든 Mediterranean Garden
지중해 가든이라는 이름처럼 온화한 기후에서 자라는 식물들을 볼 수 있는 곳으로 입구에 들어오기 전 오른쪽에 있다.

부차트 가든에서 즐기는 애프터눈 티, 다이닝 룸 The Dining Room

부차트 가든의 분위기를 마음껏 즐기며 차를 마실 수 있는 곳이다. 애프터눈 티는 영국 귀족문화의 하나로 빅토리아에 남아 있는 대표적인 영국 문화로 꼽는다. 가격이 비싸다는 흠이 있지만 아름다운 정원을 배경으로 빅토리아의 문화를 체험할 수 있는 좋은 기회다. 간단한 애피타이저가 먼저 나오고 3단 트레이에 샌드위치와 스콘, 케이크가 담겨 나온다. 차는 여러 종류 중에서 선택할 수 있다. 예약은 부차트 가든 홈페이지에서 가능하다.

영업 5/30~8/31 월·화요일 11:00~16:00, 수~일요일 11:00~15:00 9월 11:00~16:00 **가격대** 애프터눈 티 C$52.50

Restaurant 빅토리아의 식당

밥스 Barb's Fish and Chips

피셔맨스 워프 초입에 자리한 인기 식당이다. 부둣가에 컨테이너로 지어진 매점 같은 곳이지만 항상 가게 앞으로 긴 줄이 설 만큼 많은 사람으로 붐빈다. 셀프 서비스로 주문해서 바로 옆 천막 아래 테이블에서 먹으면 된다. 해산물구이와 게살 수프, 굴튀김 등 다양한 해산물 메뉴가 있는데 그중 인기 메뉴는 피시앤칩스 Fish & Chips다. 두툼한 생선살로 만든 튀김은 기름진 맛 하나 없이 겉은 바삭하고 속은 부드럽다. 이와 함께 감자튀김과 작은 코울슬로 샐러드, 타르타르 소스가 함께 나온다. 이 외에도 비프, 치킨은 물론 핼리벗, 연어, 대구 굴 등 해산물이 들어간 버거도 있다.

지도 P.163-B1 **주소** 1 Dallas Rd, Victoria, BC V8V 0B2 **홈페이지** www.barbsfishandchips.com **영업** 매일 11:00~21:00(겨울철 휴무) **가는 방법** 버스 2번 탑승 Erie at Dallas - Fisherman's Wharf 하차 후 도보 3분.

블루 폭스 카페 Blue Fox Cafe

파이오니어 스퀘어 부근에 자리한 인기 브런치 카페다. 항상 줄이 길게 늘어서 있지만 브런치 전문점이라 문을 일찍 닫고 저녁에는 영업을 하지 않는다. 붉은 벽돌로 지어진 아담한 분위기의 카페는 의외로 아주 다양한 메뉴를 갖추고 있다. 신선한 커피와 과일 칵테일, 다양한 종류의 오믈렛, 프렌치토스트, 에그 베네딕트 등 대부분의 음식이 맛있고 양도 푸짐해 단골 손님이 많다.

지도 P.163-C1 **주소** 919 Fort St, Victoria, BC V8V 3K3 **홈페이지** www.thebluefoxcafe.com **영업** 월·화·목·금요일 08:00~14:00, 토·일요일 08:00~15:00 (겨울 악천후 시 변경됨). 수요일 휴무 **가는 방법** 버스 6번 탑승 Fort at Quadra 하차 후 도보 2분.

드레이크 The Drake Eatery

마켓 스퀘어에 자리한 라운지바. 멋스러우면서도 편안한 분위기와 맛있는 음식으로 인기 있는 곳이다. 캐나다 각지에서 생산되는 다양한 종류의 신선하면서도 아주 맛있는 크래프트 비어가 특히 유명하다. 평일 낮에는 한산한 편이지만 주말에는 매우 복잡해 분위기가 180도 변한다. 좌석을 따로 안내해 주지 않으므로 원하는 곳을 찾아서 앉은 뒤 바에 가서 직접 주문해야 한다.

지도 P.163-B1 ▶ **주소** 517 Pandora Ave, Victoria, BC V8W 1N6 **홈페이지** www.drakeeatery.com **영업** 매일 12:00~24:00 **가는 방법** 버스 14·15·24·25번 탑승 Pandora Ave at Store St 하차 후 도보 1분.

머치스 Murchie's Tea & Coffee

빅토리아에서 가장 오래되고 유명한 차 전문점이다. 빅토리아 여왕에게 고급 차를 배달했던 스코틀랜드 출신의 존 머치 John Murchie가 1894년 빅토리아에 자신의 차 가게를 연 것이 시초다. 100년이 훌쩍 넘은 지금은 9개의 지점을 거느린 유명한 체인점으로 성장했다. 전 세계 1300여 종의 차를 구비하고 있으며 블렌딩도 뛰어나다. 특징은 티룸과 티숍을 겸하고 있다는 점이다. 현재는 커피로까지 영역을 확대해 원두도 판매한다. 안쪽의 상점에는 티 세트와 다양한 차 도구, 머그잔, 핸드드립 도구, 소소한 부엌 소품들이 있어 구경하는 재미와 쇼핑하는 재미를 겸한 곳이다.

지도 P.163-B1 ▶ **주소** 1110 Government St, Victoria, BC V8W 1Y2 **홈페이지** www.murchies.com **영업** [상점] 매일 09:00~18:00, 공휴일 09:00~17:00 [카페] 월~토요일 07:30~18:00, 일요일 08:00~18:00, 공휴일 11:00~18:00 **가는 방법** 버스 1·2·4·5·21·30·72·75번 탑승 Douglas & Fort 하차 후 도보 4분.

더치 베이커리 Dutch bakery & coffee shop

1955년 네덜란드에서 이민 온 가족들이 시작해 3대째 이어오는 베이커리다. 60년이 넘는 역사가 느껴지듯 조금은 촌스럽고 오래된 느낌이 들지만 왠지 모르게 정감이 가는 분위기다. 다양한 종류의 쿠키와 케이크, 초콜릿, 빵이 있으며 커피도 마실 수 있어 오래전부터 동네 사람들의 단골 가게가 되었다. 블랙 포레스트 Black Forest나 자허 토르테 Sacher-torte 같은 유러피안 스타일의 케이크들이 많으며 식사 메뉴도 간단한 아침식사부터 햄버거, 샐러드, 수프 등 다양하게 갖추고 있다.

지도 P.163-B1 **주소** 718 Fort St, Victoria, BC V8W 1H2 **홈페이지** www.thedutchbakery.com **영업** 화~토요일 08:00~15:00(베이커리는 08:00~16:00) **가는 방법** 버스 1·2·4·5·21·30·72·75번 탑승 Douglas & Fort 하차 후 도보 1분.

크러스트 베이커리 Crust Bakery

빅토리아 시내의 오래된 터줏대감 빵집인 더치 베이커리 옆에 자리해 신선한 바람을 일으키고 있는 곳이다. 매장 규모는 작지만 쇼윈도에 먹음직스러운 빵들을 가득 진열해 놓아 더치 베이커리 단골들의 마음마저 빼앗아가고 있다. 다양한 종류의 페이스트리가 일품이며 미니 케이크도 먹음직스럽다. 앉을 공간이 협소해서 대부분은 줄을 서서 테이크아웃해간다. 커피 맛도 꽤 좋다. 주변 가게들이 대부분 문을 닫는 일요일에는 특히 많은 사람으로 붐빈다.

지도 P.163-B1 **주소** 730 Fort St, Victoria, BC V8W 1H2 **홈페이지** www.crustbakery.ca **영업** 매일 08:00~16:00 **가는 방법** 버스 1·2·4·5·21·30·72·75번 탑승 Douglas & Fort 하차 후 도보 1분.

빅토리아의 쇼핑

먼로스 북스 Munro's Books
2013년 노벨문학상을 수상한 앨리스 먼로 Alice Munro가 오래전부터 운영하던 서점이다. 1963년에 처음 문을 열어 몇 차례 이전하다가 1984년 현재의 다운타운 중심에 자리 잡게 되었다. 웅장한 외관의 서점 건물은 1909년 은행으로 지어졌던 것이다. 전 남편 짐 먼로 Jim Munro와 함께 서점을 운영하면서 단순히 책만 파는 것이 아니라 작가들을 발굴하며 평생 문학과 함께 해왔다. 지금은 직원들이 운영하지만 여전히 서점 특유의 고풍스러운 분위기를 유지하고 있어 인기가 높다.

지도 P.163-B1 **주소** 1108 Government St, Victoria, BC V8W 1Y2 **홈페이지** www.munrobooks.com **영업** 일·월 09:30~18:00, 화~토요일 09:30~19:30 **가는 방법** 버스 1·2·4·5·21·30·72·75번 탑승 Douglas & Fort 하차 후 도보 4분.

러셀 북스 Russell Books
대형 서점들로 설 곳을 잃어가고 있는 요즘 먼로스 북스와 함께 빅토리아를 지켜가고 있는 유명한 중고서점이다. 탄탄한 마니아층을 기반으로 수많은 종류의 서적을 끊임없이 사고파는 이곳은 지하까지 총 3개 층으로 이루어져 있다. 좁다랗게 연결된 책장들과 천장까지 가득 쌓아 올린 책들 사이로 사다리를 타고 올라가 책을 찾아주는 점원들의 모습에 놀라움을 금치 못한다. 지하에는 희귀본 서적이나 진귀한 상품들이 있다.

지도 P.163-B1 **주소** 747 Fort St #100, Victoria, BC V8W 1G9 **홈페이지** www.russellbooks.com **영업** 매일 09:30~18:00 **가는 방법** 버스 1·2·4·5·21·30·72·75번 탑승 Douglas & Fort 하차 후 도보 2분.

더 베이 센터 The Bay Centre

빅토리아 다운타운에서 가장 큰 쇼핑몰. 이너 하버 근처의 번화가 중심에 자리해 찾아가기도 편리할 뿐만 아니라 쾌적한 분위기에 90개가 넘는 상점이 입점해 있어 사시사철 인기가 많다. 1층에는 얼스 키친 Earls Kitchen과 같은 레스토랑이 있고, 맨 위층에는 A&W, 뉴욕 프라이즈 New York Fries와 같은 패스트푸드점이 입점된 푸드코트가 있어서 간단하고 저렴하게 식사를 즐길 수 있다.

지도 P.163-B1 **주소** 1150 Douglas St, Victoria, BC V8W 3M9 **홈페이지** www.thebaycentre.ca **영업** 토~수요일 10:00~18:00, 목·금요일 10:00~20:00 **가는 방법** 버스 2·3·5·10·30·72·75번 탑승 Douglas St at Fort St 하차 후 도보 1분.

덩컨
DUNCAN

곳곳에 수십 개의 토템폴이 서 있는 토템폴의 도시 덩컨은 코위찬 밸리 Cowichan Valley의 주도다. 원주민들의 문화유산인 토템폴을 세우기 시작한 것은 1985년 쇠퇴하던 도시를 되살려 보고자 시행했던 토템폴 프로젝트 때문이다. 이러한 노력이 성공을 거둬 지금은 이 독특한 토템폴을 보기 위해 많은 관광객이 찾아온다. 빅토리아에서 약 60Km, 슈메이너스에서는 약 18km 정도 떨어져 있으며 보통 빅토리아로 향하는 길이나, 너나이모 페리 터미널에 갈 때 들르게 되는 곳으로 도시가 작아 둘러보는 데 1시간 정도면 충분하다.

••• 덩컨 가는 방법 •••

자동차와 버스가 있다. 자동차는 빅토리아에서 출발한다면 약 50분~1시간 정도 걸리며 가장 편하다. 버스는 BC 트랜싯 BC Transit의 Route 66 CVX (Cowichan - Victoria Express)를 타면 1시간 20분 정도 걸린다. 시내는 대부분 걸어서 볼 수 있다.

[BC 트랜싯 Route 66 CVX] 요금 C$10~12 홈페이지 www.bctransit.com
[VI 커넥터 VI Connector] 요금 예약 시점과 스케줄에 따라 C$25~30 홈페이지 https://viconnector.com
(*분쟁 등으로 운행이 중단되는 경우도 있으니 미리 홈페이지를 통해 체크하자)

Duncan 183

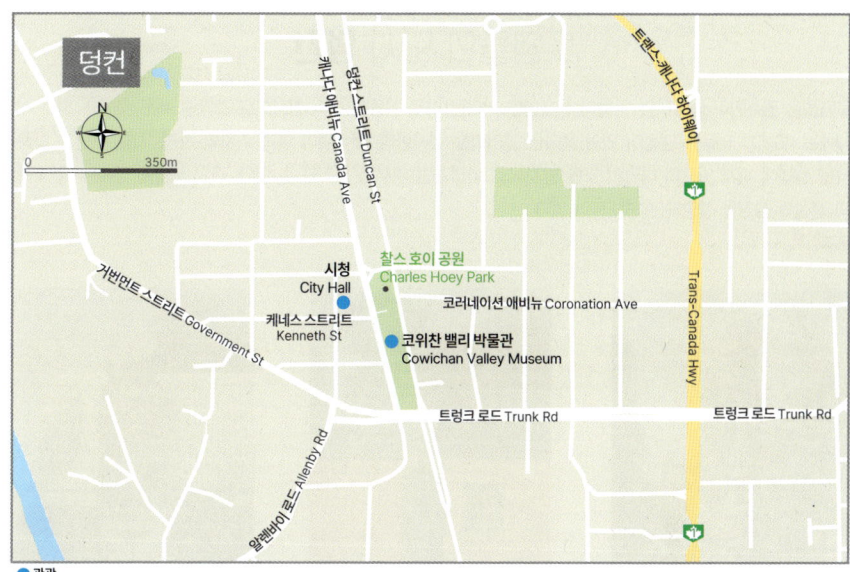

Attraction 덩컨의 볼거리

시청 City Hall

덩컨의 랜드마크이자 여행의 중심지. 이 일대가 다운타운이며 덩컨 여행의 중심이 되는 곳으로 곳곳에 서 있는 신기하고 재미있는 토템폴을 볼 수 있다.

지도 P.183 주소 200 Craig St, Duncan, BC V9L 1W3

코위찬 밸리 박물관
Cowichan Valley Museum

수백 년 전부터 이 지역에 살던 원주민 코위찬과 개척자들의 문화유산, 토템폴의 도시가 된 덩컨의 역사를 전시한다.

지도 P.183 주소 130 Canada Ave, Duncan, BC V9L 3Y2 홈페이지 www.cowichanvalleymuseum.bc.ca 운영 (성수기) 매주 11:00~16:00 요금 기부금제 가는 방법 시청사에서 도보 1분.

토템폴의 도시 **덩컨**

토템폴은 원주민이 숭상하던 동물이나 자연을 기다란 나무 기둥에 여러 형상으로 조각해 세운 것이다. 덩컨 시내에는 40개가 넘는 토템폴이 있어 색다른 볼거리를 선사한다. 하이웨이 옆과 기차역 자리, 시청 주변과 다운타운 일대에 퍼져 있으며 바닥의 노란 발자국을 따라가면 대부분 둘러볼 수 있다. 주요 토템폴 옆에는 각 부족의 전설과 상징을 설명하는 안내판이 있다.

홈페이지 www.duncan.ca/visitors/totems-tour

Owl Pole
베어 마더 Bear Mother가 아이를 안고 있고 그 위에 올빼미가 올라가 있는 형상. 올빼미는 지혜를, 곰은 힘을 상징한다.

Pole of Wealth
코위찬 부족의 문화와 역사 속에 중요한 의미를 가진 동물인 흑곰, 범고래, 천둥새가 차례로 올라가 있다.

Abolishment Pole
한 부족의 청년 이야기가 서려 있는 이 폴은 행운, 부, 겨울의 끝을 상징하는 개구리와 힘을 상징하는 곰이 조각돼 있다.

◀ Thunderbird with Dzunuk'wa
북서부 해안에 잘 알려져 있는 주누카와 Dzunuk'wa(Wild Woman)의 전설이 깃든 조각으로 공포, 힘, 부를 상징한다. 그 위에는 신화적이고 초자연적인 힘의 원천인 천둥새가 조각돼 있다.

Human Between Bear's Ears ▶
천둥새, 범고래, 인간, 곰이 조각돼 있으며 '인간은 주위의 곰을 인식한다'는 의미를 가지고 있다.

슈메이너스
CHEMAINUS

벽화마을이라 일컬어지는 슈메이너스는 수많은 벽화로 장식된 이색적인 도시다. 바다로 둘러싸인 조용하고 작은 마을이 지금의 벽화마을이 되기까지는 주민들의 많은 노력이 있었다. 흔들리던 도시 경제를 되살릴 대안으로 벽화 프로젝트를 시행한 것이 지금의 벽화마을을 만들게 된 것이다. 1982년 첫 작품이 그려진 이후로 해를 거듭하며 그 수가 늘었고 현재까지도 계속 진행 중이다. 한적한 마을에서 벽화들을 구경하며 여유를 만끽해보자.

••• 슈메이너스 가는 방법 •••

빅토리아에서 자동차로 1시간 10분 정도 걸린다. 빅토리아에서 가는 직행 버스는 없고 다른 도시에서 경유해야 해 자동차가 편리하다. 덩컨에서 버스를 탈 경우 BC 트랜싯 버스 2·6번을 타면 된다. 슈메이너스에 도착하면 걸어서 다닐 수 있으며 관광용 마차를 이용하기도 한다.

버스 요금 덩컨~슈메이너스 [BC 트랜싯 2·6번] **요금** C$3 **홈페이지** www.bctransit.com

Travel tip!

슈메이너스 관광안내소 Chemainus Visitor Centre

워터휠 공원 입구 박물관 옆에 있다. 슈메이너스의 관광 정보와 벽화 자료들을 얻을 수 있으며 각종 투어 예약도 가능하다. 벽화 위치가 표시된 마을 지도가 유용하니 꼭 받아두도록 하자.

지도 P.186 **주소** 3828 Croft St, Chemainus, BC V0R 1K1 **홈페이지** www.chemainus.bc.ca

Attraction 슈메이너스의 볼거리

워터휠 공원 Waterwheel park

마을의 중심에 자리한 아담한 공원으로 슈메이너스 여행의 시작이 되는 곳이다. 주차장과 편의시설이 있고 공원 가장자리에는 물레방아가 돌고 있다. 공원 내에는 슈메이너스의 역사를 만든 원주민들과 세계 각지에서 온 개척자들의 삶에 대한 자료들이 전시돼 있는 슈메이너스 밸리 박물관 Chemainus Valley Museum과 관광안내소, H.R. 맥밀런의 동상, 피스 폴 Peace Pole 조각상, 에밀리 카의 그림이 있는 주민 롱 하우스 입구가 차례로 있다. 공원 주변을 둘러보면 벽화가 많이 보인다.

지도 P.186 **주소** 3828 Croft St, Chemainus, BC V0R 1K1 **운영** 07:00~23:00 **가는 방법** 버스 6번 탑승 Chemainus at Mill 하차 후 도보 3분.

윌로 스트리트 Willow Street

슈메이너스의 중심 거리로 양 옆으로 예쁘게 꽃으로 장식한 단층의 목조 건물이 단정하게 이어져 있다. 갖가지 소품을 파는 상점이나 레스토랑, 카페가 이어져 있어 한적한 시골마을의 풍경을 즐길 수 있다. 윌로 스트리트 남쪽 마을 초입에는 흰색의 슈메이너스 극장 Chemainus Theatre Festival이 보이는데 이 근처부터 벽화가 시작된다.

지도 P.186 주소 9770 Willow St, Chemainus, BC V0R 1K0 가는 방법 워터휠 공원에서 도보 2분.

올드 타운 Old Town

워터휠 공원 북쪽의 메이플 레인 Maple Lane과 오크 스트리트 Oak Street가 만나는 일대가 올드 타운이다. 이곳은 원래 조용한 주택가로 가끔 식당과 베이커리가 보이는 슈메이너스 주민들의 생활 공간이다. 일반 주택 벽에도 벽화가 그려져 있는 것을 볼 수 있으며 관광객들이 모여들면서 점차 정비되고 다듬어지면서 상업적인 건물도 늘어나고 있다. 워터휠 공원에 올드 타운으로 가는 입구가 있다.

지도 P.186 주소 2875 Oak St, Chemainus, BC V0R 1K1 가는 방법 워터휠 공원에서 도보 2분.

Travel Plus

슈메이너스라는 이름의 유래

국가나 도시를 세운 최초의 인간들에 대한 신성화는 이곳에서도 예외가 아니다. 슈메이너스라는 이름은 원래 '부러진 가슴 Broken Chest'이라는 뜻을 가진 'Tsa meeun is'라는 원주민 주술사이자 예언자의 이야기에서 유래됐다. 가슴에 치명적인 상처를 입고 죽을 위기에 처했던 그가 기적적으로 살아나 강력한 힘을 얻으면서 초인적인 인간이 됐고 그 이후로 오랫동안 마을을 이끌었다는 내용이다. 원주민들은 족장에 대한 경외심으로 그의 이름을 따 부족 이름을 'Stz'uminus'라 불렀고 세월이 지나면서 슈메이너스라는 도시 이름으로 정착하게 됐다.

벽화 마을 감상하기

중국인, 일본인, 유럽인 등 다양한 인종이 어울려 살아왔던 슈메이너스의 주민들은 벽화의 내용 또한 슈메이너스의 탄생부터 원주민들의 삶, 역사적인 사건들을 표현하면서 더불어 사는 주제를 강조하고 있으며 주로 역사적인 사건들을 많이 그려 놓았다. 1982년 시작해 50여 개의 벽화가 있으며 매년 그 수를 계속 늘려 가고 있다 여류 화가인 에밀리 카 벽화 시리즈도 있다.

관광안내소에서 벽화 위치와 노란 발자국 표시가 있는 지도를 얻으면 둘러보기가 훨씬 편하다. 지도를 보면 번호가 매겨져 있는데 이는 제작 순서대로 매긴 것이다. 벽화만 둘러본다면 2~3시간이면 충분하다.

홈페이지 www.muraltown.com

▲ **1 Steam Donkey At Work**
1982, Frank Lewis, Nancy Lagana

슈메이너스 벽화 프로젝트의 첫 번째 작품이다. 한 남자가 1882년 발명된 기계 스팀 동키로 통나무를 끌고 있다. 장애물을 넘으려 사투를 벌이는 장면이다.

▲ **2 Thirty- Three- Metre Collage**
1982, Frank Lewis, Nancy Lagana & Paul Marcano

1901년 사진을 바탕으로 그린 벽화다. 당시 슈메이너스의 항구와 목재를 나르는 노동자의 모습을 볼 수 있다.

▲ **6 Arrival of The Reindeer' In Horseshoe Bay**
1983, Sandy Clark

개척자들의 배인 레인디어호가 홀슈베이(지금의 슈메이너스 베이)로 들어오는 것을 원주민 추장의 딸인 공주가 지켜보고 있다.

▲ **12 Native Heritage**
1983, Paul Ygartua

슈메이너스 벽화를 대표하는 작품 중 하나로 코위찬 밸리와 슈메이너스 밸리에 살았던 세 부족의 원주민들의 과거와 현재를 그린 것이다. 풍부한 문화유산과 전통 예술을 남긴 그들의 후손들이 지금도 슈메이너스 일대에 많이 살고 있다.

▲ **13 Billy Thomas** 1984, Sandy Clark

초상화 속의 주인공은 1874년 슈메이너스 밸리에서 최초로 태어난 유러피안의 사내 아이 빌리 토머스다. 그는 102세까지 장수하며 슈메이너스에서 살았다.

▲ **15 Chemainus Tug Boat**
1984, Mark Heine & Harry Heine

목재를 실어 나르는 슈메이너스 배의 모습. 이 배는 1945년 마지막 항해를 했다.

▲ **20 World In Motion** 1986, Alan Wylie

빅토리아 목재소의 50주년 기념 행사 모습으로 밴드의 축하 연주를 시민들이 구경하고 있다.

▲ **28 No.3 Climax Engine** 1991, Dan Sawatzky

실제로 목재를 운반하던 증기기관차다. 그림 속의 넘버 3라는 이름의 이 기관차는 1907년의 것이다.

◀ **34 Letters From The Front**
2002, David Goatley

제1차 세계대전에 나가 싸우던 슈메이너스 군인들이 보낸 편지를 가족들이 읽고 있는 모습과 전쟁터에서 싸우는 젊은이들의 모습이 그려져 있다.

◀ **EC3 Keeper of Secrets-Inspired by Emily Carr**
2016, Cim MacDonald

원주민들에게 중요한 상징인 까마귀를 그린 것으로 에밀리 카의 'Big Raven'에서 영감을 얻어 그린 작품이다. 벽화 번호에 EC는 에밀리 카 시리즈를 뜻하며, 바로 옆 벽화도 에밀리 카 시리즈 중 하나다.

너나이모
NANAIMO

밴쿠버섬에서 빅토리아 다음으로 큰 도시다. 항구를 중심으로 많은 물자가 이동하는 교역로이며 과거에는 석탄이 많이 나 광업이 발달했다. 바다 옆에 위치해 아름다운 자연경관을 가지고 있다. 밴쿠버에서 들어오는 페리 선착장이 있어 보통 밴쿠버섬 여행의 시작이나 마지막에 들르게 된다. 수상 액티비티나 낚시를 즐기는 이들이 많다.

••• 너나이모 가는 방법 •••

보통 빅토리아에서는 차량을 이용하고 밴쿠버에서는 페리를 이용한다. 그 밖에 버스, 비행기, 수상 비행기 등이 너나이모와 연결된다.

페리

너나이모의 페리 터미널로는 디파처 베이 Departure Bay 와 듀크 포인트 Duke Point가 있다. 밴쿠버에 있는 홀슈 베이 Horsehoe Bay 페리 터미널과 디파처 베이가 연결되고, 트와슨 Tsawwassen 페리 터미널과는 듀크 포인트 터미널이 연결된다. 디파처 베이에 내리면 시내버스로 이동할 수 있으나 듀크 포인트 근처에는 대중교통이 없다는 것도 알아두자.(P.159 지도 참조).

소요 시간 [밴쿠버 홀슈 베이 Horsehoe Bay - 디파처 베이 Departure Bay] 1시간 40분, [밴쿠버 트와슨 Tsawwassen - 듀크 포인트 Duke Point] 2시간 **요금** 성인 C$15.50~20.50 소형차 C$49.50~105.50 (날짜, 시간에 따라 다르고 인원 늘면 추가됨) **홈페이지** www.bcferries.com

버스

빅토리아 시내의 캐피털 시티 스테이션에서 너나이모의 디파처 베이 페리 터미널까지 버스를 이용하면 2시간~2시간 20분 정도 소요된다. 버스 회사에 따라 픽업장소가 늘어날 수 있으니 홈페이지를 확인하자.
요금 편도 C$32~38(예약 조건과 스케줄에 따라 다름) 홈페이지 [VI 커넥터 VI Connector] https://viconnector.com [아일랜드 링크버스 Island Link Bus] www.islandlinkbus.com/

비행기

국내선 항공을 이용하면 너나이모 공항(YCD)에 도착한다. 공항은 다운타운에서 남쪽으로 8km 정도 떨어져 있어 다운타운까지 가려면 택시나 우버, 버스를 타면 된다. 또는 밴쿠버 공항이나 워터프런트에서 수상 비행기를 이용하면 20분 만에 너나이모 하버에 내릴 수 있다. 요금은 시간대와 잔여석에 따라 차이가 많이 난다.
너나이모 공항 홈페이지 www.nanaimoairport.com
[시에어 시플레인스 Seair Seaplanes] 홈페이지 www.seairseaplanes.com 요금 편도 C$59~144
[하버 에어 Harbour Air] 홈페이지 www.harbourair.com 요금 편도 C$59~135

••• 너나이모 시내 교통 •••

너나이모 항구와 다운타운만 구경할 예정이라면 걸어서 다 둘러볼 수 있기 때문에 대중교통을 이용할 일은 없다. 그러나 페리 터미널이나 공항에 내려 다운타운까지 갈 때는 버스나 택시 또는 우버 등을 타야 한다.
홈페이지 www.bctransit.com 버스 요금 1회권 C$3, 1일권 C$6

너나이모의 무지개색 횡단보도

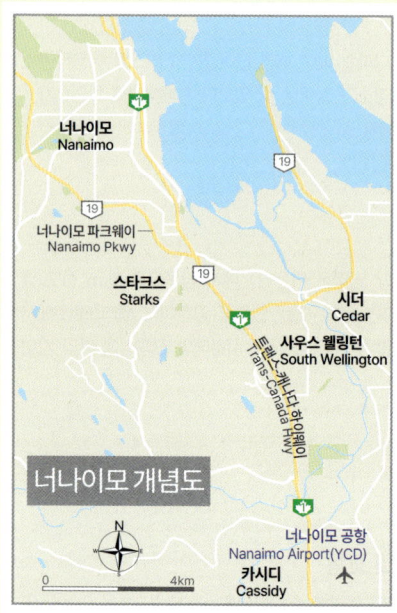

너나이모 개념도

너나이모의 구시가지

너나이모의 박물관

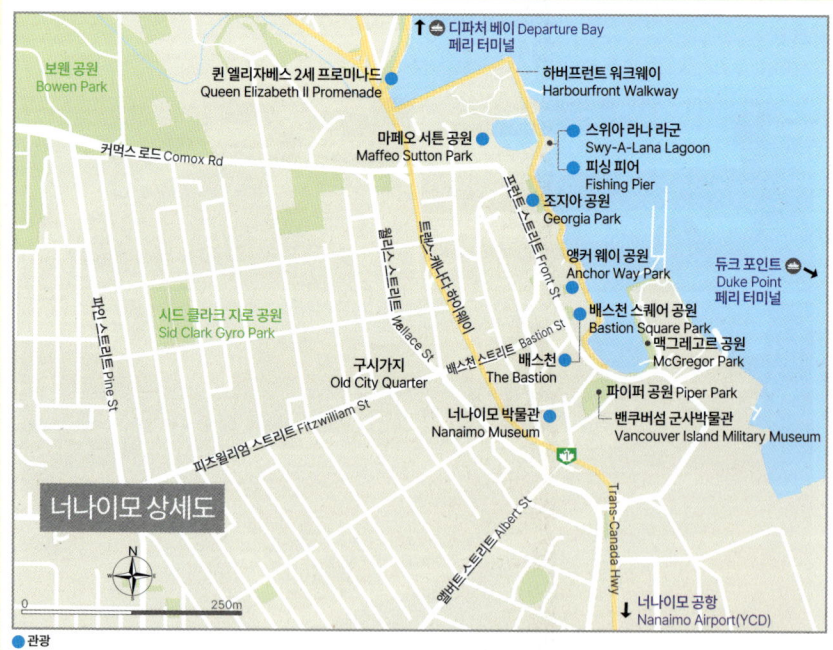

너나이모 상세도

● 관광

Attraction 너나이모의 볼거리

하버프런트 워크웨이 Harbourfront Walkway

바다를 끼고 있는 너나이모의 모습을 가장 잘 볼 수 있는 산책로다. 퀸 엘리자베스 2세 프로미나드 Queen Elizabeth II Promenade에서부터 남쪽으로 배스천 스퀘어 공원 Bastion Square Park까지 이어지는 약 2km의 길을 걸으며 평화로운 너나이모의 경치를 감상할 수 있다. 출발점은 주차장과 버스 정류장이 있는 배스천 스퀘어 공원으로 잡는 것이 편리하다. 하버프런트 워크웨이로 내려가면 식당, 카페와 함께 수많은 요트와 낚싯배들이 모여 있는 부둣가가 이어진다.

지도 P.192-하단 주소 퀸 엘리자베스 2세 프로미나드 1 Newcastle Ave, Nanaimo, BC V9S 4H6, 배스천 스퀘어 공원 90 Front St, Nanaimo, BC V9R 5H 가는 방법 버스 1·5·6·7번 탑승 Front at Museum 하차 후 도보 1분.

배스천 The Bastion

총 3층 규모의 팔각 등대 모양으로 생긴 이 요새는 1853년 허드슨스 베이 컴퍼니가 세운 것으로 유일하게 남아 있는 허드슨스 베이의 목조 건물이다. 원주민들로부터 서부 개척자들을 보호하기 위함이 그 목적이었으며 지금은 박물관으로 쓰이고 있다. 당시 사용했던 총기류와 대포, 여러 장비들을 비롯해 너나이모 역사에 대한 자료들이 전시돼 있다. 요새가 오픈하는 시기 매일 정오에는 요새 앞에 전시돼 있는 대포들을 공포탄으로 발사하는 퍼포먼스가 열리기도 한다. 요새가 자리하고 있는 배스천 스퀘어 공원 Bastion Square Park 바로 옆에는 앵커 웨이 공원 Anchor Way Park이 있는데 과거 석탄을 실어 날랐던 배에서 실제 사용했던 앵커(닻)가 전시되어 있다.

지도 P.192-하단 주소 98 Front St, Nanaimo, BC V9R 5H7 홈페이지 www.nanaimomuseum.ca 운영 (여름 성수기 주말만 오픈 11:00~15:30) 예약제로만 운영 요금 기부 가는 방법 버스 1·20·25·30·72번 탑승 Front St at Museum Way 하차 후 도보 1분.

마페오 서튼 공원 Maffeo Sutton Park

하버프런트 워크웨이 옆으로 조성된 평화로운 공원으로 어린이들을 위한 대형 놀이터, 농구장, 피크닉을 할 수 있는 공간들이 곳곳에 있다. 마페오 서튼 공원은 너나이모의 크고 작은 행사들이 자주 열리는 시민들의 공간이기도 하다. 공원 안쪽에는 스위아 라나 라군 Swy-A-Lana Lagoon이라는 인공 호수가 있는데 바다를 막아서 만든 것으로 조수가 가장 높을 때는 바다와 이어진다. 라군 옆 바다 쪽에는 게 낚시를 할 수 있는 피싱 피어 Fishing Pier가 있으며, 그 옆으로는 너나이모 지역에 살았던 원주민들의 카누와 토템폴들이 전시된 조지아 공원 Georgia Park이 있다.

▶ **지도** P.192-하단　**주소** 100 Comox Rd, Nanaimo, BC V9R 3H7　**가는 방법** 버스 1·20·25·72번 Comox Rd at Terminal Ave N 하차 후 도보 1분.

Travel tip!

게 낚시 하기

너나이모는 게 낚시로도 꽤나 유명한 곳이다. 스위아 라나 라군 Swy-A-Lana Lagoon 옆의 피싱 피어 Fishing Pier에서는 킹크랩까지는 아니어도 게 정도는 쉽게 낚을 수 있다. 할 일은 미끼를 넣은 트랩을 던져 한 시간 정도 기다리는 것뿐. 낚시 도구인 트랩은 항구에 있는 낚시 상점에서 구입할 수 있다. 주의할 점은 사이즈가 작거나 암컷이면 다시 놔줘야 한다는 것이다. 갯벌이 있는 곳에서는 조개나 굴을 캘 수도 있다.

중요!! 캐나다에서 낚시를 하려면 면허증인 피싱 라이선스 Fishing Licence가 반드시 필요하다. 정부 홈페이지에 등록해서 인터넷으로 사거나 캐나디언 타이어 Canadian Tire(스포츠 레저, 차량용품 등을 판매하는 체인점)와 같은 허가된 매장에서 살 수 있다. 만약 면허 없이 낚시를 하다 경찰에게 걸리면 상당한 벌금을 내야 한다. 너나이모 바다 낚시 면허 비용은 비거주자의 경우 1일권은 C$8.04, 민물 낚시의 경우는 면허가 다르며 이는 주정부에서 관할한다. BC주 민물 낚시 1일권은 C$22.86.

[너나이모 바다 낚시] 홈페이지 www.dfo-mpo.gc.ca
[BC주 민물 낚시] 홈페이지 www2.gov.bc.ca(Fishing Licence 검색)

너나이모 박물관 Nanaimo Museum

너나이모의 역사를 알 수 있는 자료와 유물들을 전시하고 있다. 특히 너나이모에 살던 원주민 샐리시 Salish족과 새로 정착한 백인 개척자들에 관한 자료, 이 시기 빅토리아 갑부들을 출현시킨 석탄 산업에 대한 것이 많다. 2층으로 올라가면 학교, 탄광, 배스천 요새 모형 등 너나이모가 도시로 성장하던 초창기의 모습을 재현해 놓아 더 흥미롭다. 박물관 매표소 옆에서는 여름 시즌에 너나이모 관광에 대한 안내도 함께 해주며 자료도 얻을 수 있다. 배스천 요새도 이 박물관에서 관리한다.

지도 P.192-하단 주소 100 Museum Way, Nanaimo, BC V9R 5J8 홈페이지 www.nanaimomuseum.ca 운영 7·8월 화~일요일 10:00~16:00, 월요일·공휴일 휴관, 9~6월 화~토요일 10:00~16:00, 일·월요일·공휴일 휴관 요금 기부금제

구시가지 Old City Quarter

너나이모의 옛 모습을 보존하기 위해 정비한 곳으로 항구 서쪽에 위치한다. 규모가 크진 않지만 마을의 작은 교회와 상점, 카페들이 길을 따라 있고 빅토리아 주의사당을 지은 프랜시스 매슨 래튼버리 Fransis Mawson Rattenbury가 설계한 법원도 있다. 약간 인위적인 느낌이 나기도 하지만 파스텔 톤으로 칠해진 건물들이 이어져 있어 화사함을 더한다.

지도 P.192-하단 주소 418B Fitzwilliam St, Nanaimo, BC V9R 5B3 홈페이지 www.oldcityquarter.com 가는 방법 배스천 요새에서 도보 10분.

캠룹스
KAMLOOPS

도시를 둘러싸고 있는 톰슨강 Thompson River을 비롯해 100여 개가 넘는 크고 작은 호수가 있어 물의 도시라 일컬어진다. '물이 만나는'이라는 뜻을 가진 도시의 이름은 이 지역 원주민의 언어에서 유래됐다. 오래전부터 철로가 놓여 교통의 요충지였으며 관광업과 무역, 목축, 벌목, 식품 가공업 등이 발달했다. 그리고 다양한 액티비티 중에서도 특히 낚시가 발달했다. 지대가 높고 주변에 산과 호수가 많지만, 기후는 건조한 편이다.

••• 캠룹스 가는 방법 •••

밴쿠버에서 약 360km 떨어져 있으며 자동차로 4시간 걸린다. 밴쿠버와 로키를 오가는 길의 중간 지점에 있어 들르게 되는 경유 도시다.

Attraction 캠룹스의 볼거리

빅토리아 거리 Victoria St.

캠룹스의 중심거리. 밴쿠버 같은 대도시 거리에 비하면 다소 심심하다 느낄 수 있지만 주요 시설과 호텔, 카페, 레스토랑들이 모여 있는 나름의 메인 거리다. 특히 빅토리아 거리와 3번가 3 Ave.가 만나는 주변에 레스토랑이 밀집해 있다. 시청을 포함한 관공서는 빅토리아 거리 서쪽 1번가 1 Ave.에 위치해 있다.

지도 P.196 ▶ **주소** Victoria St, Kamloops, BC

캠룹스 박물관
Kamloops Museum & Archives

캠룹스의 역사를 알 수 있는 박물관으로 이 지역 원주민인 슈스왑 Shiswap족과 개척시대 백인들의 삶과 문화에 대한 자료들을 전시하고 있다. 모피 교역, 골드러시, 철도 공사, 세계대전 등 역사적 사건들 속에서 캠룹스 주민들이 어떻게 도시를 일궈냈는지 알 수 있다.

지도 P.196 ▶ **주소** 207 Seymour St, Kamloops, BC V2C 2E7 **전화** 250-828-3576 **홈페이지** https://kamloopsmuseum.ca/ **운영** [박물관] 화~토요일 09:30~16:30, [기록 보관실] 화~금요일 13:15~16:00 **휴관** 12/25,12/26,1/1 **요금** 기부금제이나 권장은 성인 C$3, 어린이 C$1 **가는 방법** 빅토리아 거리에서 도보 5~10분.

리버사이드 공원 Riverside Park

북쪽으로 톰슨 강을 바라보고 있는 공원. 볼거리가 많은 화려한 공원은 아니지만 조용히 산책하고 쉬기 좋은 평화로운 곳이다. 워터파크, 놀이터, 농구장 등 어린이들이 놀기 좋은 시설들과 산책로가 조성돼 있어 피크닉을 즐기는 가족들의 모습을 쉽게 볼 수 있다. 특히 캠룹스의 마을 행사가 종종 열리는 명소이기도 하다.

지도 P.196 ▶ **주소** 100 Lorne St, Kamloops, BC V2C 3K6 **홈페이지** www.kamloops.ca **운영** 매일 05:00~23:00 **가는 방법** 빅토리아 거리에서 도보 5~10분.

캐나다 서부 최대의 와인 산지
오카나간 밸리
Okanagan Valley

남북으로 길게 흐르는 오카나간 호수를 따라 180km 정도 이어지는 오카나간 밸리는 캐나다 서부 최대의 와인 생산지다. 100여 개가 넘는 와이너리가 있으며 비옥한 과수원이 줄지어 있다. 일조량, 기후, 바람 등 포도 생산에 좋은 환경을 가지고 있어 최고 품질의 와인이 생산된다. 오카나간 밸리는 캐나다의 명물인 아이스와인(언 포도로 만든 와인. 일반 와인보다 당도가 높다)의 대표 산지로도 잘 알려져 있는데, 아이스와인에 주로 사용되는 포도 품종인 비달 Vidal로 만든 아이스와인이 오카나간 밸리의 주요 특산품이다. 그뿐만 아니라 6~9월 과일 수확기가 되면 마켓마다 각종 과일이 풍성하게 쌓이며 지역 곳곳에서는 과일 축제가 열린다. 와이너리는 투어를 이용하거나 자유롭게 방문할 수 있다. 베이스캠프 도시는 킬로나 Kelowna다.

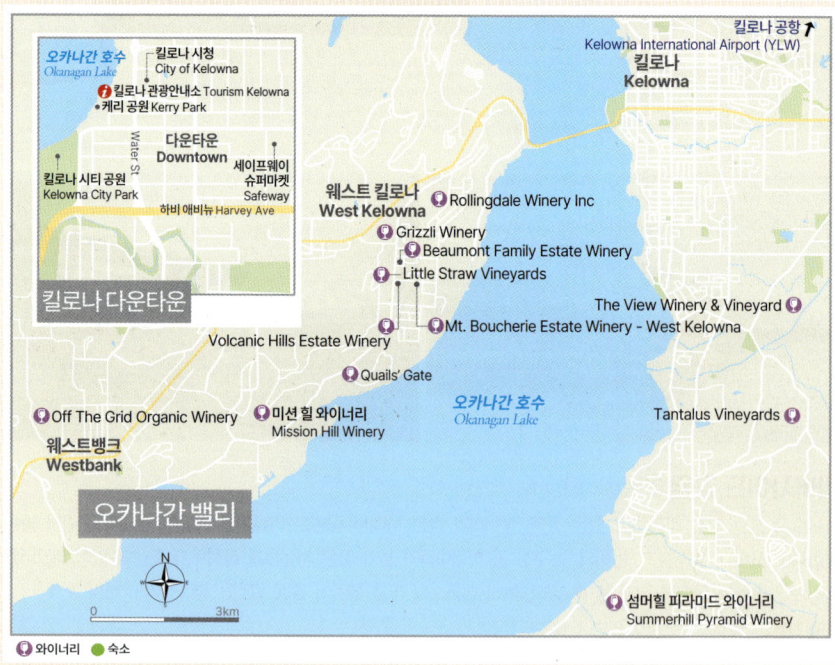

오카나간 밸리의 볼거리

❶ 킬로나 Kelowna

오카나간 호숫가를 따라 남북으로 길게 자리한 도시 킬로나는 오카나간 밸리에서 가장 중심이 되는 곳이자 BC주에서 3번째로 큰 도시다. 온갖 종류의 과일이 많이 생산되는 곳으로 과일 포장, 유통, 가공 등 관련 산업이 발달했다. 호수를 끼고 있어 수상 액티비티가 발달했고 아름다운 자연경관을 자랑하며 주변에 좋은 품질의 와인을 생산하는 와이너리가 많이 있다.

지도 P.198 **가는 방법** 밴쿠버에서 1번 캐나다 하이웨이와 97C 도로를 타면 약 4시간 20분 걸린다. 캠룹스에서는 약 2시간 10분 소요. 비행기로 간다면 캐나다 국내선으로 킬로나 공항 Kelowna International Airport (YLW)으로 가서 차를 렌트하거나 BC 트랜짓 버스로 킬로나 다운타운까지 갈 수 있다.

Travel tip!

킬로나 관광안내소 Tourism Kelowna

킬로나의 명소 안내 같은 여행 정보를 제공하고 숙소나 투어 등 각종 예약을 도와준다. 특히 킬로나의 대표 축제인 와인 축제와 와이너리에 대한 정보를 얻을 수 있다.

지도 P.198 **주소** 238 Queensway Avenue, Kelowna, BC V1Y 6S4 **홈페이지** www.tourismkelowna.com
운영 매일 08:30~20:30, 12/31 08:30~21:00, 12/24·25·26, 1/1 휴무

---

❷ 오카나간 와인 축제 Okanagan Wine Festivals

해마다 봄, 여름, 가을, 겨울 4회 오카나간 지역의 크고 작은 와이너리를 중심으로 펼쳐지는 유명한 축제다. 축제 기간이 되면 와이너리 투어, 와인 경매, 퍼레이드 등 다채로운 행사가 열린다. 특히 겨울에는 아이스와인을 맛볼 수 있어 인기다.

홈페이지 www.thewinefestivals.com

앨버타주
ALBERTA

캘거리 Calgary	P.202
로키 Rocky Mountain parks	P.224
밴프 국립공원 Banff National Park	P.236
레이크 루이즈 Lake Louise	P.260
쿠트니 국립공원 Kootenay National Park	P.270
요호 국립공원 Yoho National Park	P.274
아이스필드 파크웨이 Icefield Parkway	P.278
재스퍼 국립공원 Jasper National Park	P.288
롭슨산 주립공원 Mt. Robson Provincial Park	P.304

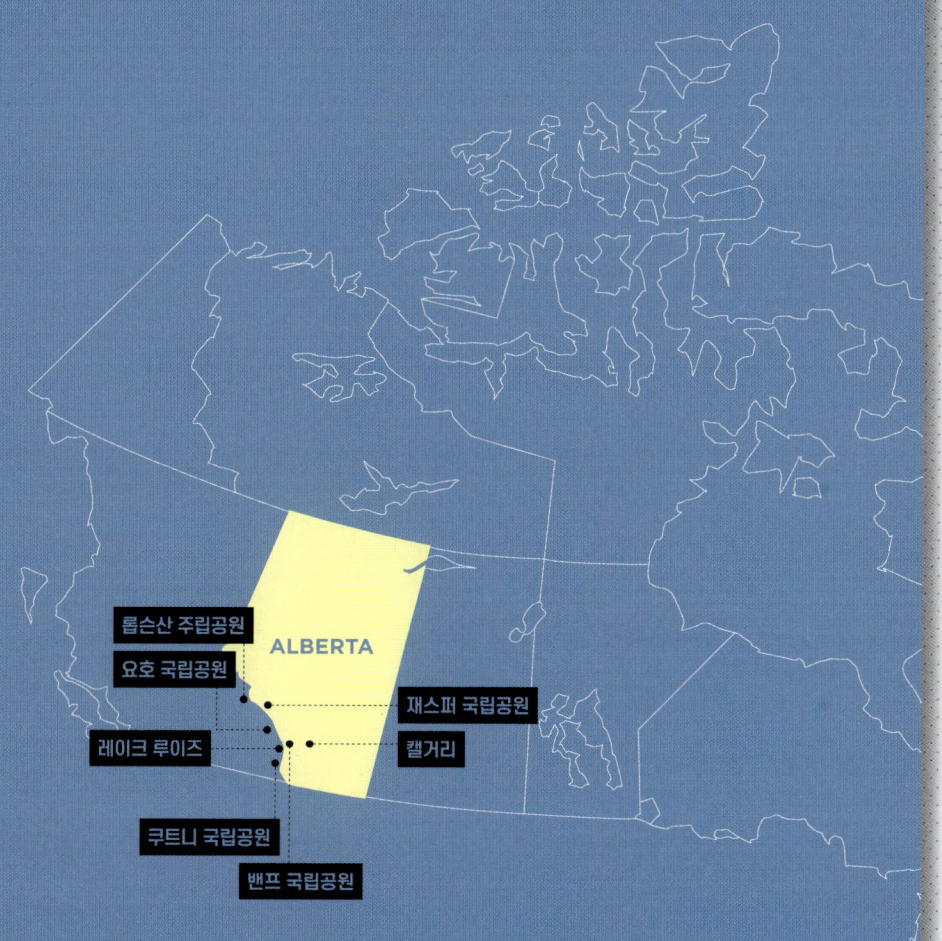

빼어난 자연경관을 자랑하는 앨버타주는 서쪽으로는 울창한 숲과 많은 야생동물이 사는 로키의 산악 지대가, 동쪽으로는 소떼들이 풀을 뜯는 광활한 초원이 펼쳐진다. 유네스코 세계문화유산과 국립공원, 주립공원을 다수 보유하고 있으며 사계절 다양한 체험과 볼거리가 있다. 규모가 가장 큰 도시는 캘거리 Calgary다. '샌드 오일 Sand Oil'로 유명한 석유와 천연가스의 생산으로 경제가 부흥했으며 천연자원이 풍부해 농업, 임업, 광업, 관광업 등 다양한 산업이 발달했다. 한때 오일 가격 하락으로 경제 침체기를 겪었으나 여전히 부유한 지역이며 맛있는 먹거리도 풍부하다. 그중 소고기 맛이 좋기로 정평이 나 있다. 세금 또한 저렴해 쇼핑하기에도 좋다.

캘거리
CALGARY

앨버타 대평원 남서쪽에 위치한 캘거리는 기마경찰단이 상주하던 요새에서 시작한 도시로, 지금은 캐나다 주요 산업 도시 중 하나다. 1914년 처음 유전이 발견되면서 도시가 성장하기 시작했고 교통이 편리해 크게 발전했다. 동계올림픽이 개최된 바 있고 해마다 카우보이들의 축제가 열리는 역동적인 에너지가 넘치는 도시다. 다운타운에서 조금만 벗어나면 로키의 장엄한 산맥과 황금빛 대평원이 이어진다. 특히 로키와 가까운 지리적 이점 덕분에 많은 관광객이 들르는 곳이다.

캘거리 대표 명소

1 캘거리 타워 P.211
캘거리를 상징하는 대표적인 랜드마크로 시내를 150m 높이에서 조망할 수 있다.

2 스티븐 애비뉴 워크 P.213
캘거리 시내에서 가장 번화한 보행자 거리로 레스토랑, 카페, 쇼핑몰이 모여 있다.

3 프린시즈 아일랜드 공원 P.214
보강을 끼고 조성된 캘거리 시민들의 휴식처로 산책로와 분수대 등이 있다.

4 평화의 다리 P.214
프린시즈 아일랜드 공원 서쪽에 놓인 다리로 붉은색의 좌우대칭 구조의 골조가 독특한 캘거리의 랜드마크다.

5 더 보 P.212
유리로 지어진 친환경 하이테크 건축물로 휘어진 모양이 특이하며 건물 앞의 조형물도 유명하다.

캘거리 가는 방법

캘거리는 캐나다 중서부 내륙에 자리해 비행기로 가는 것이 일반적이다. 에드먼튼이나 밴프에서는 일부 버스가 운행하고 있으며, 밴쿠버에서는 비행기가 아니라면 렌터카를 이용해야 하는데 약 1,000km의 거리로 10시간이 넘게 걸린다.

비행기

한국에서 캘거리로 바로 가는 직항편은 웨스트젯 Westjet 항공에서 운항하며 10시간 정도 소요된다. 인천공항에서 밴쿠버까지는 대한항공이나 에어캐나다로 약 10시간, 밴쿠버에서 캘거리까지는 1시간 30분 걸린다.

캘거리 국제공항 Calgary International Airport (YYC)

다운타운 북쪽 15km 지점에 위치한 캘거리 국제공항은 캐나다와 미국의 여러 도시에서 출발한 비행기가 들어가는 곳이다. 특히 공항이 없는 로키 산맥을 여행하는 사람들이 거쳐 가는 공항으로도 잘 알려져 있다. 캘거리 국제공항에서 로키로 직접 가는 교통편이 많다.

지도 P.210-A1·A2 **주소** 2000 Airport Rd NE, Calgary, AB T2E 6W5 **홈페이지** www.yyc.com

공항에서 시내로

캘거리 국제공항에서 다운타운까지 가기 위한 방법은 여러 가지가 있다. 주로 렌터카를 이용하는 경우가 많고 버스, 택시, 우버·리프트 등이 있다. 공항 근처에 위치한 호텔에서는 공항을 오고 가는 호텔 전용 셔틀을 제공하기도 한다.

렌터카 Rent-a-Car

캘거리는 로키로 가는 관문이기 때문에 이곳에서 차를 렌트하는 사람들이 많다. 다운타운까지는 20~25분이면 도착한다. 공항에서 이정표를 따라가면 렌터카 회사를 쉽게 찾을 수 있다.

렌터카

버스

300번 버스가 다운타운까지 운행한다. 티켓은 공항 도착층 맥 스토어 Mac's Store나 발매기를 통해 구입할 수 있으며 캘거리 트랜싯 Calgary Transit 시내 교통 1일권으로도 이용 가능하다. 현금 승차 시 거스름돈은 주지 않으며 환승이 필요하면 환승 티켓을 받아 두어야 한다.

홈페이지 www.calgarytransit.com 소요 시간 35~40분 배차 간격 25~30분 요금 C$3.80

Travel tip!

호텔 셔틀

어느 공항이든 호텔에서 제공하는 셔틀밴이 있는데, 대부분 공항 근처의 가까운 호텔은 무료지만 다운타운 등 멀리 있는 호텔은 유료로 운행된다. 캘거리의 경우 로키로 가는 경우 도시라는 특성상 시내에 들르지 않는 사람도 많아서 공항 주변에 호텔이 많다. 이 경우에는 호텔에서 제공하는 셔틀을 무료로 편하게 이용할 수 있다. 다만, 호텔에 따라 픽업요청을 해야 하는 경우도 있고 공항에서 전화를 해야 하는 경우도 있으니 호텔 예약 시 확인해 두는 것이 좋다.

택시/우버/리프트 Taxi/Uber/Lyft

짐이 많거나 일행이 여럿이면 이용할 만하다. 택시는 미터 요금제로 운행하며 팁으로 전체 요금의 10~20% 정도를 줘야 한다. 우버·리프트는 앱을 통해 요금을 미리 알 수 있는 장점이 있지만 시간대에 따라 요금이 다르니 금액을 잘 비교해 보고 타자. 모두 공항 이용료가 부과된다.

택시 요금은 C$50~70, 우버리프트 C$30~35(교통량이 많을 때 늘어날 수 있음)

Travel tip!

공항에서 로키 바로 가기

캘거리 공항에서 다운타운으로 가지 않고 바로 로키로 향하는 경우도 많다. 렌터카를 이용하려면 공항 렌터카 회사로 가면 되고, 그렇지 않은 경우 공항에서 출발하는 여러 회사들의 버스를 이용하면 된다. 다만 빈도, 노선, 소요 시간, 버스 컨디션, 도어 투 도어 여부 등 조건이 다르고 가격 차이도 많이 나기 때문에 잘 살펴보고 결정하는 것이 좋다. 한시적으로만 운행하는 버스도 있으니 잘 체크하자.

[버스 홈페이지]
브루스터 익스프레스 www.banffjaspercollection.com/brewster-express
밴프 에어포터 https://banffairporter.com 밴프 익스플로러 https://banffexplorer.com
비보그린 https://vivogreentravel.com 플릭스 버스 Flix Bus www.flixbus.ca
요금 C$52~89

캘거리 시내 교통

캘거리 다운타운 중심부는 도보로도 충분히 돌아다닐 수 있지만, 다운타운 외곽 쪽으로 가려면 캘거리 트랜싯 Calgary Transit에서 운행하는 시내버스나 씨트레인 C-Train을 이용해야 한다. 티켓을 구입해서 타거나 현금 승차도 가능하다.

홈페이지 www.calgarytransit.com **요금** [1회] 성인 C$3.80, 어린이(13~17세) C$2.55, [1일권] 성인 C$11.95, 학생(13~17세) C$8.75

시내버스

90분 이내에 다른 버스나 씨트레인으로 환승이 가능하다. 현금 승차 시 거스름돈은 받을 수 없으니 정확한 금액을 준비해야 하며 환승이 필요하면 환승 티켓을 받아 두어야 한다. 내릴 때는 노란색 줄을 당겨 내릴 의사를 표시하고 버스가 멈추면 버튼을 눌러 문을 열고 내리면 된다.

C-트레인 C-TRAIN

씨트레인은 1981년부터 캘거리에서 운행됐으며 지상의 레일 위를 달리는 경전철이다. 총 2개 노선(블루, 레드)이 있고 다운타운의 동서 방향으로 레일이 지나간다. 다운타운 내 무료 운행 구간이 있어 유용하다. 그러나 이 구간을 한 정거장이라도 넘어가면 요금을 내야 한다. 불시에 티켓이나 결제 내역 검사를 하며 벌금이 상당히 비싸니 주의하자. 티켓은 정류장 앞 발매기에서 구입할 수 있다. 무료 구간은 시티 홀 City Hall부터 다운타운 웨스트/커비 Downtown West/Kerby 정거장이다.

캘거리 추천 일정

DAY 1

① 캘거리 타워 P.211 — 도보 7분 —
② 스티븐 애비뉴 워크 P.213 — 도보 10분 —
③ 더 보 P.212 — 도보 20분 —
④ 프린시즈 아일랜드 공원 P.214 — 도보 10분 —
⑤ 평화의 다리 P.214

평화의 다리

프린시즈 아일랜드 공원

더 보(캘거리 타워 전경)

스티븐 애비뉴 워크

Travel tip!

플러스 15 스카이워크 Plus 15 Skywalk

혹한의 날씨를 겪는 캘거리는 다운타운 안에서 건물들끼리 구름다리를 연결해 실내로 걸어 다닐 수 있도록 했다. 이로 인해 130개가 넘는 건물을 편리하게 이동할 수 있다. 비가 올 때나 더운 여름, 추운 겨울에 아주 효과적이다. 캘거리 타워, 글렌보 박물관, 더 보, 코어 쇼핑센터 등이 모두 연결된다.

운영 평일 06:00~21:00, 주말·공휴일 09:00~19:00(구역에 따라 더 일찍 폐쇄될 수 있음)

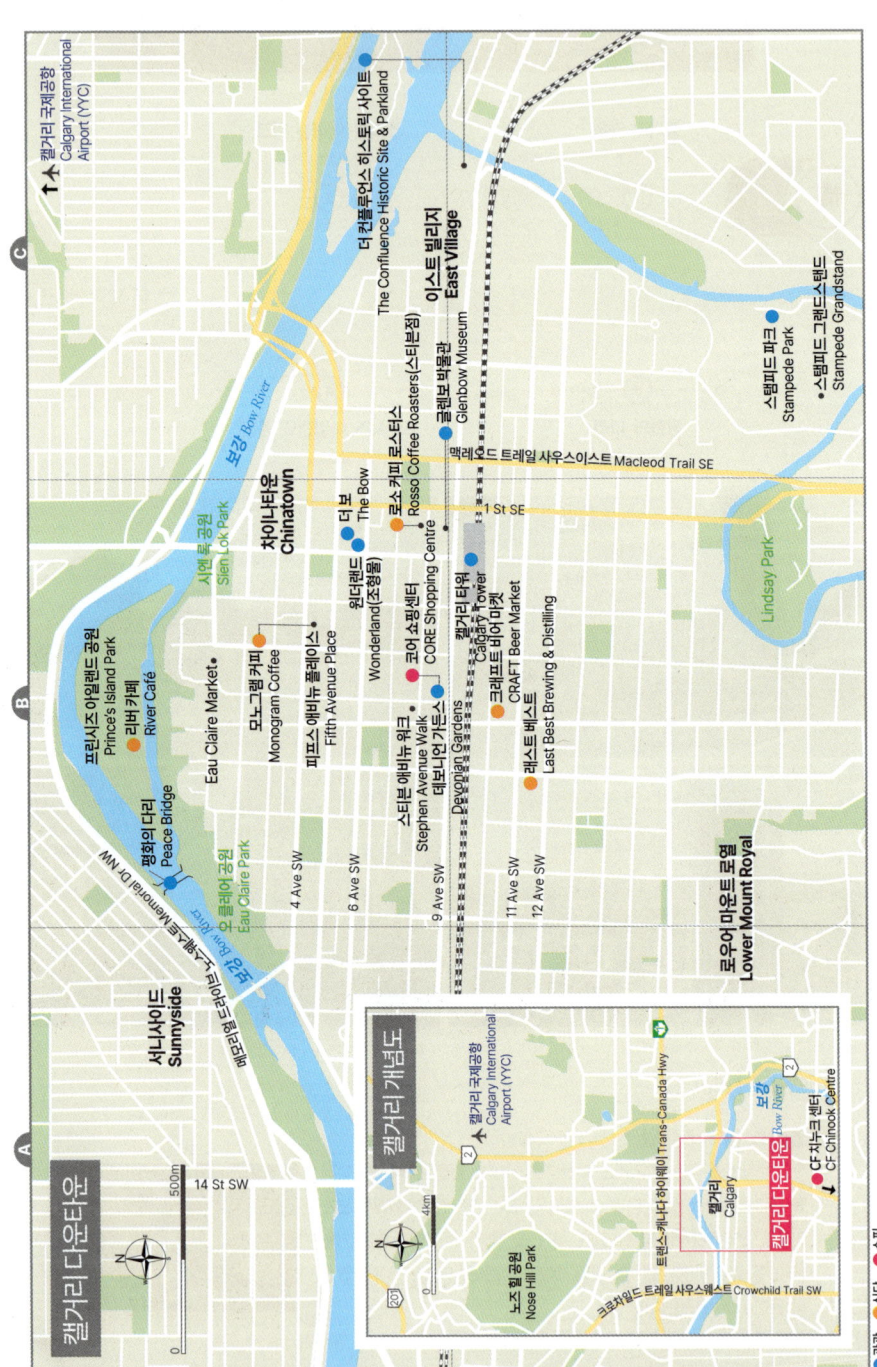

Attraction 캘거리의 볼거리

캘거리 타워 Calgary Tower

191m의 높이를 자랑하는 캘거리의 랜드마크로 1968년에 완공됐다. 엘리베이터를 타고 단 62초면 150m 전망대에 도착하는데 전망대에서는 다운타운의 빌딩들과 남쪽의 스탬피드 파크 Stampede Park, 동쪽 평원의 포트 캘거리, 서쪽으로 멀리 로키 산맥까지 360도 조망할 수 있다. 특히 유리로 된 바닥에 올라서면 아찔함이 몇 배가 된다.

한국어를 포함한 7가지 언어로 가이드 투어를 받을 수 있으며, 55인치 스크린 21개를 합쳐 만든 곡선형 스크린으로 앨버타주의 아름다운 경치와 캘거리에 대한 비디오를 상영하는 극장 Theatre Room(10:00~18:00, 15분마다 상영)도 있다. 바로 아래층에는 전망 레스토랑이 있다.

지도 P.210-B2 ▶ **주소** 101 9 Ave SW, Calgary, AB T2P 1J9 **홈페이지** www.calgarytower.com **운영** 매일 10:00~21:00 (6~8월은 월~토요일 22:00까지, 일요일 21:00까지) **요금** 성인(13~64세) C$23(온라인), C$24.99(현장), 어린이(4~12세) C$10(온라인), C$10(현장) **가는 방법** 버스 1·10·30·307번 탑승 EB 9 AV S@Centre ST S 하차 후 바로.

Travel tip!

스카이 360 Sky 360 Restaurant and Lounge

천천히 360도 회전하는 전망 레스토랑으로, 전망대 바로 아래층에 위치해 비슷한 전망을 무료로 즐기면서 식사할 수 있는 곳이다. 1층 안내소에서 예약을 확인하면 엘리베이터 탑승권을 준다. 2시간 동안 머물 수 있으니 해질 무렵에 가서 야경까지 보고 오는 것이 좋다.

영업 (디너)일~목요일 17:00~23:30, 금·토요일 17:00~24:00, (브런치)토·일요일 10:00~14:00

글렌보 박물관 Glenbow Museum

캘거리가 속해 있는 중앙 대평원 원주민들의 삶과 문화, 서부 개척시대의 역사에 관한 다양한 전시를 하고 있다. 총 4층으로 구성돼 있으며 1층은 영화관, 기념품점, 2층에는 캐나다 예술가들의 작품이 전시된 아트 갤러리가 있다. 3층에는 원주민들이 사용하던 물건들과 옷, 사진 등 관련 자료를 전시하고 있다. 그들이 살던 티피(원추형 천막)와 사냥 모습 등 생활상을 재현해 놓아 더 흥미롭다. 4층은 서아프리카의 광물과 총기류, 오일 붐에 대한 전시를 하고 있다. 자료와 사진을 포함해 100만 점이 넘는 전시물을 소장하고 있는 이곳은 캘거리와 앨버타주의 과거와 현재를 알 수 있는 재미있는 박물관이다. 현재 대대적으로 공사 중이며 2026년 8층 규모의 JR Shaw Centre for Arts & Culture로 새롭게 오픈할 예정이다.

지도 P.210-B1 **주소** 130 9 Ave SE, Calgary, AB T2G 0P3 **홈페이지** www.glenbow.org **운영** 임시 휴업 **요금** 무료 **가는 방법** 캘거리 타워에서 도보 3분.

더 보 The Bow

하이테크 건축을 대표하는 포스터+파트너스 Foster+partners사가 지은 58층, 높이 236m의 빌딩으로 2012년 완공됐다. 초승달처럼 휘어진 모양의 독특한 외관을 가진 유리 건축물로 세련되면서도 친환경적 공법으로 설계됐다. 햇빛을 많이 받을 수 있도록 남쪽을 향해 휘어져 있어 에너지를 30% 절감할 수 있으며 빌딩풍 현상을 막아 준다고 한다. 에너지 소비를 줄이고 빌딩 안팎으로 공동체 의식을 살리는 설계가 반영돼 있다고 한다. 2008년 금융위기 당시 공사가 잠시 중단되었으나 현재 캘거리의 랜드마크로 우뚝 서 있다. 24, 42, 54층에는 직원들의 휴게 공간인 스카이 정원이 있고, 2층에는 카페와 상점들이 있다. 빌딩 앞에는 '원더랜드 Wonderland'라는 조형물이 서 있다.

지도 P.210-B1 **주소** 500 Centre St S, Calgary, AB T2G 0E3 **가는 방법** 글렌보 박물관에서 도보 5분 또는 버스 1·302·307번 탑승 WB 6th AV SE @ 1st ST SE 하차.

Travel Plus

원더랜드 Wonderland

보 빌딩 앞에 자리한 유명한 조형물. 높이 12m의 거대한 두상은 흰색의 와이어로 만든 소녀로 카탈루냐 출신의 세계적인 조각가 자우메 플렌자 Jaume Plensa의 작품이다. 빌딩 앞으로 지나가는 사람들을 바라보는 소녀의 모습이 독특해 많은 사람의 발걸음을 멈추게 한다. 작품 안으로 들어갈 수 있는 통로가 있어 소녀의 시선으로 밖을 볼 수도 있다.

스티븐 애비뉴 워크 Stephen Avenue Walk

다운타운 내에서 가장 번화한 보행자 전용 도로다. 8번가의 센터 스트리트 Centre St.에서 4 St.까지 이어진 거리로 19세기 건물들이 모여 있어 눈길을 끈다. 2002년에 국립 역사 유적지로 지정되었으며, 대형 쇼핑센터와 레스토랑, 카페들이 밀집해 있어 쇼핑하거나 식사를 하기에도 좋다. 현대적인 빌딩들 사이에 자리한 오래된 건물들도 인상적이며 차들이 다니지 않아 도심 속을 만끽하며 걷기에 제격이다. 점심시간이 되면 직장인들까지 모여들어 더욱 활기가 넘친다.

지도 P.210-B1 주소 340 8 Ave SW, Calgary, AB T2P 1C1 가는 방법 버스 3·17번 탑승 NB 4 St SW @ 7 Av SW 하차.

데보니언 가든스 Devonian Gardens

캘거리 다운타운의 중심에 자리한 코어 쇼핑센터 CORE Shopping Centre(P.219) 4층에 조성된 1 헥타르(10,000m²)규모의 실내 정원이다. 겨울철 극한의 추위를 견뎌내야 하는 캘거리 사람들에게 도심 속 오아시스와도 같은 곳으로, 쇼핑센터 위에 이러한 규모의 아름다운 실내 정원이 있다는 것만으로도 반갑다. 나무와 분수, 작은 놀이터 등도 갖추고 있고 바로 아래 층에 쇼핑몰과 푸드코트가 있어 남녀노소 즐기기에 좋다.

지도 P.210-B1 주소 CORE Shopping Centre, 400, 317 Avenue SW, 4th floor, Calgary, AB T2P 1B5 홈페이지 www.calgary.ca 운영 월~토요일 10:00~18:00, 일요일 12:00~17:00 가는 방법 C-트레인 201·202번 탑승 EB 3 Street SW C-Train Station 하차 후 바로.

프린시즈 아일랜드 공원 Prince's Island Park

다운타운의 북쪽으로 흐르는 보강 Bow River에 자리한 섬 안에 조성된 공원이다. 캘거리 사람들의 편안한 휴식처로 산책로와 분수대, 피크닉 테이블 등이 잘 갖춰져 있다. 다운타운과 섬을 연결하는 보행자 다리를 통해 공원으로 들어갈 수 있다. 공원 안에는 리버 카페 River Café(P.216)라는 아름다운 레스토랑이 있는데, 캐나다의 Top 100 레스토랑에 들 정도로 유명 맛집이다. 카페가 있으며 여기서 평화의 다리 Peace Bridge까지 이어지는 남쪽 산책로를 따라가면 다운타운의 전경이 보인다.

지도 P.210-B1 ▶ **주소** 25 Prince's Island, Calgary, AB T2P 0R1 **운영** 매일 05:00~23:00 **가는 방법** 버스 449번 탑승 EB 2 Av SW @ 3 St SW 하차 후 도보 6분.

평화의 다리 Peace Bridge

프린시즈 아일랜드 공원 서쪽 끝 보강 Bow River 위에 놓인 보행자 전용 다리다. 스페인의 유명한 건축가 산티아고 칼라트라바 Santiago Calatrava의 작품으로 2012년 완공돼 캘거리의 랜드마크로 자리 잡았다. 다리 길이는 130.6m로 길지 않지만, 강 위에서 교각 없이 이어지는 좌우 대칭 구조로 이루어진 붉은색의 골조가 독특하다. 옆면은 뚫려 있지만 지붕은 유리로 덮여 있어 비를 맞지 않고 건널 수 있다. 낮에는 캘거리를 상징하는 붉은색을 유감없이 드러내고 밤이면 조명이 켜지면서 도심의 불빛들과 어우러져 아름다움이 더해진다.

지도 P.210-B1 ▶ **주소** Peace Bridge, Calgary, AB T2P 0E5 **가는 방법** 프린시즈 아일랜드 공원에서 도보 10분.

더 컨플루언스 히스토릭 사이트 The Confluence Historic Site & Parkland

1872년 북서 기마경찰단 NWMP(North West Mounted Police)이 요새로 사용했던 곳이자 캘거리가 시작된 역사적 의미가 있는 곳이다. 당시 원주민과 미국인의 모피, 위스키 거래로 인한 원주민 학살 사건이 일어나자 기마경찰단이 생겨났고 이는 캐나다 왕립경찰(RCMP)의 모태가 됐다. 공원 내 전시관에는 약국, 병원, 가정집 등을 재현해 놓아 당시 기마경찰단의 생활상을 알 수 있다. 붉은 기마경찰복을 입고 기념 촬영도 할 수 있다.

지도 P.210-C2 **주소** 750 9 Ave SE, Calgary, AB T2G 5E1 **홈페이지** www.theconfluence.ca **운영** 여름(5월 말~10월) 화~일요일 10:00~17:00, 겨울(11월~5월 중순) 금~일요일 10:00~17:00 **요금** 성인 C$15, 10~17세 C$10, 4~9세 C$5 **가는 방법** 버스 1·101번 탑승 WB 9 AV SE @ The Confluence 하차 후 도보 2분.

스탬피드 파크 Stampede Park

캘거리 시내 동남쪽에 넓게 자리하고 있는 공원으로 다양한 행사가 펼쳐지는 대표적인 장소다. 특히 캘거리의 유명한 '스탬피드 축제'가 열리는 공원으로 잘 알려져 있다. 공원에는 각종 경기가 이루어지는 새들 돔 Saddle Dome과 그랜드 스탠드 Grand Stand, 경마장, 카지노, 공연장 등 다양한 시설이 있다.

지도 P.210-C2 **주소** 650 25 Ave SE, Calgary, AB T2G 4K8 **홈페이지** www.calgarystampede.com **운영** (축제 기간) 매년 7월 중 열림. 날짜는 홈페이지 참조 **요금** (축제 입장료) 성인 C$25 **가는 방법** 씨트레인 NB Victoria Park/Stampede역 하차 후 바로.

Travel Plus

스탬피드 축제

말 위에서 오래 버티는 로데오 Rodeo 경기와 4마리의 말이 끄는 마차 척왜건 레이스 Chuckwagon Races가 열리는 캘거리 최대 축제다. 캘거리 전체가 들썩이는 축제는 퍼레이드를 시작으로 매년 7월 둘째 주 10일간 열린다. 1912년 시작되어 해마다 100만 명 이상이 다녀간다. 낮에는 다양한 경기를 관람하거나 참여할 수 있으며 축제는 이브닝 쇼와 불꽃놀이로 밤까지 이어진다. 특히 이 기간에는 숙소 잡기가 매우 어려우니 서둘러 예약해야 한다.

Restaurant 캘거리의 식당

리버 카페 River Café

프린시즈 아일랜드 공원 안에 자리한 오래된 레스토랑. 캘거리 맛집 하면 빠지지 않고 소개되는 유명 레스토랑이다. 도심 속 오아시스처럼 녹지대로 둘러싸여 있는데, 아늑한 느낌의 목조 건물이 그 자체만으로도 영화 세트장을 연상케 한다. 규모가 큰 편이라 내부에도 좌석이 많다. 특히 날씨가 좋을 때는 야외 테라스가 인기다. 테라스석에 앉으면 공원의 평화로운 풍경 너머로 빌딩 숲이 보인다. 카페라는 식당 이름과는 달리 버거나 스테이크 등의 식사 및 브런치 메뉴도 갖추고 있는데 이곳에서는 피톤치드를 만끽하며 간단한 안주와 함께 맥주 또는 와인 한 잔을 즐기는 것을 추천한다. 주말 브런치에는 사람들로 붐비니 예약을 하는 것이 좋으며, 평일 낮 한산한 시간에 식사나 커피를 즐기기에 좋다.

지도 P.210-B1 **주소** 25 Prince's Island, Calgary, AB T2P 0R1 **홈페이지** river-cafe.com **영업** 런치 월~금요일 11:00~16:00 애프터눈 메뉴 16:00~17:00 디너 매일 17:00~22:00, 토·일요일 10:00~16:00 **가는 방법** 프린시즈 아일랜드 공원 내 위치.

크래프트 비어 마켓 CRAFT Beer Market

크래프트 비어홀이 뜨고 있는 캘거리에서 오래 전부터 굳건히 자리를 지키고 있는 유명한 식당이다. 물이 좋은 캘거리에서 수제 맥주가 맛있는 것은 당연지사. 밴쿠버에도 지점을 낼 만큼 유명세를 탔다. 큰 규모에 분위기도 좋고 맛있는 음식, 그리고 합리적인 가격으로 항상 붐비는 곳이다. 해피 아워 Happy Hour에 맞춰 가면 덜 붐비면서도 저렴한 가격에 맥주와 안주를 즐길 수 있다.

지도 P.210-B2 **주소** 345 10 Ave SW, Calgary, AB T2R 0A5 **홈페이지** www.craftbeermarket.ca/ **영업** 일~수요일 11:00~24:00, 목요일 11:00~01:00, 금·토요일 11:00~01:00 **가는 방법** 캘거리 타워에서 도보 8분 또는 버스 3·17·449번 탑승 NB 4 St SW@ 11 Av SW 하차 후 도보 2분.

래스트 베스트 Last Best Brewing & Distilling

'마지막으로 남아 있는 최고의' 맥줏집이라는 이름에서 느껴지듯 자부심 강한 맛집 중의 맛집. 실제로도 현지인들이 캘거리 최고의 크래프트 비어로 손꼽을 만큼 어마어마한 인기를 자랑하는 브루펍이다. 규모가 꽤 큰 편인데, 공간마다 색다른 인테리어로 꾸며져 있다. 가게 한쪽에 적힌 'Drink Beer Live Forever(영원히 맥주를 마셔라)' 문구에서 맥주에 대한 엄청난 사랑이 느껴진다. 맥주는 물론 음식들도 맛있어서 항상 많은 사람으로 붐빈다. 간단한 안주로 즐길 수 있는 나초를 비롯해 병아리콩으로 만든 중동식 요리 팔라펠, 한국식 바비큐 소스를 발라 구운 폭립, 홍합 요리, 푸틴 등 요리 메뉴도 많이 있다. 주말에는 브런치 메뉴도 판매한다. 해피 아워(14:00~18:00) 시간대에 방문하면 저렴한 가격에 먹을 수 있으니 참고하자.

지도 P.210-B2 **주소** 607 11 Ave SW, Calgary, AB T2R 0E1 **홈페이지** www.lastbestbrewing.com **영업** 월~토요일 11:30~24:00, 일요일 11:30~22:00 **가는 방법** 캘거리 타워에서 도보 13분.

로소 커피 로스터스 Rosso Coffee Roasters

커피 투어가 생겨날 만큼 커피 전문점이 늘어나고 있는 캘거리에서 가장 유명한 로컬 체인점 중 하나다. 2007년 캘거리 도심에서 조금 떨어진 곳에 처음 문을 연 이 집은 지금은 7개의 지점이 생겨났을 정도로 성장했다. 다운타운에도 여러 지점이 있어 찾아가기 쉬운 편이다. 브라질, 과테말라, 르완다 등에서 공정무역을 통해 가져온 원두를 구수하게 볶아내 커피향도 일품이다.

지도 P.210-B1 **주소** [스티븐 지점] 140 8 Ave SE, Calgary, AB T2G 5J2 **홈페이지** www.rossocoffeeroasters.com **영업** 월~금요일 07:00~17:00, 토·일요일 09:00~17:00 **가는 방법** 캘거리 타워에서 도보 3분.

모노그램 커피 Monogram Coffee

각종 커피 어워드에서 상을 휩쓸며 캘거리를 커피의 도시로 이끄는 데 기여하고 있는 곳이다. 커피에 남다른 자부심을 가진 세 사람이 한데 뭉쳐 20년간의 경험을 바탕으로 만들어 낸 브랜드로 다운타운 지점은 사무실로 둘러싸인 5번가 5 Ave. 한복판에 자리한다. 원두뿐 아니라 각종 브루잉 도구들도 판매하고 있다. 깔끔하고 세련된 인테리어에 커피 역시 진하면서도 부드러운 맛을 자랑한다.

지도 P.210-B1 **주소** 420 2 St. SW, Calgary, AB T2P 3K4 **홈페이지** www.monogramcoffee.com **영업** 월~금요일 06:00~16:00, 토·일요일·공휴일 08:30~14:30 **가는 방법** 더 보 빌딩에서 도보 7분.

캘거리의 쇼핑

코어 쇼핑센터 CORE Shopping Centre

다운타운 중심부에 자리한 대형 쇼핑몰이다. 스티븐 애비뉴 워크 Stephen Avenue Walk 끝에 있어 주변을 돌아다니다가 들르기 좋은 곳에 있다. 쇼핑몰 바로 옆에 고급 백화점인 홀트 렌프류 Holt Renfrew가 있고, 아웃렛 상점인 위너스 Winners, 그리고 천원숍인 달러라마 Dollarama 등이 있으며 그 밖에 다양한 브랜드숍이 인근에 위치해 오롯이 쇼핑으로만 하루를 보내기에 제격이다. 맨 위층에는 실내 정원인 데보니언 가든스 Devonian Gardens가 있어 잠시 휴식을 취할 수 있고, 바로 옆에는 푸드코트가 있어 간단한 식사를 하기에도 좋다. 쇼핑몰 주변으로 유명한 레스토랑 체인들도 많이 있다.

지도 P.210-B1 **주소** 324 8 Ave SW, Calgary, AB T2P 2Z2 **홈페이지** www.coreshopping.ca **영업** 월~토요일 10:00~18:00, 일요일 12:00~17:00 **가는 방법** 캘거리 타워에서 도보 7분.

CF 치누크 센터 CF Chinook Centre

캘거리에서 가장 큰 쇼핑몰. 다운타운 중심에서는 조금 떨어진 곳에 위치하지만 입점 브랜드 수도 많고 쾌적한 분위기라 인기가 많다. 특히 앨버타주는 소비세가 낮아서 쇼핑을 즐기기 좋아 눈치 빠른 여행자들은 가방 가득 쇼핑을 해가기도 한다. 애플 스토어와 대형 서점을 비롯해 250여 개가 넘는 매장 중에 특히 인기인 곳은 캐나다 구스 Canada Goose다. 캐나다 구스는 백화점이나 편집숍 등에도 있지만 독립 매장으로는 많지 않은 데다 CF 치누크 센터점은 규모가 커서 옷의 종류도 다양하다. 2층에는 큰 규모의 푸드코트가 있으며 쇼핑몰 주변으로 레스토랑들도 있다.

지도 P.210-A2 **주소** 6455 Macleod Trail, Calgary, AB T2H 0K8 **홈페이지** https://shops.cadillacfairview.com/ **영업** 월~토요일 10:00~21:00, 일요일 10:00~18:00 **가는 방법** C-트레인 시누크 Chinook역 하차 후 도보 5분.

오로라의 도시
옐로나이프 Yellowknife

인간의 발길이 드문 캐나다 북부 극지방은 다듬어지지 않은 대자연이 펼쳐져 있으며 오로라 Aurora(Northern Lights) 같은 신기한 자연현상을 볼 수 있는 곳이다. 노스웨스트 준주 Northwest Territories의 주도인 옐로나이프는 오로라가 잘 나타나는 곳으로 유명하다.

남극에도 잘 나타나지만 일반인이 가기 힘들기 때문에 오로라를 볼 수 있는 곳은 주로 옐로나이프 같은 북반구다. 옐로나이프는 미국 항공우주국 나사 NASA에서도 오로라 최고 관측지로 인정한 바 있다. 여행자들은 밤하늘을 물들이며 거대한 커튼 모양으로 하늘에서 일렁이는 신비로운 오로라를 보기 위해 먼 여정도 마다하지 않는다. 지도 P.8-B2

옐로나이프 가는 방법

캐나다 내에서도 워낙 멀어서 항공편을 이용한다. 밴쿠버에서 옐로나이프까지는 비행기로 2시간 30분, 캘거리에서는 2시간 15분 정도 걸린다. 한국에서 가장 빠른 노선은 밴쿠버나 캘거리를 경유하는 것으로 15~17시간 소요된다. 옐로나이프 공항(YZF)에서 다운타운까지는 약 6km로 택시나 렌터카를 이용할 경우 10분이면 간다. 낮에 도착하면 공항에서 바로 투어를 떠나기도 한다. 많은 호텔에서 무료로 공항 픽업 서비스를 제공하고 있으니 호텔 예약 시 확인해보자.

옐로나이프 볼거리

옐로나이프 최고의 볼거리는 물론 오로라. 오로라를 보기 위한 베이스캠프는 다운타운이나 올드 타운이며 이곳에도 소소한 볼거리는 있다. 다운타운에는 주의사당과 극지방의 생태계와 원주민의 역사를 볼 수 있는 노던 헤리티지 센터 Northern Heritage Centre, 방문자센터 등이 있다. 480km에 달하는 그레이트 슬레이브 호수 Great Slave Lake를 면하고 있는 올드 타운에는 낮은 건물들이 아기자기하게 모여 있다. 부시 파일럿 모뉴먼트 Bush Pilots Monument가 있는 언덕에 오르면 올드 타운의 전경을 내려다볼 수 있다.

Travel Plus

옐로나이프 이색 체험 개썰매 Dog Sledding

오로라 관측은 밤에 하기 때문에 낮에는 다른 액티비티를 한다. 개들이 끄는 썰매를 타고 끝이 펼쳐지는 눈벌판을 달리는 개썰매는 옐로나이프의 대표적인 액티비티. 타기만 하거나 직접 끌어보는 것도 있고 투어가 포함된 것도 있다. 영하 20~30도를 견디기 위한 모자, 장갑, 방한복, 방한화를 대여해 주기도 한다(유료).

요금 개썰매 C$90~180 **홈페이지** www.beckskennels.com, www.auroravillage.com

프린스 오브 웨일스 노던 헤리티지 센터
Prince of Wales Northern Heritage Centre

노스웨스트 준주의 다양한 문화유산을 전시하고 보존하는 곳이다. 회화, 조각 등의 예술품도 있고 원주민들의 생활양식을 알 수 있는 의류, 도구, 텐트 등도 있다. 또한 지역의 간략한 역사나 지리학, 지질학 정보, 동식물에 대한 전시가 잘 되어 있어 낮시간에 잠시 들러볼 만하다.

주소 4750 48 St, Yellowknife, NT X1A 3T5 **홈페이지** www.pwnhc.ca **운영** 화~일요일 10:00~17:00 (목요일 연장 운영) 월요일 휴무 **요금** 무료 (기부금) **가는 방법** 다운타운의 방문자 센터에서 도보로 12분.

옐로나이프 방문자 센터 Yellowknife Visitor Centre

다운타운 중심에 자리한 이곳은 소도시 옐로나이프에서 시간을 보낼 만한 여러 가지 볼거리나 액티비티들을 소개해주거나 예약해주는 곳으로 넓은 공간에 간단한 전시품도 있다. 시즌에 따라 방문자들에게 기념 배지나 북위 60도 방문증서 등을 주기도 한다.

주소 5022 49 St, Yellowknife, NT X1A 3R8 **홈페이지** https://extraordinaryyk.com **운영** 10:00~18:00 **가는 방법** 다운타운의 중심 도로 프랭클린 애비뉴 Franklin Ave와 49th St 교차로 안쪽의 센터스퀘어몰 건물 1층에 있다.

Travel tip!

다운타운의 중심가 프랭클린 애비뉴 Franklin Avenue

다운타운 중심 도로인 프랭클린 애비뉴 주변으로 슈퍼마켓과 약국, 기념품점, 호텔, 식당, 카페 등이 흩어져 있다. 다운타운 안에서는 대부분 걸어다닐 수 있으며 간단한 간식거리, 생수, 음료 등을 살 수 있다.

오로라 빌리지 Aurora Village

옐로나이프 외곽에 작은 마을처럼 조성된 오로라 관측 장소이다. 춥고 어두운 밤을 보내야 하는 오로라 관측의 특성상 불빛이 없으면서도 수 시간을 보낼 수 있도록 시설이 갖추어져 있어 많은 사람들이 찾는다. 특히 원주민들의 거주 문화인 전통 티피에 머물기 때문에 매우 적절하면서도 재미있는 체험이 되고 이국적인 느낌이 있다. 주변이 어둡고 평평한 지형에 호수와 숲, 낮은 언덕이 있어 다양한 각도로 오로라를 볼 수 있다. 겨울에는 호수가 꽁꽁 얼어 눈이 쌓이고 버펄로 언덕으로 오르면 사방이 트인 전경을 감상할 수 있다. 이용요금이 좀 비싸기는 하지만 일정에서 1~2일이라도 방문해 볼 것을 권한다. 성수기에는 일찍 예약하는 것이 좋다.

이용 방법

오로라 빌리지 홈페이지나 투어회사를 통해 예약할 수 있고, 전용 버스로 시내의 5개 호텔에서 픽업해준다. 개인 차량은 주차장을 이용할 수 없으니 해당 호텔이나 그 근처에서 숙박하면 더 편리하다. 날짜별로 다르지만 보통 20:40~22:30에 픽업하므로 도착하는 날 밤에 바로 빌리지로 갈 수도 있다. 빌리지 내에는 전문 사진가의 유료 촬영 서비스, 유료 방한복 대여 서비스 등이 있다.

픽업 호텔 Chateau Nova, Explorer Hotel, Nova Inn, Discovery Inn, Quality Inn **사무실 주소** 4709 Franklin Ave, Yellowknife, NT X1A 2P4 **홈페이지** https://auroravillage.com/

Travel tip!

간식을 챙겨 가세요!

오로라 빌리지 내에도 작은 매점과 식당이 있으나 음식이 다양하지는 않다. 그리고 티피 안에는 테이블과 뜨거운 물, 핫초코, 커피, 차 등이 마련되어 있다. 최근에는 한국인 방문자가 많아지면서 한국어 가이드가 있는 한국인 전용 티피도 종종 있다. 국물 당기는 추운 밤에는 역시 컵라면이 그립다. 매점에서 파는 컵라면은 비싼 가격에도 품절되는 경우가 있으니 미리 챙겨 가는 것이 좋다.

캐나다 최고의 여행지
로키

CANADIAN ROCKY MOUNTAIN PARKS

앨버타주

밴프 국립공원
Banff National Park

재스퍼 국립공원
Jasper National Park

레이크 루이즈
Lake Louise

캘거리
Calgary

BC주

요호 국립공원
Yoho National Park

쿠트니 국립공원
Kootenay National Park

롭슨 주립공원
Mt. Robson Provincial Park

오랜 세월 캐나다의 동부와 서부를 가로막고 있던 로키 산맥은 대륙횡단 열차가 깔리면서 사람들에게 알려졌고 세계적인 관광지로 급부상했다. 로키 산맥은 과거 태평양판과 북아메리카판이 부딪히면서 솟구친 대륙으로, 캐나다 로키는 선이 굵고 힘이 넘치는 젊은 로키라고도 불린다. 남성적인 산세 사이 청록의 물빛을 자랑하며 고요히 자리한 호수들과 빼곡한 침엽수림이 병풍처럼 이어지고 도로에 나온 동물들은 문명을 두려워하지 않는다. 로키만이 가지고 있는 최초의 자연이 모험심을 자극하며 여행자들의 발길을 이끌고 있다.

로키 🍁
대표 명소

밴프 곤돌라 P.250
높은 산과 아름다운 호수, 그 안에 포근히 자리한 밴프 타운의 전경을 볼 수 있는 전망 곤돌라다.

미네완카 호수 P.249
영혼의 호수라 불렸을 정도로 신비한 매력을 가진 호수다.

보 밸리 파크웨이 P.253
1번 고속도로가 생기기 전부터 있던 드라이브하기 좋은 낭만적인 도로다.

존스턴 캐니언 P.254
밴프 국립공원의 인기 하이킹 코스가 있는, 자연이 만든 아찔한 협곡이다.

레이크 루이즈 P.260
아름답고 우아하며 세계적으로 명성이 자자한 빙하호로 일년 내내 관광객이 끊이지 않는다.

모레인 호수 P.269
10개의 봉우리가 호수에 비치는 원시의 매력을 가진 호수다.

에메랄드 호수 P.276
이름처럼 에메랄드 물빛을 자랑하는 아름다운 호수로 로지와 어우러져 동화 같은 풍경을 만든다.

아이스필드 파크웨이 P.278
로키의 때묻지 않은 자연이 길을 따라 펼쳐지는 최고의 드라이브 코스로 레이크 루이즈와 재스퍼를 잇는다.

멀린 호수 P.300
사진작가들에게 인기 있는 스피리트 아일랜드가 있는 재스퍼 국립공원 최고의 명소다.

컬럼비아 대빙원 P.284
시간을 짐작하기 힘든 로키의 빙원으로 빙하 투어를 할 수 있는 곳이다.

로키 가는 방법

로키 여행의 중심은 밴프와 재스퍼인데, 모두 국립공원이라 공항이 없고 가장 가까운 공항은 캘거리 국제공항이다. 캘거리에서 밴프까지는 자동차로 1시간 30분(125km), 재스퍼까지는 5시간(412km) 걸린다. 캘거리는 한국에서 직항 노선(웨스트젯 Westjet 항공)이 있으며 보통은 밴쿠버나 미국 시애틀 등을 경유해서 간다. 드문 경우지만 만약 재스퍼만 볼 생각이라면 에드먼턴 국제공항 Edmonton International Airport으로 들어가는 것이 더 가깝다(4시간, 365km).

로키에는 여러 개의 국립공원과 주립공원이 있는데, 크게 보면 밴프 국립공원과 재스퍼 국립공원으로 나눌 수 있다. 공원의 규모는 재스퍼가 더 크지만, 밴프가 접근성이 좋고 볼거리도 많으며 인프라가 발달해 여행의 중심지로 잡기 좋다. 재스퍼 국립공원은 재스퍼 타운 Town of Jasper을 베이스캠프로 삼으면 되고, 밴프 국립공원은 밴프 타운 Town of Banff를 베이스캠프로 하면 편리하다. 밴프 국립공원에는 밴프 타운 외에도 레이크 루이즈 빌리지 Village of Lake Louise와 캔모어 Canmore 마을이 있어 이곳을 베이스캠프로 해도 괜찮다.

로키 여행 정보

날씨

로키의 날씨는 변화무쌍하다. 해발 1,500m가 넘는 고지대가 많기 때문에 평균 기온이 낮은 편이고 일교차가 매우 커서 심할 때는 하루 20~30도까지 날 때가 있다. 따라서 여름에도 밤에는 춥고 봄·가을에는 눈이 내리기도 하니 껴입을 옷이 필요하다. 사계절 각기 다른 모습을 가지고 있는데 하이킹을 하려면 7, 8월이 가장 좋으며 겨울에는 눈이 많아 겨울 스포츠를 즐기기에 좋다.

국립공원 입장료 Park Pass

캐나다 국립공원은 방문하는 날짜만큼 입장료(패스 구입)를 내야 한다. 종류는 데이 패스 Day Passes와 디스커버리 패스 Discovery Passes가 있다. 데이 패스는 머무는 날만큼 요금을 내는데 입장 시간과 관계없이 다음 날 16:00까지 유효하다. 2인 이상 그룹이나 가족이라면 7인(차량 1대)까지 2인 요금이 적용된다. 혼자 일주일 이상 일정이면 디스커버리 패스를 구입하는 것이 낫다. 디스커버리 패스는 구입한 날로부터 1년 동안 캐나다 전국의 80여 개 국립공원과 히스토릭 사이트를 이용할 수 있는 패스다. 패스 구입 후 이를 지참하고 국립공원에 입장하면 되는데 차로 갈 경우 패스나 패스 확인증을 프린트해 대시보드에 올려 놓으면 전용 차선을 이용해 바로 통과할 수 있다. 패스를 미리 구입하지 않았더라도 공원 입구에서 바로 구입도 가능하다. 하지만 성수기에는 줄을 얼마나 서야 할지는 장담할 수 없다. 차량 없이 여행하는 경우도 마찬가지다.

요금 [1일권(Day Passes)] 성인 C$11, 17세 이하 무료, 그룹/가족 C$22(7인까지) [1년권(Discovery Passes)] 성인 C$75.25, 17세 이하 무료, 가족 C$151.25 (주립공원은 무료) **홈페이지** 밴프 관광청 www.banfflakelouise.com, 캐나다 국립공원 https://parks.canada.ca

숙소 예약

국립공원 내부는 숙박시설이 한정되어 있어 성수기에는 숙소를 구하기 어렵다. 따라서 6개월~1년 전부터 예약하는 것이 좋으며 성수기에는 6개월 전이라도 가성비 좋은 곳은 구하기 어렵고 숙박비가 천정부지로 오르기도 한다. 밴프 타운에 숙소를 잡는 것이 가장 편리하지만, 방이 없거나 가격이 너무 비싸다면 주변의 다른 마을에 묵을 수밖에 없다. 가장 가까우면서 편의시설이 잘 되어 있는 마을은 캔모어 Canmore다. 캘거리 공항에서 밴프 국립공원으로 진입할 때 들르게 되는 마을이라 편리하고 특히 저녁에 도착한 경우라면 국립공원 입장료를 하루 절약할 수도 있다. 밴프까지는 차로 20~30분 거리다.

레이크 루이즈에 숙소가 없다면 1시간 서쪽에 자리한 골든 Golden에 묵을 수 있고, 재스퍼에 숙소가 없다면 동쪽(에드먼턴 Edmonton 방향)으로 1시간 거리의 힌턴 Hinton이나 서쪽(밴쿠버 Vancouver 방향)으로 1시간 20분 거리의 베일마운트 Valemount도 고려해볼 만하다. 이러한 마을들은 조금 불편하지만 숙박비가 저렴하다는 장점도 있다.

식사

캠핑을 할 게 아니라면 주로 밴프 타운, 캔모어, 레이크 루이즈, 재스퍼 타운 등에 있는 식당을 이용하면 되는데, 유명 프랜차이즈 레스토랑이나 패스트푸드점도 있다. 또한 대형 슈퍼마켓이 있어 식료품을 쉽게 구할 수 있으며 부엌 딸린 숙소도 많아 취사를 하기도 좋다.

> **Travel tip!**
>
> **로키 여행에 참고할 만한 사이트**
> - 캐나다 국립공원 정보 www.pc.gc.ca
> - 로키 정보 www.banfflakelouise.com
> - 밴프 타운 정보 www.banff.ca

렌터카 이용

로키의 도로들은 대부분 포장이 잘 돼 있지만 악천후에는 항상 안전운전에 신경 써야 한다. 특히 겨울에는 반드시 스노타이어가 장착된 차량을 이용해야 한다. 또한 아이스필드 파크웨이 Icefields Pkwy.와 같은 휴대폰 신호가 미약한 곳이 많으니 구글맵으로 내비게이션을 이용하는 경우 지도를 미리 다운로드받아 두어야 한다. 시내를 벗어나면 주유소가 거의 없으니 항상 출발 전에 주유 상태를 확인하는 것을 잊지 말자.

비상전화 911 또는 403-762-4506

① 보험
폭설로 갇히거나 야생동물을 치거나 차량 고장 등 만약의 사태에 대비해 보험은 잘 들어두는 것이 좋다. 특히 24시간 출동 서비스가 유용할 때가 있다. 단, 통신이 잘 안 되는 지역이 있을 수 있다.

② 교통 법규
국립공원 안이라 주차장이 제한적이고 시내에서는 주차 규정이 까다로운 편이니 안내판을 반드시 확인하고 주차해야 한다. 또한 산길이나 동물이 자주 나오는 도로는 제한 속도가 매우 낮은 경우가 있으니 잘 확인해야 한다. 자칫하면 한국에서 벌금 폭탄을 맞을 수 있다.

실시간 주차 정보 www.pc.gc.ca/banffnow

③ 도로 상황 체크
날씨가 급변하는 로키는 도로가 폐쇄되는 일이 종종 있으므로 홈페이지나 방문자센터 등에서 도로 상황을 미리 확인하고 다니는 것이 좋다.

실시간 도로 상황 [앨버타주] 전화 511 또는 1-855-391-9743 **홈페이지** 511.alberta.ca, **[BC주] 전화** 1-800-550-4997 **홈페이지** www.drivebc.ca **실시간 웹캠 정보** www.banfflakelouise.com/park-webcams

야생동물에 관한 안전수칙

야생동물을 만나면 반드시 안전거리를 유지해야 한다. 코요테, 여우, 늑대는 200m, 곰은 100m, 엘크, 사슴, 무스는 30m 정도 떨어져 있어야 하며, 가끔 공격을 하는 동물도 있으니 관찰은 차 안에서 하는 것이 안전하다. 야생성 상실의 문제로 먹이를 주는 행위는 금지돼 있으니 주의하자.

코요테

여우
엘크

무스

늑대
곰

로키 추천 일정

밴프&재스퍼의 핵심 관광지를 돌아보는 **2박 3일 일정**

밴프&재스퍼를 직접 체험해 보는 **3박 4일 일정**

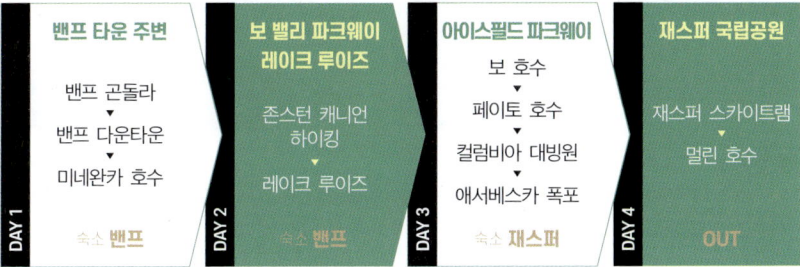

밴프&재스퍼의 구석구석을 돌아보는 **5박 6일 일정**

로키의 자연을 만나는 **최고의 방법**

다양한 방법으로 로키 산맥을 체험할 수 있는데, 여름 산을 즐기기에는 하이킹이 단연 인기이며 캠핑을 하는 사람도 많다. 호수에서는 카누, 카약을 쉽게 즐길 수 있고 그 외에도 승마, 스키, 스케이트, 말썰매 등 다양한 액티비티를 즐길 수 있다.

홈페이지 www.pc.gc.ca

하이킹 Hiking

로키의 아름다운 산을 직접 체험하는 좋은 방법으로 로키의 모든 공원에는 다양한 트레일이 조성돼 있다. 7~9월 중순까지가 본격적인 하이킹 시즌이다. 전문 산악인이 아니더라도 일반인들이 편하게 즐길 수 있는 트레일이 많다.

트레일 정보

먼저 하이킹을 할 만한 트레일 정보를 얻어야 한다. 국립공원 홈페이지나 방문자센터에 가면 트레일 정보가 많고 상담도 해준다. 난이도, 날씨에 따른 폐쇄 여부, 트레일 컨디션 등을 확인해야 하며 그에 맞는 준비를 해야 한다.

홈페이지 https://parks.canada.ca

복장 및 준비물

두꺼운 옷 하나보다 얇은 옷 여러 벌을 껴입는 것이 좋으며 여벌 옷도 챙겨 가자. 물과 간식, 모자, 선글라스를 챙기고, 등산화까지는 아니더라도 편하고 튼튼한 운동화를 신도록 한다. 겨울 산행은 눈이 많고 해가 짧아 매우 신중해야 하며 스틱, 아이젠, 헤드랜턴 등 장비를 철저히 해야 한다.

주의사항

트레일마다 난이도가 다르기 때문에 시간과 체력, 능력에 따라 적당한 코스를 정해야 한다. 날씨가 좋지 않다면 떠나지 말아야 하며, 가는 도중 날씨가 안 좋아질 경우에도 빨리 돌아가는 것이 좋다. 한여름을 제외하곤 언제 눈보라가 칠지 모른다. 야생동물을 만날 수 있으니 여러 명이 같이 다니는 것이 좋으며 안전을 위해 트레일 밖으로 벗어나지 말아야 한다. 안내판을 잘 보고 다니자.

대표 트레일

① **밴프 국립공원** : 존스턴 캐니언 Johnston Canyon, 선샤인 메도스 Sunshine Meadows
② **재스퍼 국립공원** : 이디스 카벨산의 카벨 메도 트레일 Cavell Medow Trail

로키의 속살을 가장 가까이서 느낄 수 있는 캠핑은 로키 여행의 큰 매력 중 하나다. 로키 캠핑장은 대부분 국립공원에서 관리하고 있어 시설이 깨끗한 편이고 시스템이 잘 갖춰져 있다. 또한 캠핑은 성수기 숙박료가 비싼 로키에서 저렴하게 머무를 수 있는 방법이기도 하다.

캠핑 Camping

캠핑장의 종류

텐트 캠핑과 캠핑카 캠핑으로 나뉘며 텐트 캠핑은 자동차 주차가 가능한 곳과 배낭 캠핑으로 나뉜다. 각 캠핑장 앞에 가능한 캠핑 방법을 표시해 두고 있으며 온라인이나 방문자센터에서도 알 수 있으므로 자신이 원하는 캠핑장을 잘 찾는 것이 중요하다. 대부분의 캠핑장은 여름에만 여는데 겨울 캠핑을 위해 일부 여는 곳도 있다.

캠핑장 사용료

로키의 모든 캠핑장은 사용료를 내야 한다. 온라인 예약 시 낼 수 있고 캠핑장에서 셀프 등록을 한 뒤 내기도 한다. 테이블이나 휴지통은 기본으로 갖춰져 있으며 화장실 종류, 세면대, 샤워장, 전기, 불 사용 여부 등 시설에 따라 요금이 다르다. 샤워장은 일년 내내 따뜻한 물이 나오며 곰이 음식을 가져가는 것을 방지하기 위한 음식 보관대도 마련돼 있다.

사용료 1일 C$5~45 **온라인 예약** www.reservation.pc.gc.ca

이용하기

국립공원 홈페이지에서 캠핑장을 예약한 후 캠핑장에 도착하면 각자 자리(사이트)를 등록해야 한다. 캠핑장에 직원이 없는 경우는 셀프 등록 후 사용할 수 있다. 셀프 등록 방법은 캠핑장에 도착해 원하는 사이트를 고른 후 입구에 있는 등록대로 가서 등록 방법에 따라 사용료를 넣고 영수증을 챙겨 사이트에 있는 푯말에 꽂아 놓는 것이다. 준비물을 잘 챙기고 캠핑장 이용 규칙을 준수하면 누구나 로키에서 멋진 캠핑을 할 수 있다.

대표 캠핑장

① **밴프 국립공원** : 터널 마운틴 빌리지 Tunnel Mountain Village 1,2
② **재스퍼 국립공원** : 휘슬러 Whistlers, 와피티 Wapiti

카누잉 Canoeing과 카야킹 Kayaking

호수나 강 위를 떠다니며 다양한 각도에서 로키의 자연을 감상할 수 있는 카누, 카약 타기는 여름에 특히 인기 있는 액티비티다. 로키의 호수 곳곳에서 쉽게 접할 수 있으며 여유롭게 아름다운 경치를 즐길 수 있어 인기다.
카누와 카약의 차이는 크게 노로 구분한다. 외날의 노로 젓는 것이 카누, 양날의 노로 젓는 것이 카약이다. 초보자들은 카누가 좀 더 쉽다.

대여하기
호수 앞에서 카누를 대여해 이용할 수 있다. 호수뿐 아니라 강에서도 탈 수 있는데 호수보다는 물살이 있어 더 힘이 들 수 있다. 작은 배는 1~3명, 큰 배는 6명도 탑승이 가능하며 호수마다 대여료가 다르다. 조금 번거로운 방법이긴 하지만 액티비티 회사에서 운영하는 렌탈숍에서 미리 대여해 가면 더 저렴하게 이용할 수 있다.
호수 앞에서 대여할 때 1대 1시간 레이크 루이즈 C$170~, 모레인 호수 C$160~, 에메랄드 호수 C$100~
렌탈숍 대여 [밴프 카누 클럽 Banff Canoe Club] 요금 1대 1시간 C$65(30분 추가 시 C$30)
홈페이지 www.banffcanoeclub.com

주의사항
특별한 기술이 필요하진 않지만, 안전수칙을 잘 지키는 것이 중요하다. 구명조끼를 반드시 입어야 하며 카누를 타는 동안 적절하게 움직여서 중심을 잃지 않도록 한다.

대표 호수
① **밴프 국립공원** : 레이크 루이즈 Lake Louise, 모레인 호수 Moraine Lake
② **요호 국립공원** : 에메랄드 호수 Emerald lake
③ **재스퍼 국립공원** : 멀린 호수 Maligne Lake

고무보트를 타고 여러 명이 함께 노를 저어 급류를 타는 래프팅은 짜릿함을 즐기는 사람들에게 인기 있는 여름 액티비티다. 주로 키킹 호스 리버 Kicking Horse River, 선왑타 리버 Sunwapta River 같은 거센 물살이 흐르는 강을 찾아간다. 래프팅을 주관하는 사무실에 모여 출발하며, 래프팅 후 함께 돌아오는 형식으로 투어를 진행한다. 경험이 없어도 탑승 전 간단한 교육만 받으면 바로 탈 수 있으며 여러 코스가 있어 내게 맞는 코스를 선택할 수도 있다. 보트마다 전문 가이드가 있으며, 수영복이나 갈아입을 옷 등 개인 물품 외에 별다른 준비는 필요 없고 웨트슈트 wetsuits와 헬멧, 구명조끼 등 기본 장비가 제공된다.

래프팅 Rafting

[밴프] 요금 성인 C$99~135 홈페이지 www.raftbanff.com
[재스퍼] 요금 성인 C$95~135 홈페이지 www.maligneadventures.com/rafting

아름다운 숲길과 호수 주변을 말을 타고 돌아보는 승마는 로키의 낭만적인 액티비티 중 하나다. 특별한 기술이 없어도 고삐 사용법, 가는 법 같은 간단한 교육을 받고 바로 탈 수 있으며 가이드가 동반한다. 1~3시간 정도 탈 수 있으나 처음이라면 체력적으로 1시간 정도가 적당하다. 특별한 준비가 필요하진 않지만 선글라스와 모자, 편한 바지와 신발을 신는 것이 좋다. 코스에 따라 요금이 다르며 겨울에는 운영하지 않는다.

요금 성인 1시간 C$97~99
홈페이지 [밴프] www.horseback.com,
[재스퍼] www.jasperstables.com

승마 Horseback Riding

말이 끄는 썰매를 타고 꽁꽁 언 호수나 눈길을 따라 달리는 겨울 액티비티다. 특별한 준비 없이 이용할 수 있으며 제공되는 담요를 덮고 편안하게 설경을 보기만 하면 되니 남녀노소 누구나 즐길 수 있다. 여러 곳에서 탈 수 있는데 특히 호수의 겨울 풍경을 감상할 수 있는 레이크 루이즈 말썰매가 유명하다.

요금 성인 45~60분 C$52~65 홈페이지 [레이크 루이즈] www.brewsteradventures.com/winter-sleigh-rides [밴프] www.horseback.com

말썰매 Sleigh Rides

밴프 국립공원
BANFF NATIONAL PARK

캐나다 최초의 국립공원으로 캐나다 로키를 대표하는 여행지다. 대륙횡단 철도 공사 당시 노동자 3명이 온천을 발견해 1885년 정부가 일대를 보전지구로 지정하면서 국립공원으로 탄생했다. 공원 내에는 크리스마스 카드 속 그림으로 한 번쯤 만나봤을 법한 그림같은 마을 밴프 Banff가 있으며, 빙하와 빙원이 있는 높은 산과 곳곳에 빙하가 녹아 형성된 아름다운 호수가 어우러져 절경을 이루고 있다. 산과 호수에는 수많은 야생동물과 식물들이 생태계를 이루며 살아가고 있다. 계절별로 발달한 다양한 액티비티를 통해 밴프의 아름다운 자연을 만끽할 수 있다.

> *Travel tip!*
>
> 밴프 국립공원 안에는 작은 마을들이 있는데, 그중 가장 중심이 되는 마을이 밴프 타운 Town of Banff이다. 보통 그냥 '밴프'라고 부르기 때문에 '밴프 국립공원'과 헷갈릴 수 있다.

밴프 타운 주변
대표 명소

1 밴프 애비뉴 P.243
밴프 타운의 중심 거리. 아기자기한 상점과 레스토랑, 카페들이 모여 있어 밴프 여행의 중심이 되는 곳이다.

2 미네완카 호수 P.249
밴프 애비뉴에서 가까운 곳에 위치한 밴프의 대표적인 호수. 아름답다 못해 신비로운 분위기를 선사하는 호수다.

3 밴프 곤돌라 P.250
아름다운 로키의 산을 한눈에 조망할 수 있는 최고의 방법. 곤돌라를 타고 올라가는 중에도 360도로 그림같은 풍경이 펼쳐진다.

밴프 국립공원 가는 방법

보통 캘거리 공항이나 다운타운에서 렌터카나 버스를 이용해서 간다. 자동차 여행을 즐기는 사람은 밴쿠버에서 렌터카로 가기도 하는데, 거리가 상당히 멀고 밴프 국립공원에 도착해서도 계속 운전을 해야 하므로 신중하게 고려해야 한다. 이용하기에는 렌터카가 가장 편리하지만 밴프까지 운행하는 버스도 다양하게 있으므로 대중교통을 이용할 수도 있다.

렌터카

캘거리에서 가는 경우

밴프 국립공원에 가는 가장 일반적인 방법이다. 캘거리 공항에서 약 145km 떨어져 있으며 1번 고속도로를 타고 1시간 40분이면 도착한다. 공항과 다운타운에 다양한 렌터카 회사들이 있다.

밴쿠버에서 가는 경우

밴쿠버에서 800km 정도 떨어져 있으며 산길이 많아 10시간 이상 걸리는 대장정이다. 캠룹스 Kamploops나 킬로나 Kelowna를 경유해 1번 고속도로를 이용하게 된다. 도로는 잘 정비되어 있지만 주유소가 별로 없기 때문에 주유 상태를 늘 확인해야 한다.

버스

여러 회사의 버스가 운행하고 있으며 요금과 노선 등 조건이 다양하니 비교해 선택하도록 한다. 보통 캘거리 공항과 다운타운에서 출발하는데 공항 노선이 없거나 다운타운 노선이 없는 버스도 있다. 보통 캘거리에서 소요 시간은 1시간 45분~2시간이며 노선에 따라 차이가 난다.

온잇 트랜싯 On-It Regional Transit

캘거리 다운타운에서 밴프까지 운행하는 대중교통이다. 중간에 거쳐 가는 곳이 있지만 가장 저렴하다. Roam 1,2,4,6번으로 무료 환승 가능하다.
홈페이지 www.onitregionaltransit.ca **요금** 편도 성인 C$12.50

선독 투어스 Sundog Tours

비성수기인 10월 중순~4월 재스퍼에서 밴프에 갈 수 있는 버스로 하루 1회 운행하며 밴프 호텔에 내려준다.
홈페이지 www.sundogtours.com **소요 시간** 4시간~4시간 15분 **요금** 성인 편도 C$84~

브루스터 익스프레스 Brewster Express

캘거리 공항이나 캘거리 다운타운에서 출발해 밴프의 각 호텔에 내려준다. 왕복 시 할인된다.
홈페이지 www.banffjaspercollection.com/brewster-express **요금** 캘거리 공항 → 밴프 성인 편도 C$89 레이크 루이즈 → 밴프 성인 편도 C$46

밴프 에어포터 Banff Airporter

캘거리 공항에서 밴프 호텔들까지 운행한다.
홈페이지 https://banffairporter.com
요금 편도 성인 C$82.90~

플릭스 버스 Flix Bus

캘거리 다운타운, 공항에서 밴프까지 운행한다.
홈페이지 www.flixbus.ca **요금** 편도 C$19~44

라이더 익스프레스 Rider Express

밴쿠버에서 갈 수 있는 버스다. 렌터카가 없는 경우 대안이 될 수 있다.
홈페이지 www.riderexpress.ca **소요 시간** 13시간 30분
요금 C$161.90

밴프 익스플로러

캘거리 공항과 다운타운에서 밴프까지 갈 수 있다.
홈페이지 https://banffexplorer.com **요금** C$59~

비보그린 Vivo Green

캘거리 공항에서 출발하는 셔틀이다.
홈페이지 https://vivogreentravel.com **요금** C$57~

기차

밴프에는 비아 VIA 레일이 지나가지 않으며 로키 마운티니어 Rocky Mountaineer가 유일하다. 밴쿠버에서 출발해 캠롭스, 레이크 루이즈를 거쳐 밴프까지 가는데 옵션에 따라 일정과 가격이 다양하다. 열차를 타며 관광할 수 있는 투어 열차로 요금이 상당히 비싸다.

지도 P.242-A1 [밴프 기차역] **주소** 327 Railway Ave, Banff, AB T1L 1A9 **홈페이지** www.rockymountaineer.com **요금** [밴쿠버→밴프] 2일 기준 C$2,725~3,894

밴프 국립공원 시내 교통

밴프 국립공원에는 롬 Roam이라는 시내버스가 다닌다. 밴프의 주요 명소는 물론 근교까지 갈 수 있어 편리하며 가격도 저렴하다. 주차난이 심각한 성수기에 차량 렌트의 대안이 될 수 있다. 노선 별로 밴프 일대는 물론 레이크 루이즈, 캔모어까지 갈 수 있으며 프리존도 있으니 잘 활용해 보자. 1시간 내 환승도 가능하다. 티켓은 토큰 트랜싯 Token Transit 앱, 밴프 방문자센터 등에서 구입할 수 있으며 현금도 가능하지만 정확한 금액을 준비해야 한다(자세한 티켓 판매점, 노선도, 시간표는 홈페이지 참조).
홈페이지 www.roamtransit.com **요금** 1회권 C$2, 1일권 C$5, 10장 묶음 C$17.50

Travel tip!

6월 말부터 9월 초에 이르는 성수기에는 수많은 차량들로 국립공원 전체가 복잡해진다. 주차공간이 협소하고 도로가 막히기 때문에 국립공원에서는 이 기간에 대중교통을 권장한다. 밴프에 머물면서 밴프를 중심으로 돌아다닐 계획이라면 렌터카 대신 롬 버스를 이용하는 것도 괜찮다. 밴프 타운 트랜싯 허브를 중심으로 주요 명소로 가는 여러 노선이 있으니 숙소의 위치를 편리하게 잡으면 더 좋다.

밴프 국립공원 추천 일정

DAY 1

1. 밴프 곤돌라 P.250
   — 자동차 10분 또는 버스 + 도보 14분 →
2. 밴프 애비뉴 P.243
   — 자동차 4분 또는 버스 + 도보 17분 →
3. 보 폭포 P.248
   — 자동차 2분 →
4. 페어몬트 밴프 스프링스 P.247
   — 자동차 10분 →
5. 버밀리온 호수 P.246
   — 자동차 20분 →
6. 미네완카 호수 P.249

DAY 2

1. 케이브 앤 베이슨 P.246
   — 자동차 15분 →
2. 보 밸리 파크웨이 P.253
   — 자동차 20분 →
3. 존스턴 캐니언 P.254
   — 하이킹 2~3시간 →

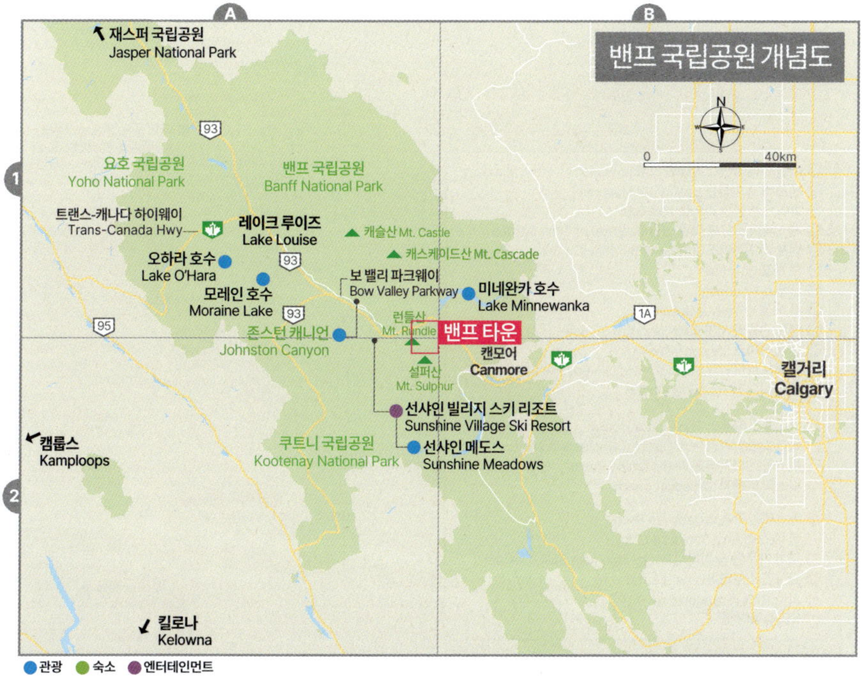

밴프 국립공원 개념도

- 재스퍼 국립공원 Jasper National Park
- 요호 국립공원 Yoho National Park
- 밴프 국립공원 Banff National Park
- 트랜스-캐나다 하이웨이 Trans-Canada Hwy
- 레이크 루이즈 Lake Louise
- 오하라 호수 Lake O'Hara
- 모레인 호수 Moraine Lake
- 캐슬산 Mt. Castle
- 캐스케이드산 Mt. Cascade
- 보 밸리 파크웨이 Bow Valley Parkway
- 존스턴 캐니언 Johnston Canyon
- 런들산 Mt. Rundle
- 밴프 타운
- 설퍼산 Mt. Sulphur
- 선샤인 빌리지 스키 리조트 Sunshine Village Ski Resort
- 선샤인 메도스 Sunshine Meadows
- 쿠트니 국립공원 Kootenay National Park
- 미네완카 호수 Lake Minnewanka
- 캔모어 Canmore
- 캘거리 Calgary
- 캠룹스 Kamploops
- 킬로나 Kelowna

● 관광　● 숙소　● 엔터테인먼트

Attraction 밴프 국립공원의 볼거리

밴프 애비뉴 Banff Avenue

웅장하고 높은 산 사이에 자리한 아기자기한 밴프 타운의 중심 거리로, 방문자센터가 자리한 여행의 출발점이다. 남북으로 자리한 거리 양쪽을 따라 아기자기한 상점이 들어서 있는데 규모가 큰 기념품점도 여러 개 있으며 앨버타주의 명물인 소고기를 맛볼 수 있는 레스토랑, 카페, 쇼핑몰, 호텔, 스포츠용품점 등이 모여 있다. 만년설이 보이는 높은 산이 둘러싸고 있어 마을과 어우러진 모습이 한 폭의 그림을 연상케 할 만큼 아름답다. 여름에는 꽃과 나무들이 화사함을 더하고 겨울이면 흰 눈으로 가득한 동화 속 마을이 된다. 국립공원 여행의 또 다른 재미를 주는 곳이다.

지도 P.242 ▶ 가는 방법 P.239 참조.

Travel tip!

밴프 방문자센터 Banff Visitor Centre

밴프 국립공원 여행에 필요한 정보와 자료를 구할 수 있다. 롬 티켓이나 일부 기념품도 살 수 있으며, 센터 옆으로는 하이킹에 대한 자세한 정보를 주는 창구가 따로 있다.

지도 P.242-B1 ▶ 주소 224 Banff Ave, Banff 홈페이지 https://parks.canada.ca 운영 5월 중순~8월 08:00~20:00 가는 방법 밴프 기차역에서 도보 8분.

캐스케이드 오브 타임 정원
Cascade of Time Garden

밴프 애비뉴에서 약 5km 북쪽에 위치한 높이 2,998m의 캐스케이드산의 절경을 바라볼 수 있는 아름다운 정원이다. 이 정원에서 바라보는 캐스케이드산과 밴프 타운이 어우러진 모습이 아름답기로 유명하여, 이 모습을 카메라에 담기 위해 찾아오는 여행자들이 많다. 여름에는 정원에 형형색색의 꽃들이 만발하며 곳곳에 벤치가 놓여 있어 여행 중 잠시 쉬어가기도 좋다.

정원 안에 자리한 고풍스러운 벽돌 건물은 밴프 연방 정부 사무소다.

지도 P.242-B2 **주소** Cave Ave, Banff, AB T1L 1K2 **홈페이지** http://banffandbeyond.com **운영** 매일 08:00~23:00 **가는 방법** 밴프 기차역에서 도보 15분.

버펄로 네이션스 박물관
Buffalo Nations Luxton Museum

원주민들이 사냥하며 살았던 삶과 동물들에 대해 전시하고 있는 박물관이다. 그들의 생활상을 알 수 있는 의상, 신발, 천막 같은 생활용품과 사냥 도구를 전시하고 있으며 전통, 문화, 예술 관련 전시품도 볼 수 있다. 그들이 사냥하던 야생동물의 박제도 볼 수 있으며 또한 원주민들의 모습을 재현해 놓아 흥미롭다.

지도 P.242-B2 **주소** 1 Birch Ave, Banff, AB T1L 1A8 **홈페이지** www.buffalonationsmuseum.com **운영** 매일 10:00~18:00 **요금** 성인 C$14, 학생(7~17세) C$7 **가는 방법** 밴프 기차역에서 도보 20분.

밴프 파크 박물관 Banff Park Museum

로키 야생동물들을 박제해 전시하고 있는 곳이다. 1903년 지어진 2층 규모의 목조 건물로, 전시된 동물 수가 매우 다양하고 5,000점이 넘는 표본을 소장하고 있다. 작은 곳이지만 좋아하는 사람은 볼거리가 많은 곳이다. 박물관에 들어가자마자 중앙에 전시된 큰 뿔 양과 염소, 사슴, 독수리 박제가 시선을 끌며 그 외에도 회색곰, 엘크 등 로키 지역의 포유류, 수백 종의 조류와 식물 견본 등을 볼 수 있다. 1985년 국립 역사 유적지로 지정됐다.

지도 P.242-B2 ▶ **주소** 91 Banff Ave, Banff, AB T1L 1K2 **홈페이지** www.pc.gc.ca **운영** 5/15~10/15 목~월요일 09:30~17:00, 휴관 화·수 10/16~5/14 **요금** 성인 C$4.50, 17세 이하 무료 **가는 방법** 밴프 기차역에서 도보 13분.

화이트 박물관 Whyte Museum

1900년대 초 밴프에 들어와 평생을 보낸 피터 화이트 Peter Whyte와 캐서린 화이트 Catharine Whyte 부부가 설립한 박물관이다. 미술관과 박물관으로 이루어져 있으며, 미술관에는 화가인 부부가 그린 그림들과 로키를 주제로 한 그림이 전시돼 있다. 박물관에는 원주민 문화와 생활에 관한 유산과 로키의 과거와 현재를 알 수 있는 사진이 전시돼 있다. 박물관 마당에는 원주민 추장의 석상이 있다.

지도 P.242-B2 ▶ **주소** 111 Bear St, Banff, AB T1L 1A3 **홈페이지** www.whyte.org **운영** 매일 10:00~17:00 **요금** 성인 C$15, 17세 이하 무료 **가는 방법** 밴프 기차역에서 도보 10분.

버밀리온 호수 Vermilion Lakes

버밀리온은 주황색이라는 뜻으로 호수 주변에 붉은 흙이 많아 지어진 이름이다. 멀리 보이는 런들산 Mt. Rundle 위의 만년설과 어우러져 더없이 평화롭고 고즈넉하며 해 질 녘에 가면 노을이 비쳐 더 운치가 있다. 1번 고속도로변 남쪽에 위치하는데 밴프 애비뉴에서 가까워 차로 가볍게 드라이브를 다녀오기도 좋다. 호수를 끼고 있는 버밀리온 레이크스 로드 Vermilion Lakes Rd.를 따라가면 드라이브를 하면서 호수의 경치를 감상할 수 있다.

지도 P.242-A1 주소 Trans-Canada Highway, Banff, AB T1L 1K2 홈페이지 https://parks.canada.ca 가는 방법 밴프 기차역에서 자동차로 3분 또는 도보 25분.

케이브 앤 베이슨 Cave and Basin

1883년 철도 건설 노동자들이 발견한 온천으로 밴프 국립공원이 시작된 곳이다. 발견 당시에는 실제로 온천욕을 했으나 지금은 입욕 금지이며 국립 역사 유적지로 관리되고 있다. 유황 냄새가 나는 좁고 어두운 동굴 안쪽으로 조금만 걸어 들어가면 지하에서 쉬지 않고 솟아 나오는 온천수를 볼 수 있다. 특히 이곳에는 유황 온천물에 서식하는 달팽이가 있는 것으로 알려져 있다. 동굴을 나오면 온천을 발견할 당시와 철도 건설, 국립공원으로 지정되기까지의 역사를 알 수 있는 자료와 사진들이 전시돼 있으며 온천욕을 하던 온천장과 산책로가 있는 숲이 있다.

지도 P.255-A2 주소 311 Cave Ave, Banff, AB T0L 0C0 홈페이지 https://parks.canada.ca 운영 5/15~10/15 매일 09:30~17:00, 10/16~5/14 목~월요일 11:00~17:00 요금 성인 C$9 가는 방법 밴프 애비뉴에서 자동차로 6분.

페어몬트 밴프 스프링스 Fairmont Banff Springs

1888년 개장한 호텔로 밴프 국립공원의 역사와 함께 해온 오랜 랜드마크다. 밴프 일대가 국립공원으로 지정되면서 지어졌으며 로키가 관광지로 명성을 날리는 데 큰 역할을 했다. 처음에는 목조 건물로 지어졌는데 화재로 전소되자 지금의 모습으로 재건축됐다. 중후한 외관과 아름다운 내부 인테리어가 오래된 고성을 연상케 한다. 호텔 내부에는 800개가 넘는 객실과 상점, 레스토랑, 골프장, 피트니스 센터 등 다양한 부대시설이 있으며 윌로 스트림 스파 Willow Stream Spa라는 온천장까지 갖추고 있다. 숙박을 하거나 시설을 이용하기에는 부담되는 가격대이지만 밴프에서의 멋진 하룻밤을 위해 과감하게 지갑을 열기도 한다.

지도 P.242-B2 ▶ **주소** 405 Spray Ave, Banff, AB T1L 1J4 **홈페이지** www.fairmont.com **가는 방법** 밴프 애비뉴에서 자동차로 6분 또는 2번 버스 탑승 후 Fairmont Banff Springs 하차.

Travel tip!

밴프 서프라이즈 코너 Banff Surprise Corner

페어몬트 밴프 스프링스를 감상할 수 있는 장소다. 다운타운 남쪽으로 가다 보면 보강을 따라 길이 휘어지는 곳이 있는데 이곳에 강 건너편을 조망할 수 있는 데크가 있다. 데크 위에 올라서면 자연경관과 어우러진 호텔이 한눈에 들어온다.

지도 P.242-B2 ▶ **주소** Buffalo St, Banff, AB T1L 1K2 **가는 방법** 밴프 애비뉴에서 자동차로 3분.

보 폭포 Bow Falls

보강 Bow River의 경사가 바뀌면서 생긴 폭포로 크고 웅장하지는 않지만, 골드러시의 내용을 담은 메릴린 먼로 주연의 영화 〈돌아오지 않는 강〉(1954)의 배경으로 나온 곳이라 예전부터 유명세를 탔다. 폭포가 끝나면 다시 잔잔하게 강물이 흘러간다. 캐스케이드 오브 타임 정원 동쪽으로 보강을 따라 산책로가 잘 닦여 있어 걸어서 다녀올 수도 있고 폭포 근처에 주차장이 있어 자동차로 다녀오기에도 좋다.

지도 P.242-B2 ▶ **주소** Bow River Ave, Banff, AB T0L 0C0 **홈페이지** https://parks.canada.ca **가는 방법** 밴프 애비뉴에서 자동차로 3분 또는 캐스케이드 오브 타임 정원에서 도보 15분.

후두스 Hoodoos

후두스는 오랜 세월 풍화작용을 거쳐 기둥처럼 솟아오른 모양의 돌덩이를 말하는데 시간이 만들어내는 자연의 작품이다. 보통 돌기둥에 머릿돌을 이고 있는 형태인데 밴프의 것은 좀 특이하다. 흰색의 뾰족한 3개의 돌이 모여 있는 모양이 마치 '마녀의 손톱' 같다고 말하기도 한다. 작은 규모지만 후두스 앞에 흐르는 보강과 런들산의 풍경이 아름답다. 보 폭포 서프라이즈 코너에서 마운틴 드라이브 Mountain Dr.를 타고 북동쪽으로 4km 정도 가면 터널 마운틴 캠핑장 입구 근처에 후두스 뷰 포인트가 있다.

지도 P.242-B1 ▶ **주소** Improvement District No. 9, AB T1L 1K2 **홈페이지** https://parks.canada.ca **가는 방법** 밴프 애비뉴에서 자동차로 7분.

미네완카 호수 Lake Minnewanka

동서로 길게 뻗어 있는 밴프의 대표적인 호수로 밴프 애비뉴에서도 멀지 않다. 과거 광산마을이었던 뱅크헤드 Bankhead를 지나 조금만 더 가면 호수에 도착하는데 크고 잔잔한 호수가 산으로 둘러싸인 모습이 한 폭의 그림 같다. 신비로운 느낌마저 주는 호수 주변에는 옛날부터 사람이 살았다고 전해지는데 이 호수를 신성시해 '영혼의 호수'라 칭했으며 바다를 건너온 유럽인들은 '악마의 호수'라고 부르기도 했다. 호수에는 1895년 처음 댐을 건설했으며 지금의 댐은 1941년 지은 것이다. 도로는 호수의 옆 길을 따라 투 잭 호수 Two Jack Lake 쪽으로 이어진다. 투 잭 호수도 놓치기 아까운 아름다운 곳으로 길 옆에 뷰 포인트가 있다.

지도 P.241-B1 **주소** Improvement District No. 9, AB **홈페이지** https://parks.canada.ca **가는 방법** 밴프 애비뉴에서 자동차로 20분.

Travel tip!

미네완카 호수에서 크루즈 타기

호수의 깊숙한 곳까지 가고 싶다면 크루즈를 타면 된다. 호수 입구 선착장에서 탈 수 있으며 크루즈는 크지 않지만 가이드의 설명이 포함돼 있다(영어로 진행). 여름 시즌에만 운항하며 온라인으로 예매하면 약간 할인받을 수 있다.

홈페이지 www.banffjaspercollection.com **운영** [클래식 크루즈] 5월 중순~10월 중순 매일 10:00~17:00 **소요 시간** 1시간 **요금** 성인 C$72~75, 어린이(6~15세) C$46.50~48.75(승선 당일에 가까워질수록 요금이 비싸지니 최소 일주일 전 미리 예매하자)

밴프 어퍼 온천 Banff Upper Hot Springs

케이브 앤 베이슨 Cave and Basin 온천이 발견된 다음 해에 발견돼 로키의 역사와 함께 한 야외 온천장. 밴프 곤돌라 승강장이 있는 설퍼산 Mt. Sulphur에 위치한다. 풀장은 야외에 하나이고 규모는 크지 않지만, 온천장 앞으로 로키의 산과 숲이 펼쳐지는 아름다운 전망을 가지고 있어 많은 사랑을 받고 있다. 온천물은 사계절 비슷한 온도에 유황이 함유돼 있어 관절염이 있는 사람들에게 특히 인기다. 겨울이면 스키를 탄 후 로키의 겨울 산을 보면서 언 몸을 온천물에 담가 피로를 풀기 위해 많이 찾는다. 온천욕을 하기 위해서는 수영복 준비가 필수다.

지도 P.242-B3 **주소** 1 Mountain Ave, Banff, AB T1L 1K2 **홈페이지** https://parks.canada.ca **운영** 매일 10:00~22:00, 시즌별·요일별로 조금씩 바뀌니 홈페이지 참조 **요금** 성인 C$17.50, 3~17세 C$15.25 **가는 방법** 밴프 애비뉴에서 자동차로 6분 또는 버스 1번 탑승 Banff Upper Hot Springs 하차.

밴프 곤돌라 Banff Gondola

아름다운 밴프를 내려다볼 수 있는 최고의 방법이다. 전망대에서 바라보는 경치가 압권인 이곳은 인기가 많아 밴프 관광의 우선순위에 꼽힌다. 설퍼산 Mt. Sulphur 중턱에 승강장이 위치하며 이곳에서 698m를 8분 동안 올라 2,281m 높이의 곤돌라 정상까지 간다. 올라가는 동안에도 밴프의 아름다운 경치를 감상할 수 있으며 정상에서는 밴프 타운과 버밀리온 호수, 미네완카 호수, 런들산까지 360도 조망할 수 있다. 밴프의 절경에 둘러싸인 페어몬트 밴프 스프링스 Fairmont Banff Springs 호텔을 내려다보는 뷰가 일품이다.

지도 P.242-B3 주소 100 Mountain Ave, Banff, AB T1L 1B2 **홈페이지** www.banffjaspercollection.com/attractions/banff-gondola/ **운영** [2025년] 6/21~9/1 매일 08:00~22:00 9/2~10/13 매일 09:00~21:00 10/14~11/9 매일 10:00~21:00 (마지막 라이드는 끝나기 1시간 30분 전) **요금** 성인 C$69~90(날짜에 따라 요금 상이, 48시간 이상 미리 예매 추천) **가는 방법** 밴프 애비뉴에서 자동차로 7분, 롬 버스 1번 탑승 후 Banff Gondola 하차. 밴프 다운타운에서 곤돌라까지 셔틀버스와 롬버스가 무료 운행한다(같은 날 티켓 소지자에 한해).

Travel tip!

복잡한 시간대를 피하자

성수기인 여름철에는 단체 관광객들이 한꺼번에 몰리면서 줄을 1~2시간 서기도 한다. 이를 피하기 위해서는 개장 시간보다 조금 일찍 가거나 아예 늦게 가는 것이 좋다.

밴프 최고의 전망대, **밴프 곤돌라**

❶ 밴프 곤돌라 서밋 Banff Gondola Summit

전망대에 내리면 밴프 타운을 감싸 안은 거대한 산들이 눈길을 사로잡는다. 카페, 레스토랑이 있어 여유 있게 전망을 즐길 수 있으며 기념품점도 있다. 2층에는 밴프 국립공원을 관찰하고 체험하는 전시장이 있고 극장에서 로키에 대한 영상물을 상영한다. 꼭대기 층에는 옥상 전망대가 있는데 해발 3,000m가 넘는 주변의 산봉우리들이 눈앞에 펼쳐진다.

❷ 샌손스 피크 Sanson's Peak

밴프 곤돌라 서밋에서 300m가량 떨어진 곳에 위치한 설퍼산의 봉우리다. 과거 기상 관측을 하던 기상대와 오두막이 있다. 1903년 기상학자 노먼 베튠 샌손 Norman Bethune Sanson이 오두막을 지은 것으로 전해지는데 그는 30년 동안 기상 관측과 연구를 위해 설퍼산을 1,000번 넘게 올랐다고 한다.

❸ 설퍼산 보드워크 Sulphur Mountain Boardwalk

밴프 곤돌라 서밋에서 샌손스 피크까지 목조 데크로 된 산책로가 이어져 있다. 산을 따라 이어지는 산책로를 따라 걸으면 사방으로 펼쳐지는 로키의 절경을 감상할 수 있다. 맑은 공기를 마시며 산책하기 좋지만 한여름이라도 기온이 낮으므로 옷을 챙겨 입고 가는 것이 좋다.

밴프 국립공원 3대 스키장

1988년 캘거리 동계 올림픽 당시 많은 경기가 밴프의 스키장에서 진행됐다. 밴프의 스키장들은 파우더 같은 설질과 긴 겨울 때문에 많은 스키어들의 사랑을 받는 곳이다. 큰 규모를 자랑하는 레이크 루이즈 스키 리조트를 비롯해 선샤인 빌리지, 마운트 노퀴가 밴프의 3대 스키장으로 꼽힌다. 세 스키장은 빅3 BIG 3 시즌권으로 시즌 내내 모두 이용할 수 있다.

레이크 루이즈 스키 리조트 Lake Louise Ski Resort
4개의 봉우리에 슬로프가 무려 140개가 넘는 대형 스키 리조트로 산의 정면에서 내려다보는 경치가 압권이다. 스키를 타면서 레이크 루이즈를 바라보는 특별한 경험을 할 수 있다. 산 정상과 산 뒤의 슬로프들엔 상급자 이상의 코스들이 많다.

지도 P.262 **주소** 1 Whitehorn Rd, Lake Louise, AB T0L 1E0 **홈페이지** www.skilouise.com **가는 방법** 밴프 애비뉴에서 자동차로 40분.

선샤인 빌리지 스키 리조트
Sunshine Village Ski Resort

밴프 타운에서 남서쪽으로 15km 떨어져 있는 선샤인 빌리지에 위치한 스키장이다. 인공 눈을 만들지 않는다는 밴프 선샤인 빌리지 스키 리조트는 부드럽고 드라이하면서도 가벼운 설질을 자랑한다. 이름에서도 알 수 있듯이 햇빛이 많이 드는 스키장으로도 유명하다. 산 위 베이스캠프까지 가려면 주차장에서 곤돌라를 타고 가야 한다. 3개의 봉우리 중 제일 높은 고츠 아이 Goat's Eye에 최상급 코스가 많다.

지도 P.241-A2 **주소** 1 Sunshine access Rd, Banff, AB T1L 1J5 **홈페이지** www.skibanff.com **가는 방법** 밴프 애비뉴에서 자동차로 20분.

마운트 노퀴 스키 리조트
Mt. Norquay Ski Resort

밴프 타운에서 북서쪽으로 5km에 위치한 '노퀴산 Mt. Norquay'의 스키장이다. 규모는 3개 중 제일 작지만 제일 가깝다는 장점이 있다. 또한 야간 스키를 탈 수 있는 곳이기도 하다.

지도 P.242-A1 **주소** Mount Norquay Road, Banff, AB T1L 1B4 **홈페이지** www.banffnorquay.com **가는 방법** 밴프 애비뉴에서 자동차로 12분.

보 밸리 파크웨이 Bow Valley Parkway

1번 고속도로가 개통되기 전 밴프와 레이크 루이즈를 이어주던 구도로다. 로키에서 아름다운 드라이브 코스로 손꼽히는 이곳은 로키의 경치를 제대로 감상할 수 있는 도로로도 유명하다. 가는 길 내내 캐슬산 Mt. Castle 이 병풍처럼 서 있고 보강 Bow River이 흐르며 빼곡한 침엽수림이 가득한 풍경이 이어진다. 사계절 모두 나름의 색으로 변신해 계절마다 다른 모습을 선보인다. 운이 좋으면 야생동물도 볼 수 있다.

이 길을 지나며 들러야 할 곳도 있다. 북쪽으로 약 17km 지점에 밴프에서 유명한 명소인 존스턴 캐니언 Johnston Canyon이 있는데 이곳에서 잠시 차를 세우고 하이킹을 다녀와도 좋다. 다시 차를 타고 계속 올라가면 전망이 좋은 모랜츠 커브 Morant's Curve가 나온다. 기찻길이 지나가는 보강 너머 웅장하게 서 있는 로키의 산들이 그림같이 아름답다.

지도 P.241-A1 **주소** Bow Valley Pkwy, Improvement District No. 9, AB T1L 1K2(1번 고속도로에서 진입 지점) **홈페이지** www.pc.gc.ca **가는 방법** 다운타운에서 1번 고속도로를 타고 자동차로 8분, 보 밸리 파크웨이로 진입.

Travel tip!

운전 시 주의사항

길에 차가 없어도 속도 제한이 있으니 반드시 지키자. 관광객과 야생동물을 보호하기 위한 규정으로 최고 시속 60km를 넘으면 안 되니 표지판의 제한 속도를 잘 확인하며 다녀야 한다. 변화무쌍한 날씨에도 대비해야 한다. 겨울이 아니더라도 눈이 오는 때가 많으므로 도로 상태를 미리 확인한 후 떠나자.

하이킹으로 즐기는 밴프

밴프 국립공원의 산과 호수를 가까이에서 감상하려면 하이킹만큼 좋은 것이 없다. 이곳에 있는 많은 산과 호수에 트레일이 놓여 있지만 그중 많은 사람이 좋아하는 곳은 존스턴 캐니언과 선샤인 메도스로 각각 다른 매력을 가지고 있다. 호텔이 보이는 터널 마운틴 코스는 초보자들도 쉽게 다녀올 수 있다. 이외에도 어렵지 않게 도전할 만한 코스들이 많다.

존스턴 캐니언 Johnston Canyon

침식 작용으로 생긴 깊은 협곡으로 아찔한 협곡 중간에 작은 폭포와 호수가 있다. 밴프에서 가장 유명한 하이킹 코스가 있으며 보 밸리 파크웨이에 입구가 있다. 협곡 주위에 조성된 트레일을 따라가다 보면 세 폭포가 차례로 나온다. 트레일 입구 로지에서 제일 가까운 로어 폭포 Lower Falls까지는 1.2km로 시간이 없는 여행자나 초보자들도 가볍게 다녀올 수 있다. 잉크 포츠 Ink Pots까지 간다면 협곡을 좀 더 깊이 들여다볼 수 있지만 체력이 필요하다. 이곳은 겨울에도 개방한다. 기온이 낮은 편이므로 보온 기능이 있는 옷을 입고 가는 것이 좋다.

지도 P.241-A1 **홈페이지** www.pc.gc.ca **코스** 존스턴 캐니언 로지 → 로어 폭포 → 어퍼 폭포 → 잉크 포츠 **소요 시간(왕복)** 로어 폭포 1시간, 어퍼 폭포 3시간, 잉크 포츠 4시간 **거리(왕복)** 로어 폭포 2.2km, 어퍼 폭포 4.8km, 잉크 포츠 10.8km

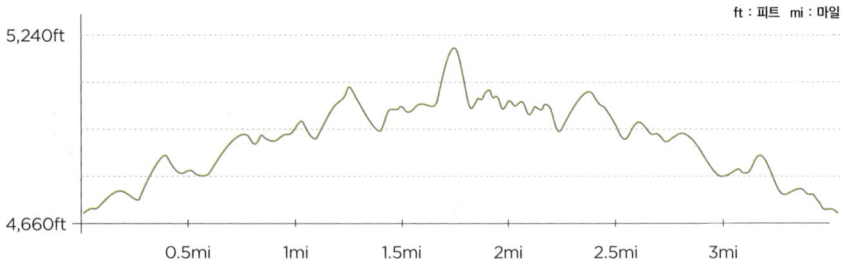

선샤인 메도스 Sunshine Meadows

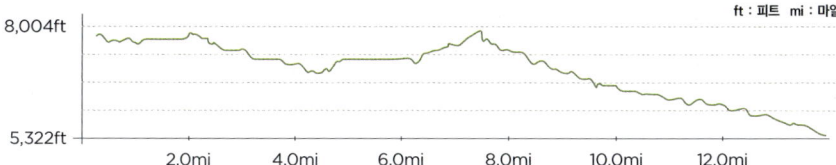

스키장으로 유명한 선샤인 빌리지 Sunshine Village에 있는 고원지대로 해발 2,200m에서 시작한다. 이곳이 여름에 하이킹 코스로 인기 있는 이유는 이 일대가 고원지대에 서식하는 야생화로 뒤덮이고 크고 작은 아름다운 호수가 있기 때문이다. 주차장에서 곤돌라를 타고 스키장 베이스캠프까지 올라가면 트레일이 시작되는데 이곳에서 록 아일 로드 Rock Isle Road를 따라 올라가면 된다. 여름에는 밴프에서 곤돌라 승강장까지 무료 셔틀버스를 운행한다(6월 말~9월 말 시간표는 홈페이지 참조).

지도 P.241-A2 **홈페이지** www.banffsunshinemeadows.com **코스** 선샤인 빌리지 스키장 베이스캠프 → 록 아일 Rock Isle 호수 (→ 그리즐리 Grizzly 호수→ 라릭스 Larix 호수까지 돌 수 있다.) **소요 시간(왕복)** 1시간~1시간 30분 **거리(왕복)** 3.6km (록 아일 호수까지)

터널 마운틴 Tunnel Mountain

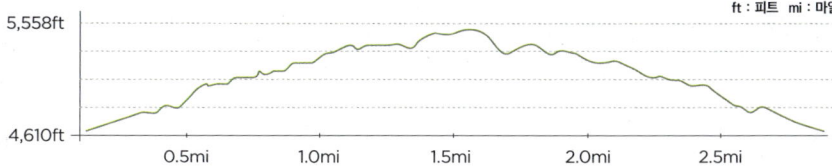

1,690m의 높이에도 불구하고 주위의 산세와 비교하면 동네 앞산처럼 낮은 편에 속하는 터널산은 밴프 타운이 보여 인기가 많다. 정상까지 지그재그로 난 트레일은 험하지 않게 잘 닦여 있는 편이다. 정상에 서면 밴프 타운, 버밀리언 호수가 보이고 그 뒤로 로키의 산들이 병풍처럼 둘러싸고 있다.

지도 P.242-B1 **홈페이지** www.pc.gc.ca **코스** 터널 마운틴 트레일 입구 Tunnel Mountain Trail Head → 정상 **소요 시간(왕복)** 2시간 **거리(왕복)** 4.8km

Restaurant 밴프 타운의 식당

그리즐리 하우스 The Grizzly House

50년 전통을 자랑하는 유명 레스토랑이다. 외관은 벽돌로 되어 있지만 내부로 들어서면 아늑한 오두막집 느낌이 나는 곳으로 버펄로, 토끼, 악어 등 이국적인 다양한 종류의 스테이크와 퐁듀가 주 메뉴다. 송어 등 생선요리도 있기는 하지만 추천 메뉴는 버펄로 스테이크나 퐁듀 종류로 특히 추운 날씨에는 퐁듀가 인기다. 퐁듀 중 가장 기본은 치즈 퐁듀이며 비프, 랍스터, 새우, 조개관자 등 재료에 따라 가격이 올라간다. 저녁에는 매우 붐비니 예약을 하는 것이 좋다.

지도 P.242-B1 주소 207 Banff Ave, Banff, AB **홈페이지** www.banffgrizzlyhouse.com **영업** 일·월·수·목요일 11:30~21:00, 금·토요일 11:30~21:30, 화요일 휴무 **가는 방법** 밴프 기차역에서 도보 9분.

파크 디스틸러리 Park Distillery Restaurant and Bar

분위기 좋은 펍에서 맛있는 음식과 함께 시원한 맥주를 마시고 싶다면 이곳이 단연 인기다. 항상 줄을 서야 할 정도로 붐비는 곳으로 자체 브랜드의 기념품점도 있다. 'Park' 로고가 들어간 티셔츠, 술잔 등을 판매하며 'Glacier to Glass(빙하에서 유리까지)'라는 표어처럼 로키의 빙하에서 흘러내린 깨끗한 물로 직접 만든 진이나 보드카가 선물용으로 인기다. 매일 오후 3시 30분에는 양조장 투어가 진행된다.

지도 P.242-B1 주소 219 Banff Ave, Banff, AB T1L 1A7 **홈페이지** www.parkdistillery.com **영업** 매일 11:00~22:00 **가는 방법** 밴프 기차역에서 도보 8분.

비스타스 다이닝룸 Vistas Dining Room

산으로 둘러싸인 로키의 멋진 풍경을 바라보며 식사를 즐길 수 있는 뷔페 식당이다. 350석 규모의 제법 큰 식당으로 깔끔한 분위기다. 아침, 점심, 저녁 세 차례 운영하며 중간에는 브레이크 타임이 있다. 음식보다는 커다란 유리창의 시원한 전경이 있는 뷰 맛집이다. 옆 건물에는 좀 더 캐주얼한 레스토랑 맥랩 비스트로 Maclab Bistro도 있다. 이곳 또한 아름다운 전망이 자랑인 깔끔한 분위기의 레스토랑 겸 바다. 수프, 샐러드, 버거, 피자, 나초 등 메뉴가 다양하고 바를 겸하고 있어 칵테일과 와인 메뉴도 많다.

지도 P.242-B2 **주소** Sally Borden Building 3F, 107 Tunnel Mountain Dr, Banff, AB T1L 1H5 **홈페이지** www.banffcentre.ca **영업** 아침 07:00~09:30, 점심 11:30~13:30, 저녁 17:30~19:30 **가는 방법** 밴프 기차역에서 자동차로 8분.

락스퍼 라운지 Larkspur Lounge

밴프 곤돌라로 올라가는 길에 자리한 림락 리조트 호텔 The Rimrock Resort Hotel의 라운지 바다. 림락 리조트 호텔 안에는 고급 레스토랑인 에덴 Eden도 있지만 가성비가 뛰어난 이곳 라운지 바가 더 인기다. 호텔 로비로 들어서면 바로 아늑한 분위기의 라운지 바가 등장하는데, 창문 밖으로 멋진 런들산의 풍경이 눈앞에 펼쳐진다. 테라스에도 작은 테이블이 있어 커피나 칵테일을 마시며 즐기기에도 좋다.

지도 P.242-B3 **주소** 300 Mountain Ave, Banff, AB **홈페이지** www.rimrockresort.com **영업** 매일 11:00~24:00 **가는 방법** 밴프 어퍼 온천에서 자동차로 4분, 또는 밴프 기차역에서 자동차로 7분.

 ## 밴프 타운의 쇼핑

캐스케이드 숍스 Cascade Shops

밴프 타운에서 가장 큰 쇼핑센터. 번화가 북쪽 끝에 자리한 이 쇼핑센터는 3층 규모에 통신사, 렌터카 사무실, 서점, 패스트푸드점, 기념품점, 커피숍, 레스토랑, 스포츠용품점 등 다양한 상점들이 입점해 있으며 지하에 푸드코트에는 간단한 패스트푸드점들이 있다.

지도 P.242-B1 **주소** 317 Banff Ave, Banff, AB T1L 1C1 **홈페이지** www.cascadeshops.com **영업** 여름 매일 10:00~21:30 (다른 계절은 약간의 변동이 있으니 홈페이지 참조) **가는 방법** 밴프 기차역에서 도보 8분.

로키 마운틴 숍 컴퍼니 Rocky Mountain Soap Company

밴프 타운 근처의 캔모어라는 마을에서 작은 비누가게로 시작해 현재 캐나다 전역에 지점을 두고 있을 만큼 큰 회사로 성장한 곳이다. 인기의 비결은 성분. 자연주의를 고집하는 주인장 부부가 과일, 채소, 허브 등 100% 천연제품으로만 만들어낸 스킨케어 제품들은 순하면서도 훌륭한 보습력으로 인정받았다. 부담스럽지 않은 은은한 자연의 향과 함께 깔끔한 포장으로 선물용으로도 좋다. 단, 저렴한 편은 아니다.

지도 P.242-B1 **주소** 204 Banff Ave, Banff, AB T1L 1C1 **홈페이지** www.rockymountainsoap.com **영업** 매일 10:00~21:00(성수기 연장 영업) **가는 방법** 밴프 기차역에서 도보 8분.

쿨 애즈 어 무스 Cool As a Moose

밴프 타운에는 수많은 기념품점이 있는데, 그중 귀여운 로고 덕에 인기를 누리고 있는 기념품점이다. 퀘벡이나 휘슬러 등에도 지점이 있지만 무스가 많은 로키에 특히 잘 어울리는 브랜드다. 상점 안에 커다란 무스 인형이 눈길을 끌며, 소소한 기념품과 함께 티셔츠, 모자, 양말, 후드티, 점퍼 등의 의류도 많은데 살짝 빈티지 느낌이 나는 셔츠가 특히 인기다.

지도 P.242-B2 **주소** 115 Banff Ave, Banff, AB T1L 1A7 **홈페이지** www.coolasamoose.ca **영업** 매일 09:00~22:00 **가는 방법** 밴프 기차역에서 도보 11분.

모노즈 스포츠 Monod's Sports Ltd

각종 액티비티와 아웃도어의 천국인 로키에는 다양한 스포츠용품점과 아웃도어용품점이 있지만 그 중에서도 가장 인기 있는 매장이다. 규모도 큰 편이고 등산, 캠핑, 하이킹, 낚시 등에 필요한 다양한 물품들과 의류 등을 판매한다. 여러 브랜드가 함께 모여 있어 비교 구매가 가능하다.

지도 P.242-B2 **주소** 129 Banff Ave, Banff, AB T1L 1A4 **홈페이지** www.monodsports.com **영업** 매일 10:00~20:00 **가는 방법** 밴프 기차역에서 도보 10분.

파타고니아 Patagonia

우리나라에도 입점해 있어 친숙한 미국 아웃도어 브랜드 파타고니아의 밴프 전문점이다. 창업자 스스로가 유명한 등반가로서 친환경을 추구하며 비교적 양심적인 기업으로 인정받는 곳이기도 하다. 캐나다 곳곳에도 매장이 있지만 밴프 지점은 특히 큰 규모를 자랑하는데, 물건의 종류가 다양해 많은 사람들이 찾는다. 위치도 밴프 타운 초입의 밴프 파크 박물관 바로 건너편에 있어 찾기도 쉽다.

지도 P.242-B2 **주소** 94 Banff Ave, Banff, AB T1L 1B3 **홈페이지** https://elementsoutfitters.ca **영업** 매일 10:00~20:00 **가는 방법** 밴프 기차역에서 도보 12분.

IGA 슈퍼마켓 IGA

밴프 타운에서 가장 큰 슈퍼마켓이다. 밴프는 호텔 등의 숙박시설에도 취사시설이 잘 갖춰져 있는 편인데, 간단식을 해먹을 때 장보기 좋은 곳이다. 작은 마을이라는 게 무색할 정도로 규모가 큰 슈퍼마켓이며 각종 식재료나 간편식은 물론, 한국 라면과 컵라면, 소포장된 김치도 있다. 그리고 캐나다 특산품인 메이플 시럽이나 육포, 소소한 기념품도 많이 있어서 지인 선물용으로 쇼핑하기에도 좋다.

지도 P.242-B1 **주소** 318 Marten St, Banff, AB T1L 1B4 **홈페이지** www.west.iga.ca **영업** 매일 07:00~22:00 **가는 방법** 밴프 기차역에서 도보 5분.

레이크 루이즈
LAKE LOUISE

밴프 국립공원 안에 자리한 보석 같은 곳으로 아름다운 호수를 중심으로 주변에 웅장한 호텔과 스키 리조트, 그리고 작은 마을이 있다. 아름다운 호수를 배경으로 일년 내내 하이킹, 카누, 스키 등 다양한 액티비티를 즐길 수 있으며 세계적인 스키 리조트가 있어 겨울에도 많은 사람이 찾는 여행지다. 지역상으로는 밴프 국립공원 안에 포함돼 있지만 레이크 루이즈만 주목적으로 방문하는 사람이 있을 정도로 유명한 여행지이므로 『프렌즈 캐나다』에서는 밴프와 따로 구분해 소개한다.

··· **레이크 루이즈 가는 방법** ···

밴프나 재스퍼에서 갈 수 있으며 보통 밴프에서 많이 간다. 밴프에서 약 60km 떨어져 있어 자동차로 45분이면 간다. 그 외에도 밴프의 대중교통인 롬 Roam 버스, 투어버스, 셔틀버스를 이용해 갈 수 있다.

렌터카

밴프에서 갈 때 북쪽으로 1번 고속도로를 타거나 시간은 더 걸리지만 경치를 감상하기 좋은 보 밸리 파크웨이 Bow Valley Parkway를 따라가는 방법이 있다. 재스퍼에서 갈 경우는 93번 도로를 이용하면 된다.
소요 시간 밴프→레이크 루이즈 45분, 재스퍼→레이크 루이즈 3시간

버스

▶ **롬 Roam**
밴프의 대중교통인 롬 버스는 밴프타운에서 레이크 루이즈까지 운행하는 노선이 있다. Route 8X번을 타면 저렴한 요금에 레이크 루이즈 호수까지 갈 수 있다는 장점이 있다. 가는 길에 레이크 루이즈 다운타운에 내릴 수 있다. 현금 승차 시 거스름돈은 주지 않으므로 정확한 금액을 준비해 타도록 한다.
홈페이지 www.roamtransit.com **운영** 06:00~21:40 **소요 시간** 57분
요금 편도 성인 C$12.50, 1일권 C$25

▶ **선독 투어스 Sundog Tours**
투어 회사인 선독에서 비수기에 한정적으로 운행하는 버스다. 여름에는 다른 버스도 있기 때문에 겨울 시즌에 많이 이용하는 편이다. 재스퍼와 캘거리를 오가며 레이크 루이스, 밴프에 정차한다.
홈페이지 www.sundogtours.com **운영** 10월 중순~4월 말 **요금** 성인 편도 C$80.66~

▶ **브루스터 익스프레스 Brewster Express**
로키의 대표적인 투어 버스다. 대중교통이나 셔틀버스보다는 요금이 비싸지만 호텔 픽업 서비스가 있어 편리하다. 왕복은 할인된다.
홈페이지 www.banffjaspercollection.com/brewster-express **요금** 밴프 → 레이크 루이즈 성인 편도 C$46(겨울 C$41), 캘거리 공항 → 레이크 루이즈 성인 편도 C$132(겨울 C$117), 재스퍼 → 레이크 루이즈 성인 편도 C$119(여름)

··· 레이크 루이즈 시내 교통 ···

다운타운(빌리지)과 레이크 루이즈 스키 리조트, 레이크 루이즈(호수)는 차량으로 이동해야 한다. 이곳을 연결하는 교통으로는 국립공원에서 운영하는 파크 캐나다 셔틀 Parks Canada Shuttles이 있다. 봄·여름 성수기에만 운행하는 셔틀버스로 레이크 루이즈 스키 리조트 파크 앤 라이드(주차장)에서 호수까지 갈 수 있다. 밴프의 대중교통인 롬 버스는 밴프에서 갈 때 다운  타운과 호수에 내려주고 밴프로 돌아갈 때 다운타운과 호수에서 픽업만 해 스키 리조트와 호수를 오갈 수는 없다. 기타 상업용 셔틀이 있으나 비싸다. 모두 여의치 않으면 택시를 이용해야 한다.

[파크 캐나다 셔틀] 운영 5월 중순~10월 초 06:30~18:00(30분 간격) 요금 성인 C$11.50 홈페이지 www.pc.gc.ca/en/pn-np/ab/banff/visit/parkbus/louise
[롬 버스] 요금 성인 C$12.50 (밴프에서 갈 때) 홈페이지 https://parks.canada.ca(Parks Canada shuttles 검색)

Travel tip!

레이크 루이즈 방문자센터 Lake Louise Visitor Centre
레이크 루이즈 여행에 필요한 각종 정보를 얻을 수 있다. 특히 셔틀버스 정보나 트레일 오픈 여부를 알 수 있으니 하이킹 계획이 있다면 들르는 것이 좋다.

지도 P.262 주소 Samson Mall, 201 Village Rd, Lake Louise, AB T0L 1E0 홈페이지 www.banfflakelouise.com 운영 09:00~18:00

Attraction 레이크 루이즈의 볼거리

레이크 루이즈 Lake Louise

빙하가 보이는 조각 같은 빅토리아산 아래 고요히 자리한 에메랄드 물빛의 레이크 루이즈는 세계 10대 절경에 꼽히는 호수다. 호수의 물빛은 물속에 함유된 석회질이 햇빛을 받아 내는 색인데 여름에는 주위의 초록 나무, 알록달록한 꽃들과 어우러져 더 아름답게 보인다. 흰 눈이 내려앉은 겨울의 호수도 아름답다.

호수를 처음 발견한 사람은 톰 윌슨 Tom Wilson이라는 사람이다. 1882년 캐나다 횡단열차 공사 당시 측량 기사였던 그는 이 호수를 처음에 에메랄드 호수라 불렀다. 2년 뒤 루이즈 Louise로 명명되면서 지금까지 불리고 있다. 루이즈는 영국 빅토리아 여왕의 넷째 딸이자 캐나다 총독의 부인이었던 루이즈 캐롤라인 앨버타 Louise Caroline Alberta의 이름에서 따왔다.

지도 P.262 ▶ **주소** 111 Lake Louise Dr, Lake Louise, AB T0L 1E0 **가는 방법** 밴프에서 자동차로 45분 또는 롬 버스로 55분.

Travel Plus

계절별로 레이크 루이즈를 즐길 수 있는 액티비티

여름에는, 카누와 하이킹
잔잔한 호수 위를 카누를 타고 빅토리아산 가까이 가서 빙하를 좀 더 가까이 볼 수 있다. 호수 왼편에 있는 통나무 로지가 카누 대여점이다. 한 호수 옆길이나 안쪽 트레일에서 시작되는 다양한 하이킹 코스가 있다.

겨울에는, 스케이트와 말썰매
겨울에 꽁꽁 얼어버린 호수 위에서는 신나는 말썰매나 스케이트가 제격이다. 멋진 설경을 벗삼아 달려보거나 모처럼 땀을 흘려 보는 것도 재미있다.

더 비하이브 The Beehive

벌집을 닮아 비하이브로 불리는 독특한 모양의 산으로 리틀 비하이브와 빅 비하이브가 있다. 레이크 루이즈 북서쪽에 위치한 이곳은 호수의 다른 풍경을 선사한다. 비하이브에 오르기 위해서는 레이크 루이즈 호수 옆 트레일에서 출발해야 한다. 이 트레일은 호수에서 조금 더 산 안쪽으로 들어간 산길인데, 가다 보면 작은 미러 호수 Mirror Lake가 보이고 트레일을 따라 계속 가면 100년이 넘는 역사를 가진 티 하우스 Lake Agnes Tea House와 아그네스 호수 Lake Agnes가 등장한다. 이곳에서 가까운 리틀 비하이브에 오르거나 아그네스 호수 안쪽으로 돌아 들어가 빅 비하이브의 지그재그로 난 길을 따라 올라가면 레이크 루이즈의 그림같은 전망을 내려다볼 수 있다. 지도 P.262

레이크 루이즈 레이크쇼어 트레일 Lake Louise Lakeshore Trail

레이크 루이즈를 따라 이어지는 호숫가 트레일이다. 호수 뒤를 든든하게 지켜주고 있는 빅토리아산으로 한 걸음 더 다가갈 수 있으며 호수 반대쪽에서 호텔 쪽을 바라보는 것도 아름답다. 트레일은 호텔 앞에서 시작되며 왕복 4km 거리로 평지이기 때문에 힘들지 않게 다녀올 수 있다. 호수의 서쪽 끝까지 가면 플레인 오브 식스 글레이셔스 트레일 Plain of Six Glaciers Trail이라는 또 다른 트레일이 시작되는데, 이는 왕복 10km가 넘는 여정으로 빙하를 가까이에서 볼 수 있는 코스지만 그만큼 오르막길이 있어 힘들다. 지도 P.262

페어몬트 샤토 레이크 루이즈 Fairmont Chateau Lake Louise

호텔을 넘어 레이크 루이즈의 대표 관광명소로 자리 잡은 곳. 레이크 루이즈의 장관을 연출하는 데 늘 배경으로 등장하는 5성급 호텔이다. 1890년 작은 목조 산장에서 출발한 호텔은 화재로 소실되자 1900년 더 큰 규모로 지어졌다. 그 후 몇 번의 보수 공사를 거쳐 지금의 모습으로 남게 됐다. 여름이면 호텔 앞에 형형색색의 꽃들이 만발해 아름다운 자태를 뽐내며 겨울에는 하얀 눈이 쌓여 더욱 운치 있는 풍경이 펼쳐진다.

호수를 조망할 수 있는 객실은 비싸기도 하지만 인기가 많아 성수기에는 예약이 어려울 정도다. 이곳에서의 하룻밤을 계획한다면 1년 전부터 홈페이지를 들여다보는 것이 좋다. 호텔 안은 호텔 투어를 온 사람들로 늘 붐빈다. 고풍스러운 로비, 전망 좋은 라운지, 레스토랑, 카페, 상점 등이 있다. 여러 개의 레스토랑이 호텔 내에 있지만 어느 레스토랑이든 호수가 보이는 자리는 늘 인기가 높다. 좌석은 사전 예약이 가능한 곳도 있고 불가한 곳도 있으니 홈페이지를 참조하자.

지도 P.262 **주소** 111 Lake Louise Dr, Lake Louise, AB T0L 1E0 **홈페이지** www.fairmont.com **가는 방법** 밴프에서 자동차로 45분 또는 롬 버스로 55분.

페어몬트 샤토 레이크 루이즈에서
식사하기

호수 주변에서 하이킹이나 카누 등으로 시간을 보내려면 중간에 식사를 해야 하는데, 레이크 루이즈 시내로 가거나 아니면 페어몬트 샤토 레이크 루이즈 호텔 안에서 해결해야 한다. 호텔 내에는 고급 레스토랑이 대부분이고 간단한 편의점도 있다.

홈페이지 www.fairmont.com/lake-louise

ⓢ 더 가이즈 팬트리 The Guide's Pantry

1층에 자리한 편의점 같은 곳이다. 샌드위치, 샐러드, 케이크, 스낵 등 간단한 음식이나 음료, 커피를 파는 곳이다. 가장 저렴한 곳이라 항상 사람들로 북적인다. 테이블이 없어서 좁은 복도에 걸터 앉거나 바깥의 벤치를 이용해야 하는 불편함이 있다.

영업 24시간

Check Point!

- ☑ 5성급 호텔이라 모든 식당이 비싸다. 저녁에는 코스 요리만 하는 곳도 있으니 미리 메뉴를 확인하자.
- ☑ 그나마 캐주얼한 곳은 루이자 Louiiza와 알파인 소셜 Alpine Social이고, 특히 알파인 소셜은 예약이 필요 없다.
- ☑ 레스토랑의 드레스 코드는 리조트 캐주얼이다. 운동복이나 찢어진 옷차림으로는 입장이 불가하다.
- ☑ 레스토랑이 부담스럽다면 간단한 음식을 파는 편의점 더 가이즈 팬트리 The Guide's Pantry도 있다.

ⓢⓢⓢ 레이크뷰 라운지 Lakeview Lounge

이름 그대로 레이크뷰가 있어서 호텔 내에서도 가장 인기 있는 레스토랑이다. 로비에서 가장 가까운 라운지인데 창문을 통해 레이크 루이즈와 빅토리아 빙하의 멋진 풍경이 잘 보여 인기가 높다. 메뉴도 무난한 편이다. 성수기에는 미리 예약하지 않으면 대기가 길다.

영업 매일 11:00~22:00

오감만족 애프터눈 티

페어몬트 샤토 레이크 루이즈에 있는 다양한 메뉴 중 가장 유명한 것은 애프터눈 티다. 특별히 맛이 있어서라기보다는 레이크 루이즈의 멋진 풍경을 가장 여유 있게 즐길 수 있는 방법이라 인기가 많다. 웅장한 빙하 계곡 아래 그림처럼 고요한 청록빛 호수, 그리고 그 우아한 풍경을 말없이 바라보며 즐기는 향긋한 차와 달콤한 디저트는 그 자체만으로도 힐링이 된다. 애프터눈 티 메뉴에 주로 나오는 3단 트레이에는 기본적인 샌드위치와 스콘 등이 얹어지며, 따로 셀프 디저트 바가 있어 마카롱, 초콜릿무스, 타르트 등 원하는 디저트를 담아 올 수 있다. 30가지가 넘는 티 메뉴를 자랑하지만, 개인의 취향에 따라 커피를 선호한다면 바꿔주기도 한다. 사실 음식에 비해 가격이 비싼 편이지만 한 번쯤 경험해 보는 것도 괜찮다. 애프터눈 티는 시즌에 따라 장소가 바뀌는데 보통 '페어뷰 바 앤 레스토랑 Fairview Bar and Restaruant'이나 '레이크뷰 라운지 Lakeview Lounge'에서 한다.

[페어뷰 레스토랑] 영업 매일 11:30~14:30

레이크 루이즈 사이트시잉 곤돌라
Lake Louise Sightseeing Gondola

아름다운 레이크 루이즈가 시원하게 내려다보이는 전망대까지 올라가는 곤돌라로 레이크 루이즈 스키 리조트에 있다. 겨울철 스키장으로 인기 있는 화이트혼산 Mt. Whitehorn 위 해발 2,088m에 있는 전망대까지 단 14분이면 올라간다. 전망대에서 내려다보면 산에 둘러싸인 레이크 루이즈가 우아하게 그 모습을 드러내는데, 에메랄드 보석 같은 레이크 루이즈와 하얀 빙하가 놓인 빅토리아산, 페어몬트 샤토 레이크 루이즈가 어우러진 경치가 압권이다. 주변을 둘러싼 끝도 없는 침엽수림이 마치 초록색 융단 같이 느껴진다.

날씨가 좋을 때는 오픈형 리프트도 탈 수 있다. 곤돌라 티켓은 온라인으로 예매 시 할인되며 식사가 포함된 라이드 앤 다인 패키지 Ride & Dine Package도 괜찮다.

지도 P.262 ▶ **주소** 1 Whitehorn Rd, Lake Louise, AB T0L 1E0 **홈페이지** www.lakelouisegondola.com **운영** 날짜별로 계속 바뀌는데 보통 09:00 시작해서 겨울에는 16:00, 여름에는 17:50까지 운행한다. 홈페이지 참조. **요금** 여름 18세 이상 C$63(온라인 C$56.70), 13~17세 C$27(온라인 C$24.30) **가는 방법** 레이크 루이즈에서 자동차로 10분 또는 다운타운에서 무료 셔틀 이용.

Travel tip!

텐 픽스 카페테리아
The lodge of ten peaks cafeteria

곤돌라 매표소가 있는 로지 안에 자리한 카페테리아이다. 곤돌라에 식사가 포함된 옵션인 '라이드 앤 다인 패키지 Ride & Dine Package'로 이용하면 좀더 저렴하다.

화이트혼 비스트로 Whitehorn

곤돌라를 타고 올라가면 나오는 전망대 부근에 위치한 레스토랑이다. 멋진 풍경과 함께 탁 트인 테라스에서 식사를 즐길 수 있다.

모레인 호수 Moraine Lake

레이크 루이즈가 잘 관리 받은 호수라면 모레인 호수는 때 묻지 않은 원시의 느낌을 간직하고 있는 호수로 해발 1,887m에 위치한다. 과거 캐나다 지폐에도 등장했을 만큼 아름다움을 자랑한다. 가는 길 내내 해발 3,000m가 넘는 10개의 봉우리 텐 피크스 Ten Peaks가 호수까지 이어지고, 주차장에서 안으로 조금만 들어가면 만년설이 덮인 이 텐 피크스가 호수에 비쳐 장관을 이룬다.

바위나 쓰러진 나무 위에 앉아 호수를 감상만 해도 좋지만, 호수 주변 트레일을 따라 하이킹을 하면 더 좋다. 여름이면 가격은 조금 비싸지만 카누를 타는 등 액티비티를 즐길 수도 있다. 이정표를 따라 언덕으로 올라가면 뷰 포인트가 등장하는데 이곳에서 TV나 잡지에서 한 번쯤 봤을 법한 풍경을 볼 수 있다. 가는 길이 구불구불하고 험한 데다가 연중 오픈 시기가 짧아서 매우 붐비기 때문에 차량 통행이 제한되어 셔틀버스를 이용해야 한다.

지도 P.262 **주소** 622 Moraine Lake Rd, Field, AB **홈페이지** https://parks.canada.ca **운영** 5월 중순~10월 중순 **가는 방법** 레이크 루이즈(호수)에서 버스로 20~30분(아래 팁 참조).

Travel tip!

셔틀버스로 모레인 호수 가는 방법

개인 차량은 갈 수 없으며 레이크 루이즈 스키 리조트와 레이크 루이즈 호수에서 셔틀로 갈 수 있다. 스키 리조트에서 갈 때는 파크 앤 라이드(주차장, 파크 캐나다 셔틀 출발 장소)에서 국립공원에서 운영하는 파크 캐나다 셔틀을 타면 되고 레이크 루이즈 호수에서 갈 때는 파크 캐나다 레이크 커넥터 Parks Canada Lake Connector를 타면 된다. 롬 버스 슈퍼 패스나 파크 캐나다 셔틀 티켓이 있는 사람은 이 커넥터가 무료다. 인기 스폿임에도 오픈 기간이 짧아 항상 붐비는 곳이니 일찍 예약해야 한다. 보통 4월 중순부터 예약이 가능하며 남은 티켓은 출발 2일 전에 다시 판매하는데, 매진되었다면 일반 투어회사를 이용해야 한다.

파크 캐나다 셔틀 Parks Canada shuttles

홈페이지 https://parks.canada.ca/pn-np/ab/banff/visit/parkbus/louise **운행** 5~10월
요금 성인 C$11.50(수수료 포함)

쿠트니 국립공원
KOOTENAY NATIONAL PARK

밴프와 레이크 루이즈 사이 서쪽 산맥 93번 도로를 따라 형성된 국립공원으로 BC주에 속해 있다. 1920년 국립공원으로 지정됐으며 밴프만큼의 명성은 아니지만 아름다운 로키의 일부인 이곳도 곳곳에 보석들을 숨겨놓고 있다. 짧은 일정으로 온 사람들은 보통 밴프에서 재스퍼 방향으로 올라가기 때문에 놓치기 쉽다. 빼어난 자연경관에 비해 여유로운 편이고 현지인에게 더 인기 있다. 라듐 온천을 비롯해 페인트 포츠, 마블 캐니언 등 독특한 볼거리가 가득하다.

••• 쿠트니 국립공원 가는 방법 •••

대중교통이 불편해 자동차를 이용해서 가는 것이 편리하다. 밴프에서 갈 경우는 1번 고속도로를 타고 북쪽으로 가다가 쿠트니 파크웨이라 불리는 93번 도로로 진입하면 쿠트니 국립공원이 시작된다. 밴쿠버에서 갈 경우는 1번 고속도로와 95번 도로를 이용하면 된다.

Kootenay National Park

○ 관광 ○ 엔터테인먼트

Travel tip!

쿠트니 국립공원 방문자센터 Kootenay National Park Visitor Centre

쿠트니 여행에 필요한 정보와 자료를 얻을 수 있으며 각종 예약을 돕는다. 특히 라듐 온천과 가까운 위치이기 때문에 온천에 가기 전 들르면 좋다.

지도 P.271 ▶ **주소** 7556 Main St E, Radium Hot Springs, BC V0A **운영** 5월~10월 중순 09:00~17:00 **홈페이지** https://parks.canada.ca

Attraction 쿠트니 국립공원의 볼거리

대륙 분수령 Continental Divide

특별한 볼거리보다는 의미가 있는 장소라서 지나가는 길에 많이 들르는 곳이다. 분수령이란 물이 서로 다른 방향으로 흘러가는 경계 지점을 말하는데, 바로 이곳을 중심으로 동쪽으로 흘러내려가는 물은 대서양으로, 서쪽으로 가는 물은 태평양으로 흘러간다. 또한 BC주와 앨버타주의 경계이자, 밴프 국립공원과 쿠트니 국립공원을 나누는 경계가 되기도 한다. 주차장을 비롯해 작은 기념비와 분수령 안내판이 있으며 잠시 쉬어가기 좋은 곳이다. 93번 도로로 진입해서 10분 정도 가면 도착한다.

지도 P.271 **주소** Banff-Windemere Hwy, Improvement District No. 9, AB T0L 1E0 **홈페이지** https://parks.canada.ca **가는 방법** 밴프에서 자동차로 30분.

마블 캐니언 Marble Canyon

회색과 흰색이 섞여 마치 대리석처럼 보이는 석회암 바위들 사이로 산에서 흘러나온 파란 빙하수가 세차게 흘러가는 모습을 볼 수 있는 협곡이다. 오랜 시간 빙하수의 침식 작용으로 형성된 이곳은 쿠트니 국립공원의 대표 명소다. 협곡을 따라 산책로가 있으며 길이가 왕복 약 1.6km라 부담스럽지 않게 돌아볼 수 있다. 산책을 하다 보면 산불의 흔적과 이 지역의 생태계를 볼 수 있으며 중간에 협곡을 건널 수 있는 다리들도 있다.

지도 P.271 **주소** Marble Canyon, East Kootenay G, BC V0A 1M0 **홈페이지** https://parks.canada.ca **가는 방법** 대륙 분수령에서 자동차로 7분.

페인트 포츠 Paint Pots

마블 캐니언에서 남쪽으로 2.7km만 가면 붉은색의 흙이 있는 지대가 나온다. 이 지대의 샘물은 철 성분을 많이 함유하고 있어 주변의 흙을 붉게 물들인다. 원주민들은 이 흙으로 그림도 그리고 염색 재료로 사용했으며 신성시하여 몸에 바르기도 했다. 이 염료를 다른 도시에서 사가기도 했다고 한다. 입구에 주차를 하고 쿠트니강 Kootenay River 위에 놓인 다리를 건너 조금만 가면 오커(철 산화물)를 생산하던 폐광과 붉은색 흙이 가득한 습지가 나오는데, 트레일이 조성돼 있어 따라가면 된다. 흙 때문에 신발이 더러워질 수 있으나 천연 염료가 나오는 신기한 땅을 밟아 보는 재미가 있는 곳이다.

지도 P.271 **주소** East Kootenay G, BC **홈페이지** https://parks.canada.ca **가는 방법** 마블 캐니언에서 자동차로 4분(주차장에서 도보 15분).

라듐 온천 Radium Hot Springs

고혈압, 신경통 등 각종 질병에 특효가 있다는 라듐 온천수가 나오는 곳으로 1841년 발견됐다. 물 온도는 온천장이 39도, 수영장은 29도 정도로 유지된다. 밴프에서 인기 있는 밴프 어퍼 온천 Banff Upper Hot Springs보다 규모가 더 큰 데 반해 사람이 적어 훨씬 여유롭게 즐길 수 있다. 다른 온천과 마찬가지로 이곳도 수영복 착용이 필수. 쿠트니를 대표하는 명소이지만 93번 도로의 남쪽 끝에 위치하며 밴프에서 140km나 떨어져 있다. 일부러 찾아가기가 쉽지는 않은 위치지만 시간 여유가 있는 여행자라면 꼭 한 번 가볼 만하다.

지도 P.271 **주소** 5420 BC-93, Radium Hot Springs, BC V0A 1M0 **홈페이지** https://parks.canada.ca **운영** 성수기에는 매일 08:30~22:00, 그 외에는 풀장마다 다르고 시즌별·요일별로 다르니 홈페이지 참조. **요금** 성인 C$17.50, 3~17세 C$15.25 **가는 방법** 밴프에서 자동차로 1시간 40분.

Travel tip!
라듐 온천 이용 팁
- 수영복 & 타월 대여비 각각 C$2.25
- 라커 추가비 C$1.50(기본 입장료에 라커 이용료가 포함돼 있다)
- 가족 입장료(4명까지) C$56.75

요호 국립공원
YOHO NATIONAL PARK

로키의 서쪽 산맥, BC주에 속해 있는 국립공원으로 1901년 정식 국립공원으로 지정됐다. 레이크 루이즈에서 BC주로 이어지는 1번 고속도로를 따라 형성돼 있으며 동서를 가로지르는 철로도 같이 이어진다. 가끔 끝이 안 보이는 화물열차의 느린 행렬을 볼 수 있다. 높은 고개를 넘어가야 하는 이곳은 주위를 둘러만 봐도 험준한 산세가 느껴진다. 아름다운 물빛을 자랑하는 에메랄드 호수와 오하라 호수 같은 명소들이 있다.

··· 요호 국립공원 가는 방법 ···

대중교통이 발달하지 않아 자동차를 이용하는 것이 가장 편리하다. 레이크 루이즈에서 북쪽 방향으로 1번 고속도로에 진입해 BC주의 경계를 넘으면 요호 국립공원이 시작된다.

Travel tip!

요호 국립공원 방문자센터 Yoho National Park Visitor Centre

요호 국립공원 내 1번 고속도로 옆에 위치한다. 여행에 필요한 각종 자료와 정보를 얻을 수 있다.

지도 P.275 ▶ **주소** Trans-Canada Hwy, Columbia-Shuswap A, BC V0A 1G0 **홈페이지** https://parks.canada.ca **운영** 봄·가을 09:00~17:00, 6~9월 성수기 09:00~18:00, 10월 중순~4월 말 폐쇄 **가는 방법** 레이크 루이즈에서 자동차로 22분. 또는 밴프 타운에서 자동차로 1시간.

Attraction 요호 국립공원의 볼거리

키킹 호스 고개 Kicking Horse Pass

앨버타주에서 BC주로 넘어 가는 경계선상에 위치한 고개로 높이가 1,627m에 달한다. 개척 시대 때 탐험가들의 짐을 싣고 고개를 넘던 말들이 높은 경사에 힘들어서 뒷발질치던 모습을 보고 키킹 호스라 이름 지었다고 하며, 1971년 국립 역사 유적지로 지정됐다. 이 고개를 넘으면 본격적으로 요호 국립공원이 시작된다.

지도 P.275 **주소** Improvement District No. 9, AB Trans-Canada Hwy, Field, BC V0A 1G0 **홈페이지** https://parks.canada.ca **가는 방법** 레이크 루이즈에서 자동차로 15분.

에메랄드 호수 Emerald Lake

에메랄드색의 호수가 산과 어우러져 한 폭의 그림을 만드는 요호 국립공원의 대표 명소다. 특히 잔잔한 호수 위에 놓인 나무 다리와 다리 건너에 홀로 자리한 에메랄드 레이크 로지 Emerald Lake Lodge는 호수의 풍경을 더 아름답게 만든다. 호수 주변의 유일한 호텔인 이곳은 인기가 많아 예약하기 힘들다. 로지가 있는 길 양옆으로 2층의 통나무 집이 이어지고 로지 초입에는 카페가 있다. 여름에는 카누를 타는 사람들이 많은데, 에메랄드 호수 위에 떠 있는 빨간색의 카누들이 또 하나의 장관을 연출한다.

지도 P.275 **주소** Emerald Lake Rd, Field, BC V0A 1G0 **홈페이지** https://parks.canada.ca **가는 방법** 레이크 루이즈에서 자동차로 35분.

스파이럴 터널 Spiral Tunnel

캐나다가 대륙횡단열차 공사를 할 당시 기차가 급경사 구간인 키킹 호스 고개를 안전하게 넘어갈 수 있도록 고안된 8자형 철로가 지나가는 터널이다. 공사 당시 지형적인 문제로 철로가 가파르게 되자 사고가 발생하고 오르막을 오르지 못하는 기차의 성능도 문제로 떠올라 산을 돌아 나가는 방식의 새로운 철로를 놓게 된 것이다. 1번 고속도로를 사이에 두고 나선형으로 휘어져 이어지는데, 이 모습은 1번 고속도로에 있는 전망대에서 볼 수 있다. 가끔 100량이 넘는 화물열차가 지나갈 때면 터널 앞뒤로 기차의 모습이 드러난다.

지도 P.275 **주소** BC-1, Field, BC V0A 1G0(전망대) **홈페이지** https://parks.canada.ca **가는 방법** 레이크 루이즈에서 자동차로 20분.

내추럴 브리지 Natural Bridge

이름에서 알 수 있듯이 자연적인 풍화 작용으로 만들어진 다리를 말하는데 키킹 호스 강의 물살이 오랜 세월 바위를 뚫으면서 형성됐다. 건너갈 수 있는 모양이지만 급류가 흐르기 때문에 위험해 출입이 금지돼 있다.

지도 P.275 **주소** Field, BC V0A 1G0 **홈페이지** https://parks.canada.ca **가는 방법** 레이크 루이즈에서 자동차로 30분.

오하라 호수 Lake O'Hara

3,348m의 후버산 Mt. Huber이 보이는 빙하 호수로 원시적 매력을 가진 곳이다. 오하라 호수 외에도 주변에 크고 작은 호수들이 10개 이상 있다. 이곳은 일반인들이 쉽게 접근할 수 있는 곳은 아니다. 자연과 야생동물들의 보호를 위해 일정 기간 동안 제한된 인원(하루 80명)만 다녀갈 수 있도록 하고 있다. 1번 고속도로 근처에 위치한 주차장에서 셔틀버스를 이용해야 한다. 셔틀버스는 온라인에서 추첨 방식으로 예약할 수 있는데 경쟁이 매우 치열하다. 호수 둘레를 도는 트레일은 3km 정도이며 그 외에도 다양한 트레일 코스가 있다.

지도 P.275 **주소** Columbia-Shuswap A, BC V0A 1G0 **홈페이지** https://parks.canada.ca(예약 www.reservation.pc.gc.ca) **운영** 6월 중순~10월 초 **요금** [셔틀버스] 성인 왕복 C$28.64(셔틀+예약 수수료), 예약은 3월 홈페이지에서 추첨(Lake O'Hara Bus Random Draw)을 통해 가능하다. **가는 방법** 레이크 루이즈에서 주차장까지 자동차로 15분.

캐나다에서 가장 아름다운
드라이브 코스
아이스필드 파크웨이
ICEFIELD PARKWAY

레이크 루이즈에서 재스퍼까지 이어지는 93번 도로를 말하며 밴프 국립공원과 재스퍼 국립공원이 걸쳐 있다. 바로 가면 반나절 만에도 도착할 수 있는 거리지만 길 주변에 명소들이 모여 있어 절대 그냥 지나칠 수 없다. 내셔널지오그래픽이 뽑은 '세계 10대 드라이브 코스'에도 선정된 바 있듯이 빙하를 이고 있는 해발 3000m 이상의 산들과 그 앞으로 포근히 자리한 아름다운 호수, 세차게 내려오는 폭포가 기다리고 있다. 무엇보다 아이스필드 파크웨이의 중간 지점에 위치한 컬럼비아 대빙원 Columbia Icefield은 빙하 위에 직접 서 볼 수 있는 대표적인 명소다. 얼음으로 가득한 로키의 또 다른 모습이 길 위에서 펼쳐진다.

아이스필드 파크웨이 가는 방법

렌터카 드라이브
대중교통이 발달하지 않아 차를 가지고 가는 것이 가장 편리하다. 거리는 약 230km이며 중간에 명소에 들르지 않는다면 3시간~3시간 30분이면 갈 수 있다. 그러나 빙하 투어에 참여하거나 몇 군데 명소에 들른다면 시간이 많이 걸리므로 아침 일찍 출발하는 것이 좋다. 자동차가 없는 사람은 투어를 이용해야 한다.

아이스필드 파크웨이 투어 프로그램
아이스필드 파크웨이를 다녀올 수 있는 버스 투어 프로그램이 많다. 가격이 좀 비싸지만 차가 없을 때 아이스필드 파크웨이의 명소들을 돌아볼 수 있는 방법이다. 핵심 관광지인 컬럼비아 대빙원을 포함해 폭포, 호수 등을 방문하는 프로그램이다. 온라인으로 미리 예약하거나 방문자센터에 가서 투어 안내를 받을 수 있다.
홈페이지 www.banffjaspercollection.com

❶ **아이스필드 파크웨이 디스커버리** Icefield Parkway Discovery
밴프 ▶ 레이크 루이즈 ▶ 보 호수 ▶ 빙하 투어, 컬럼비아 아이스필드 스카이워크 ▶ 애서배스카 폭포 ▶ 재스퍼
운영 4월 중순~10월 중순 **소요 시간** 9시간 **요금** 성인 C$360(출발지에 따라 요금 달라짐, 빙하 투어, 컬럼비아 아이스필드 스카이워크 입장료 포함, 점심 제공)

❷ **컬럼비아 아이스필드 디스커버리** Columbia Icefield Discovery
밴프 ▶ 레이크 루이즈 ▶ 보 호수 ▶ 빙하 투어, 컬럼비아 아이스필드 스카이워크 → 밴프
운영 4월 중순~10월 중순 **소요 시간** 10시간 30분 **요금** C$360(빙하 투어, 컬럼비아 아이스필드 스카이워크 입장료 포함, 점심 제공)

Icefield Parkway

아이스필드 파크웨이의 **주요 관광 포인트**

크로풋 빙하 Crowfoot Glacier

산 위에서 흘러내린 빙하의 모양이 까마귀 발처럼 세 갈래로 갈라져 있어 붙여진 이름이다. 아이스필드 파크웨이에 들어서면 도로 양쪽에 침엽수가 가지런히 있는 도로를 달리게 되는데 이때 왼쪽에 계속 보이는 봉우리가 와푸틱 피크 Waputik Peak다. 크로풋 빙하는 이곳에 있는 와푸틱 빙원 Waputik Icefield 끝에 위치한다. 그러나 아쉽게도 하나가 잘려나가 현재는 두 개만 남아 있다.

지도 P.281-C **주소** Improvement District No. 9, AB **가는 방법** 레이크 루이즈에서 자동차로 30분.

보 호수 Bow Lake

크로풋 빙하가 녹은 물이 흘러 들어가는 호수다. 수목 한계선이 훤히 보이는 거대한 산이 호수 뒤로 펼쳐지고 이 모습이 아름다운 에메랄드 빛 호수에 비친다. 호수 뒤로 특별한 이야기를 담고 있는 빨간 지붕의 심슨 눔티자 로지 Simpson's Num-Ti-Jah Lodge가 자리한다. 겨울에 눈이 쌓이면 또 다른 분위기의 산장이 된다. 로지 앞에는 간단히 피크닉을 할 수 있는 벤치가 있고 호수를 좀 더 가까이에서 감상할 수 있는 조망 데크가 있다. 경치를 감상하며 쉬어가기 좋은 곳이다.

지도 P.281-C **주소** Improvement District No. 9, AB **가는 방법** 크로풋 빙하에서 자동차로 3분.

Travel Plus

더 로지 The Lodge at Bow Lake

가이드로 맹활약을 했던 지미 심슨 Jimmy Simpson(1877~1972)이 1923년에 지은 로지다. 눔티자는 원주민 말로 '소나무 담비'라는 뜻이다. 로키의 전설로 통하는 그는 이곳에 평생 살면서 탐험, 사냥, 교역 등을 했는데 원주민들도 그의 빠른 스피드에 놀라움을 금치 못했다고 한다. 로지 안에는 그의 살아온 이야기를 알 수 있는 작은 박물관이 있으며 산장 느낌의 카페와 레스토랑, 기념품점이 있다. 현재 로지는 숙소로 운영되고 있다.

지도 P.281-C **주소** Icefields Pkwy, Lake Louise, AB **홈페이지** lodgeatbowlake.com **운영** 6~10월 중순 매일, 1월 말~4월 초 목~월요일

보 고개 Bow Pass

보 호수를 나와 북쪽 오르막으로 4km 가면 고개 정상에 도달한다. 아이스필드 파크웨이에서 가장 높은 고개답게 높이가 해발 2,060m로 웬만한 산의 정상 수준에 가깝다. 고지대에서 자라는 고산식물지대와 빙하가 있는 산이 길 옆으로 이어진다. 고개 정상에 이르면 페이토 호수 전망대로 이어지는 길이 있다. 기온이 낮아 갑자기 눈이 오는 때도 많으니 참고하자.

지도 P.281-C **주소** Hwy 93 North, Improvement District No. 9, AB T0L 1E0 **가는 방법** 보 호수에서 자동차로 5분.

페이토 호수 Peyto Lake

물감을 풀어 놓은 듯한 신비로운 청록색 물빛의 호수. 비현실적인 느낌을 자아내는 색깔의 호수라 칭해지는 곳이다. 계절마다 색깔이 조금씩 다르며, 호수의 모양도 오리발처럼 생겨 독특하다. 호수의 이름은 이 지역의 가이드였던 빌 페이토 Bill Peyto의 이름에서 따왔다. 이정표를 따라 진입해 500m 정도 가면 주차장이 있고 주차장에서부터 시작되는 트레일을 따라 걸어가면 호수를 내려다볼 수 있는 전망대에 이른다. 오솔길 같은 트레일을 따라 나무와 꽃이 즐비하여 산책하기에도 좋다. 트레일 끝에 있는 전망대에 서면 호수가 한눈에 들어온다.

지도 P.281-C **주소** AB-93, Improvement District No. 9, AB T0L 1E0 **가는 방법** 보 고개에서 도보 15분.

Travel Plus

크로싱 Crossing

아이스필드 파크웨이는 거의 외길로 달리게 돼 있지만 보 고개에서 35km 떨어진 지점에서 데이비드 톰슨 하이웨이 David Thompson Highway라는 길이 하나 갈라져 나간다. 이 도로는 과거 모피 교역을 하던 중요한 길로 로키의 동쪽 도시들과 연결된다. 이 길과 만나는 지점이 바로 '크로싱'이다. 주유소, 모텔, 레스토랑 등이 있는 휴게소가 있는데 가격이 싸진 않지만 운전 중 쉬어 가기 좋다.

지도 P.281-B **주소** Highway 93 and, AB-11, Improvement District No. 9, AB T0L 1E0 **가는 방법** 보 고개에서 자동차로 30분.

컬럼비아 대빙원 Columbia Icefield

아이스필드 파크웨이의 하이라이트로, 재스퍼 국립공원에 속해 있다. 알래스카 다음으로 큰 빙원이며 면적은 215㎢, 두께는 100~365m에 달한다. 빙원이란 몇만 년 전부터 내린 눈이 녹지 않고 쌓이고 쌓여 형성된 거대한 얼음 덩어리를 말하며, 이 빙원의 끝부분이 흘러나온 것들을 빙하라 한다. 컬럼비아 대빙원은 6개의 빙하로 이루어져 있다. 스터트필드 Stutfield, 캐슬가드 Castleguard, 돔 Dome, 컬럼비아 Columbia, 서스캐처원 Saskatchewan, 애서배스카 Athabasca다. 컬럼비아 대빙원은 물줄기가 갈라지는 대륙 분기점이기도 하다. 이곳에서 흘러내린 물이 대서양과 태평양, 북극으로 갈라진다.

컬럼비아 대빙원을 처음 발견한 사람은 노먼 컬리 J. Norman Collie와 허먼 울리 Hermann Woolley다. 1898년 애서배스카산 등정 성공 후 빙원을 널리 알렸고 이후 프레드 브루스터 Fred Brewster가 상업적으로 개발하면서 많은 관광객이 이곳을 다녀갔다. 처음 발견 당시 빙하는 지금의 컬럼비아 아이스필드 디스커버리 센터 자리까지 내려와 있었다고 한다. 하지만 지구 온난화의 영향으로 빙하 끝이 많이 녹아 지금의 위치까지 뒤로 많이 물러나 있는 상태다. 현재도 매년 조금씩 줄어들고 있으며 과학자들은 미래에 빙하가 아예 사라질지 모른다고 말한다.

지도 P.281-B **주소** Highway 93, Icefields Pkwy, Improvement District No. 12, AB T1L 1J3 **가는 방법** 레이크 루이즈에서 자동차로 1시간 50분.

Travel Plus

컬럼비아 아이스필드 디스커버리 센터
Columbia Icefield Discovery Centre

컬럼비아 대빙원의 정보를 얻을 수 있는 곳으로, 빙하 투어를 예약하고 출발하는 베이스캠프다. 방문자센터 및 1층에는 매표소와 투어를 위한 버스 승강장이 있고 2층에는 간단한 식사를 할 수 있는 카페와 뷔페식 레스토랑이 있다. 건물 밖에는 주차장과 호텔이 있으며 센터 정문에서 맞은편으로 거대한 컬럼비아 대빙원의 일부가 보인다.

지도 P.281-B **주소** AB-93, Jasper, AB T0E 1E0 **홈페이지** https://parks.canada.ca **운영** [방문자센터] 5월 중순~9월 말에만 오픈 10:30~17:00 **가는 방법** 선왑타 고개에서 자동차로 15분.

빙하 탐험을 떠나자!
컬럼비아 대빙원 투어
Columbia Icefield Adventure

컬럼비아 대빙원을 직접 가거나 전망할 수 있는 투어 2가지가 있다. 직접 빙하 위에 가 보는 설상차 투어와 대빙원의 주변을 높은 곳에서 전망하는 컬럼비아 아이스필드 스카이워크인데 모두 퍼슈트 PURSUIT(구 브루스터 Brewster)에서 운영한다. 2가지의 투어가 조금 부담스럽다면 컬럼비아 아이스필드 스카이워크만 다녀올 수도 있다. 2가지 투어 모두 브루스터 버스로 이동하는데 운전사들이 가이드도 겸하며 재미있는 설명을 곁들여 준다.

설상차 빙하 투어 Columbia Icefield Adventure (Icefield explore tour+ Skywalk)

대빙원의 6개 빙하 중 총 길이 6km, 폭 1km에 달하는 '애서배스카 빙하'에 어른 키만 한 바퀴가 달린 설상차 Ice Explorer를 타고 가는 투어다. 개인적으로 빙하 근처까지 갈 수는 있지만 직접 빙하를 밟아 보려면 설상차를 타야 한다. 거대한 빙하 위에 발을 딛고 걸어 보는 흔치 않은 경험을 할 수 있다.

설상차를 타기 위해서는 디스커버리 센터에서 브루스터 버스를 타고 설상차 터미널이 있는 곳까지 가야 한다. 버스 이동 시간은 약 8분. 가이드의 설명을 들으며 약 1.5km 정도 빙하 안으로 들어간 뒤 빙하 위에 내린다. 그때부터 자유롭게 빙하 위를 걸어보거나 만져볼 수 있다. 머무는 시간은 약 20분이다. 이때 안전선은 절대 넘어가지 말자. 그리고 편한 신발과 두툼한 옷, 햇빛이 강한 날에는 반사광이 심하니 선글라스를 준비하자.

홈페이지 www.banffjaspercollection.com **운영** 5월 초~10월 중순에만 운행. 시기별로 10:00~11:00 시작, 16:00~17:00 마감 **투어 소요 시간** 약 2시간 30분~3시간 (설상차+스카이워크) **요금** 성인 C$126~141(설상차+스카이워크, 조기 예약 시 할인됨)

Travel Plus

설상차 Ice Explorer
한 대에 6억 원을 호가하는 설상차는 초대형 저압 타이어를 이용해 빙하 위에 올라간다. 관광객들이 타이어를 보고 빙하보다 더 신기해한다는 우스갯소리가 있을 정도로 크다. 탑승 승객 수는 56명이며 여러 번의 진화를 거쳐 지금의 모습으로 만들어졌다. 누구나 미끄러지지 않을까 걱정하지만, 설상차 바퀴는 빙하 위를 올라갈 때도 미끄러지지 않도록 특수 제작된 것이며 빙하 안으로 들어가는 내내 굉장히 천천히 간다. 디스커버리 센터 앞에 초창기 모델이 놓여 있다.

컬럼비아 아이스필드 스카이워크 Columbia Icefield Skywalk

선왑타 계곡 280m 상공에 매달려 있는 유리 전망대로 절벽 앞에 반원형 모양으로 유리 다리가 튀어나와 있다. 최대 600명까지 올라갈 수 있으며 유리 바닥 밑은 아찔한 낭떠러지다. 고소공포증이 있는 사람은 눈을 질끈 감게 만들지만 눈앞에 펼쳐지는 장관을 보고 있노라면 두려움도 싹 잊게 된다. 오랜 침식작용으로 만들어진 선왑타의 깊은 계곡과 폭포, 멀리 컬럼비아 대빙원의 빙하까지 조망할 수 있다.

스카이워크에 가려면 디스커버리 센터 1층 스카이워크 투어 입구로 들어가서 운전사 겸 가이드가 인솔하는 투어버스를 타야 한다. 약 6km 이동 후 스카이워크 입구에 내리면 오디오 가이드 기계를 받아 들고 길을 따라 들어가면 된다(한국어 서비스 있음). 스카이워크까지 가는 길 중간중간에는 선왑타 계곡의 생태계와 동식물, 스카이워크를 짓게 된 배경과 건설 방식에 대한 자료와 사진을 전시하고 있다. 관람을 마치고 다시 입구로 나오면 디스커버리 센터로 돌아가는 버스를 탈 수 있다.

홈페이지 www.banffjaspercollection.com **운영** 5월 초~10월 중순에만 운행. 시기별로 10:00~11:00 시작, 17:00~18:00 마감 **요금** C$45~48(스카이워크)

Travel tip!
투어버스로만 갈 수 있는 컬럼비아 아이스필드 스카이워크

도로 옆에 있지만 이곳은 렌터카로 가기 힘들다. 관광지로 개발된 곳이기 때문에 개인적으로 주차할 수 있는 공간이 없고 입구에서 티켓을 검사한다. 디스커버리 센터에서 투어버스를 타고만 갈 수 있다.

선왑타 고개 Sunwapta Pass

해발 2,035m 아이스필드 파크웨이에서 두 번째로 높은 고개다. 크로싱에서 30km 가면 왼쪽에 애서배스카산 Mt. Athabasca, 오른쪽으로는 서러스산 Mt. Cirrus 사이로 난 구불구불한 산길이 나온다. 산길을 오르면 선 왑타 고개를 넘어가게 된다. 가다가 긴 U자 모양으로 꺾인 독특한 길을 지나가게 되는데 산 위에서 내려다보면 그 모양을 확실히 볼 수 있다. 정상에서 13km 더 가면 컬럼비아 대빙원 Columbia Icefield이 나오며 재스퍼 국립공원이 시작된다.

▶ 지도 P.281-B ▶ **주소** Improvement District No. 9, AB T0L 1E0 **가는 방법** 크로싱에서 자동차로 30분.

선왑타 폭포 Sunwapta Falls

컬럼비아 대빙원에서 녹아 흘러나온 빙하수가 이룬 두 개의 물줄기가 하나로 합쳐지면서 폭포가 됐다. 갑자기 많은 물이 모여 들어 물살도 매우 세다. 폭포 자체는 크지 않지만, 소리는 큰 폭포처럼 웅장하다. 주차장에서 조금만 들어가면 금방 보이기 때문에 접근이 쉽다. 폭포가 있는 쪽으로 좀 더 가까이 가면 실감나게 폭포를 볼 수 있는 뷰 포인트에서 두 개의 물줄기가 만나는 모습을 볼 수 있다.

▶ 지도 P.281-A ▶ **주소** Improvement District No. 12, AB T0E 1E0 **가는 방법** 컬럼비아 대빙원에서 자동차로 45분.

애서배스카 폭포 Athabasca Falls

선왑타 폭포에서 계속 이어지는 애서배스카강이 많은 물을 데리고 흘러오다 절벽을 만나면서 폭포를 이룬 곳이다. 폭포 상류의 강은 잔잔하기 그지없어 보이는데 갑자기 절벽 아래로 떨어지면서 사납게 몸부림친다. 수천 년 동안의 침식 작용으로 폭포는 더 깊어졌고 물살은 더 세졌다. 주변의 바위는 이끼가 많아 매우 미끄럽다. 실제로 폭포에 가까이 다가가다 사고가 난 사람도 있었다고 하니 주의하자.

▶ 지도 P.281-A ▶ **주소** Improvement District No. 12, AB T0E 1E0 **가는 방법** 선왑타 폭포에서 자동차로 20분.

재스퍼 국립공원
JASPER NATIONAL PARK

로키의 국립공원 중 가장 넓은 면적을 자랑한다. 아기자기한 재스퍼 타운은 재스퍼 국립공원의 출발점이자 베이스캠프이며 이곳에서 조금만 나가면 고요하고 넓은 호수, 빙하가 있는 높은 산, 자연이 만든 협곡과 폭포를 감상할 수 있다. 초창기 탐험가들이 닦아 놓은 트레일을 따라 하이킹과 드라이브를 즐길 수 있고 밤에는 쏟아지는 별들을 보며 낭만을 즐길 수 있다. 재스퍼 일대가 파노라마처럼 펼쳐지는 휘슬러스 피크 Whistlers Peak와 스피리트 아일랜드 Spirit Island가 있는 멀린 호수 Maligne Lake는 대표적인 명소다. 카누, 승마, 낚시, 스키 등 사계절 즐길 수 있는 다양한 액티비티가 발달해 있다.

Travel tip!
재스퍼 국립공원 안에 자리한 중심 마을이 재스퍼 타운 Town of Jasper인데, 보통 '재스퍼'라고 부르기 때문에 '재스퍼 국립공원'과 헷갈릴 수 있다.

재스퍼 국립공원 🍁
대표 명소

1 멀린 캐니언 P.299
재스퍼 국립공원에 자리한 유명한 협곡으로 거센 물살과 독특한 지형으로 인기 있는 트레일 코스다.

2 재스퍼 스카이트램 P.296
재스퍼의 전경을 한눈에 바라볼 수 있는 트램. 날씨가 좋으면 로키에서 가장 높은 롭슨산도 보인다.

3 멀린 호수 P.300
로키에서 가장 넓은 규모를 자랑하는 호수. 호수의 명소인 스피리트 아일랜드까지 다녀오는 크루즈 투어가 유명하다.

재스퍼 국립공원 가는 방법

렌터카를 이용해 많이 가며 가장 편한 방법이다. 밴쿠버에서 렌터카를 가지고 가기도 하지만 주로 밴프에서 간다. 기차나 버스를 이용해 갈 수도 있는데, 대륙횡단 기차인 비아 VIA 레일이 재스퍼로 들어가며 밴프에서 버스를 이용할 수도 있다.

렌터카

밴쿠버에서 835km, 밴프에서 290km, 레이크 루이즈에서 230km 떨어져 있다. 밴프에서 1번 고속도로와 93번 아이스필드 파크웨이를 통해 4시간이면 갈 수 있다. 국립공원 안으로 들어오면 물가가 비싸지기 때문에 밴프보다는 캘거리에서 렌트하는 것이 경제적이다.

버스

여행사에서 운영하는 버스를 타고 재스퍼까지 갈 수 있다. 겨울에는 선독 투어스 Sundog Tours가, 여름에는 브루스터 익스프레스 Brewster Express가 1일 1회 재스퍼로 향한다. 예약을 하면 재스퍼 기차역과 호텔 앞에 정차해 준다. 픽업이나 내리는 장소에 따라 요금이 약간씩 차이가 난다.

홈페이지 선독 투어스 www.sundogtours.com, 브루스터 익스프레스 www.banffjaspercollection.com **요금** 레이크 루이즈 → 재스퍼 C$80.66, 밴프 → 재스퍼 C$91.56, 캘거리 공항 → 재스퍼 C$184.21

기차

밴쿠버에서 비아 VIA 레일을 타면 재스퍼 타운에 있는 기차역에 내린다. 밴쿠버에서 토론토까지 연결되는 캐나디안 라인 Canadian Line의 일부 구간인데 옵션에 따라 가격이 매우 비싸지기도 한다.

[재스퍼 기차역] **주소** 607 Connaught Dr, Jasper, AB T0E 1E0 **홈페이지** www.viarail.com **소요 시간** 19시간~, **요금** 성인 날짜별 C$170~484

재스퍼 국립공원 시내 교통

재스퍼 타운은 작기 때문에 별다른 대중교통이 없다. 타운 내에서는 충분히 걸어 다닐 수 있지만 국립공원 명소를 찾아가려면 차를 타야 하는데 기차역 렌터카 사무실에서 차를 빌리거나 또는 택시를 이용할 수 있다.

> **Travel tip!**
>
> **재스퍼 방문자센터** Jasper Park Information Center
> 돌로 된 벽과 이를 이어주는 나무 기둥이 독특한 이 건물은 1913년 건축됐으며 기차역 건너편 재스퍼 타운의 메인 도로인 코너트 드라이브 Connaught Dr에 위치한해 찾아가기 좋다. 날씨와 하이킹, 각종 투어 등 재스퍼 여행에 필요한 모든 정보를 얻을 수 있다.
>
> **지도** P.293-하단 **주소** 500 Connaught Dr, Jasper, AB T0E 1E0 **홈페이지** www.jasper.travel **운영** 매일 09:00~17:00

재스퍼 국립공원 추천 일정

DAY 1

① 재스퍼 스카이트램 P.296
— 스카이트램 승강장에서 자동차 12분 —
② 재스퍼 타운
— 자동차 15분 —
③ 멀린 캐니언 P.299
— 자동차 20분 —
④ 메디신 호수 P.299
— 자동차 40분 —
⑤ 멀린 호수 P.300

스카이트램

멀린 호수

패트리샤 호수

스피리트 아일랜드

DAY 2

① 패트리샤 호수 P.295
— 자동차 5분 —
② 피라미드 호수 P.295
— 자동차 18분 —
③ 페어몬트 재스퍼 파크 로지 P.297
— 자동차 50분 —
④ 이디스 카벨산(하이킹) P.298

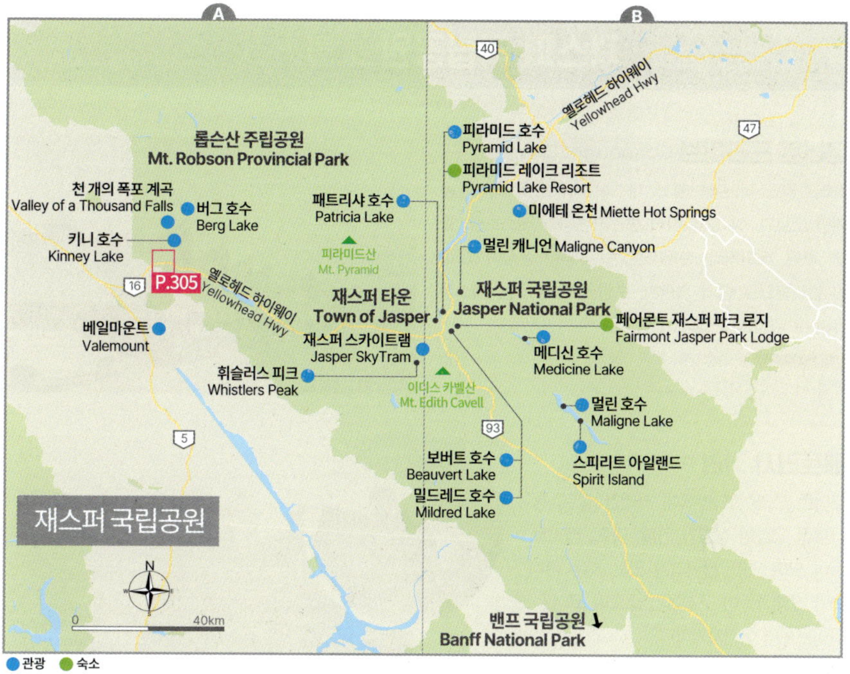
재스퍼 국립공원
롭슨산 주립공원
Mt. Robson Provincial Park
천 개의 폭포 계곡
Valley of a Thousand Falls
버그 호수
Berg Lake
키니 호수
Kinney Lake
P.305
옐로헤드 하이웨이
Yellowhead Hwy
베일마운트
Valemount
패트리샤 호수
Patricia Lake
피라미드산
Mt. Pyramid
재스퍼 타운
Town of Jasper
재스퍼 스카이트램
Jasper SkyTram
휘슬러스 피크
Whistlers Peak
이디스 카벨산
Mt. Edith Cavell
피라미드 호수
Pyramid Lake
피라미드 레이크 리조트
Pyramid Lake Resort
미에테 온천 Miette Hot Springs
멀린 캐니언 Maligne Canyon
재스퍼 국립공원
Jasper National Park
페어몬트 재스퍼 파크 로지
Fairmont Jasper Park Lodge
메디신 호수
Medicine Lake
멀린 호수
Maligne Lake
스피리트 아일랜드
Spirit Island
보버트 호수
Beauvert Lake
밀드레드 호수
Mildred Lake
밴프 국립공원
Banff National Park
40
47
16
5
93
A
B
N
0
40km

관광 숙소

재스퍼 타운
N
0
400m
네스터스 마켓
Nesters Market
패트리샤 거리 Patricia Street
코너트 드라이브
피라미드 레이크 로드
Pyramid Lake Rd
재스퍼 박물관
Jasper Museum
베어스 포 베이커리
Bear's Paw Bakery
엘름 애비뉴 Elm Ave
재스퍼 방문자센터 Jasper Tourism
센티니얼 공원
Centennial Park
본홈 스트리트 Bonhomme St
얼스 키친
Earls Kitchen + Bar
재스퍼 기차역 Jasper Station
미에테 애비뉴
Miette Ave
가이키 스트리트 Geikie St
재스퍼 브루잉 컴퍼니
Jasper Brewing Company
숙소 밀집 지역
파인 애비뉴 Pine Ave
패트리샤 거리 Patricia Street
코너트 드라이브 Connaught Drive
헤이즐 애비뉴 Hazel Ave

관광 식당 쇼핑

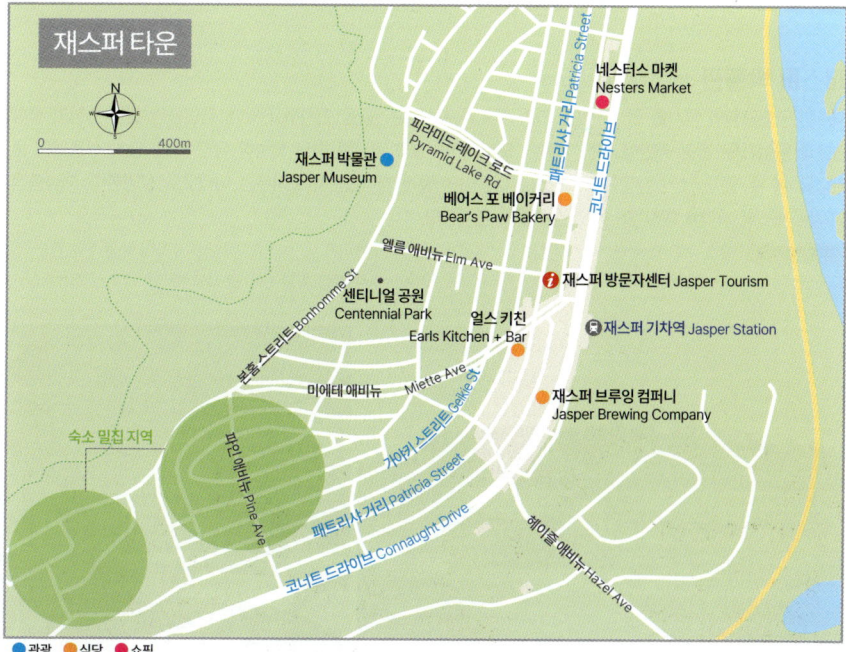

Attraction 재스퍼 국립공원의 볼거리

코너트 드라이브 Connaught Drive

아이스필드 파크웨이에서 재스퍼 타운으로 이어지는 메인 도로다. 이 길을 따라 방문자센터와 레스토랑, 호텔, 카페, 베이커리, 슈퍼마켓 등 다양한 상점이 있고, 길 건너편으로 증기 기관차, 토템폴이 서 있는 재스퍼 Jasper 기차역이 있다.

지도 P.293-하단 주소 AB-16A Jasper, AB T0E 1E0 가는 방법 재스퍼 기차역에서 도보 1분.

패트리샤 거리 Patricia Street

코너트 드라이브 안쪽에 자리한 길로, 통나무집 모양의 상점과 카페, 마트, 레스토랑이 모여 있다. 볼거리가 있는 것은 아니지만 산책하듯이 구경하기 좋으며 코너트 드라이브보다 아기자기하다.

지도 P.293-하단 주소 606-646 Patricia St Jasper, AB T0E 1E0 가는 방법 재스퍼 기차역에서 도보 10분.

재스퍼 박물관 Jasper Museum

재스퍼 국립공원의 역사를 알 수 있는 각종 자료와 사진, 물건들을 전시하고 있다. 국립공원 설립 초창기 정착민들과 탐험가들, 관광 개발에 대한 기록과 모피 교역, 철로 공사를 하던 모습이 담긴 사진, 당시 사용했던 물건들을 볼 수 있다. 로키 산들의 특색 있는 이름이 어떻게 지어졌는지 보여주는 비디오도 상영한다. 기념품점에서는 재스퍼 지역에 대해 알 수 있는 책들도 판매한다.

지도 P.293-하단 주소 400 Bonhomme St, Jasper, AB T0E 1E0 홈페이지 www.jaspermuseum.org 운영 5월 중순~10월 중순 매일 10:00~17:00, 10월 중순~5월 중순 목~일요일 10:00~17:00 가는 방법 재스퍼 기차역에서 도보 10분.

패트리샤 호수 Patricia Lake

큰 호수는 아니지만 재스퍼 타운과 가까워 사람들이 종종 찾는 곳이다. 패트리샤라는 이름은 빅토리아 여왕의 손녀인 '빅토리아 패트리샤 헬레나 엘리자베스 Victoria Patricia Helena Elizabeth'에서 따왔다. 재스퍼 타운에서 북쪽으로 피라미드 레이크 로드 Pyramid Lake Road를 따라 약 5km만 더 가면 호수가 보이기 시작한다. 조용히 여유를 즐기면서 휴식을 취하기 좋으며, 여름에는 보트와 카누를 타기도 한다. 호수 주변에 방갈로가 있어 숙박을 하기도 한다.

지도 P.293 상단-B 주소 Pyramid Lake Rd, Jasper, AB T0E 1E0 가는 방법 재스퍼 타운에서 자동차로 10분.

피라미드 호수 Pyramid Lake

'피라미드산'을 배경으로 자리한 호수는 조용하면서도 경치가 빼어나 인기 있는 명소다. 벤치와 작은 모래사장이 있어 피크닉이나 일광욕을 즐기거나 카누와 보트를 타는 사람들을 심심찮게 볼 수 있다. 호수 남쪽에는 피라미드 레이크 리조트 Pyramid Lake Resort가 있는데 여기서 북쪽으로 조금만 가면 호수 안에 있는 작은 섬이 보인다. 섬까지 연결되는 다리가 놓여 있는데 다리를 건너면 호수 풍경이 다른 각도로 보여 색다르고 멋지다. 재스퍼 타운에서 멀지 않아 주변을 짧게 드라이브할 때 다녀오기 좋으며 패트리샤 호수에서 약 1km 떨어져 있다. 승마 같은 액티비티를 통해 가기도 한다.

지도 P.293 상단-B 주소 [피라미드 레이크 리조트] 5Km North On, Pyramid Lake Rd, Jasper, AB T0E 1E0 가는 방법 재스퍼 타운에서 자동차로 15분. 또는 패트리샤 호수에서 자동차로 5분.

재스퍼 최고의 전망대,
재스퍼 스카이트램 Jasper SkyTram

재스퍼의 전경을 내려다볼 수 있는 트램으로 해발 2,263m까지 오른다. 재스퍼 입구에 있는 휘슬러 캠핑장에서 약 4km 올라가면 스카이트램 승강장이 있다. 1964년 건설된 스카이트램은 작은 곤돌라와 다르게 최대 26명까지 탈 수 있으며 7분 30초 동안 올라간다.

스카이트램 정상에 내리면 재스퍼 타운과 아이스필드 파크웨이, 피라미드 호수, 패트리샤 호수, 페어몬트 재스퍼 파크 로지 Fairmont Jasper Park Lodge 등 재스퍼를 둘러싼 명소들이 내려다보이며 날씨가 좋으면 로키에서 제일 높은 롭슨산도 볼 수 있다. 트램 아래쪽에는 작은 카페와 기념품점, 위쪽에는 전망 레스토랑과 기념품점이 있다.

스카이트램 정상에서 산길을 따라 더 올라가면 휘슬러스 피크 Whistlers Peak까지 갈 수 있다. 지역 일대가 수목 한계선 위 고산지대라 나무들은 없지만 다양한 동물들이 살고 있는데, 가는 길에 이 지역의 생태계에 대해 전시하고 있는 것을 볼 수 있다. 운이 좋으면 무스, 엘크, 흑곰 등의 야생동물을 만날 수도 있다고 한다. 거의 평원에 가까운 정상에 이르면 탁 트인 시원한 전경을 360도로 조망할 수 있다.

지도 P.293-상단 **주소** Jasper, AB T0E 1E0 **홈페이지** www.banffjaspercollection.com/attractions/jasper-skytram **운영** 2025년 3/21~9/1 시간은 날짜별 상이 홈페이지 참조 **가는 방법** 재스퍼 타운에서 자동차로 10분 또는 다운타운에서 선독 투어스 셔틀.

휘슬러스 피크 Whistlers Peak

재스퍼 일대를 내려다보기 좋은 이곳은 해발 2,463m에 달하는 재스퍼의 대표적인 봉우리로, BC주에 있는 스키 리조트 휘슬러와 이름이 같다. 휘파람 소리를 내는 다람쥣과의 동물인 '휘슬링 마멋 Whistling Marmot'의 울음소리를 본따 이름을 지었다.

재스퍼 스카이트램을 타고 올라가면 편하게 갈 수 있으며 트램을 타지 않고 트레일을 따라 1.3km 정도 하이킹을 통해 올라가도 된다. 트레일 입구는 스카이트램 승강장에 도착하기 1km 전 왼쪽에 있다. 스카이트램 정상에서 휘슬러스 피크까지 거리는 멀지 않지만, 그늘과 편의 시설이 없기 때문에 선글라스, 모자, 물 등을 준비하는 것이 좋다. 정상에 오르면 재스퍼 일대를 한눈에 내려다볼 수 있어 인기 있는 봉우리다.

지도 P.293 상단-A **주소** Jasper, AB T0E 1E0 **가는 방법** 휘슬러스 트레일 입구에서 2시간(7km), 재스퍼 스카이트램 정상에서는 30분(1.3km).

페어몬트 재스퍼 파크 로지 Fairmont Jasper Park Lodge

페어몬트 호텔 체인이지만, 다른 페어몬트 호텔과는 달리 공원에 산장 형태의 숙박 시설이 모여 있다. 로지 앞에는 보버트 호수 Beauvert Lake가, 뒤에는 밀드레드 호수 Mildred Lake가 펼쳐져 있고 로지와 호수 주변에 골프장, 승마 코스, 산책로가 조성돼 있다. 1922년 문을 연 메인 빌딩은 소실됐으며 이듬해 다시 건축, 지금에 이르고 있다. 산장 형태라 세련된 현대식 시설은 아니지만 멋진 전망과 분위기를 자랑한다. 영국 왕실 해리 왕세손의 신혼여행 장소로 뉴스에 오르기도 했다.

지도 P.293 상단-B **주소** 1 Old Lodge Rd, Jasper, AB T0E 1E0 **홈페이지** www.fairmont.com/jasper **가는 방법** 재스퍼 타운에서 자동차로 11분.

이디스 카벨산 Mt. Edith Cavell

에인절 빙하 Angel Glacier를 이고 있는 산으로 유명한 이 산은 해발 3,363m의 높이로, 다운타운에서도 한눈에 보인다. 에인절 빙하는 이디스 카벨 북쪽 산에서 내려온 빙하인데 두께가 40m에 달한다. 빙하의 모습이 마치 날개를 편 천사 같다 해서 붙여진 이름이다. 빙하호에 떨어져 내린 유빙이 떠다니는데 여름에는 운이 좋으면 빙하가 녹아 떨어져 내리는 모습을 볼 수 있다.

'이디스 카벨'은 제1차 세계대전 당시 연합군 포로의 탈출을 돕다가 독일군에게 처형당한 간호사로 1915년 그녀를 기리며 산의 이름을 지었다. 다운타운에서 남쪽으로 28km 떨어져 있어 차로 산 중턱의 주차장(1,765m)까지 갈 수 있다. 가는 길이 좁고 구불구불해 특별히 조심해서 운전해야 하며 겨울에는 폐쇄된다.

지도 P.293 상단-B 주소 Improvement District No. 12, AB T0E 1E0 **홈페이지** www.pc.gc.ca **가는 방법** 재스퍼 타운에서 자동차로 50분(시속 40km).

Travel Plus

에인절 빙하를 볼 수 있는 트레일

에인절 빙하를 보러 가는 길은 두 가지다. 주차장에서 500m가량 올라가면 갈림길이 나온다. 하나는 에인절 빙하 전망대까지 올라가는 카벨 메도 트레일 Cavell Meadow Trail이고 또 하나는 빙하호까지만 가는 패스 오브 글레이셔 트레일 Pass of Glaciar Trail이다. 카벨 메도 트레일은 재스퍼에서 유명한 트레일 중 하나다. 고원지대에 있는 목초지 주변을 도는 트레일로 에인절 빙하를 내려다볼 수 있는 전망대가 있다. 여름에는 들꽃들이 가득 피어나 아름다움을 더한다. 하이킹이 힘들면 패스 오브 글레이셔 트레일을 따라 빙하호까지만 다녀와도 된다. 에인절 빙하를 위로 조망할 수 있다.

카벨 메도 트레일 왕복 6~7km **소요 시간** 약 3~5시간
패스 오브 글레이셔 트레일 왕복 1.6km **소요 시간** 약 1시간

멀린 캐니언 Maligne Canyon

물의 오랜 침식 작용으로 형성된 유명한 협곡으로 깊고 독특한 지형이 많다. 아찔한 협곡 사이로 애서배스카강 Athabasca River의 지류가 지나가며 물살이 거세다. 협곡을 따라 트레일이 조성돼 있으며 트레일 중간중간 협곡 위로 총 6개의 다리가 놓여 있다. 이 다리를 기준으로 협곡을 둘러보면 된다. 첫 번째 다리는 1914년 지어졌다. 동쪽 주차장에서 1, 2번 다리까지만 갈 경우 20~30분 정도면 다녀올 수 있고 3, 4번 다리까지 간다면 1시간, 5, 6번 다리까지 모두 돌고 오려면 2~3시간이 걸린다. 서쪽 주차장에 차를 세우면 5, 6번 다리만 빠르게 다녀올 수 있다.

지도 P.293 상단-B 주소 [멀린 캐니언 동쪽 주차장] Jasper, AB T0E 1E0 가는 방법 재스퍼 타운에서 자동차로 15분.

메디신 호수 Medicine Lake

'마법의 호수'라고도 불리며 빙하가 녹는 여름에 물의 양이 많아져서 물이 불었다가 가을부터 물이 마르기 시작한다. 호수의 길이는 물이 꽉 차 있을 때 약 7km이지만 계절마다 달라지고 수심도 얕은 편이다. 겨울에는 물이 아예 사라지기도 한다. 재스퍼 타운에서 멀린 호수 Maligne Lake 가는 길인 멀린 밸리 Maligne Valley에 있다. 가는 길에서 보이기 때문에 드라이브하며 지나가다가 볼 수 있다. 호수에는 송어들이 많이 있고 곰, 늑대, 산양 등 야생동물들이 호수 주변에 종종 나타난다.

지도 P.293 상단-B 주소 Improvement District No. 12, AB 가는 방법 재스퍼 타운에서 자동차로 30분.

멀린 호수 Maligne Lake

캐나디안 로키에서 가장 넓은 호수로 길이가 22km에 달한다. 재스퍼 국립공원의 대표 명소로, 재스퍼 타운에서 약 44km 떨어져 있다. 빙하가 보이는 높은 산들이 청록빛의 호수를 둘러싸고 있는 모습이 평화로움 그 자체다. 송어들의 서식지라 낚시하는 사람도 많이 있다.

멀린 호수에서 가장 유명한 곳은 스피리트 아일랜드 Spirit Island로 로키를 대표하는 사진에서 흔히 등장한다. 호수에는 두 개의 역사적 건물인 멀린 샬레 Maligne Chalet와 보트 하우스 Boat House가 있다. 1925년 프레드 브루스터 Fred Brewster가 지은 멀린 샬레는 당시 재스퍼에서 가장 호화롭고 큰 숙박 시설이었으며 보트 하우스는 1928년 가이드였던 도널드 컬리 필립스 Donald Curly Phillips가 보트와 카누 보관소로 지었다.

멀린 호수는 스피리트 아일랜드까지 다녀오는 크루즈 투어가 유명하다. 1시간 30분에 걸쳐 가이드의 설명을 들으며 멀린 호수를 둘러싼 산과 호수를 감상하고 섬 근처에 잠시 정차한다. 선착장에 내리면 섬에 다가갈 수 있는 산책로가 있다. 섬 안으로는 못 들어가며 산책로 끝 전망대에서 바라봐야 한다.

지도 P.293 상단-B **주소** [멀린 샬레] Maligne Lake Rd, Jasper, AB T0E 1E0, [보트 하우스] Improvement District No. 12, AB, [크루즈 승선장] Maligne Lake Rd, Improvement District No. 12, AB T0E 1E0 **홈페이지** 크루즈 예약 www.banffjaspercollection.com **운영** 5월 말~10월 초 크루즈 10:00~17:00(겨울에는 운항하지 않는다) **요금** C$108~130(온라인 예매 시 할인) **가는 방법** 재스퍼 타운에서 자동차로 1시간.

Travel Plus

스피리트 아일랜드 Spirit Island

빙하를 병풍처럼 두르고 고독해 보이는 나무 몇 그루와 함께 투명한 파란 물 위에 고요히 떠 있는 섬으로 멀린 호수의 상징이자 포토 스폿이다. 뉴욕의 한 기차역에 40년간 전시됐던 광고 사진으로 유명세를 타면서 지금까지도 많은 인기를 누리고 있다. 멀린 호수 선착장에서 14km 떨어져 있으며 호수 폭이 좁아지는 샘슨 내로스 Samson Narrows를 지나면 보인다.

미에테 온천 Miette Hot Springs

재스퍼를 대표하는 온천으로 다운타운에서 61km 떨어져 있다. 온천이 위치한 지대가 높아 구불구불한 산길을 올라가야 한다. 로키에 있는 온천 중에서 가장 온도가 높은 온천이다. 산에서 내려오는 물의 온도가 54도 정도인데 이를 좋은 온도로 낮춰 공급하며 37~40도를 유지한다. 각기 다른 온도의 탕 4개가 있다. 반드시 수영복을 입어야 하며 온천 내부에는 카페테리아, 기념품점 등 편의시설이 갖춰져 있다.

지도 P.293 상단-B ▶ **주소** Miette Rd Jasper, Miette Hotsprings, AB T0E 1E0 **홈페이지** https://parks.canada.ca **운영** 매일 09:00~23:00(공휴일에도 오픈) **요금** 18세 이상 C$17.50 3~17세 C$15.25 (2025년 티켓 현장 구입만 가능하며 선착순 입장) **가는 방법** 재스퍼 타운에서 자동차로 1시간.

Travel Plus

스카이라인 트레일 Skyline Trail

재스퍼 국립공원의 산과 호수를 제대로 즐길 수 있는 유명한 트레일이다. 멀린 캐니언과 멀린 호수 사이 넓게 퍼져 있는 이곳은 여러 개의 트레일과 캠핑장이 모여 있으며 최고의 하이킹 코스로 인기가 높다. 총 길이가 44km이고 그중 25km는 수목 한계선 위에 위치한다. 트레일 입구가 여러 곳이어서 어디서든 시작할 수 있으며 멀린 캐니언 근처에 있는 주차장에 차를 세우고 남쪽으로 가거나 멀린 호수에서 북쪽으로 가도 된다. 코스를 완주하려면 2~3일은 족히 걸리지만 원하는 곳만 짧게 다녀갈 수도 있다. 트레일마다 조건과 난이도가 다르니 확인해야 한다. 홈페이지나 방문자센터에 가면 자세한 코스 안내와 그날의 트레일 컨디션, 캠핑장 위치, 시설에 대한 정보를 얻을 수 있다.

홈페이지 https://parks.canada.ca

Restaurant 재스퍼 타운의 식당

베어스 포 베이커리 Bear's Paw Bakery

작은 마을인 재스퍼 타운에서 가장 인기 있는 베이커리. 아침에는 가게 앞으로 길게 줄 서 있는 모습을 쉽게 볼 수 있는데, 항상 종이 봉투 가득 빵을 사가는 사람들로 붐빈다. 빵 모양은 조금 투박해 보이지만 재료를 듬뿍 넣어 맛과 영양을 모두 살린 것이 이 집 빵의 특징이다. 수많은 빵 중에서도 가장 인기 있는 것은 라즈베리 화이트 초콜릿 스콘 White Chocolate Scone과 스티키 시나몬 번스 Sticky Cinnamon Buns다. 이 두 가지는 가득 쌓여 있어도 금세 바닥이 날 정도로 인기가 엄청나다. 그 밖에 다양한 파이와 타르트도 인기이며 랩으로 싸서 포장해 주는 샌드위치는 피크닉용으로 좋다. 테이블이 몇 개 없어 테이크아웃 손님이 많다.

지도 P.293-하단 **주소** 4 Pyramid Road, Jasper, AB T0E 1E0 **홈페이지** www.bearspawbakery.com **영업** 매일 06:00~18:00 **가는 방법** 재스퍼 기차역에서 도보 5분.

얼스 키친 Earls Kitchen + Bar

캐나다의 유명 레스토랑 체인인 얼스 키친은 어느 도시에서든 사랑받고 있지만 식당이 많지 않은 재스퍼에서는 특히 반갑게 느껴진다. 재스퍼 타운의 패트리샤 거리 코너에 자리하고 있으며 입구를 보면 규모가 작아 보이지만 건물의 2층 전체를 사용하고 있어 꽤 큰 편이다. 주말에는 브런치 메뉴가 있고 타코, 버거, 피자, 파스타, 포케, 스테이크, 덮밥, 비빔밥 등 메뉴가 매우 다양하며 맛도 대체로 무난해 어떤 메뉴를 선택해도 절반은 성공한다. 창문 밖으로 펼쳐지는 재스퍼를 둘러싼 산들의 멋진 풍경은 덤이다.

지도 P.293-하단 **주소** 600 Patricia St, Jasper, AB T0E 1E0 **홈페이지** www.earls.ca **영업** 매일 11:00~24:00 **가는 방법** 재스퍼 기차역에서 도보 3분.

재스퍼 브루잉 컴퍼니 Jasper Brewing Company

재스퍼 타운의 한복판에 자리한 이곳은 양조장을 갖추고 있는 유명 브루잉 펍이다. 작은 마을 재스퍼에서 나고 자란 토박이들이 창업한 이곳은 '최초의 국립공원 브루어리'라는 자부심을 가지고 있다. 이 집의 맥주는 로키 산맥에서 흘러내린 깨끗한 물을 사용해 품질 좋은 홉과 몰트로 직접 만들어낸 수제 맥주로 신선한 맛을 자랑한다. 규모도 큰 편이라 저녁이면 수많은 사람들로 붐빈다.

지도 P.293-하단 ▶ 주소 624 Connaught Dr, Jasper, AB T0E 1E0 홈페이지 www.jasperbrewingco.ca 영업 일~토요일 11:30~24:00 가는 방법 재스퍼 기차역에서 도보 3분.

재스퍼 타운의 쇼핑

네스터스 마켓 Nesters Market

재스퍼 타운에서 가장 크고 오래된 슈퍼마켓이다. 1923년 작은 마켓으로 시작했다가 지금의 로키와 어울리는 고풍스러운 외관으로 규모를 확장했다. 재스퍼 타운 중심에도 슈퍼마켓이 몇 곳 있긴 하지만 규모가 크지 않은 편이다. 재스퍼 타운에서 북쪽으로 조금 떨어진 곳에 자리하고 있다. 대형 슈퍼마켓으로 물건이 많아 장보기에 좋지만 비싼 편이다. 다양한 식재료는 물론 포장된 캘리포니아롤, 스시, 포케, 로스트치킨, 샌드위치 등 간편식이 많이 있어 취사를 하거나 간단히 식사를 해결하기 좋다.

지도 P.293-하단 ▶ 주소 218 Connaught Dr, Jasper, AB T0E 1E0 홈페이지 www.nestersmarket.com 영업 매일 08:00~21:00 가는 방법 재스퍼 기차역에서 도보 6분.

롭슨산 주립공원
MT. ROBSON PROVINCIAL PARK

캐나다 로키에서 가장 높은 해발 3,954m의 봉우리를 가진 롭슨산이 있는 곳으로 지역적으로는 BC주에 속해 있다. 높이에서 짐작할 수 있듯이 가까이 갈수록 그 위용이 대단하다. 키니 호수 Kinney Lake와 버그 호수 Berg Lake는 롭슨산을 대표하는 호수다. 빙하를 넘어가는 정상 등정은 경험이 많은 산악인들만 가능하고 버그 호수까지도 꽤 멀지만 키니 호수는 많은 사람들이 다녀간다.

••• 롭슨산 주립공원 가는 방법 •••

대중교통이 발달해 있지 않아 자동차로 가야 한다. 재스퍼에서 87km 떨어져 있어 자동차로 1시간이면 가기 때문에 재스퍼에서 당일치기로 다녀갈 수 있다. 로키 여행 마지막에 들르고 BC주로 가기도 한다.

롭슨 공원의 부대시설

롭슨산 방문자센터 Mt. Robson Visitor Centre

롭슨산 주립공원의 서쪽에 위치한 안내소로 롭슨산의 트레일, 캠핑 안내는 물론 각종 정보와 숙소 예약을 도와준다. 건물 뒤로 롭슨산이 보이며 주변에 산책로가 있어 산 안으로 들어가기 힘든 여행자들은 여기에서 롭슨산의 경치를 감상할 수 있다.

지도 P.305 주소 BC-16, Mount Robson, BC V0E 2Z0 **홈페이지** www.env.gov.bc.ca **운영** 매일 08:00~16:00 **가는 방법** 재스퍼 타운에서 자동차로 1시간(16번 도로).

카페 마운트 롭슨 Café Mt. Robson

부대시설이 많지 않은 롭슨산 주립공원에서 100년 이상 자리를 지켜온 반가운 곳이다. 샌드위치나 버거, 푸틴, 케이크, 아이스크림, 직접 로스팅한 커피, 생수 등을 파는 카페테리아로 나무로 지어진 로지 분위기가 제법 아늑하다. 커다란 창을 통해 롭슨산을 바라볼 수 있으며 야외 테이블이 있어 준비해 온 도시락을 즐길 수도 있다.

지도 P.305 주소 16 Yellowhead Hwy, Mount Robson, BC V0E 2Z0 **홈페이지** www.cafemtrobson.com **영업** 08:00~17:00 **가는 방법** 롭슨산 방문자센터에서 도보 3분.

마운트 롭슨 스토어 & 기프트 숍
Mt. Robson Store & Gift Shop

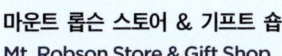

카페 마운튼 롭슨 바로 옆에 있는 작은 기념품점. 롭슨산 방문자센터 안에서도 티셔츠와 같은 기념품을 살 수 있지만, 이곳에는 머그잔, 텀블러, 의류, 인형, 엽서 등 더 다양한 기념품들이 있다. 규모는 작은 편으로 간이매점처럼 간단한 음료와 스낵도 판매한다.

지도 P.305 주소 16 Yellowhead Hwy, Mount Robson, BC V0E 2Z0 **가는 방법** 카페 마운튼 롭슨 바로 옆 위치.

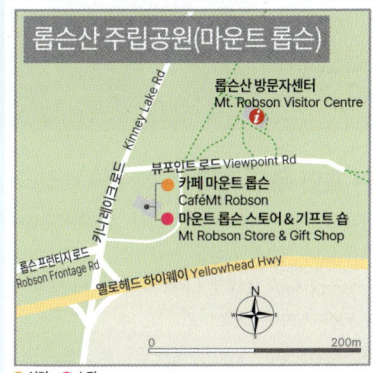

Attraction 롭슨산 주립공원의 볼거리

키니 호수 Kinney Lake

1909년 캐나다 알파인 클럽 멤버였던 조지 키니 George Kinney 목사가 12회 만에 롭슨산 등정에 성공하자 그의 이름을 따 키니 호수라 부르기 시작했다. 롭슨산에서 가장 가까이 있는 호수로 3~4시간의 하이킹으로 다녀올 수 있다. 방문자센터 옆 진입로에서 트레일 입구까지 2.2km는 자동차로 들어갈 수 있으며 이곳에 주차를 하고 하이킹을 시작하면 된다. 빙하가 녹아내린 물이 잔잔하게 에메랄드 빛으로 빛나고 그 위로 롭슨산이 비치는 모습이 매우 아름답다. 키니 호수에서 빠져나온 물은 롭슨강으로 흘러 남쪽의 프레이저강 Fraser River으로 합류되고 이 강이 밴쿠버 쪽으로 이어진다.

지도 P.293 상단-A **주소** Fraser-Fort George H, BC **홈페이지** www.env.gov.bc.ca **가는 방법** 방문자센터에서 자동차로 10분, 도보 1시간 30분(총 1시간 40분 소요).

천 개의 폭포 계곡 Valley of a Thousand Falls

키니 호수를 지나 북쪽으로 올라가면 계곡 사이로 여러 개의 폭포를 볼 수 있다. 크고 작은 폭포가 군집을 이루고 있어 '천 개의 폭포 계곡'이라 부른다. 화이트 폭포 White Falls, 풀 폭포 Falls of the Pool, 엠퍼러 폭포 Emperor Falls 순으로 나온다. 특히 엠퍼러 폭포는 이름에서 알 수 있을 만큼 세차고 크다. 폭포만 둘러보는데도 많은 시간이 걸린다.

지도 P.293 상단-A **주소** Berg Lake Trail, Fraser-Fort George H, BC(엠퍼러 폭포 캠프사이트) **가는 방법** 키니 호수에서 도보 2시간 이상.

버그 호수 Berg Lake

롭슨산의 대표적인 호수 중 하나이지만 공원 입구에서 21km 이상 떨어져 있어 하루 만에 다녀오기는 힘들다. 중간중간 일반인들이 하이킹하기 힘든 구간도 있다. 그래도 많은 사람들이 호수까지 이어진 트레일을 따라 호수를 보러 간다. 트레일에는 총 7개의 캠핑장이 있으며 캠핑장에는 설거지통, 물 버리는 곳, 음식 보관 캐비닛 등 간단한 시설들이 구비돼 있다. 하이킹이 조금 힘에 부쳐갈 때쯤 호수로 쏟아져 내리는 버그 빙하 Berg Glacier와 에메랄드색으로 빛나는 호수가 등장하며 마치 고생을 보상해주기라도 하는 듯 반겨준다.

지도 P.293 상단-A **주소** Fraser-Fort George H, BC **홈페이지** www.discovercamping.ca//BergLake **가는 방법** 엠퍼러 호수에서 도보 1시간 10분.

Travel tip!

로키 숙소의 대안, 베일마운트 Valemount

성수기에 로키 국립공원 안에 숙소를 잡는 것은 쉬운 일이 아니다. 6개월 전부터 웬만한 숙소는 예약이 끝나버려 가격은 천장부지로 치솟으며 최고 성수기에는 아예 방이 없다. 국립공원에서 조금 떨어진 베일마운트는 로키에 숙소를 구하지 못한 여행자들이 많이 머무는 곳으로 작은 마을인데도 숙소가 많은 편이다.

지도 P.293 상단-A

온타리오주
ONTARIO

토론토 Toronto　　　　　　　　　　P.310
나이아가라 폴스 Niagara Falls　　　　P.354
나이아가라 온 더 레이크 Niagara-on-the-Lake　P.386
킹스턴 Kingston　　　　　　　　　　P.392
사우전드 아일랜드 Thousand Islands　　P.401
오타와 Ottawa　　　　　　　　　　　P.406

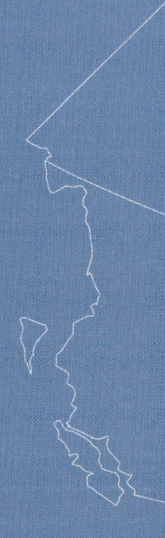

캐나다 남동부에 위치한 온타리오주는 캐나다 정치와 경제의 중심지다. 북쪽으로 허드슨스 베이, 남쪽으로는 미국 국경에 위치한 오대호 중 4개의 호수와 맞닿아 있으며 퀘벡주까지 이어지는 세인트 로렌스강이 흐르고 있다. '온타리오'라는 이름은 이 지역의 원주민이었던 이로쿼이 Iroquois족의 언어로 '아름다운 물 Beautiful Water'라는 의미를 지니고 있다. 온타리오 전역의 수천 개의 크고 작은 호수와 강을 보면 그 유래를 짐작할 수 있다. 아름다운 단풍이 절정을 이루는 가을이면 여름 못지않게 많은 관광객이 이곳을 찾는다.

토론토
TORONTO

캐나다뿐 아니라 북미권에서 손에 꼽히는 대도시로 금융과 상업의 중심지다. 다양한 산업이 발달해 있으며 다운타운을 중심으로 크고 화려한 빌딩들로 둘러싸여 있다. 깨끗한 도시 환경과 낮은 범죄율로 매년 살기 좋은 도시에 선정되며 시민들의 생활 수준도 높은 편이다. 세계 각지에서 온 여러 민족이 어우러져 살아가고 있으며 특히 중국계 이민자들이 많다. 여름에는 고온 다습하고 겨울에는 눈이 많이 내리고 바람도 많이 분다. 변화무쌍한 날씨 탓에 PATH라 불리는 지하 도로가 발달해 있다. 교통이 편리하고 레스토랑, 쇼핑센터도 많아 여행객들에게 최적화된 도시다.

토론토 🍁
대표 명소

1 CN 타워 P.321
토론토 스카이 라인에서 빠질 수 없는 건축물로 토론토의 대표적인 랜드마크다.

2 토론토 시청 P.335
시내 중심에 자리한 시청사는 분수가 있는 커다란 광장 앞에 자리해 항상 많은 사람으로 붐빈다.

3 로열 온타리오 박물관 P.340
신구가 조화를 이루고 있는 외관부터 눈길을 끄는 캐나다 3대 박물관 중 하나.

4 CF 토론토 이튼 센터 P.334
다운타운 쇼핑의 중심이자 언더그라운드의 중심으로 상점과 식당이 많다.

5 디스틸러리 히스토릭 디스트릭트 P.333
구 양조장이었던 곳을 개발해 젊은 예술가들이 모여들면서 독특한 문화지구로 거듭난 곳이다.

6 하키 명예의 전당 P.330
캐나다 사람들의 아이스하키에 대한 열정과 사랑을 볼 수 있는 박물관.

토론토 가는 방법

비행기

인천국제공항에서 대한항공, 에어캐나다가 직항으로 약 13시간 20분 정도 걸리며 아시아나항공(에어캐나다 공동 운항) 등의 경유 편을 이용하면 대기 시간에 따라 18시간 이상 걸린다.

피어슨 국제공항 Toronto Pearson International Airport (YYZ)

캐나다 동부의 관문인 국제공항으로 토론토 시내에서 24km 정도 떨어져 있다. 터미널1과 터미널3이 있으며 에어캐나다는 터미널1에, 대한항공은 터미널3에 도착한다. 터미널 간 이동은 무료 열차인 터미널 링크 Terminal Link를 이용한다. 4~8분 간격으로 이용할 수 있다.

주소 6301 Silver Dart Dr, Mississauga, ON L5P 1B2
홈페이지 www.torontopearson.com

공항에서 시내로

대도시 토론토는 공항에서 연결된 교통편이 상당히 많은데, 그중 다운타운으로 가는 가장 빠르고 편리한 방법은 UP 익스프레스나 택시를 타는 것이며 가장 저렴한 방법은 버스를 타고 지하철역까지 가서 갈아타는 것이다.

UP 익스프레스 Union Pearson Express(UP Express)

공항에서 다운타운의 유니언 Union역까지 가는 공항열차다. 탑승장은 터미널1에 있으므로 터미널3에 내렸다면 터미널 링크를 타고 이동해야 한다. 요금은 티켓, 교통카드인 프레스토 카드, 해외 결제가 가능한 컨택리스 카드로 지불할 수 있으며 티켓이나 카드는 발매기나 온라인에서 구입할 수 있다.

홈페이지 www.upexpress.com **운영** (피어슨 국제공항) 월~금요일 05:27~00:57 주말 06:27~00:57, (유니언역) 월~금요일 04:55~01:00 주말 06:00~01:00(15분 간격) **요금** 다운타운까지 편도 13세 이상 C$12.35(프레스토 카드로 지불할 경우 편도만 C$9.25), 12세 이하 무료 **소요 시간** 25분

TTC 버스 TTC Bus

토론토 교통국인 TTC(Toronto Transit Commission)에서 운행하는 버스가 도심 외곽까지 연결한다. 일반 노선은 시간이 오래 걸리므로 보통 900번 익스프레스 노선을 타고 지하철 2호선 키플링 Kipling역으로 가서 지하철로 환승한다. 카드, 현금 모두 가능하며 2시간 이내 환승할 수 있다.

홈페이지 www.ttc.ca **운영** 월~금요일 05:18~02:05, 토요일 05:41~02:36, 일요일 07:27~02:36 **소요 시간** 지하철 키플링역까지 15~20분. **요금** 현금 C$3.35, 카드 C$3.30

렌터카

공항 터미널1과 터미널3의 1층 주차장 안으로 들어가면 다양한 렌터카 회사들의 카운터를 찾을 수 있다.

택시/우버/리프트 Taxi/Uber/Lyft

택시를 이용해 다운타운으로 들어가면 30~40분 정도 소요된다. 택시 외에도 차량 공유업체인 우버 Uber와 리프트 Lyft가 있다. 우버나 리프트는 택시보다 저렴해 선호하는 사람들이 많다.

택시 요금 다운타운까지 보통 C$55~85+팁(총 금액의 10~20%)

빌리 비숍 토론토 시티 공항 Billy Bishop Toronto City Airport

20개 이상의 캐나다, 미국의 주요 도시와 연결하는 공항으로 토론토섬에 위치한다. 섬에 위치하지만 토론토 육지까지 가는 방법은 여러가지가 있다. 다운타운 주요 호텔까지 가는 셔틀, 페리, 렌터카를 이용하거나 도보로도 갈 수 있다. 보행자 전용 빌리 비숍 에어포트 터널이 뚫려 있어 토론토까지 10분이면 걸어서 나갈 수 있다.

지도 P.319-상단 **주소** 2 Eireann Quay, Toronto, ON M5V 1A1 **홈페이지** https://www.billybishopairport.com/

기차

비아 레일 VIA Rail

토론토는 밴쿠버에서 출발한 비아 레일 캐나디언 라인의 종착역이다. 밴쿠버 외에 온타리오주나 퀘벡주의 주요 도시와 다양한 노선으로 연결돼 있어 편리하게 드나들 수 있다. 토론토의 기차역은 유니언 Union역이다.

지도 P.319-상단 [유니언역] **주소** 55 Front St W, Toronto, ON M5J 1E6 **홈페이지** www.viarail.ca/en **출발 도시별 소요시간** [밴쿠버] 3일 20시간 30분, [오타와] 4시간~4시간 40분, [몬트리올] 4시간 50분, [나이아가라] 2시간 30분

버스

메가 버스, 라이더 익스프레스, 플릭스 버스가 있다. 라이더 버스는 온타리오 주의 인근 도시와 연결하며 메가 버스와 플릭스 버스는 인근 도시는 물론 미국의 뉴욕, 시카고에서도 갈 수 있다. 하지만 시간이 많이 걸리고 비용도 비싸다. 이 버스들은 유니언 역에 위치한 유니언 스테이션 버스 터미널 Union station bus terminal로 들어 간다.

지도 P.320-B2 **홈페이지** 메가 버스 ca.megabus.com, 라이더 익스프레스 www.riderexpress.ca, 플릭스 버스 https://shop.global.flixbus.com

---

Travel tip!

토론토 시티패스 Toronto Citypass

토론토의 명소 5곳을 입장할 수 있는 패스. 5곳을 모두 간다면 38% 이상 할인된 가격일 뿐만 아니라 매표소를 거치지 않고 대기줄이 짧아서 시간을 절약할 수 있다. 홈페이지를 통해 구입하면 이메일로 QR코드를 받아 바로 사용할 수 있어 편리하다. 처음 사용한 날로부터 9일간 유효하다. 〈프렌즈 캐나다〉에서는 시티패스에 해당하는 명소에 '토론토 시티패스' 말머리를 달아 두었다.

요금 13세 이상 C$99.19, 4~12세 C$70.92(세금 미포함) **홈페이지** www.citypass.com

※홈페이지에서 종종 할인 ※포함 내역: (필수) CN 타워 CN Tower, 리플리 아쿠아리움 Ripley's Aquarium of Canada (선택 3가지) 로열 온타리오 박물관 Royal Ontario Museum, 카사 로마 Casa Loma, 토론토 동물원 Toronto Zoo, 시티 크루즈 토론토 City Cruises Toronto

토론토 시내 교통

TTC(Toronto Transit Commission 토론토 교통위원회)가 운영하는 지하철, 버스, 스트리트카가 있으며 환승이 가능하다. 가볍게 탭하여 사용하는 컨택리스 신용카드와 체크카드, 구글 페이, 애플 월렛, 교통카드인 프레스토 카드, 프레스토 티켓, 현금 등 다양한 결제 수단으로 요금을 지불할 수 있다. 1일권은 별도로 티켓을 구입해야 하며 12세 이하는 무료지만 나이를 증명해야 한다.

홈페이지 www.ttc.ca **요금** 프레스토 티켓 1회권·현금 C$3.35, 1일권 C$13.50, 프레스토 카드·컨택리스 카드 1회 C$3.30

Travel tip!

프레스토 카드 Presto Card

온타리오주의 교통기관인 메트로링스 Metrolinx에서 운영하는 충전식 교통카드로 토론토 대중교통(TTC), 고 버스 GO Bus, Up 익스프레스 등 다양한 토론토 교통망은 물론 오타와까지도 사용이 가능하다. 카드 구입비는 C$4이며 1일권은 탑재할 수 없어 프레스토 티켓으로 별도 구입해야 한다. 요즘은 컨택리스 카드로 요금 지불이 가능해지자 예전만큼 많이 사용하지 않는 추세다.

홈페이지 www.prestocard.ca **요금** 1회 C$3.30(2시간 내 무제한 환승)

지하철

토론토 지하철은 3개의 노선으로 이루어져 있다. 관광객들이 주로 이용하는 노선은 다운타운의 남북을 U자 모양으로 지나는 노란색 1호선 영-유니버시티 Yonge-University선이다. 초록색의 2호선 블로어-댄포스 Bloor-Danforth선은 다운타운을 동서 방향으로 달린다. 1회권이나 프레스토 카드를 태그하고 들어가면 나올 때는 저절로 개찰구가 열리므로 그냥 나오면 된다. 태그한 순간부터 2시간 무제한 환승된다.

운행 유니언역 기준 월~금요일 06:01~01:50, 토요일 06:09~01:47, 일요일 08:21~01:47

스트리트카 Streetcar

토론토를 대표하는 독특한 교통 수단이다. 길쭉한 모양의 차량에는 출입문이 여러 곳 있기 때문에 아무 곳에서나 올라타도 되며 티켓이나 카드가 없어도 차내에 있는 발매기에서 구입이 가능하다(동전을 준비해야 한다). 이때 나오는 티켓은 환승할 때 필요하므로 잘 보관해야 한다. 승하차가 자유롭고 배차 간격도 짧아 편리한 교통수단이다.

운행 노선과 요일에 따라 다른데 보통 24시간

버스

일반 노선과 야간 운행 노선이 있다. 현금 승차가 가능하지만 거스름돈을 주지 않으니 정확한 금액을 준비해야 하며 환승이 필요하면 미리 환승 티켓을 달라고 해야 한다. 토론토도 대도시이다 보니 출퇴근 시간에는 정체가 심하다.

주간 운행 월~토요일 06:00~01:00, 일요일 08:00~01:00 **야간 운행** 01:30~05:30 약 30분 간격(노선별 상이)

Toronto

토론토 추천 일정

Travel tip!

토론토 무료 개방의 날 Doors Open

토론토에서는 매년 박물관, 미술관 등 유명 건물들을 무료로 개방하는 도어스 오픈 Doors Open 행사를 연다. 토론토의 건축미와 예술성을 널리 알리기 위한 행사로, 이 기간에 토론토를 여행한다면 입장료를 아낄 수 있다. 매년 5월 말 이틀 정도 무료 개방을 한다. 무료 개방에 해당되는 건물은 홈페이지를 통해 확인할 수 있다.

홈페이지 www.toronto.ca/doorsopen

토론토 피어슨 국제공항
Toronto Pearson International Airport (YYZ)
요크
York
볼드윈 스텝스
Baldwin Steps
스파디나 박물관
Spadina Museum
카사 로마
Casa Loma
스파디나 공원
Spadina Park
이스트 요크
East York
P.319 하단 요크빌&
토론토대학
이스트 엔드
East End
웨스트 엔드
West End
유니언 Union
(기차·지하철역)
P.320 토론토 다운타운
센터섬
Centre Island
빌리 비숍 토론토 시티 공항
Billy Bishop Toronto City Airport
워즈섬
Ward's Island
토론토 개념도
한란스 포인트
Hanlan's Point
토론토섬
Toronto Islands
온타리오 호수
0
4km

관광

요크빌·토론토 대학교
0
600m
애비뉴 로드 Avenue Rd
골드스트럭 커피
Goldstruck Coffee
요크빌
Yorkville
트라토리아 네르보사
Trattoria Nervosa
블로어-영
Bloor-Yonge
홀트 렌프류
Holt Renfrew
베이
Bay
세인트 조지
St George
스파디나
Spadina
로열 온타리오 박물관
Royal Ontario Museum(ROM)
블루어 스트리트 웨스트
Bloor St W
처치 스트리트 Church St
영 스트리트 Young St
베이 스트리트 Bay St
뮤지엄
Museum
바타 슈 박물관
Bata Shoe Museum
퀸스 공원
Queen's Park
퀸스 파크 크레스켄트 이스트
Queen's Park Cres E
웰즐리 스트리트 웨스트 Wellesley St W
웰즐리
Wellesley
세인트 조지 스트리트 St George St
스파디나 애비뉴 Spadina Ave
토론토 대학
University of Toronto
온타리오 주의사당
Legislative Assembly of Ontario
컬리지
College
컬리지 스트리트 College St
퀸즈 파크 Queen's Park

관광 식당 쇼핑

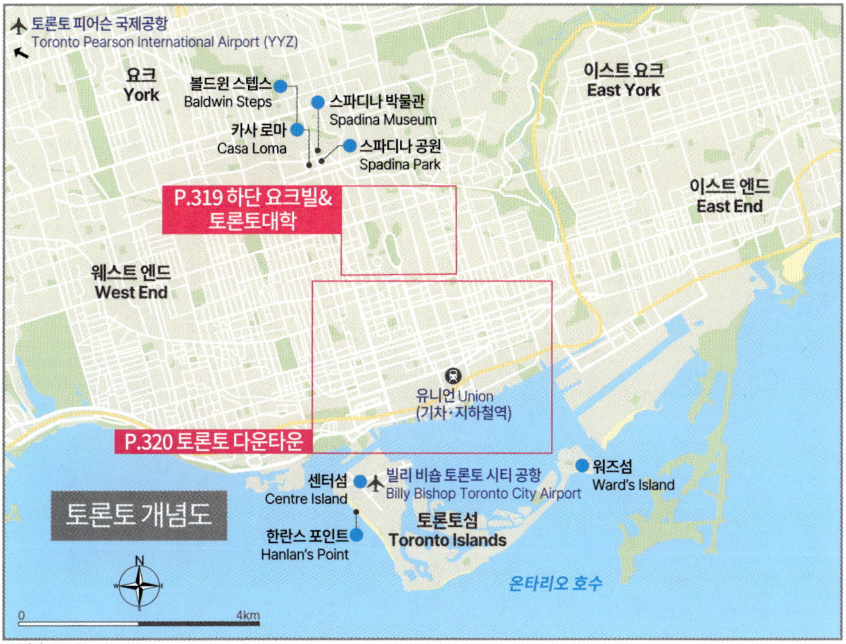

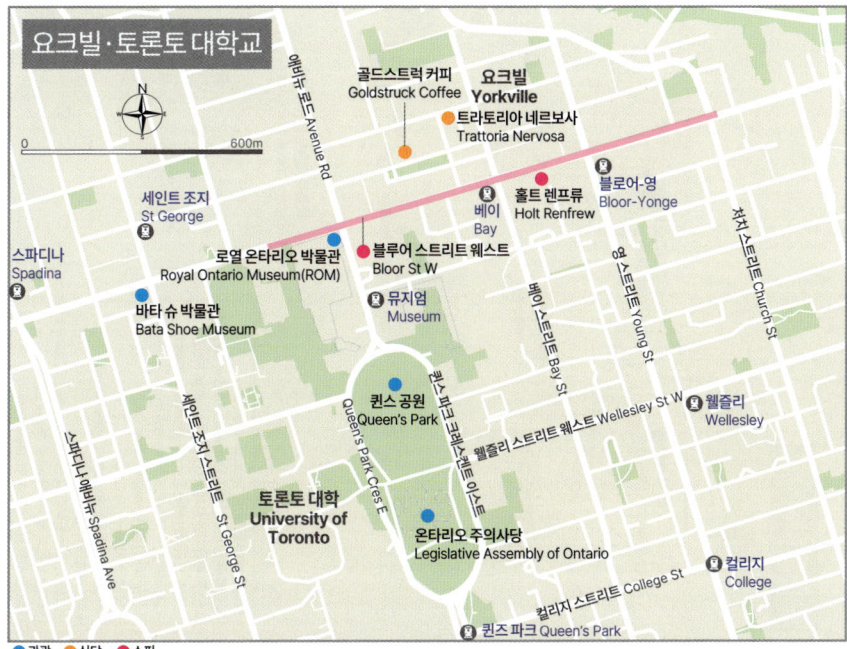

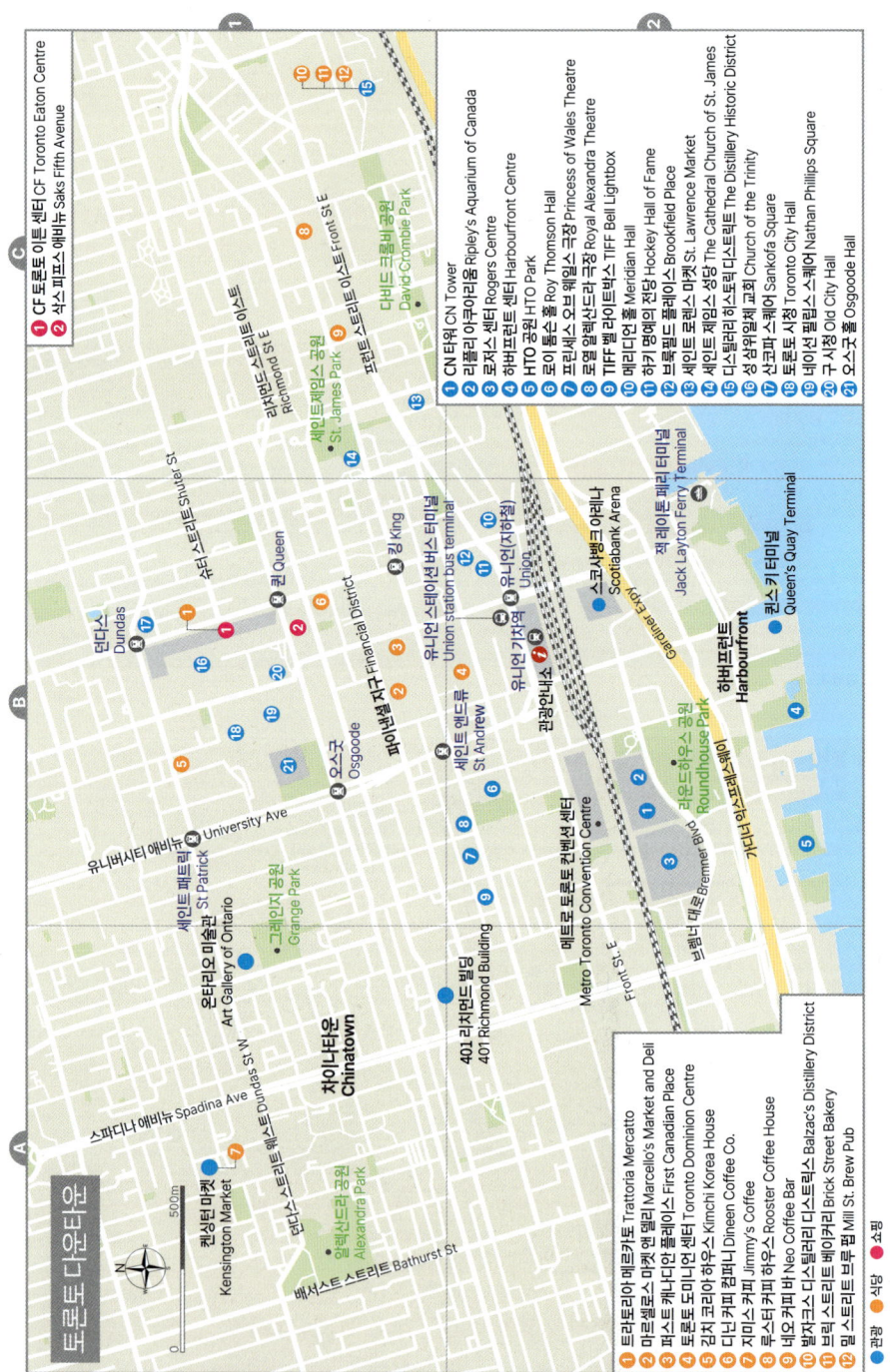

Attraction 토론토의 볼거리

토론토 시티패스 ❯ CN 타워 CN Tower(Canadian National Tower)

하늘을 찌를 듯이 서 있는 CN 타워는 토론토 최고의 전망대이자 토론토 스카이라인을 책임지고 있는 대표적인 랜드마크다. 1997년 높이 553.3m의 전파 송신탑으로 완공된 타워로 2007년까지 '세계에서 제일 높은 건축물'이라는 기록을 가지고 있다. 최초 소유 기업인 철도 회사 캐나디언 내셔널(CN)에서 이름을 따왔으며 매각 이후에도 계속 그 이름을 사용하기 원하는 시민들의 의견에 따라 지금까지 CN 타워로 불리고 있다. 앞면이 유리로 돼 있는 엘리베이터를 타면 1분 만에 전망대에 도착한다. 세 곳의 전망층(룩 아웃, 글래스 플로어, 스카이 포드)과 레스토랑, 매점, 카페 등이 있으며 지하에는 기념품점이 있다. 타워 상층부에서는 레일에 달린 줄을 몸에 묶고 타워를 한 바퀴 도는 짜릿한 액티비티 에지 워크도 체험해 볼 수 있다(유료). 토론토 시티패스에 포함된다. 티켓은 온라인과 1층 박스오피스에서 구입 가능하다.

지도 P.320-B2 **주소** 301 Front St W, Toronto, ON M5V 2T6 **홈페이지** www.cntower.ca **운영** 매일 09:00~21:30(에지 워크 10:00~19:00 시즌별 다름) **요금** 하단 표 참조 **가는 방법** 지하철 1호선 유니언 Union역 하차 후 도보 8분.

Travel tip!

CN 타워 티켓 종류

티켓명	가격	포함 내역
기본 입장료+스카이 포드 General Admission + SkyPod	13세 이상 C$57, 6~13세 C$44, 3~5세 C$28	전망대 3종(룩 아웃, 글래스 플로어, 스카이 포드) 이용 가능
입장료 General Admission	13세 이상 C$47, 6~13세 C$34, 3~5세 C$18	전망대 2종(룩 아웃, 글래스 플로어) 이용 가능
에지 워크 Edge Walk	C$199~ (13세 이상만 탑승 가능)	에지 워크 체험 + 전망대 입장료 + 스카이 포드

CN 타워 들여다보기

스카이 포드 Sky Pod

CN 타워에서 가장 높은 전망대로 무려 447m 높이에 위치하고 있다. 룩 아웃에서 엘리베이터로 다시 올라가야 하며, 유리로 된 벽을 통해 밖을 전망할 수 있다. 날씨가 좋을 때는 나이아가라 폭포와 뉴욕주까지도 보인다. 티켓은 따로 구입해야 하며 룩 아웃에서도 살 수 있다.

에지 워크 Edge Walk

레일에 달린 줄을 몸에 묶고 356m 높이에 위치한 너비 1.5m의 난간을 옆으로 걸어서 한 바퀴 도는 스릴 넘치는 액티비티다. 6명이 짝을 지어 전문 가이드가 인솔하는 대로 가면 된다. 아무것도 잡지 않은 채 바깥 쪽으로 몸을 기울여 걷는 모습이 보기만 해도 아찔하다. 유리 너머 보던 토론토 시내의 전경이 발 아래 시원하게 펼쳐진다. 13세 이상 이용 가능.

룩 아웃 Look Out

346m 높이에 위치한 전망대로 360도 유리로 돼 있다. 햇빛과 날씨 변화에 보호되는 특수 코팅된 유리 벽을 따라 걸으면 토론토 시내를 360도 파노라마로 조망할 수 있다. 하버프런트 Harbourfront와 토론토섬, 높은 빌딩이 가득한 금융가, 시청사 등 토론토 주요 명소와 빌리 비숍 토론토 시티 공항 Billy Bishop Toronto City Airport이 보인다.

360 레스토랑 360 Restaurant

351m 상공에서 식사와 함께 토론토의 경치를 360도로 즐길 수 있는 레스토랑이다. 특히 캐나다를 포함한 세계 각국의 와인을 선보이고 있다. 성수기에는 예약하는 것이 좋다.

더 숍 The Shop

타워 지하층에 위치한 기념품 숍. CN 타워 기념품은 물론 캐나다를 기념하는 다양한 기념품들을 판매한다.
영업 09:00~23:00

뷰 비스트로 VUE Bistros

전망대에 자리한 매점. 간단한 스낵류부터 샌드위치 같은 빵 종류 등을 판매한다. 전망층에 위치해 앉아서 먹으면서 창밖으로 토론토의 전경을 즐길 수 있다.
영업 월~금요일 09:00~22:00, 토·일·공휴일 09:00~23:00

글라스 플로어 Glass Floor

룩 아웃에서 한 층 내려가면 타워 아래를 내려다볼 수 있는 유리로 된 바닥이 있다. 지상으로부터 346m 높이에 있으며 안전 검사를 완벽히 거친 강화 유리로 제작됐다. 인증샷을 찍는 사람들의 갖가지 포즈를 구경하는 재미가 있다.

룩 아웃

박스 오피스

에지 워크

글라스 플로어

뷰 비스트로

더 숍

Toronto

리플리 아쿠아리움 Ripley's Aquarium of Canada

`토론토 시티패스`

CN 타워 바로 옆에 위치한 수족관으로 어린이들에게 인기 높은 명소다. 두 개 층에 상어, 가오리, 열대 물고기, 해파리 등 2만여 마리의 수중생물을 독특한 전시관들을 통해 관람할 수 있어 흥미롭다. 그중 무빙워크가 설치된 터널은 수족관의 하이라이트다. 360도 관찰이 가능한 이 터널에 서 있으면 머리 위로 상어가 지나가는 아찔함을 선사한다. 가오리, 투구 게 같은 몇몇 종류의 수중생물은 직접 만져볼 수 있게 해 놓았으며 시간마다 펼쳐지는 수중 다이브 쇼(10:15, 12:15, 14:15, 16:15)도 놓치면 아쉽다. 규모가 크지는 않지만 다양한 체험의 기회를 제공하며 어린이들을 위한 이벤트나 교육 프로그램이 많아 가족 여행자들이 찾기 좋다.

`지도 P.320-B2` **주소** 288 Bremner Blvd, Toronto, ON M5V 3L9 **홈페이지** www.ripleyaquariums.com **운영** 성수기 매일 09:00~23:00, 비수기 매일 09:00~21:00 (이벤트가 있는 날은 문을 일찍 닫을 수 있으니, 방문 전 홈페이지를 확인하자) **요금** 14~64세 이상 C$46, 학생(6~13세) C$30, 어린이(3-5세) C$13.50 **가는 방법** 지하철 1호선 유니언 Union역 하차 후 도보 8분. 또는 CN 타워에서 도보 2분.

로저스 센터 Rogers Centre

CN 타워와 리플리 아쿠아리움 바로 옆에 자리한 세계 최초의 개폐식 돔구장이다. 토론토 야구팀 블루 제이스 Blue Jays의 홈그라운드다. 1989년 '스카이 돔 Sky Dome'이라는 이름으로 문을 연 후 많은 주목을 받았다. 그러나 무거운 지붕을 여닫는 데 전기가 많이 들고 다른 개폐식 돔구장들이 생기면서 예전만큼의 인기는 얻지 못하고 있다. 2005년 로저스 커뮤니케이션스사 Rogers Communications Inc.가 인수하면서 로저스 센터로 이름이 바뀌어 지금에 이르고 있다. 미식축구, 농구 등 다양한 경기가 치러지며 공연이나 박람회가 열리기도 한다. 로저스 센터 옆으로 호텔, 레스토랑 등 부대시설도 갖추고 있다. 경기 티켓은 경기장 박스 오피스나 홈페이지에서 구입할 수 있다.

`지도 P.320-B2` **주소** 1 Blue Jay Way, Toronto, ON M5V 1J1 **홈페이지** www.mlb.com/bluejays/ballpark **가는 방법** 지하철 1호선 유니언 Union역 하차 후 도보 12분. 또는 리플리 아쿠아리움에서 도보 2분.

캐나다에서 메이저 리그 직관하기

토론토에는 메이저 리그 야구 팀인 블루 제이스가 있어 캐나다에서도 메이저 리그를 즐길 수 있다. 토론토를 방문하는 야구팬이라면 메이저 리그 직관의 기회를 놓치지 말자.

경기 티켓 예매

먼저 MLB의 블루 제이스 구단 홈페이지에서 경기 스케줄을 확인한다. 티켓은 경기장 매표소에서 구매할 수도 있지만, 인터넷 예매가 편리하다. 인터넷 예매는 공식 사이트인 MLB 사이트나 티켓매스터 또는 스텁허브에서 한다. 구장 내부도를 보면서 좌석을 지정할 수도 있으며 티켓 수령은 인쇄도 가능하지만 대부분 모바일로 받는다(모바일로 받으려면 애플리케이션을 다운로드받아야 한다). 티켓 가격은 좌석과 경기에 따라 천차만별이다. 일반 티켓의 경우 최저 약 C$20~30 정도이나 특별석이나 프리미엄 좌석은 매우 비싸다.

MLB 공식 홈페이지 www.mlb.com/bluejays/tickets (블루 제이스 경기 티켓 구입) www.mlb.com (다른 MLB 경기) **티켓매스터** www.ticketmaster.com **스텁허브** www.stubhub.com 또는 www.stubhub.co.kr (한국어 지원)

경기장 입장

블루 제이스 홈구장인 로저스 센터(P.323 참조)는 토론토 시내 교통의 중심인 유니언 Union역에서 가까우며 주변에 CN타워와 같은 명소들이 있어 토론토 여행을 겸할 수 있다. 경기장 안에서는 간단한 식사 거리와 음료, 맥주 등을 판매하며 흐르지 않게 포장된 작은 음식과 600ml 이하의 음료는 경기장 반입이 가능하나 주류는 반입이 안 된다. 입장 시 모든 가방은 보안 검색을 받아야 하며 40×40×20cm 이상 사이즈는 반입할 수 없다.

로저스 센터로 가는 방법은 지하철 1호선 유니언 Union역에서 하차해 Rogers Centre 이정표를 따라가면 12분 정도 걸어야 하지만 멀리 경기장이 보이기 때문에 어렵지 않다. 경기 중에는 교통이 혼잡하고 주차료도 비싼 편이니, 대중교통 이용을 추천한다.

Travel Plus

캐나다 유일의 메이저 리그 야구팀, 토론토 블루 제이스 Toronto Blue Jays

미국 주류의 MLB 팀 중 유일하게 캐나다 토론토를 연고로 하는 야구팀이다. 아메리칸 리그 동부 지구 소속으로 1977년 창단했으며 지금까지 2회의 월드 시리즈 우승 전적을 가지고 있다. 한국 선수들의 활약으로 한국 팬들도 많이 있는 팀이다. 블루 제이스의 역대 한국 선수는 오승환(2018), 류현진(2020~2023)이 있다. 시즌이 시작되면 로저스 센터 경기장 주변이 열기와 환호로 가득 찬다.

©Keith Allison

메이저 리그 베이스볼 Major League Baseball(MLB)

북미 프로야구 리그다. 전 세계인이 주목하는 MLB는 많은 야구 선수들의 최종 목적지이자 꿈의 리그라고 할 수 있으며 지금까지 MLB에 진출한 한국 선수는 27명이다.

MLB는 '아메리칸 리그'와 '내셔널 리그'로 이루어져 있고, 총 30개 팀이 뛰고 있다. 이 30개 팀 중 미국이 29팀, 캐나다가 1팀이다. 리그 일정은 정규 시즌과 포스트 시즌으로 나누며 정규 시즌은 4월 첫째 일요일에서 10월 첫째 일요일까지로 총 162경기를 치른다. 포스트 시즌에는 총 10팀이 진출하며 최종 2팀 중 월드 챔피언을 결정하는 월드 시리즈를 개최한다.

하버프런트 Harbourfront

토론토 남쪽 오대호 중 하나인 온타리오 호수와 인접한 지역. 온타리오 호반을 복합 문화단지로 재개발한 곳으로 마치 바다에 온 듯한 착각이 든다. 동서 방향으로 약 2km에 걸쳐 레스토랑, 카페, 마켓, 갤러리가 모여 있고 트레일과 공원이 조성돼 있어 반나절 산책을 즐기며 쉬어가기에 제격이다. 호수 건너편에 있는 토론토섬으로 가는 페리 선착장과 보트를 타는 곳, 요트 정박장이 있어 배를 타고 호수로 나가는 사람도 많다.

▶ **지도 P.320-B2** **가는 방법** 지하철 1호선 유니언 Union역 하차 후 도보 10분. 또는 스트리트카 310·509·510번 탑승 Queens Quay West At Harbourfront Centre 하차.

퀸스 키 터미널 Queen's Quay Terminal

항구를 바라보며 서 있는 전망 좋은 건물로 아파트와 사무실, 다양한 상점, 미술관, 공연장 등이 있는 복합 공간이다. 1926년 창고 시설로 지어졌으며, 1983년 공사를 거쳐 재탄생했다. 1층에는 그로서리 스토어와 상점, 레스토랑 등이 있으며 2층에는 사무실, 3층에는 극장 등이 있다.

▶ **지도 P.320-B2** **주소** 207 Queens Quay W, Toronto, ON M5J 1A7 **운영** 매일 09:00~17:00 **가는 방법** 지하철 1호선 유니언 Union역 하차 후 도보 15분. 또는 스트리트카 509·510번 탑승 Queen's Quay at Harbourfront 하차.

하버프런트 센터 Harbourfront Centre

지역 사회단체가 각종 예술 분야에서 각종 이벤트나 공연을 개최하는 공간이다. 한 해 4,000개 이상의 이벤트를 개최하고 3만 명 이상의 학생들이 각종 교육 프로그램에 참여한다. 모든 행사는 2,000여 명의 자원봉사자들의 도움으로 운영되며 참가비는 매우 저렴하거나 무료다. 주변에 공연장, 카페, 전시장이 모여 있다.

▶ **지도 P.320-B2** **주소** 539 Queens Quay W, Toronto, ON M5V 3G3 **홈페이지** www.harbourfrontcentre.com **가는 방법** 지하철 1호선 유니언 Union역 하차 후 도보 15분. 또는 스트리트카 509·510번 탑승 Queen's Quay at Harbourfront 하차.

HTO 공원 HTO Park

하얀 모래사장 위에 파라솔이 나란히 꽂혀 있는 도심 속 작은 공원이다. 공원의 이름은 물의 원소 기호인 'H₂O'와 토론토의 'TO'를 합성해 만들었다. 바쁘게 돌아가는 도심에서 그리 멀지 않은 곳에 해변의 정취를 느끼며 쉴 수 있는 오아시스로 조성됐다. 공원에서는 멀리 토론토섬 Toronto Islands이 바라보인다.

지도 P.320-B2 주소 339 Queens Quay W, Toronto, ON M5V 1A2 홈페이지 www.toronto.ca 운영 24시간 가는 방법 지하철 1호선 유니언 Union역에서 도보 20분. 또는 하버프런트 센터에서 도보 6분.

Travel Plus

잭 레이튼 페리 터미널

토론토섬 Toronto Islands

1858년 강력한 태풍이 불면서 토론토에서 연결된 부분이 떨어져 나가 섬이 된 곳으로 크고 작은 여러 개의 섬으로 구성돼 있다. 토론토시가 이곳을 보전하기 위해 공원으로 조성해 관리하고 있으며, 그중 사람들이 많이 찾는 곳은 워즈섬 Ward's Island, 센터섬 Centre Island, 한란스 포인트 Hanlan's Point다. 잭 레이턴 페리 터미널 Jack Layton Ferry Terminal에서 15분 정도 페리를 타고 들어가면 센터섬에 도착한다(페리는 겨울에는 워즈섬 Ward's Island만 운행하며, 티켓은 온라인으로 예매할 수 있다). 자전거를 타거나 피크닉을 즐기기에 좋으며, 무엇보다 여기서 바라보는 토론토의 풍경이 매우 아름답다.

지도 P.319-상단 [잭 레이튼 페리 터미널] 주소 11 Queens Quay W, Toronto, ON M5J 2H3 홈페이지 www.toronto.ca/explore-enjoy/parks-gardens-beaches/toronto-island-park/ 운영 여름 매일 06:35~23:30(계절별, 섬마다 상이 홈페이지 참조) 요금 성인 왕복 C$9.11, 학생(15~19세) C$5.86, 어린이(2~14세) C$4.29

스코샤뱅크 아레나 Scotiabank Arena

1999년 개장한 다목적 경기장이다. 토론토 아이스하키팀 '메이플 리프스 Maple Leafs'와 농구팀 '랩터스 Raptors'의 홈그라운드로 경기는 물론 공연, 정치인들의 전당대회도 열린다. 2018년 7월 에어 캐나다 센터에서 스코샤뱅크 아레나로 이름이 바뀌었다. 건물의 동쪽과 남쪽 벽은 1941년 지어졌던 우체국 건물의 외관을 유지하고 있으며 유니언역, 갤러리아, 레스토랑, 상점이 이어져 있다. 건물 앞 광장 메이플 리프 스퀘어 Maple Leaf Square에는 메이플 리프스의 전설적인 14명 선수들의 동상이 실물 크기로 전시돼 있다. 이 중에는 커피숍으로 더욱 유명한 팀 호튼 Tim Horton도 있다.

지도 P.320-B2 **주소** 40 Bay St, Toronto, ON M5J 2X2 **홈페이지** www.scotiabankarena.com **가는 방법** 지하철 1호선 유니언 Union역에서 도보 3분.

파이낸셜 지구 Financial District

20세기 중·후반 캐나다 주요 은행들의 본사가 토론토에 자리를 잡으면서 토론토는 돈이 모이는 경제의 도시로 부상했다. 지하철 세인트 앤드루스 St. Andrews역과 킹 King역 사이의 킹 스트리트 King St. 일대는 증권거래소를 비롯해 캐나다의 주요 은행과 금융 회사들이 모여 있어 '파이낸셜 지구'라 부른다. 높은 빌딩이 즐비하며 수많은 사무실과 레스토랑, 푸드코트가 밀집해 있다.

지도 P.320-B1

유니언역 Union Station

토론토의 중심이 되는 기차역이다. 석회암 기둥이 늘어서 있는 중후한 멋의 석조 건축물로 1927년 문을 열었으며 1975년 국립 역사 유적지로 지정됐다. 토론토에서 가장 분주한 곳으로 통근열차, 기차, 지하철이 모두 이 역을 통해 연결된다. 관광객과 시민들이 많이 이용하는 곳이라 편의시설이 잘 갖춰져 있고 관광 안내소도 있다.

지도 P.319-상단, P.320-B2 **주소** 55 Front St W, Toronto, ON M5J 1E6 **가는 방법** 지하철 1호선 유니언 Union역 하차

지하 도시 **토론토**

영하 10~30도의 강추위로 잘 알려진 토론토는 악천후를 피해 건물에서 건물로 이동할 수 있는 보행자 전용 지하 통로가 발달했다. '패스 PATH'라고 부르는 이 통로는 1960년대 도시 계획의 일환으로 건설되었으며 1970년대 본격적으로 확대되어 현재는 총 30km 이상의 통로가 지하에 뚫려 있다. 평일 평균 20만 명이 다니는 곳으로 기네스 세계 기록 최대의 지하 쇼핑공간으로 꼽히기도 한다.

이 통로를 따라 1,200여 개의 식당, 카페, 상점들이 있으며 50개 이상의 빌딩과 6개의 지하철역이 연결돼 있다. 토론토 교통의 허브인 유니언 Union역과 로열 요크 호텔 사이의 통로는 1927년 역이 문을 열었을 때 지어진 것이며, 토론토 주요 명소인 하키 명예의 전당, 스코샤뱅크 아레나, 시청, 이튼 센터 등이 연결된다. 특히 이튼 센터는 하나의 거대 지하 도시처럼 변화했다.

패스는 미로처럼 이어져 있어 헤맬 수 있으니 홈페이지에서 상세지도를 다운받아 휴대폰에 저장해두면 편리하다. 큰 건물 지하에는 안내지도가 있으니 참고하자.

홈페이지 www.toronto.ca

토론토에서 **공연 보기**

토론토 다운타운의 엔터테인먼트 지구에는 다양한 공연을 하는 극장과 영화관이 많아 연중 내내 클래식 오케스트라, 발레, 뮤지컬, 연극, 영화 등을 볼 수 있다. 공연장 홈페이지마다 상세한 공연 프로그램이 있으며 티켓도 예매할 수 있다. 티켓은 공연장 홈페이지뿐 아니라 예매 대행 사이트에서도 살 수 있다.

홈페이지 티켓마스터 www.ticketmaster.ca

로이 톰슨 홀 Roy Thomson Hall
캐나다를 대표하는 오케스트라 중 하나인 토론토 교향악단의 본거지다. 1982년 완공된 콘서트 홀로 주로 클래식이 공연되지만 '토론토 필름 페스티벌' 기간에는 영화도 상영한다.

지도 P.320-B2 ▶ **주소** 60 Simcoe St, Toronto, ON M5J 2H5 **홈페이지** www.roythomsonhall.com

프린세스 오브 웨일스 극장 Princess of Wales Theatre
1993한 완공된 공연장으로 세계적으로 유명한 〈라이온 킹〉, 〈찰리와 초콜릿 공장〉, 〈레미제라블〉 등의 뮤지컬이 상연된 곳으로 다양한 공연과 뮤지컬을 무대에 올리고 있다.

지도 P.320-B2 ▶ **주소** 300 King St W, Toronto, ON M5V 1J2 **홈페이지** www.mirvish.com

로열 알렉산드라 극장 Royal Alexandra Theatre
주로 뮤지컬과 연극이 상연된다. 1907년 완공되었으며 100년이 넘는 기간 동안 3,000개가 넘는 작품이 올랐을 만큼 유서 깊은 곳이다.

지도 P.320-B2 ▶ **주소** 260 King St W, Toronto, ON M5V 1H9 **홈페이지** www.mirvish.com

메리디언 홀 Meridian Hall
발레, 오페라, 연극, 콘서트 등 각종 공연과 국제 행사가 열리는 곳으로 1960년 오픈 후 주인이 몇 번 바뀌고 2010년 현대식 공연장으로 재개관했다. 2019년까지 소니센터로 불리던 이곳은 이후 메리디언 홀로 새롭게 불린다. 1974년 소련 볼쇼이 발레단 무용수 미하일 바리시니코프 Mikhail Baryshnikov가 공연 후 뒷문으로 빠져나가 캐나다로 망명했던 일화가 있는 곳이다.

지도 P.320-B2 ▶ **주소** 1 Front St E, Toronto, ON M5E 1B2 **홈페이지** https://tolive.com/Meridian-Hall

TIFF 벨 라이트박스 TIFF Bell Lightbox
매년 9월 열리는 '토론토 필름 페스티벌 TIFF'을 주최하고 운영하는 곳으로 1년 내내 영화 상영과 영화산업에 관한 강연, 워크숍, 각종 전시 및 이벤트 등을 여는 복합 문화센터다.

지도 P.320-B2 ▶ **주소** 350 King St W, Toronto, ON M5V 3X5 **홈페이지** www.tiff.net

하키 명예의 전당 Hockey Hall of Fame

아이스하키에 관한 전시를 하는 독특한 박물관으로 캐나다 사람들의 아이스하키에 대한 사랑을 실감할 수 있는 곳이다. 1943년 탄생해 1993년 옛 은행 건물인 지금의 고풍스러운 건물로 옮겨왔다. 옆에는 대형 기념품점이 있다. 입구는 건물 앞에 있지 않고 바로 옆에 있는 쇼핑몰 브룩필드 플레이스 Brookfield Place 지하에 있다. 입구에서부터 유리벽 안에 전시해 놓은 화려한 경기복과 장비가 눈길을 사로잡는다.

지도 P.320-B2 **주소** 30 Yonge St, Toronto, ON M5E 1X8 **홈페이지** www.hhof.com **운영** 성수기(6월 말~9월 초, 봄방학) 매일 10:00~18:00, 비수기 매일 10:00~17:00 **요금** 14~64세 C$25, 학생(4~13세) C$15 **가는 방법** 지하철 1호선 유니언 Union역에서 도보 3분.

Travel tip!

아이스하키 경기 방법

한 팀이 골키퍼 1명, 포워드 3명, 디펜스 2명으로 구성되며 양 팀이 상대의 골대에 퍽을 넣어 득점을 하는 경기다. 경기 시간은 20분씩 3피리어드 총 60분이며 피리어드 사이에 15분의 휴식 시간이 있다. 심판이 떨어뜨리는 퍽을 스틱으로 뺏는 페이스 오프 Faceoff로 경기를 시작한다.

내부는 아이스하키에 대한 다양한 전시물과 자료, 영상, 사진으로 가득하다. 저마다 독특한 디자인을 자랑하는 세계 각국의 경기복, 전설로 남은 경기에 대한 사진과 기록은 물론 각 나라의 역사적인 경기 장면을 재생할 수 있는 스크린도 있다. 밴쿠버 동계 올림픽 당시 골든 골을 결정한 스틱, 장갑, 퍽을 비롯해 여러 올림픽에서 사용하던 장비들, 우승 반지와 상패가 아이스하키의 역사를 말해 준다.

그레이트 홀

캐나다 아이스하키의 전설로 통하는 웨인 그레츠키 Wayne Gretzky와 다른 유명 선수들에 대한 전시, 하키 체험 공간, 몬트리올 캐나디언즈 드레스 룸 Montreal Canadians Dressing Room, 골리(골키퍼) 마스크 등 아이스하키 팬들이 열광할 만한 재미있는 볼거리가 많다. 지상층으로 올라가면 하키 최고 명예상인 스탠리 컵과 각종 우승컵을 전시하고 있는 그레이트 홀 Great Hall이 있다. 홀의 한 벽면에 세워둔 스탠리 컵 앞에는 카메라가 설치돼 있어 기념 사진을 찍을 수 있다(유료).

Travel Plus

웨인 더글러스 그레츠키 Wayne Douglas Gretzky (1961-)

NHL(National Hockey League) 경기 통산 1,487 경기 출전, 894골, 1,963 어시스트를 기록한 전설적인 인물이다. 1984년을 시작으로 스탠리 컵을 4회 차지했다. 2002년 솔트레이크 동계 올림픽에서는 아이스하키 팀 감독으로 나서 미국을 꺾고 캐나다에 금메달을 안겼다. 등 번호는 99번, 전 구단 영구 결번이다.

세인트 로렌스 마켓 St. Lawrence Market

토론토를 대표하는 오래된 시장으로 1803년 시에서 지정하면서 생겨났다. 2개의 블록에 걸쳐 북쪽에서부터 나란히 세인트 로렌스 홀, 북쪽 시장, 남쪽 시장 등 3개의 건물로 이루어져 있다. 남쪽 시장에서는 1층과 지하 두 개층으로 나뉘어 총 120개가 넘는 전문업체에서 치즈, 베이커리, 생선, 고기 등 신선한 식재료를 판매하고 있으며, 기념품점과 푸드코트도 있다. 2층에는 작은 마켓과 갤러리가 있다. 북쪽 시장은 농부들이 직접 생산한 농산물을 파는 200년 전통의 'Saturday Farmer's Market'으로 유명한데, 현재 대대적인 공사를 거쳐 그 역사를 이어가고 있다. 일요일에는 앤티크마켓도 열린다. 1850년에 지어진 세인트 로렌스 홀은 한때 시청으로 쓰이기도 했으며 현재는 상점과 사무실, 이벤트 홀이 들어서 있다.

지도 P.320-C1 **주소** 92~95 Front St E, Toronto, ON M5E 1C3 **홈페이지** www.stlawrencemarket.com **운영** [북쪽 시장, 파머스 마켓] 토요일 05:00~15:00 [남쪽 시장] 화~금요일 09:00~19:00, 토요일 07:00~17:00, 일요일 10:00~17:00, 월요일 휴무 **가는 방법** 지하철 1호선 유니언 Union역에서 도보 10분.

세인트 제임스 성당 The Cathedral Church of St. James

토론토에서 가장 오래된 성공회 성당. 1797년 나무로 지어진 것이 최초이며 1839년 대성당이 됐다. 전쟁과 화재로 수차례 손상을 입자 공모를 거쳐 1853년 신 고딕 리바이벌 양식으로 재건축됐다. 고딕 양식의 전형인 뾰족한 청동 첨탑은 1875년 지어졌으며 계단이 있으나 협소해 올라갈 수 있는 인원에 제한이 있다. 성당 앞에 자리한 세인트 제임스 공원은 시민들의 휴식처가 되고 있다. 공원 가운데에 작은 분수와 십자형 통행로가 있고 여름이면 꽃들이 화려하게 피어 성당과 아름답게 어우러진다.

지도 P.320-C1 **주소** 106 King St E, Toronto, ON M5C 2E9 **홈페이지** www.stjamescathedral.ca **가는 방법** 세인트 로렌스 마켓에서 도보 4분. 또는 스트리트카 304·503·504 King St West At Jarvis St West Side 하차 후 바로.

디스틸러리 히스토릭 디스트릭트 The Distillery Historic District

1832년 설립된 '구더햄과 워츠 양조장 Gooderham & Worts Distillery'이 있었던 곳으로 양조장이 떠난 후 각종 갤러리, 레스토랑, 카페, 브루어리, 상점들이 모여 있는 문화예술지구로 거듭났다. 역사적인 건물을 보전하면서도 지역의 활성화를 목적으로 한 재개발이 성공한 관광 명소로 1988년 국립 역사 유적지로 지정됐다. 붉은 벽돌로 된 건물마다 아기자기하고 독특한 상점들과 갤러리들이 입점해 있어 구경하는 재미가 쏠쏠하며 영화 촬영지로도 이름난 곳이다. 크리스마스 시즌에는 크리스마켓으로 변하는데, 대형 트리와 알록달록한 전구로 밝혀 놓은 거리가 크리스마스 분위기를 고조시킨다.

이 지역을 가로지르는 트리니티 스트리트 Trinity St.는 중심 광장으로 시계탑이 있다. 이곳을 중심으로 형성된 보행자 전용 거리에 40여 개의 개성 있는 상점과 공연장, 50여 개에 이르는 예술가들의 개인 스튜디오와 갤러리가 있다. 상점들 근처에는 자물쇠가 가득 채워진 'LOVE'라는 글자의 철제 골조물이 있는데 인기 있는 포토 스팟이다.

지도 P.320-C1 **주소** Distillery District Toronto, ON **홈페이지** www.thedistillerydistrict.com **운영** 월~수요일 10:00~20:00, 목~토요일 10:00~21:00, 일요일 11:00~20:00 **가는 방법** 스트리트카 504번 탑승 Distillery Loop 하차 후 도보 3분.

성 삼위일체 교회 Church of the Trinity

복잡한 다운타운 중심 높은 빌딩 사이로 조용히 자리하고 있어 눈에 잘 띄지 않지만, 시민들의 안식처가 되는 곳이다. 1847년에 지어진 고딕 양식의 성공회 교회로 정문 양옆의 굴뚝 모양 탑은 중세 영국의 튜더 Tudor 양식에서 가져온 디자인이다. 한 블록 사이에 화려한 네온사인이 반짝이는 복잡한 거리와는 사뭇 분위기가 다르다.

지도 P.320-B1 　**주소** 10 Trinity Square, Toronto, ON M5G 1B1　**홈페이지** www.holytrinity.to　**운영** 예배 일요일 10:30~　**가는 방법** 지하철 1호선 퀸 Queen역·던다스 Dundas역 하차 후 도보 3분.

CF 토론토 이튼 센터 CF Toronto Eaton Centre

다운타운 심장부에 위치한 쇼핑센터로 지하로 연결되어 지하 도시의 중심이 되는 곳이다. 유명 브랜드가 많이 입점해 있으며 백화점, 레스토랑, 카페, 푸드코트가 있어서 쇼핑과 식사를 같이 해결할 수 있다. 특히 날씨에 영향을 받지 않고 쾌적하게 쇼핑을 즐길 수 있어서 항상 많은 사람으로 붐빈다. P.353 참조.

지도 P.320-B1 　**주소** 220 Yonge St, Toronto, ON M5B 2H1　**홈페이지** https://shops.cadillacfairview.com/property/cf-toronto-eaton-centre　**영업** 월~토요일 10:00~21:00, 일요일 11:00~19:00　**가는 방법** 지하철 1호선 퀸 Queen역·던다스 Dundas역 하차 후 도보 1분.

Travel Plus

산코파 스퀘어 Sankofa Square

이튼 센터 건너편 영 스트리트와 던다스 스트리트가 만나는 코너에 위치한 광장으로 2003년 문을 열었다. 각종 이벤트와 공연이 펼쳐지며 광장 주위를 둘러싼 건물과 미디어 타워의 대형 스크린에서는 유명 기업의 광고가 쏟아져 나와 번화한 느낌을 더한다. 흥미로운 공연이라도 열릴 때면 사람들이 빽빽하게 광장을 메운다. 지하철 던다스 Dundas역과 바로 연결되어 있다.

지도 P.320-B1 　**주소** 1 Dundas St E, Toronto, ON M5B 2R8　**홈페이지** www.sankofasquare.ca

토론토 시청 Toronto City Hall

20층과 27층의 두 휘어진 건물이 원형 돔 건물을 둘러싼 모습으로 서 있는 독특한 디자인의 건물이다. '도시를 감싸 안는다'는 의미를 지닌 이곳은 토론토의 대표적인 랜드마크 중 하나로 1965년 완공했으며 핀란드 건축가 빌조 레벨 Viljo Revel이 설계를 담당했다. 개관 당시 토론토와 어울리지 않는다는 논란이 있었지만 지금은 많은 사람이 찾는 명소가 됐다.

지도 P.320-B1

네이션 필립스 스퀘어 Nathan Phillips Square

시청사 앞에 펼쳐진 넓은 광장. 콘서트, 시위, 축제 등 토론토 시민들의 각종 행사가 열린다. 광장 끝 분수대 가장자리에 있는 'TORONTO' 조형물은 인기 있는 인증샷 장소. 여름에는 시원한 분수가 더위를 식혀주며 겨울에는 스케이트장으로 변신한다. 광장 둘레에는 지상 2층 높이의 도보 전용 보도가 설치돼 있다. 이곳에서 시청사 쪽을 바라보면 색다른 풍경을 선사한다.

지도 P.320-B1 **주소** 100 Queen St. W, Toronto, ON **홈페이지** www.toronto.ca **가는 방법** 지하철 1호선 오스굿 Osgoode 역 또는 퀸 Queen역 하차 후 도보 5분.

Travel Plus

구 시청 Old City Hall

시청사에서 대각선 남쪽에 네오 로마네스크 양식으로 고풍스럽게 서 있는 건물로, 신구의 두 시청사가 대조적인 모습을 보여 흥미롭다. 1899년 지어진 이 건물은 현재 법원으로 사용되고 있으며 1984년 국립 역사 유적지로 지정됐다. 보안 검사 후 내부 관람이 가능하다.

지도 P.320-B1 **주소** 60 Queen St W, Toronto, ON M5H 2M3

오스굿 홀 Osgoode Hall

캐나다 최초의 법률 집행기관이 있던 곳으로 빅토리안 건축 양식으로 1832년 완공됐다. 온타리오주의 초대 대법원장이었던 윌리엄 오스굿 William Osgoode의 이름을 딴 홀은 200년에 가까운 시간 동안 많은 개축 공사를 거쳐 지금의 모습으로 완성됐지만, 건물 정면은 1860년대의 모습 그대로 남아 있다. 현재 온타리오 법원, 상급법원 분쟁재판소 등으로 쓰이고 있으며 내부에는 여러 개의 법정이 있다. 특히 천장, 창문 등이 화려하게 장식된 대 도서관 Great Library과 학위 수여식 같은 행사를 하는 컨보케이션 홀 Convocation Hall이 주요 볼거리다. 1979년 국립 역사 유적지로 지정됐다. 건물 동쪽 끝에는 토론토 시청으로 이어지는 문이 있다.

지도 P.320-B1 **주소** 130 Queen St W, Toronto, ON M5H 2N5 **홈페이지** www.lso.ca **운영** 월~금요일 09:00~17:00 **요금** 무료 **가는 방법** 지하철 1호선 오스굿 Osgoode역 하차 후 도보 2분.

401 리치먼드 빌딩 401 Richmond Building

20세기 초 주석을 가공하던 공장이 토론토의 주요 예술센터로 재탄생한 곳으로 예술과 관련된 일에 종사하는 140여 개의 소규모 기업과 사람들이 모여 있는 건물이다. 붉은 벽돌로 된 빈티지한 건물은 나무가 있는 안뜰을 'ㄷ'자 형태로 둘러싸고 있으며 옥상에도 녹지가 있다. 고소한 빵 냄새가 나는 카페 옆에 빌딩 입구가 있다. 내부로 들어가면 여러 개의 갤러리와 다양한 분야의 예술 종사자들의 디자인 작업실, 사무실, 서점, 스페인 무용학교가 있다. 영화제작자, 보석상, 건축가, 그래픽 아티스트 등 개성 있는 예술가들이 작업과 전시, 판매까지 한다. 지하에는 독특한 디자인의 물건들을 판매하는 상점이 있다.

지도 P.320-A1·A2 **주소** 401 Richmond St W, Toronto, ON M5V 3A8 **홈페이지** www.401richmond.com **운영** 월~토요일 08:00~18:00, 일요일 휴무 **가는 방법** 스트리트카 510번 탑승 Spadina Ave At Richmond St West 하차 후 도보 2분.

차이나타운 Chinatown

스파디나 애비뉴 Spadina Ave.와 던다스 스트리트 Dundas St.가 만나는 거리를 중심으로 형성된 이곳은 토론토에 있는 차이나타운 중에서도 가장 큰 곳으로 나날이 규모가 확장되고 있다. 중국인들의 생활력과 생생한 활기를 느낄 수 있는 곳으로 레스토랑, 카페, 상점 등이 밀집해 있다. 노면 전차가 통과하는 길 양옆으로 딤섬이나 훠궈를 파는 중국 레스토랑, 베트남 레스토랑이 눈에 많이 띄며 아시아 음식을 즐기기 위해 외국인도 많이 찾아온다. 큰 쇼핑몰과 옷가게, 기념품점, 저렴하게 식재료를 구입할 수 있는 중국 마트도 있다. 이 거리는 켄징턴 마켓과 온타리오 미술관까지 이어져 같이 관광하기 좋다.

지도 P.320-A1 주소 280 Spadina Ave, Toronto, ON M5T 3A5 가는 방법 스트리트카 510번 탑승 Spadina Ave. at Dundas St 하차.

켄싱턴 마켓 Kensington Market

1900년대 초 유대인들이 정착한 이후 아시아, 아프리카, 남미 등 다양한 지역의 이민자들이 모여 특색 있는 상품을 팔기 시작하면서 형성된 마켓이다. 이민자들의 독특한 문화를 엿볼 수 있는 이곳은 2006년 캐나다 국립역사 유적지로 지정됐다. 아프리카 토산품을 파는 독특한 상점, 빈티지 옷가게, 레스토랑, 카페, 베이커리, 치즈, 고기, 야채를 파는 식재료 마켓들이 골목을 따라 빼곡히 들어서 있으며 벽면에 그래피티가 그려져 있는 상점들도 눈에 띈다. 다른 곳에 비해 물가도 저렴한 편이라 부담없이 식사를 하기에도 좋다. 5~10월 매월 마지막 일요일(Car Free Sunday)에는 보행자 전용 도로를 만들고 축제를 연다.

지도 P.320-A1 주소 Kensington Ave, Toronto, ON M5T 2K2 홈페이지 https://kensingtonmarket.to 운영 매일(상점별 상이) 휴무 12/25, 1/1 가는 방법 스트리트카 510번 탑승 Spadina Ave At Nassau St, 하차 후 도보 1분.

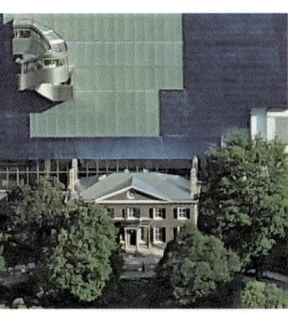  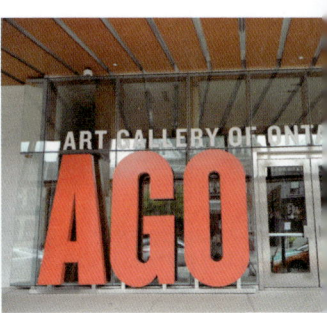

온타리오 미술관 Art Gallery of Ontario(AGO)

캐나다를 대표하는 미술관 중의 하나. 1900년 토론토 미술관 Art Museum of Toronto으로 설립된 것이 최초이며 2004~2008년 대대적인 보수 공사를 거쳐 지금의 모습을 갖추게 됐다. 나무 골조를 유리가 싸고 있는 독특한 외관은 세계적인 건축가 프랭크 게리 Frank Gehry의 디자인이다. 유리 안쪽으로 미술관 밖 던다스 스트리트 Dundas St.가 보이는 긴 통로가 있으며 통로 한쪽 끝에는 카페도 자리하고 있다.

12만여 점의 작품을 소장하고 있으며, 입구가 있는 미술관 1층에는 매표소, 기념품점, 카페, 레스토랑이 있고 주요 회화 작품은 주로 1층과 2층에 있다. 캐나다를 대표하는 작가인 톰 톰슨 Tom Thomson, 그룹 오브 세븐 Group of Seven, 에밀리 카 Emily Carr의 회화와 원주민의 예술을 포함한 많은 캐나다 작품을 보유하고 있다. 고야, 피카소, 루벤스, 렘브란트, 모네, 세잔, 피카소, 로댕 등 많은 유럽 작가들의 작품과 아프리카, 현대 미술, 사진, 조각품도 볼 수 있다. 특히 2층에는 영국의 조각가 헨리 무어 Henry Moore의 조각 전시실 Henry Moore Sculpture Court이 있다. 매월 첫째 수요일 오후 6시 이후엔 무료이기 때문에 시간만 맞추면 이 시간에 방문하는 것도 좋다.

지도 P.320-A1 **주소** 317 Dundas St W, Toronto, ON M5T 1G4 **홈페이지** www.ago.ca **운영** 화·목요일 10:30~17:00, 수·금요일 10:30~21:00, 토·일요일 10:30~17:30, 월요일 휴관(기타 휴관일 홈페이지 참조) **요금** 성인 C$30(연간회원권 C$40), 첫째 수요일 18:00 이후 무료(온라인 예약 필수) **가는 방법** 지하철 1호선 세인트 패트릭 St. Patrick역 하차 후 도보 5분. 또는 스트리트카 505번 탑승 McCaul St. 하차.

온타리오 미술관 주요 작품

유코 마을의 교회
Church in Yuquot Village
에밀리 카 Emily Carr

재스퍼 공원에서
In Jasper Park
에이 와이 잭슨 A.Y. Jacson

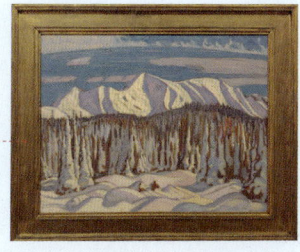

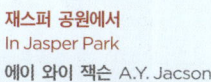

제자의 발을 씻는 그리스도
Christ Washing His Disciples' Feet
제이코포 틴토레토 Jacopo Tintoretto

헨리 8세의 초상
Portrait of Henry VIII
한스 홀바인 Hans Holbein

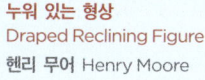

슈페리어 호수 위에서
Above Lake Superior
로렌 해리스 Lawren S. Harris

누워 있는 형상
Draped Reclining Figure
헨리 무어 Henry Moore

Travel Plus

헨리 무어 Henry Moore (1898-1986)

광부의 아들로 태어나 일찍이 조각가의 길을 걸으며 영국 왕립 미술학교에서 조각을 가르쳤다. 1948년 베니스 비엔날레에서 대상을 받으면서 이름을 날리기 시작했으며 영국 최고의 조각가 중 하나로 꼽힌다. 추상적인 디자인 속에 자연과 인간성을 표현하고자 했으며 누워 있는 형체와 구멍을 뚫는 기법을 많이 사용했다. 특히 '누워 있는 형상 Draped Reclining Figure' 시리즈가 유명하다. 그의 작품은 우리나라를 비롯해 전 세계에서 만나볼 수 있다.

로열 온타리오 박물관 Royal Ontario Museum(ROM)

토론토 시티패스

캐나다에서 가장 큰 박물관으로 세계의 문화, 인류, 예술, 자연사에 대해 전시를 하고 있다. 1914년 문을 연 이래 토론토 대학의 관리하에 있다가 1968년 독립했다. 외관 디자인이 독특하기로 유명한데, 벽돌과 테라코타로 지은 기존 건물에 광물의 원석처럼 보이는 새로운 유리와 알루미늄 패널이 자유롭게 붙어 있는 모습이 매우 이색적이다. 박물관에 3,000만 달러를 기부한 기업가의 이름을 붙여 '마이클 리 친 크리스털 Michael Lee Chin Cristal'이라 부르는 이 건물은 해체주의 건축가로 잘 알려진 건축가 대니얼 리베스킨트 Daniel Libeskind의 디자인으로 2007년 지어졌다. 냅킨의 접힌 모습에서 아이디어를 떠올렸고 크리스털의 이미지를 결합한 작품이라고 한다.

오래된 건물에 미래 지향적인 현대 건물이 함께 하나의 건물을 이룬 자체만으로 많은 이슈를 낳았으며 지금은 토론토의 독특한 볼거리로 자리 잡았다. 지하 2층·지상 4층 규모의 건물에 30개 이상의 전시실이 있다. 고대 이집트와 캐나다 원주민의 예술, 공룡화석, 광물 등 1,300만 점이 넘는 전시물을 소장하고 있으며 주요 볼거리는 대부분 1~3층에서 전시한다. 기념품점도 규모가 크고 상품이 다양하며 지하의 카페테리아도 넓은 편이다.

지도 P.319-하단 **주소** 100 Queens Park, Toronto, ON M5S 2C6 **홈페이지** www.rom.on.ca **운영** 화~일요일 10:00~17:30(여름 성수기는 매일 10:00~17:30), 월요일·12/25 휴관 **요금** 성인 C$23~25(날짜별 상이), 3~17세 C$14~15.25 **가는 방법** 지하철 1호선 뮤지엄 Museum역 하차 후 바로.

로열 온타리오 박물관
층별 주요 전시물

Level 3

규모는 작지만 고대 이집트, 수단, 에티오피아의 아프리카 문명과 고대 그리스, 로마의 유럽 갤러리가 있다. 아프리카 갤러리에는 미라, 상형문자 등 고대 이집트 문화를 알 수 있는 유물을 전시하고 있으며, 유럽 갤러리에서는 중세 유럽의 갑옷과 조각, 헬레니즘 문화유산(동양과 서양의 문화를 융합한 문화)을 볼 수 있다.

Level 2

자연사 박물관을 방불케 하는 다양한 전시물이 눈길을 끈다. 공룡, 식물, 곤충, 해양 생물, 각종 포유류·조류의 뼈와 화석, 박제들이 가득하다. 특히 공룡관에 있는 뼈들은 캐나다의 유명한 화석 지대에서 가져온 것으로 27m에 달하는 고르도 화석 공룡 뼈와 공룡 두개골 모음, 익룡 등 종류가 다양하다. 자메이카 세인트클레어 동굴 St. Clair Cave을 재현한 박쥐 동굴에서는 800종 이상의 박쥐 표본을 볼 수 있다.

Level 1

입구 중앙 홀의 커다란 공룡 뼈 모형이 시선을 압도하는 1층은 중국관, 한국관 등의 아시아 문화관과 캐나다 회화와 공예품을 전시한 캐나다 갤러리가 있다. 중국관은 BC 300년에서 AD 1900년까지의 다양하고 방대한 전시물을 자랑하는데, 중국의 불상, 종, 석상과 왕릉까지 재현해 놓았으며 종교, 정치, 매장 관습 등 중국 문화를 알 수 있는 유물이 다수 전시돼 있다. 바로 옆 한국관도 도자기, 회화, 서예 등 260여 점이, 일본관은 사무라이 갑옷을 포함한 6000여 점의 유물이 있다.

퀸스 공원 Queen's Park

복잡한 도심의 오아시스 같은 녹지대로 남북으로 긴 타원형을 하고 있다. 공원 남쪽에는 주의사당이 위엄있게 자리하고 있으며 주변에는 토론토 대학 건물들이 자리한다. 공원 곳곳에는 빅토리아 여왕, 조지 브라운, 에드워드 7세 등 동상이 세워져 있다. 복잡한 시내를 벗어나 여유 있게 산책하며 휴식을 취하기 좋다.

지도 P.319-하단 ▶ **주소** 73 Queen's Park Cres E, Toronto, ON M5S 2C3 **홈페이지** www.toronto.ca **가는 방법** 지하철 1호선 뮤지엄 Museum역 하차 후 도보 4분.

온타리오 주의사당 Legislative Assembly of Ontario

퀸스 공원에 로마네스크 양식으로 지어진 5층 건물로 온타리오주 행정의 중심이다. 1893년 완공됐으며 핑크색 사암으로 지어져 공원의 녹지와 잘 어울린다. 의사당 건물 앞쪽에는 캐나다 제1대 총리인 존 맥도널드 John Macdonald의 동상이 있다. 주의사당 내부는 투어를 통해 둘러볼 수 있다. 화재로 소실됐던 서쪽 날개의 재건축과 유령 출몰에 관한 재미있는 이야기를 들을 수 있고 회의실, 스테인드글라스, 의사봉 등을 볼 수 있다.

지도 P.319-하단 ▶ **주소** 111 Wellesley St W, Toronto, ON M7A 1A2 **홈페이지** www.ola.org **운영** 월~목요일 08:00~18:00, 금요일 08:00~17:00, 토·일요일·공휴일 휴무(초 성수기에는 주말도 운영 6월 말~9월 초 09:00~17:00) **가는 방법** 퀸스 공원에서 도보 3분.

토론토 대학 University of Toronto

캐나다에서 손꼽히는 종합 공립대학으로 퀸스 공원 옆에 위치한다. 오랜 역사를 가진 고풍스러운 도서관, 학생회관, 여러 개의 단과 대학으로 구성돼 있다. 인문, 사회, 수학, 공학, 의학 등 각 분야에서 최고의 명문으로 인정받고 있으며, 캐나다 총리와 대법관, 노벨상 수상자를 다수 배출했다. 1827년 영국 왕 조지 4세의 명으로 세워진 킹스 컬리지 King's College가 모태이며 1850년 토론토 대학으로 이름이 바뀌었다.

지도 P.319-하단 ▶ **주소** 6 Hoskin Ave, Toronto, ON M5S 1H8 **홈페이지** www.utoronto.ca **가는 방법** 지하철 1호선 퀸즈 파크 Queen's Park역 하차 후 도보 3분. 또는 스트리트카 506번 탑승 College St at St George St 하차.

바타 슈 박물관
Bata Shoe Museum

구두 회사 '바타 슈 컴퍼니 Bata Shoe Company' 사장의 부인 소냐 바타 Sonja Bata가 세계 각국에서 모은 신발과 관련 예술 작품, 자료를 전시하는 이색 박물관으로 1995년에 문을 열었다. 소장 물품이 단일 소재로만 3,000개가 넘을 정도로 규모가 어마어마하다. 건물 외관은 온타리오주의 유명한 건축가 레이먼드 모리야마 Raymond Moriyama가 지었으며, 건물 자체가 거대한 신발 상자 모양을 하고 있다. 신발을 보호하는 상자로부터 영감을 얻었다고 한다.

고대부터 현대까지 시대별로 전시한 신발과 지역별, 주제별, 용도별로 분류해 전시하고 각종 브랜드 신발도 만나볼 수 있다. 기원전의 이집트 샌들, 중국 여인들이 신었던 전족, 이누이트의 부츠, 원주민 신발 등 평소 구경하기 힘든 신발이 많다. 특히 유명인사들이 신었던 신발 전시실에는 빅토리아 여왕의 볼룸 슬리퍼, 테리 폭스의 러닝화, 메릴린 먼로의 하이힐, 로버트 레드포드의 카우보이 부츠 등 흥미로운 전시물이 많다.

지도 P.319-하단 **주소** 327 Bloor St W, Toronto, ON M5S 1W7 **홈페이지** www.batashoemuseum.ca **운영** 월~토요일 10:00~17:00, 일요일 12:00~17:00 **요금** 성인 C$16, 학생 C$8, 5~17세 C$5(일요일 입장권 무료) **가는 방법** 지하철 1호선 세인트 조지 St. George역 하차 후 도보 1분.

카사 로마 Casa Loma

토론토 전기회사를 설립해 전기 공급을 독점하면서 막대한 부를 축적했던 헨리 펠라트 경 Sir Henry Mill Pellatt의 대저택으로 토론토 시내가 한눈에 내려다보이는 언덕에 위치해 있다. 1911년부터 3년 동안 세계 각지에서 수입한 최고급 자재를 들여와 지었다. 그러나 헨리 펠라트 경은 세계대전과 증시의 폭락으로 결국 파산했고 부를 과시하기 위한 이 저택에서 10년도 채 살지 못하고 떠났다. 빈집이 된 카사 로마를 토론토시에서 인수했고 복원 작업을 거쳐 일반에 오픈했다.

방의 개수는 총 98개이며 내부에는 엘리베이터가 설치돼 있다. 입구로 들어가 먼저 지하로 내려가면 기념품점, 와인셀러, 영화관, 카페와 250m에 달하는 지하 통로가 있다. 보일러실이 있는 이 통로는 추위를 피해 집의 여기저기를 돌아다니기 위한 목적으로 만들어졌으며 마구간, 원예실로 이어진다. 1층에는 천장 높이가 18m에 달하는 그레이트 홀 Great Hall과 수만 권의 장서가 있는 도서관, 식당, 온실이 있다. 식물을 좋아했던 펠라트 경은 온실을 무척 아꼈다고 한다. 2층에도 침실, 욕실, 게스트룸 등 화려하게 장식된 방들이 있다. 3층은 펠라트 경의 삶을 기념하기 위한 박물관으로 꾸며져 있다. 건물 밖에는 여름 시즌에만 공개하는 정원이 있다.

지도 P.319-상단 **주소** 1 Austin Terrace, Toronto, ON M5R 1X8 **홈페이지** www.casaloma.ca **운영** 매일 09:30~17:00(마지막 입장은 16:30) **요금** 성인 C$40(오디오 가이드 앱 다운로드 또는 디바이스 기념품 숍에서 대여 가능) **가는 방법** 지하철 1호선 듀폰트 Dupont역 하차 후 도보 10분.

스파디나 박물관 Spadina Museum

카사 로마에 이어 1900년대 초 캐나다 상류층의 삶을 엿볼 수 있는 또 하나의 저택이다. 토론토 도미니언 은행의 설립자이자 컨슈머스 개스의 사장이었던 제임스 오스틴 James Austin의 주택으로 1866년 빅토리아 양식으로 지어졌다. 당시 상당한 부호였던 오스틴은 이 동네 부동산의 대부분을 소유했으나 사후 자손들이 조금씩 매각하기 시작했고 결국 마지막 남은 지금의 저택은 캐나다 역사위원회에 기증돼 1984년 박물관으로 꾸며졌다. 중간에 오랜 리노베이션을 거쳐 2010년에 다시 개관하였는데, 여러 건축양식이 가미되었으며 20세기 초반 스타일의 인테리어로 꾸며져 있다. 오스틴 가족이 남긴 가구와 소품들로 우아하게 꾸며진 내부는 3층 규모, 36개의 방으로 구성돼 있으며 그중 일부만 공개한다. 카사 로마 바로 옆에 있어서 함께 보기 좋으며 넓은 정원이 있어 산책을 즐기기에도 좋다.

지도 P.319-상단 **주소** 285 Spadina Rd, Toronto, ON M5R 2V5 **홈페이지** www.toronto.ca **운영** 수~일요일 11:00~17:00 정원 매일 11:00~17:00 [투어] 수~일요일 11:15, 12:15, 13:15, 14:15, 15:15, 16:00, 월·화요일 휴관 **요금** 무료 **가는 방법** 카사 로마에서 도보 2분.

Travel tip!

볼드윈 스텝스 Baldwin Steps

카사 로마와 스파디나 박물관 사이에는 스파디나 공원 Spadina Park이 있다. 이 작은 공원을 걷다 보면 남쪽으로 내려가는 계단인 볼드윈 스텝스 Baldwin Steps가 길게 나 있다. 무더운 여름에는 카사 로마로 이르는 길이 땡볕의 언덕길이라 이 계단으로 오르는 것이 좀 더 수월하다. 햇빛을 피하면서 걸을 수도 있고 계단 중간에 작은 전망대가 있어 토론토 시내를 조망할 수도 있다. 건물들이 시야를 가리기는 하지만 멀리 CN 타워가 보여 해 질 녘 젊은이들의 데이트 코스가 되곤 한다.

Restaurant 토론토의 식당

트라토리아 메르카토 Trattoria Mercatto

다운타운의 중심 CF 토론토 이튼 센터에 자리한 인기 이탈리안 레스토랑이다. 들어가는 입구가 에스컬레이터 옆 구석에 자리해 조금 답답한 느낌이지만 내부로 들어가면 꽤 규모가 크고 2층까지 좌석이 가득하다. 1층의 바를 지나면 야외 테이블 자리가 있는데 바로 앞 성 삼위일체 교회가 보인다. 다양한 해산물 애피타이저와 파스타, 피자가 인기이며 종류도 많다. 버거나 스테이크 메뉴와 젤라토, 케이크, 타르트 같은 디저트들도 있다.

지도 P.320-B1 **주소** 220 Yonge St, Toronto, ON M5B 2H1 **홈페이지** https://mercatto.ca **영업** 월~토요일 11:30~22:00, 일요일 11:30~20:00 **가는 방법** 지하철 1호선 던다스 Dundas역 하차 후 도보 3분.

마르셀로스 마켓 앤 델리 Marcello's Market and Deli

퍼스트 캐나디안 플레이스 지하에 자리한 델리숍이다. 간단하면서도 푸짐한 샌드위치와 함께 무게로 판매하는 뷔페식 카페테리아를 겸하고 있어 바쁜 직장인들에게 매우 인기가 있다. 신선한 재료를 사용해 만든 다양한 메뉴와 채식주의자들을 위한 건강식 메뉴도 있다. 100g 단위로 판매하기 때문에 언뜻 보면 가격이 저렴해 보이지만 막상 푸짐하게 담으면 가격이 쑥쑥 올라간다.

지도 P.320-B1 **주소** 105 Adelaide St W, Toronto, ON M5H 1P9 **홈페이지** www.marcellos.ca **영업** 월~금요일 07:00~15:00 **가는 방법** 지하철 1호선 세인트 앤드류 St. Andrew역 하차 후 도보 5분.

적응의 기술,
언더그라운드 푸드코트

궂은 날씨가 잦은 토론토에는 지하상가가 발달했는데 다운타운의 큰 건물에는 대부분 푸드코트나 카페테리아가 있다. 다양한 메뉴, 비싸지 않은 가격대에 식사를 해결할 수 있으며, 특히 날씨가 나쁜 날에도 편하게 걸어 다닐 수 있어 수많은 사람으로 붐빈다. 단, 지역 자체가 사무실이 모여 있는 지구라서 주말이면 문을 닫는 곳이 많다.

퍼스트 캐나디안 플레이스 First Canadian Place
식당과 푸드코트, 그리고 슈퍼마켓 겸 샐러드바가 있는 더 마켓 바이 롱고스 The Market by Longo's와 더불어 일부 상점도 있어 간단한 쇼핑을 함께 즐길 수 있다.

지도 P.320-B1 **주소** 100 King St W, Toronto, ON M5X 1A9 **가는 방법** 지하철 1호선 킹 King역 하차 후 도보 4분.

토론토 도미니언 센터 Toronto Dominion Centre
초콜릿 가게, 신발, 의류, 화장품 매장 등 다양한 상점과 대형 푸드코트가 입점해 있다.

지도 P.320-B2 **주소** 100 Wellington St W, Toronto, ON M5K 2A1 **가는 방법** 지하철 1호선 킹 King역 하차 후 도보 6분.

CF 토론토 이튼 센터 CF Toronto Eaton Centre
쇼핑의 중심지 CF 토론토 이튼 센터에는 여러 레스토랑이 있지만 저렴한 가격대에 간단하게 식사를 하려면 이튼 센터 지하 푸드코트를 이용하면 좋다. 한국, 일본, 중국, 태국, 인도 등 다양한 나라의 식당들이 많아 고르는 재미도 있다.

지도 P.320-B1 **주소** 14 Queen St W, Toronto, ON M5H 3X4 **가는 방법** 지하철 1호선 퀸 Queen역 하차 후 도보 1분.

브룩필드 플레이스 Brookfield Place
하키 명예의 전당과 바로 이어져 쉽게 찾아갈 수 있으며 쾌적한 분위기다. 지하에는 푸드코트와 샐러드바를 겸한 더 마켓 바이 롱고스 The Market by Longo's도 있다.

지도 P.320-B2 **주소** 181 Bay St, Toronto, ON M5J 2T3 **가는 방법** 지하철 1호선 유니언 Union역 하차 후 도보 4분.

트라토리아 네르보사 Trattoria Nervosa

요크빌에 자리한 인기 많은 이탈리안 레스토랑이다. 1954년 캐나다 최초로 에스프레소 머신을 갖춘 카페로 시작하여 2대에 걸쳐 레스토랑 사업을 이어오고 있으며 현재는 미국에도 진출해 레스토랑 그룹으로 발전했다. 주택을 예쁘게 개조한 인테리어도 좋지만 파스타를 비롯해 대부분의 음식이 맛있어 항상 대기줄이 길다. 예약을 하고 가거나 식사 시간을 조금 피해가는 것을 권한다. 또는 이름을 걸어두고 요크빌 주변을 돌아다녀 보는 것도 괜찮다.

지도 P.319-하단 ▶ **주소** 75 Yorkville Ave, Toronto, ON M5R 1B8 **홈페이지** www.eatnervosa.com **영업** 금·토요일 11:30~23:00, 일~목요일 11:30~22:00 **가는 방법** 지하철 2호선 Bay역 하차 후 도보 1분, 또는 1·2호선 블로어-영 Bloor-Yonge역 하차 후 도보 7분.

골드스트럭 커피 Goldstruck Coffee

도심 속의 아담한 휴식처 빌리지 오브 요크빌 공원 Village of Yorkville Park 북쪽 상가에 위치한 카페다. 공원 내의 바위 조형물 바로 건너편에 있는데 입구가 작아 얼핏 그냥 지나치기 쉽다. 지하의 매장으로 내려가면 입구와는 달리 넓고 깔끔하게 정돈된 실내 풍경이 한눈에 들어온다. 유기농 원두를 사용하며, 72시간 이내에 원두를 소진해 신선한 커피를 제공한다는 자부심으로 운영 중이다. 에스프레소와 라테 종류가 맛있는데 그중에서도 이곳의 시그니처 메뉴인 바닐라 라테가 가장 인기다. 로열 온타리오 박물관을 방문한 후 또는 인근 상점들을 구경한 후 잠시 쉬어 가기에 좋다.

지도 P.319-하단 ▶ **주소** 130 Cumberland St, Toronto, ON M5R 1A6 **홈페이지** https://goldstruckcoffee.ca/yorkville-village-toronto **영업** 월~금요일 07:00~20:00, 토요일 08:00~20:00, 일요일 08:00~19:00 **가는 방법** 지하철 2호선 베이 Bay역에서 하차 후 도보 3분. 또는 1호선 뮤지엄 Museum역에서 하차 후 도보 5분.

Toronto

김치 코리아 하우스 Kimchi Korea House

캐나다 여행 중에 빵이 지겨워지면서 한식이 그리워진다면 한 번쯤 들러볼 만한 한식당. 토론토에 코리아타운이 있기도 하지만 이 집은 다운타운에 자리하고 있어 여행 중에 찾아가기가 쉽다. K 푸드가 열풍인 요즘 현지인들 사이에서도 제법 인기가 있는 맛집 중 하나다. 한국말로 주문이 가능하며 각종 찌개류, 비빔밥, 국수, 다양한 고기 요리, 잡채, 전, 탕수육 등 메뉴가 매우 다양한데 특히 주재료를 다르게 한 비빔밥의 종류가 많다. 반찬이 정갈하게 나오는 편이며 맛도 깔끔하다. 한국보다 조금 비싸다고 느낄 수 있지만 토론토의 다른 레스토랑과 비교하면 비싼 편은 아니다.

지도 P.320-B1 ▶ **주소** 149 Dundas St W, Toronto, ON M5G 1C5 **홈페이지** www.kimchikoreahouse.ca **영업** 매일 11:45~21:15 **가는 방법** 지하철 1호선 세인트 패트릭 St. Patrick역 하차 후 도보 3분.

디닌 커피 컴퍼니 Dineen Coffee Co.

토론토 최고의 라테를 맛보고 싶다면 이곳을 추천한다. 다운타운 한복판에 자리한 카페로 특히 라테 맛이 좋기로 유명한 곳이다. 영 스트리트를 지날 때면 북적이는 사람들로 눈에 띄는데, 벽면은 커다란 유리창으로 되어 있지만 내부는 깔끔한 나무 인테리어로 돼 있어 운치가 있다. 진하면서 부드러운 커피도 일품이지만 미니 샌드위치와 마카롱도 인기 메뉴 중 하나. 꿀이나 시럽, 잼도 판매한다.

지도 P.320-B1 ▶ **주소** 140 Yonge St, Toronto, ON M5C 1X6 **홈페이지** www.dineencoffee.com **영업** 월~금요일 07:30~16:00, 토·일요일 08:30~16:30 **가는 방법** 지하철 1호선 퀸 Queen역 하차 후 도보 2분.

지미스 커피 Jimmy's Coffee

포틀랜드 거리에 처음 오픈해 이제 토론토 로컬 커피의 대명사가 됐으며 지점이 늘어나고 있는 인기 커피숍이다. 지점이 생길 때마다 마니아층이 따라다닐 만큼 개성 넘치는 빈티지 분위기에 커피 맛도 좋다. 지역 주민들의 인기 아지트인 켄징턴 지점에는 벽면에 지미 카터 전 미국 대통령의 그림이 걸려 있지만 지미스 Jimmy's의 '지미'는 더 많은 지미를 뜻한다. 세계적인 기타리스트 지미 헨드릭스 Jimi Hendrix, 싱어송라이터 짐 모리슨 Jim Morrison 등 모든 유명한 지미와 흔한 주변의 지미까지. 카페 안쪽으로 들어가면 아담한 정원이 있어 아늑함을 더한다.

지도 P.320-A1 ▶ 주소 [켄징턴 점] 191 Baldwin St, Toronto, ON M5T 1M1 홈페이지 www.jimmyscoffee.ca 영업 매일 08:00~18:00 가는 방법 스트리트카 306·506번 탑승 College St At Spadina Ave 하차 후 도보 7분.

루스터 커피 하우스 Rooster Coffee House

영화 관련 일을 하는 연인이 동네의 작은 편의점에서 시작해 현재는 세 개의 지점으로 늘어난 인기 커피숍이다. 주인장이 직접 인테리어를 해가며 소박하게 시작했다. 2호점인 킹 스트리트 지점은 작지만 아늑하고, 자비스 3호점은 꽤 고급스러운 분위기로 발전했다. 품질 좋은 커피를 직접 로스팅해 진하고 구수한 향기를 느낄 수 있으며 진한 라테가 특히 인기다. 로스팅한 원두를 팔기도 한다.

지도 P.320-C1 ▶ 주소 [킹 스트리트 지점] 343 King St E, Toronto, ON M5A 1L1 홈페이지 www.roostercoffeehouse.com 영업 월~토요일 07:00~19:00, 일요일 08:00~19:00 가는 방법 스트리트카 304·504A·504B번 탑승 King St East At Ontario St 하차 후 도보 1분.

네오 커피 바 Neo Coffee Bar

킹 스트리트 King St E 에서 한 블록 안쪽으로 들어간 골목에 자리한 인기 카페다. 입구는 수수하지만 안으로 들어서는 순간 가지런히 놓여 있는 구리 드리퍼들을 보면 범상치 않은 곳임을 느낄 수 있다. 바리스타의 표정도 사뭇 진지한데, 핸드드립도 유명하지만 녹차라테가 인기다. 바로 안쪽의 오픈 키친에서 구워내는 빵도 맛있다. 안쪽으로 들어가면 좀 더 아늑한 분위기의 테이블 좌석이 있으니 참고하자. 카페 이름이 새겨진 에코백도 별도로 판매한다.

지도 P.320-C1 **주소** 161 Frederick St, Toronto, ON M5A 4P3 **홈페이지** www.neocoffeebar.com **영업** 월~금요일 07:00~20:00, 토·일요일 08:00~20:00 **가는 방법** 버스 504C, 스트리트카 304D·504D번 탑승 후 King St East at Sherbourne St 하차 후 도보 2분.

발자크스 디스틸러리 디스트릭스 Balzac's Distillery District

커피 애호가로도 잘 알려진 프랑스의 대문호 오노레 드 발자크 Honore de Balzac에서 영감을 얻은 카페다. 발자크는 다작으로도 유명하지만 하루에 수십 잔의 커피를 마셨다고 하니 애호가 정도가 아니라 심한 중독이라 할 수 있지만 커피가 그의 열정적인 글쓰기를 돕는 데 큰 역할을 한 것은 사실이다. 토론토를 넘어 온타리오주로 체인을 확장하고 있는 발자크 커피는 대부분의 매장이 빈티지한 분위기에 현대적인 인테리어를 가미해 세련된 멋스러움을 지니고 있다. 직접 로스팅한 원두도 인기다.

지도 P.320-C1 **주소** 1 Trinity St, Toronto, ON M5A 3C4 **홈페이지** https://balzacs.com **영업** 일~목요일 07:30~19:00, 금·토요일 07:30~20:00 **가는 방법** 121·504C번 탑승 Mill St at Trinity St 하차 후 도보 2분.

브릭 스트리트 베이커리 Brick Street Bakery

디스틸러리 디스트릭트에 위치한 베이커리. 이른 아침부터 빵 굽는 냄새로 사람들의 발길을 끄는 이곳은 벽돌로 된 운치 있는 건물에 투박하지만 영양이 넘치게 생긴 빵들로 가득하다. 매장 안쪽에는 좌석이 별로 없지만 날이 좋을 때면 야외 테이블이 사람들로 붐빈다. 2002년부터 지역에서 공수한 건강한 고품질의 재료에 방부제 없이 오랜 시간 전통적인 방식으로 구워내는 빵들이 구수한 맛을 인정받아 체인을 확장 중이다.

지도 P.320-C1 **주소** 27 Trinity St, Toronto, ON M5A 3C4 **홈페이지** www.brickstreetbakery.com **영업** 매일 08:00~19:00(주방은 16:30 마감) **가는 방법** 버스 121·504C번 탑승 Mill St at Trinity St 하차 후 도보 1분.

밀 스트리트 브루 펍 Mill St. Brew Pub

온타리오주 최초로 유기농 라거를 생산해 낸 브루어리 펍이다. 토론토의 디스틸러리 디스트릭트에서 시작해 캐나다 서부에까지 진출했으며 60여 가지 독특한 맛의 크래프트 비어로 수많은 상을 수상하기도 했다. 저녁 시간이 가까워지면 사람들이 모여들기 시작해 넓은 홀이 가득 찬다. 음식 메뉴도 다양해 한 끼 식사를 하기에도 손색이 없으며 타코나 샐러드 같은 간단한 안주와 시원한 맥주 한 잔으로 에너지를 충전하기에 좋은 곳이다.

지도 P.320-C1 **주소** 21 A Tank House Lane, Toronto, ON M5A 3C4 **홈페이지** https://millstreetbrewery.com **영업** 월~목요일 11:00~22:00, 금·토요일 11:00~23:00, 일요일 10:00~22:00 **가는 방법** 버스 121·504C번 탑승 Mill St at Trinity St 하차 후 도보 2분.

토론토의 쇼핑

CF 토론토 이튼 센터
CF Toronto Eaton Centre

토론토 다운타운 최고의 쇼핑몰이다. 다운타운의 중심 거리인 퀸 스트리트 Queen St. 북쪽으로 두 블록에 걸쳐 자리한 거대 규모의 쇼핑 명소다. 지하 상가들과 연결되어 도보로도 편리하게 접근할 수 있으며 지하철역과도 바로 연결된다. 대형 서점 인디고 Indigo를 비롯해 수많은 상점과 식당이 있다.

지도 P.320-B1 주소 220 Yonge St, Toronto, ON M5B 2H1 **홈페이지** https://shops.cadillacfairview.com/property/cf-toronto-eaton-centre **영업** 월~토요일 10:00~21:00, 일요일 11:00~19:00 **가는 방법** 지하철 1호선 퀸 Queen 역 하차 후 도보 1분.

요크빌 Yorkville

토론토 다운타운 바로 북쪽에 자리한 요크빌은 고급 쇼핑가로 알려져 있다. 19세기 초반 작은 마을로 형성된 요크빌은 오래된 빅토리아 시대 저택들이 현재 까지도 남아 있다. 1960년대에는 보헤미안의 문화적 중심지로 히피들이 모이던 곳이었으나 땅값이 오르고 신축 건물들이 들어서면서 고급 상점과 고급 콘도미니엄이 자리한 부유한 동네로 바뀌었다. 오래된 벽돌 건물에 자리한 명품숍과 편집숍, 카페, 레스토랑이 운치 있는 분위기를 조성한다. 주로 요크빌 애비뉴 Yorkville Ave.와 컴벌랜드 스트리트 Cumberland St.를 중심으로 사이사이 좁은 골목길이 구경하는 재미가 있다.

지도 P.319-하단 가는 방법 지하철 2호선 베이 Bay역 또는 블루어-영 Bloor-Young역 하차.

블루어 스트리트 웨스트
Bloor St. W

요크빌이 시작되는 남쪽 끝 대로인 블루어 스트리트 Bloor St.는 토론토의 대표적인 명품 거리다. 요크빌 동네 안쪽에도 샤넬과 같은 일부 명품숍이 있지만 블루어 스트리트에는 대로변을 따라 루이비통, 구찌, 프라다, 티파니, 에르메스 등의 명품 매장이 줄지어 있다. 동쪽 끝에는 홀트 렌프류 Holt Renfrew 백화점이 있으며 거리 중간에 아웃렛 매장 위너스 Winners도 있다.

지도 P.319-하단 가는 방법 지하철 2호선 세인트 조지 St. George/베이 Bay/블루어-영 Bloor-Young역 하차.

나이아가라 폴스
NIAGARA FALLS

북미 최고의 폭포로 꼽히는 나이아가라 폭포는 오대호 중 하나인 이리호의 물줄기 나이아가라강이 온타리오호로 흘러가는 도중에 지형의 변화로 생긴 대형 폭포다. 미국 뉴욕주와의 국경을 중심으로 캐나다 쪽에 1개, 미국 쪽에 2개의 폭포가 있으며 캐나다 쪽 폭포의 규모가 훨씬 크고 힘이 넘친다. 1678년 프랑스 선교사가 발견한 이후 나이아가라 폭포 일대는 세계적인 관광지로 발전했다. 정비가 잘 돼 있고 폭포를 감상하는 다양한 방법이 발달해 있어 매년 많은 관광객이 찾는 주요 관광명소다. 나이아가라 폭포가 자리한 도시의 이름도 폭포와 같은 '나이아가라 폴스 Niagara Falls'다.

나이아가라 폴스
대표 명소

> ***Travel tip!***
> 나이아가라 폴스의 대표 명소는 물론 나이아가라 폭포다. 멀리서 그냥 눈으로 보는 방법 외에도 여러 방법으로 보는 것이 여행의 하이라이트다.

1 테이블 록 웰컴 센터 P.360
관광안내소가 있는 여행의 출발점으로 폭포를 가까이에서 볼 수 있는 무료 전망대다.

2 나이아가라 시티 크루즈 P.367
크루즈를 타고 폭포 심장부로 다가가는 것으로 우비를 입지만 어느 정도 젖을 수 있다.

3 나이아가라 헬리콥터 P.369
하늘에서 내려다 보는 폭포는 그야말로 장관이다.

4 스카이론 타워 P.366
나이아가라 폭포는 물론 주변 지역을 360도 내려다볼 수 있는 전망대다.

5 바람의 동굴(미국 쪽) P.373
우비를 입고 미국 쪽 폭포 아래로 최대한 가까이 가면 폭포의 엄청난 소리와 힘을 느낄 수 있다.

6 클리프턴 힐 P.370
놀이기구, 식당, 상점이 모여 있는 유흥지구. 이곳에 자리한 관람차에서도 폭포가 보인다.

나이아가라 폴스 가는 방법

토론토에서 120km, 자동차로 1시간 30분~2시간 거리이므로 당일치기로도 충분히 다녀올 수 있다. 버스나 기차를 이용할 경우에는 당일치기는 무리지만, 나이아가라 버스 터미널과 기차역이 시내교통과 바로 연결되어 있어 시간적 여유가 있다면 이용할 만하다.

렌터카

토론토에서 다녀오기에 편리해서 당일치기도 가능하다. 단, 성수기에는 차량이 너무 많아서 폭포 주변에 주차하기가 어렵고 주차 요금도 비싸기 때문에 잘 고려해야 한다.

버스

메가 버스나 플릭스 버스로 갈 수 있다. 토론토에서 간다면 유니언 스테이션 버스 터미널 Union Station Bus Terminal에서 버스를 타는데 버스의 종류와 시간에 따라 내리는 곳이 다르니 꼭 확인하고 예매해야 한다. 만약 나이아가라 폴스 버스 터미널 Niagara Falls Bus Terminal에 내렸을 경우 WEGO 버스를 타면 폭포가 있는 곳까지 갈 수 있다. 성수기와 비수기의 요금 차이가 큰 편이다.

지도 P.362-B1 [나이아가라 버스 터미널] **주소** Niagara Falls, ON L2E 7G9 **홈페이지** 메가 버스 ca.megabus.com 플릭스 버스 https://shop.global.flixbus.com **요금** 토론토 나이아가라 폴스 편도 C$5~35 **소요 시간** 1시간 30분~2시간

Travel tip!

카지노 셔틀 버스 Casino Shuttle Bus

일반 버스 외에 나이아가라 폴스뷰 카지노까지 운행하는 셔틀 버스로 갈 수 있는 방법도 있다. 여러 셔틀 회사들이 있는데 조건과 요금이 다르니 홈페이지에서 비교해보고 예약하는 것이 좋다. 카지노 회원을 위한 버스라서 19세 이상이어야 탑승이 가능하며(여권 소지 필수) 큰 짐은 가져갈 수 없다. 카지노가 나이아가라 폭포에서 가까워 걸어갈 수도 있다. 스케줄과 정류장은 홈페이지 참조.

[나이아가라 폴스뷰 카지노] **주소** 6380 Fallsview Blvd, Niagara Falls, ON L2G 7X5 **홈페이지** 세이프웨이 투어스 www.safewaytours.net/en/casino-tours/, 프런트라인 투어스 www.frontlinetours.ca/fallsview-casino-bus-trips, 탑 버스 https://topbus.ca/casino www.greatcanadianholidays.com **요금** C$10~50

기차

토론토 유니언 Union역에서 비아 VIA 레일이 하루 1회, 고 트레인 Go Train이 하루 여러 차례(여름 시즌) 운행한다. 고 트레인은 벌링턴 Burlington에서 고 버스 Go Bus로 갈아타거나 직접 Niagara Falls까지 가는 것도 있다.

홈페이지 비아 레일 www.viarail.com, 고 트레인 www.gotransit.com **소요 시간** 2~3시간 **요금** C$20~30

나이아가라 폴스 시내 교통

캐나다 쪽의 나이아가라 폭포만 볼 계획이라면 걸어 다닐 수 있다. 주변의 주요 명소들이나 클리프턴 힐 등을 방문하려면 나이아가라 셔틀버스인 위고 WEGO 버스를 타면 되고 호텔이나 식당들이 있는 시내 안쪽은 일반 버스를 타야 한다.

위고 버스

Niagara Parks에서 운영하는 블루와 그린 라인이 주요 명소를 다닌다. 또한 일년 중 봄·여름에만 나이아가라 온 더 레이크까지 가는 셔틀 (Niagara on the Lake Shuttle)인 오렌지 라인이 있다. 나이아가라 관광안내소가 자리한 테이블 록 웰컴 센터(P.360) 옆에 위고 버스가 출발하는 정류장이 있으며 기차역에도 정차하므로 기차에서 내린 후 갈아 타고 폭포까지 갈 수 있다. 티켓은 홈페이지에서 예매하거나 정류장 앞 발매기에서 구입할 수 있다.

홈페이지 www.niagaraparks.com (plan 검색) **요금** [그린·블루라인] 24시간 13세 이상 C$13, 3~12세 C$9, 48시간 13세 이상 C$17, 3~12세 C$13 [나이아가라 온 더 레이크 셔틀 Niagara on the Lake Shuttle (오렌지 라인)] 1일권 13세 이상 C$25, 3~12세 C$15

일반 버스

위고 버스가 다니지 않는 시내 안쪽은 일반 버스를 타야 한다. 기존의 위고 버스 레드 라인이 다니던 루트는 나이아가라 지역 교통국 Niagara Region Transit에서 운영하는 로컬 노선 116·216이 다닌다.

홈페이지 www.nrtransit.ca **요금** 성인 1회권 또는 현금 C$3.50

Travel tip!

나이아가라 파크 폴스 인클라인 레일웨이
Niagara Parks Falls Incline Railway

테이블 록 센터 건너편에 위치한 푸니쿨라. 언덕 위의 포르티지 로드 Portage Rd.까지 올라가는 동안 홀슈 폭포 Horseshoe Falls의 시원한 전경을 볼 수 있다.

지도 P.362-A2 **주소** 7001 Portage Rd, Niagara Falls, ON L2G 3W6 **홈페이지** www.niagaraparks.com **운영** 08:00~23:00 **요금** 편도 C$3.75, 왕복 C$7.50, 1일권 C$9

나이아가라 폭포 투어 프로그램

나이아가라 폭포는 그냥 바라보기만 해도 충분히 멋지지만 더욱 가까이서 즐길 수 있는 다양한 프로그램이 있다. 쏟아지는 폭포 아래로 가까이 접근하는 크루즈나 하늘에서 내려다보는 헬기 투어, 그리고 곳곳의 전망대 오르기 등 투어의 개념보다는 하나의 명소이자 액티비티로서 즐길 수 있는 여러 프로그램들이 많다.

나이아가라 폴스 패스 Niagara Falls Pass

나이아가라 폭포의 통합 이용권으로 여름 시즌에는 어드벤처 패스 Adventure Pass와 나이아가라 폴스 패스 Niagara Falls Pass가 있다. 어드벤처 패스는 클래식 Classic과 플러스 Plus가 있다. 3가지 패스 모두 명소 입장 외에 최소 2일 이상의 인클라인 레일웨이와 위고 버스 이용권이 포함돼 있다. 각 패스별 포함 내역을 잘 비교해 보고 구입을 결정하자. 겨울 시즌에는 원더 패스 Wonder Pass가 있다. 홈페이지나 관광안내소에서 살 수 있다.

홈페이지 www.niagaraparks.com(Deals 검색) **요금** 어드벤처 플러스 13세 이상 C$109, 어드벤처 클래식 13세 이상 C$69, 나이아가라 폴스 패스 13세 이상 C$89

Travel tip!

테이블 록 웰컴 센터 Table Rock Welcome Centre

나이아가라의 종합 안내센터로 홀슈 폭포 가까운 곳에 위치해 있다. 관광안내소, 레스토랑, 카페, 푸드코트, 기념품점, 4D 체험 나이아가라 퓨리 Niagara's Fury 등이 있다. 테이블 록 웰컴 센터에서는 나이아가라에 대한 정보 제공은 물론 각종 투어를 예약해 준다. 건물 밖 폭포 전망대에 서면 홀슈 폭포를 가까이 볼 수 있으며 건너편에 있는 미국 쪽 폭포도 보인다. 나이아가라에는 비용을 지불하고 폭포를 보는 여러 가지 투어가 있지만 이 전망대는 무료로 폭포를 볼 수 있는 최고의 위치다. 특히 밤에 펼쳐지는 불꽃놀이와 조명 쇼를 무료로 즐기기 좋은 최적의 장소다. 센터 바로 옆에 위고 버스 정류장이 있어 찾아가기도 쉽다.

지도 P.362-A2 **주소** 6650 Niagara Pkwy, Niagara Falls, ON L2E 6T2 **홈페이지** www.niagaraparks.com **운영** 24시간(시즌마다 다름) **가는 방법** 위고 버스 그린·블루 라인 탑승 Table Rock 하차.

나이아가라 폴스 추천 일정

DAY 1

① 테이블 록 웰컴 센터 P.360 — 도보 12분 — ② 스카이론 타워 P.366 — 도보 12분 — ③ 나이아가라 시티 크루즈 P.367 — 도보 6분 — ④ 클리프턴 힐 P.370

테이블 록 웰컴 센터

나이아가라 시티 크루즈

프로스펙트 포인트

나이아가라 온 더 레이크

DAY 2

① 레인보 다리 (미국 국경 건너기) P.370 — 도보 10분 — ② 프로스펙트 포인트 P.373 — 도보 13분 — ③ 바람의 동굴 P.373 — 도보 6분 — ④ 테라핀 포인트 P.373 — 도보 20~30분 — ⑤ 레인보 다리 (캐나다로 돌아오기) P.370 — 자동차 30분 또는 위고 버스 1시간 30분 — ⑥ 나이아가라 온 더 레이크 P.386

나이아가라 폴스

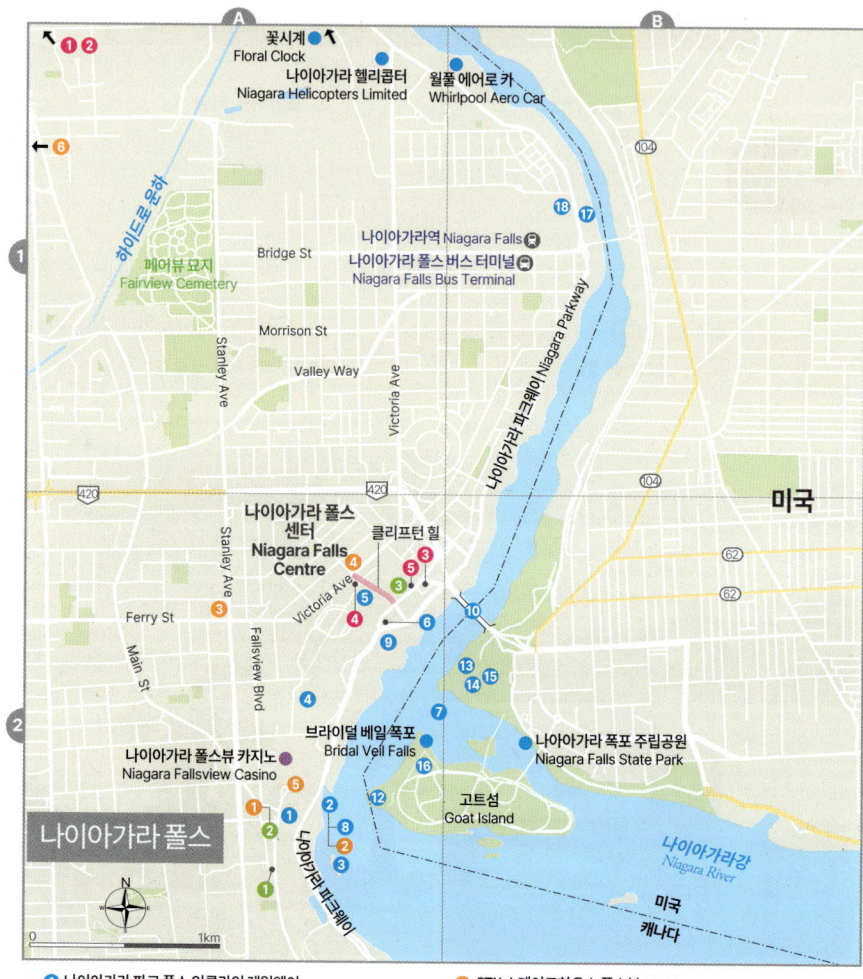

1. 나이아가라 파크 폴스 인클라인 레일웨이
   Niagara Parks Falls Incline Railway
2. 테이블 록 웰컴 센터 Table Rock Welcome Centre
3. 홀슈 폭포 Horseshoe Falls(캐나다 폭포)
4. 스카이론 타워 Skylon Tower
5. 나이아가라 스카이윌 Niagara SkyWheel
6. 나이아가라 시티 크루즈 Niagara City Cruises
7. 아메리칸 폭포 American Falls
8. 저니 비하인드 더 폴스 Journey Behind the Falls
9. 미스트라이더 집라인 Wildplay's Mistrider Zipline to the Falls
10. 레인보 다리 Rainbow International Bridge
11. 클리프턴 힐 Clifton Hill
12. 테라핀 포인트 Terrapin Point
13. 나이아가라 폭포 전망 타워 Niagara Falls Observation Tower
14. 프로스펙트 포인트 Prospect Point
15. 안개 아가씨 호 Maid of the Mist
16. 바람의 동굴 Cave of the Winds
17. 화이트 워터 워크 White Water Walk
18. 일만 불 사리탑 Ten Thousand Buddhas Sarira Stupa

1. STK 스테이크하우스 폴스뷰 STK Steakhouse Fallsview
2. 테이블 락 하우스 레스토랑 Table Rock House Restaurant
3. 나폴리 리스토란테 피제리아 Napoli Ristorante Pizzeria
4. 더 웍스 The WORKS
5. 갤러리아 숍스 앤 다이닝 Galleria Shops & Dinning
6. 윌리엄스 프레시 카페 Williams Fresh Cafe

1. 아웃렛 컬렉션 앳 나이아가라 Outlet Collection at Niagara
2. 배스 프로 숍스 Bass Pro Shops
3. 나이아가라 면세점 Niagara Duty Free Shops
4. 캐나다 트레이딩 컴퍼니 Canada Trading Company
5. 그레이트 캐나디언 기프트 Great Canadian Gifts

1. 메리어트 나이아가라 폴스 호텔
   Marriott Niagara Falls Hotel Fallsview & Spa
2. 엠버시 스위트 바이 힐튼 Embassy Suites by Hilton
3. 쉐라톤 폴스뷰 호텔 Sheraton Fallsview Hotel

● 관광　● 식당　● 쇼핑　● 숙소　● 엔터테인먼트

Attraction 나이아가라 폴스의 볼거리

홀슈 폭포(캐나다 쪽 폭포) Horseshoe Falls

나이아가라 폭포는 세 갈래로 나뉘는데 가장 크고 대표적인 폭포가 홀슈 폭포이며 캐나다 쪽에 있다. 폭포의 모양이 말발굽을 닮아서 홀슈 폭포라 부른다. 폭 671m, 높이 53m의 엄청난 크기를 자랑하며 물이 떨어지는 소리 또한 상상 이상이다.

폭포의 모습은 계절마다 다른데 겨울에는 얼기도 하며 봄과 여름에는 유량이 늘어난다. 1만 2,000년 전 폭포가 형성될 당시에는 지금보다 훨씬 앞쪽에 있었다고 한다. 폭포의 위력이 침식 작용을 가속해 형성 당시부터 조금씩 뒤로 물러나 지금의 모습이 됐다. 나이아가라 강물의 90%가 홀슈 폭포 아래로 떨어지며 이 엄청난 물의 힘을 이용해 전기를 생산하기도 한다. 폭포에서 가까운 남쪽에 1961년 처음 수력발전소를 세웠다. 발전소를 가동하면서 폭포의 후퇴 속도도 늦춰지고 있다.

지도 P.362-A2   주소 6650 Niagara Pkwy, Niagara Falls, ON L0S 1J0 가는 방법 테이블 록 웰컴 센터에서 도보 1분.

Travel tip!

나이아가라 불꽃놀이와 조명 쇼

나이아가라 폭포는 밤에도 볼거리를 선사한다. 여름 시즌인 5~10월 밤 10시에는 폭포에서 불꽃놀이를 하며, 폭포가 총천연색으로 빛나는 조명 쇼는 1년 내내 열린다. 불꽃놀이 스케줄은 홈페이지(www.niagaraparks.com)를 참고하자.

최고의 **나이아가라 폭포 전망 포인트**를 찾아라!

스카이론 타워 ▶
Skylon Tower

나이아가라 폭포를 360도로 바라볼 수 있는 전망대. 미국 쪽 폭포와 캐나다 쪽 폭포 모두 탁 트인 전망으로 볼 수 있으며 높이와 거리도 적당하다. 자세한 정보는 P.366 참조.

◀ 헬리콥터 Helicopter

폭포 전체를 하늘에서 내려다볼 수 있다. 다소 거리감이 있고 가격이 비싼 것이 흠이다. P.369 참조.

테이블 록 웰컴 센터 ▶
Table Rock Welcome Centre

가장 가까이에서 캐나다 쪽 폭포를 내려다볼 수 있으며, 멀리 미국 쪽 폭포도 보인다. 무료 전망대도 있고 카페나 레스토랑도 있다. 항상 많은 사람으로 붐비는 곳이다. 자세한 정보는 P.360 참조.

◀ STK 스테이크하우스 폴스뷰
STK Steakhouse Fallsview
테이블 록 웰컴 센터 뒤편 더 높은 곳에서 캐나다 쪽 폭포를 내려다볼 수 있는 곳이다. 적당한 높이에서 식사를 하면서 전망할 수 있는 것이 포인트다. 자세한 정보는 P.381 참조.

나이아가라 스카이휠 ▶
Niagara SkyWheel
클리프턴 힐의 관람차에 오르면 미국 쪽 폭포가 가까이 보이고 멀리 홀슈 폭포도 보인다.

◀ 나이아가라 폭포 전망 타워
Niagara Falls Observation Tower
미국 쪽 프로스펙트 포인트에 자리한 전망 타워로 미국 쪽 폭포가 아주 가까이에서 보이며 멀리 캐나다 쪽 폭포도 보인다. P.373 참조.

나이아가라 폭포를 전망할 수 있는 호텔
폭포가 보이는 호텔은 성수기 시즌에는 방이 없을 정도로 인기이며 물론 요금도 올라간다. 여러 호텔이 있지만 특히 유명한 곳은 홀슈 폭포 앞의 메리어트 나이아가라 폴스 호텔 Marriott Niagara Falls Hotel Fallsview & Spa와 엠버시 스위트 바이 힐튼 Embassy Suites by Hilton이며 레인보 브리지 앞의 쉐라톤 폴스뷰 호텔 Sheraton Fallsview Hotel도 유명하다.

지도 P.362-A2	[메리어트 나이아가라 폴스 호텔] 주소 6740 Fallsview Blvd, Niagara Falls, ON L2G 3W6
지도 P.362-A2	[엠버시 스위트 바이 힐튼] 주소 6700 Fallsview Blvd, Niagara Falls, ON L2G 3W6
지도 P.362-A2	[쉐라톤 폴스뷰 호텔] 주소 5875 Falls Ave, Niagara Falls, ON L2G 3K7

스카이론 타워 Skylon Tower

1965년 문을 연 스카이론 타워는 나이아가라 폭포를 시원하게 내려다볼 수 있는 236m 높이의 전망 탑이다. 나이아가라에서 가장 높은 건축물로, 전망대 외에도 회전 레스토랑과 뷔페 레스토랑이 있어 식사를 하며 나이아가라의 전경을 감상할 수 있다. 폭포는 물론 날이 좋을때는 125km 멀리까지 보이기도 한다. 탑 외부에 설치된 엘리베이터는 멀리서 바라보면 마치 노란 벌레가 올라가는 듯한 모습을 하고 있는데 52초 만에 전망대에 도착한다. 불꽃놀이와 조명 쇼를 하는 야간에는 낮과는 또다른 전망을 즐길 수 있다. 불꽃놀이와 조명 쇼가 열리는 시간은 홈페이지를 참조하자.

지도 P.362-A2 **주소** 5200 Robinson St. Niagara Falls, ON L2G 2A3 **홈페이지** www.skylon.com **운영** 전망대 매일 08:30~24:00 (레스토랑 시간은 홈페이지 참조) **요금** 하단 Travel tip 참조 **가는 방법** 위고 버스 블루 라인 탑승 Skylon Tower 하차 후 도보 8분.

Travel tip!

스카이론 타워 티켓 종류

전망대에 오를 수 있는 티켓의 종류는 현재 4가지이며, 회전 레스토랑 식사 예약 시 전망대 티켓은 무료이니 참고하자.

❶ Ride To The Top & Observation Decks
스카이론 타워 전망대에 올라 나이아가라 폭포의 전경을 볼 수 있는 티켓.
요금 13세 이상 C$18.00, 4~12세 $9.00

❷ Day/Night Pass
스카이론 타워 전망대에 2번 올라갈 수 있는 티켓으로 낮 경치와 야경을 모두 볼 수 있다. 밤에 올라갈 경우 불꽃놀이와 조명쇼를 감상할 수 있다(스케줄 홈페이지 참조).
요금 13세 이상 C$22.00, 4~12세 $11.00

❸ Ultimate Combo
Day/Night Pass와 3D/4D 영화 관람권이 포함된 티켓.
요금 13세 이상 C$26.00, 4~12세 C$13.00

❹ Ride to the Top & Daredevil Barrels Combo Adult
전망대와 데어데블 배럴 무료 전시에 입장할 수 있는 티켓. 이곳은 배럴(큰 통)에 몸을 싣고 폭포에 몸을 던졌던 많은 도전자들의 이야기를 전시한다.
요금 13세 이상 C$22.00, 4~12세 C$11.00

나이아가라 시티 크루즈 Niagara City Cruises

나이아가라 폭포를 방문하는 관광객들이 가장 많이 타는 크루즈다. 미국 쪽 폭포를 지나 캐나다 쪽 폭포인 홀슈 폭포 Horseshoe Falls에 최대한 가까이 다가간다. 배가 출발하면 미국 쪽 폭포인 아메리칸 폭포 American Falls와 브라이덜 베일 폭포 Bridal Veil Falls를 지나 홀슈 폭포 바로 앞까지 간다. 폭포에 가까워질수록 힘차게 떨어지는 폭포의 엄청난 힘과 상상 이상의 소리에 압도된다. 약 20분 정도 운항하는 동안 물안개와 사방에서 튀어 오는 물 때문에 우비를 착용하게 된다. 카메라가 젖을 위험이 있으니 특별히 주의해야 한다. 우비는 배 탑승 전 티켓 확인 후 제공되며 캐나다 쪽은 붉은색, 미국 쪽은 파란색 우비를 입는다(물을 맞는 것이 싫을 경우 1층 배 안에서 보면 된다).

집라인(미스트라이더 집라인) 승강장 옆 내리막길로 내려가면 매표소와 선착장이 있으며 푸나쿨라를 이용해 내려갈 수도 있다. 화려한 조명 쇼와 야간 불꽃놀이를 감상할 수 있는 야간 크루즈(폴스 파이어워크 크루즈 Falls Fireworks Cruise)도 인기 있다. 야간 크루즈는 40분 동안 운항된다. 성수기에는 온라인으로 미리 예매하는 것이 좋다.

지도 P.362-A2 **주소** 5290 Niagara Pkwy, Niagara Falls, L2E 6X8 **홈페이지** www.cityexperiences.com/niagara-ca/city-cruises **운영** 보통 5월 중순~11월이며 자세한 운영 시간은 홈페이지 참조 **요금** [보야지 투 더 폴스 보트 투어 Voyage to the Falls Boat Tour] 13세 이상 C$42.95, 어린이(3~12세) C$27.95 [폴스 파이어워크 크루즈 Falls Fireworks Cruise] 13세 이상 C$42.95, 12세 이하 C$27.95 **가는 방법** 위고 비스 그린·블루 라인 탑승 Niagara City Cruises - North 하차.

저니 비하인드 더 폴스 Journey Behind the Falls

홀슈 폭포 뒤쪽에 설치한 전망 데크까지 걸어가서 최대한 폭포 가까이 가보는 체험이다. 테이블 록 웰컴 센터에 위치한 매표소에서 티켓을 산 후 엘리베이터를 타고 내려가 좁은 터널을 지나면 떨어지는 폭포를 올려다볼 수 있는 데크에 도착한다. 홀슈 폭포의 위력을 가까이에서 느낄 수 있으며 지나가는 나이아가라 시티 크루즈 Niagara City Cruises도 볼 수 있다. 매표소에서 티켓을 확인하면 노란색 우비가 제공되며 겨울에도 운영한다.

지도 P.362-A2 ▶ **주소** 6650 Niagara Pkwy, Niagara Falls, ON L2E 6T2 **홈페이지** www.niagaraparks.com **운영** 성수기 매일 08:00~22:00 (월별로 다르니 홈페이지 참조) **요금** 13세 이상 $29, 3~12세 C$19 **가는 방법** 위고 버스 그린·블루 라인 탑승 Table Rock North 하차.

미스트라이더 집라인 Wildplay's Mistrider Zipline to the Falls

상공 67m 높이에서 집라인을 타고 두 팔을 벌린 채 하늘을 날듯이 나이아가라 폭포를 보며 길이 670m를 내려가는 짜릿한 어트랙션이다. 4명이 탑승해 한 번에 출발하며 폭포가 위치한 강의 가장자리를 따라 순식간에 내려간다. 여름 시즌에는 조명 쇼를 하는 야간에도 탈 수 있으며, 이때 탑승하면 더욱 화려한 폭포의 경치를 감상할 수 있다. 단, 7세 이상만 탑승이 가능하다. 서약서 작성 등 몇 가지 규정을 확인한 후 가이드의 지시에 따르면 짜릿한 액티비티를 즐길 수 있다.

지도 P.362-A2 ▶ **주소** 5920 Niagara Pkwy, Niagara Falls, ON L2E 6X8 **홈페이지** www.wildplay.com/niagara-falls **운영** 7·8월 매일 08:30~23:00 (날짜별 상이 홈페이지 참조) **요금** 성인 C$79.99, 야간 C$69.99 ※ 얼리버드 탑승 시(09:30 이전) C$69.99 **가는 방법** 위고 버스 레드·블루 라인 탑승 Niagara City Cruises - North 하차.

나이아가라 헬리콥터 Niagara Helicopters Limited

하늘 위에서 나이아가라 폭포 일대를 빠른 시간에 가장 확실하게 둘러보는 방법이다. 월풀 에어로 카에서 나이아가라 파크웨이를 따라 북쪽으로 조금만 올라가다 빅토리아 애비뉴 Victoria Ave.로 빠지면 헬기 승강장을 찾을 수 있다. 50년이 넘는 경험과 노하우가 돋보이는 이 투어는 홀슈 폭포까지 다녀오는 데 12분 정도가 걸리며 12개국의 언어로 된 해설과 개별 헤드셋을 제공한다. 헬기는 2015년 선보인 H-130으로 이전 것보다 소음이 줄고 최대 7명까지 태울 수 있다. 나이아가라강이 소용돌이치는 월풀에서 시작해 레인보 다리를 지나 나이아가라 폭포에 이르면, 고트섬을 사이에 두고 양쪽으로 갈라져 쏟아지는 캐나다 쪽 폭포와 미국 쪽 폭포를 하늘에서 내려다볼 수 있다. 비용이 만만치는 않지만 한 번쯤 해볼 만한 멋진 체험이다.

지도 P.362-A1 **주소** 3731 Victoria Ave. Niagara Falls, ON L2E 6V5 **홈페이지** www.niagarahelicopters.com **운영** 매일 09:00에 시작하고 끝나는 시간은 날씨에 따라 변동 **요금** 12세 이상 C$203, 2~11세 C$124 **가는 방법** 테이블 록 웰컴 센터에서 자동차로 17분.

레인보 다리 Rainbow International Bridge

캐나다와 미국을 연결하는 다리로 1941년 개통됐다. 다리 하단부가 기둥 없이 아치의 형태로 지지하는 구조를 하고 있다. 미국 쪽 폭포 쪽으로 가려면 이 다리를 건너야만 한다. 다리의 양쪽 끝에 캐나다와 미국의 세관이 있어 두 나라 모두 입국할 때마다 입국 심사를 거쳐야 한다. 자동차를 이용하거나 도보로 건널 수 있으며 다리 중간 지점에서 폭포를 바라보면 미국 쪽 폭포와 캐나다 쪽 폭포가 한꺼번에 보인다. 강을 오가는 크루즈와 나이아가라 폭포의 스카이라인을 모두 감상할 수 있는 명소이기도 하다. 홈페이지에서 실시간 교통 상황을 알 수 있으니 참고하자.

지도 P.362-B2 **주소** 5702 Falls Ave, Niagara Falls, ON L2G 3K7 **홈페이지** www.ezbordercrossing.com **가는 방법** 위고 버스 그린·블루 라인 탑승 Clifton Gate 하차.

클리프턴 힐 Clifton Hill

나이아가라 폭포에서 가장 화려한 유흥단지. 영화 세트장 같은 독특하면서도 요란한 모양의 간판들로 가득하며 오락실, 기념품점, 레스토랑, 패스트푸드점 등 상점들이 모여 있다. 바로 옆에는 테마파크까지 있어 하나의 거대 엔터테인먼트 지구라고 보면 된다. 밤이 되면 화려하게 반짝이는 간판들을 구경하며 걷는 것만으로도 즐겁다. 매우 상업화되기는 했지만 흥겨운 밤시간을 보내기에 제격인 곳이다.

지도 P.362-A2 **주소** 4950 Clifton Hill, Niagara Falls, ON L2G 3N4 **홈페이지** www.cliftonhill.com **요금** 어트랙션 이용 시 통합권 13세 이상 C$39.95, 어린이(3~12세) C$26.95 **가는 방법** 위고 버스 블루 라인 탑승 Clifton Hill - Victoria Av 하차.

클리프턴 힐 둘러보기

클리프턴 힐 어트랙션

가장 인기 있는 것은 관람차와 스피드웨이다. 그 밖에도 할리우드 셀럽이나 마블 히어로, 전설의 뮤지션과 다양한 유명인들을 밀랍으로 본떠 실물 크기로 만들어 전시하는 왁스 뮤지엄이 여러 곳이 있어서 인증샷 놀이의 배경으로 이용된다. 그리고 신기한 마술이나 놀라운 볼거리, 무서운 유령이나 좀비 체험 등 다양한 놀 거리가 있는데 대체로 수준이 높지는 않지만 아이들에게는 인기다. 오락실과 볼링장도 있다.

리플리스 빌리브잇 오아 낫
Ripley's Believe It or Not!

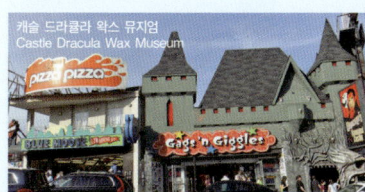

캐슬 드라큘라 왁스 뮤지엄
Castle Dracula Wax Museum

나이아가라 스피드웨이 Niagara SkyWheel

나이아가라 관람차 Niagara SkyWheel

프랑켄슈타인의 집
The House of Frankenstein

루이스 타소 왁스웍스
Louis Tussaud's Waxworks

테마숍

세계적인 브랜드 코카콜라와 허쉬 초콜릿의 테마숍이 있어 구경도 하고 스페셜 메뉴를 맛보거나 기념품을 살 수 있다.

허쉬스 초콜릿 월드
Hershey's Chocolate World

퍼널 케이크 Funnel Cakes

대관람차 주변에는 미국 놀이동산의 전형적인 간식거리가 즐비하다. 핫도그, 콘도그, 아이스크림, 슬러시 등이 있는데 우리에겐 덜 알려진 퍼널 케이크가 인기다. 밀가루 튀김에 설탕가루를 뿌려 먹는 것으로 특별히 맛있다기보다는 추억의 음식으로 일반 식당에서 먹기 어렵기 때문에 많이 찾는다. 그리고 큰길쪽에는 팀홀튼, 스타벅스, 버거킹, 서브웨이, 웬디스, IHOP, 하드록 카페 등 유명체인 커피숍이나 패스트푸드점, 레스토랑들이 있어 편리하게 이용할 수 있다.

퍼널 케이크

미국에서 즐기는 **나이아가라 폭포**

국경 건너기

레인보 다리를 건너면 미국 쪽 폭포에 갈 수 있다. 이때 국경을 통과하므로 반드시 여권과 미국 비자 또는 전자 여행 허가 ESTA(캐나다 여권 소지 시 제외)를 지참해야 한다. 캐나다에서 나갈 때는 C$1.25(쿼터 5개)의 통행세를 내고(자동차는 캐나다 입국 시 C$8.50) 10여 분 걸으면 미국 쪽에 도착한다. 간단한 입국 심사 후 $6(수수료)를 내고 국경을 통과해 조금만 들어가 이정표를 따라 고트섬 방향으로 가면 된다.

미국 쪽 나이아가라 폭포 명소

아메리칸 폭포 & 브라이덜 베일 폭포
American Falls & Bridal Veil Falls

미국으로 건너가는 길에 보이는 미국 쪽 폭포는 멀리서 보면 하나같지만 사실 둘로 나뉘어 있다. 프로스펙트 포인트 Prospect Point 바로 옆의 큰 폭포가 아메리칸 폭포, 그 옆에 있는 작은 폭포가 브라이덜 베일 폭포다. 신부의 면사포를 닮았다 해서 지어진 이름으로, 두 폭포 사이에 작은 섬인 루나섬이 있어 폭포가 나뉜다.

나이아가라 폭포 주립공원 Niagara Falls State Park

나이아가라 미국 쪽 폭포와 고트섬 Goat Island 일대를 공원으로 꾸며 놓은 곳으로 레인보 다리를 건너면 공원이 시작된다. 나이아가라 강과 울창한 숲이 만드는 절경이 펼쳐지며 24km에 달하는 산책로가 있다. 폭포를 즐길 수 있는 각종 액티비티와 전망대가 있으며, 도보, 트롤리, 셔틀, 자전거 등 다양한 방법으로 공원을 돌아볼 수 있다. 공원 입구의 나이아가라 폭포 주립공원 방문자센터 Ralph C. Wilson, Jr. Welcome Center에서 안내를 받을 수 있다.

지도 P.362-B2 **주소** Niagara Falls, NY 14303 **홈페이지** www.niagarafallsstatepark.com **운영** 매일 24시간 (방문자센터 성수기 일~목요일 08:00~20:00, 금·토요일 08:00~21:00)

Travel tip!

트롤리 Trolley
나이아가라 주립공원 일대를 편하게 둘러볼 수 있는 버스로 빈티지한 디자인이 눈길을 끈다. 티켓은 관광안내소에서 살 수 있으며 당일에 한해 무제한 탈 수 있다. 겨울에는 운행하지 않는다. 요금은 성인 $5.

고트섬 Goat Island

나이아가라 폭포 주립공원의 일부인 고트섬은 홀슈 폭포와 브라이덜 베일 폭포 사이에 있다. 거주민은 없으며 관광객만 드나드는 섬으로 각종 액티비티와 편의시설이 있다. 이 섬의 테라핀 포인트 Terrapin Point는 폭포를 조망하는 인기 장소다.

▶지도 P.362-B2 주소 Niagara Falls, NY 14303 가는 방법 레인보 다리에서 도보 20분 또는 자동차 9분.

나이아가라 폭포 전망 타워
Niagara Falls Observation Tower

프로스펙트 포인트 Prospect Point에 위치한 대형 전망대로 끊어진 다리 모양을 하고 있다. 높이는 86m. 전망대 끝으로 가면 캐나다 쪽 폭포와 미국 쪽 폭포를 모두 볼 수 있다.

▶지도 P.362-B2 주소 332 Prospect St, Niagara Falls, NY 14303 운영 성수기 매일 08:30~23:00 (날씨·계절 따라 상이) 요금 $1.25 가는 방법 나이아가라 폭포 주립공원 방문자 센터에서 도보 4분.

안개 아가씨 호 Maid of the Mist

미국 쪽의 나이아가라 폭포 크루즈로 1846년부터 시작돼 역사가 길다(캐나다 쪽은 나이아가라 시티 크루즈). 레인보 다리 근처 프로스펙트 포인트 아래 선착장에서 출발해 미국 쪽 폭포를 지나 캐나다 쪽 홀슈 폭포 가까이까지 간다. 크루즈 승객은 파란색 우비를 입으며 투어 시간은 약 20~30분이다.

▶지도 P.362-B2 주소 1 Prospect St, Niagara Falls, NY 14303 홈페이지 www.maidofthemist.com 운영 성수기 매일 09:00~20:00 (날짜별 상이) 요금 13세 이상 $30.25, 6~12세 $19.75

바람의 동굴 Cave of the Winds

브라이덜 베일 폭포 뒤에 자연적으로 만들어진 동굴로, 브라이덜 베일 폭포와 아메리칸 폭포에 최대한 가까이 가보는 액티비티이기도 하다. 엘리베이터를 타고 내려가면 폭포에 다가갈 수 있는 계단이 이어진다. 폭포에 다가갈수록 천둥 같은 엄청난 소리에 귀가 멍멍해지고 사방으로 물보라가 튀어 오른다(우비 제공).

▶지도 P.362-A2 주소 Niagara Falls, NY 14303 운영 성수기 09:00~20:15(주말은 21:15까지), 비수기 09:00~16:00(날짜별 상이) 요금 [여름] 13세 이상 $23, 5~12세 $19 [10월 중순 이후] 13세 이상 $14, 5~12세 $10

화이트 워터 워크 White Water Walk

나이아가라강의 강폭이 좁아지면서 물살이 거세지고 빨라지는 곳에 놓인 3.2km의 산책로로 나이아가라의 독특한 지형적 특성을 볼 수 있는 곳이다. 시속 48km의 거친 물살 때문에 강 주변은 거칠게 깎여 있으며 물살이 거세게 부딪히면서 하얀 물거품을 만든다. 산책로로 가려면 지상에서 엘리베이터를 타고 70m 아래로 내려가야 한다. 겨울에는 운영하지 않는다.

지도 P.362-B1 **주소** 4330 River Rd, Niagara Falls, ON, L2G 6T2 **홈페이지** www.niagaraparks.com **운영** 6월 말~10월 말까지 운영하는데 운영 시간은 날짜별로 매우 상이하니 홈페이지 참조 **요금** 13세 이상 C$20, 6~12세 C$13 **가는 방법** 위고 버스 그린 라인 탑승 White Water Walk - North 하차. 또는 일반 버스 104·108·204 Bridge St + River Rd 하차 후 도보 4분.

Travel tip!

나이아가라 파크웨이 Niagara Parkway

캐나다 쪽 나이아가라 강을 따라 나이아가라 온 더 레이크까지 이어지는 도로다. 차를 렌트했다면 이 길을 따라 드라이브를 해 보는 것도 좋다. 홀슈 폭포에서 북쪽으로 화이트 워터 워크, 꽃시계를 지나 계속 올라 가면서 강 주변의 아름다운 경치를 감상할 수 있고 세상에서 가장 작은 교회인 리빙 워터 웨이사이드 채플 Living Water Wayside Chapel과 아이스와인으로 유명한 크고 작은 와이너리들도 갈 수 있다.

일만 불 사리탑
Ten Thousand Buddhas Sarira Stupa

화이트 워터 워크 입구 바로 길 건너에 위치한 중국식 사원이다. 7층 탑으로 이루어진 본당 각 층 내부 벽면에 만 개의 금불상이 있다 해서 일만 불 사리탑이라 부른다. 거대 불상, 작은 불상, 도자기, 관음상 등 화려한 중국식 물건이 많고 본당 밖 뜰로 나오면 북과 종이 있는 파빌리온과 석탑 불상, 사천왕상 등이 있다. 나이아가라 폭포 일대와는 분위기가 사뭇 다른 곳으로 시간이 있다면 가볍게 둘러봐도 괜찮다.

지도 P.362-B1 **주소** 4303 River Rd, Niagara Falls, ON L2E 3E8 **홈페이지** www.chamshantemple.org **운영** 사원 수~월요일 09:30~17:00 화요일 휴무 **요금** 무료 **가는 방법** 위고 버스 그린 라인 탑승 White Water Walk - North 하차 또는 일반 버스 104·108·204 Bridge St + River Rd 하차 후 도보 4분.

Niagara Falls

월풀 에어로 카 Whirlpool Aero Car

홀슈 폭포에서 북쪽으로 약 5km 지점에 나이아가라강의 방향이 갑자기 꺾이는 곳이 있다. 폭포에서 내려오는 엄청난 물의 양이 좁은 협곡과 만나면서 급류를 형성해 시계 반대 방향으로 꺾이면서 거센 소용돌이를 만든다. 월풀 에어로 카는 이 소용돌이를 상공에서 보며 강을 건너는 일종의 케이블카다. 1916년 개장 당시 새로운 형태의 공중 케이블카를 선보이면서 주목을 받았다. 스페인 출신의 기술자 레오나르도 토레스 퀘베도 Leonardo Torres y Quevedo가 제작했다.

지도 P.362-B1 **주소** 3850 Niagara Pkwy, Niagara Falls, L2E 3E8 **홈페이지** www.niagaraparks.com **운영** 4월~10월 말 (운영 시간은 날짜별로 매우 상이하니 홈페이지 참조) **요금** 13세 이상 C$20, 어린이(6~12세) C$13 **가는 방법** 위고 버스 그린 라인 탑승 Whirlpool Aero Car 하차.

꽃시계 Floral Clock

각양각색의 수만 송이 꽃으로 장식한 직경 12m의 대형 시계로 비스듬히 놓여 있어 사진 촬영 장소로 인기가 높은 곳이다. 매번 장식된 꽃의 종류가 달라 모양도 달라진다. 꽃시계는 주변 대학 원예 전공 학생들이 관리한다. 시침과 분침은 목발의 모양을 하고 있는데 이는 장애인을 위한 꽃시계를 만들어 달라는 요구에 따른 것이다. 1년에 2번 시계의 얼굴을 바꾸며 시계 뒤쪽 타워에서 시계 구조와 작동 방식에 대한 자료를 볼 수 있다.

지도 P.362-A1 **주소** 14004 Niagara Pkwy, Queenston L0S 1L0 **홈페이지** www.niagaraparks.com **가는 방법** 위고 버스 그린 라인 탑승 Floral Clock 하차 또는 테이블 록 웰컴 센터에서 자동차로 21분.

아이스와인의 천국, 나이아가라

나이아가라 지역은 아이스와인 생산 최적의 기후 조건을 가진 곳이다. 세계적으로 독일의 아이스바인 Eiswein이 아이스와인의 원조이자 고급 아이스와인으로 인정받지만 가격이 비싼 데 반해 캐나다 나이아가라 지역의 아이스와인은 맛이 뛰어나면서도 합리적인 가격대도 많아 인기가 높다. 두 나라 모두 자연산 아이스와인만 공식적으로 인정하며 인공적으로 냉동시켜 만든 것은 가격이 저렴하다.

아이스와인 Icewine이란?

아이스와인은 여름에 햇빛을 받고 무르익은 포도를 따지 않고 겨울에 언 채로 따서 즙을 짜 발효시킨 와인으로 단맛이 강한 편이다. 얼리는 동안 새들이 먹어버리는 것을 방지하기 위해 그물을 씌워 놓아야 하며 최저 온도인 영하 8도를 맞추는 것이 매우 중요하다. 제조 과정이 까다롭고 일반 와인에 비해 포도 양이 6~7배 필요하기 때문에 가격이 비싸다.

아이스와인을 만드는 포도의 종류

아이스와인 포도의 종류로는 크게 '비달 Vidal'과 '리슬링 Riesling'이 있다. 비달은 캐나다 아이스와인의 대표적인 포도 품종이며 리슬링은 독일에서 주로 재배된다. 비달은 리슬링보다 껍질이 두껍고 냉해에 잘 견뎌 수확량이 많다. 리슬링은 비달보다 신맛이 강하며 생산량이 적다는 특징을 가지고 있다.

아이스와인의 등급 VQA(Vintners Quality Alliance)

캐나다 와인의 품질을 관리하는 제도로 지역, 품종, 당도, 수확 절차 등의 기준을 통과하면 와인 병에 VQA 마크를 부착할 수 있다. 제품 구입 시 참고하면 된다. 프랑스는 AOC, 독일은 QMP다.

아이스와인 마시는 법과 보관법

특별하게 마시는 법이 따로 있진 않지만 차갑게 마시는 것이 중요하며 아이스와인 전용 잔에 마시는 것이 좋다. 안주는 치즈 같은 고소하면서 짠 음식과 잘 어울리며 초콜릿이나 새콤한 과일과도 잘 어울린다. 마시고 남은 것은 마개를 잘 닫아 냉장고에서 몇 주간 보관이 가능하지만, 맛과 풍미는 개봉 후 2~3일 내 마시는 것이 좋다.

나이아가라의 와이너리

캐나다는 세계 최대 아이스와인 생산국이다. 그중 70% 이상이 나이아가라 지역에서 생산되는데 나이아가라 일대에는 크고 작은 와이너리가 100개가 넘는다. 대형 와이너리는 보통 둘러보고 시음할 수 있는 투어 프로그램을 진행하고 있으므로 예약해서 참가할 수 있다. 투어를 예약하지 않았더라도 지나가다가 들러 시음할 수 있으므로 접근이 쉬운 편이다. 투어와 시음 요금에는 세금이 추가된다. 많은 와이너리가 좋은 맛과 뛰어난 품질을 자랑하며 이니스킬린과 펠러는 이 지역을 대표하는 대형 와이너리다.

이니스킬린 와인스 Inniskillin Wines

1984년 비달 포도로 캐나다에서 처음으로 상업용 아이스와인을 생산한 이니스킬린은 1974년 설립된 와이너리로 1994년부터는 BC주 오카나간 밸리에서도 운영 중이다. 1983년 첫 아이스와인 생산을 시도했으나 새들이 다 쪼아 먹어 다음 해인 1984년에 성공할 수 있었다. 이때 생산한 아이스와인은 '아이스바인 EISWEIN'으로 독일식 상표가 붙여져 나왔다. 이니스킬린의 아이스와인 생산은 VQA 제도를 만드는 데 초석이 됐으며 1991년 '빈엑스포 VINEXPO'에서 최고상을 받았다. 와이너리 설립과 와인 제조 과정에 대한 설명을 들으며 포도밭과 와인 저장고를 둘러보고 시음도 하는 다양한 투어 프로그램이 있다. 식사가 포함되거나 시음만 할 수도 있다. 이메일을 통해 예약하거나 현장에서 바로 신청 가능하다. 대표적인 아이스와인은 골드 비달 Gold Vidal, 리슬링 Riesling, 카베르네 프랑 Cabernet Franc이 있으며, 비싸지만 맛이 좋은 스파클링 아이스와인도 인기가 있다.

지도 P.387-상단 **주소** 1499 Line 3 Niagara-on-the-Lake, ON L0S 1J0 **홈페이지** www.inniskillin.com **운영** 5~8월 일~목요일 11:00~18:00 금·토요일 11:00~19:00, 9~10월 매일 11:00~18:00, 11~2월 일~목요일 11:00~17:00, 금 11:00~20:00, 3~4월 매일 11:00~17:00 **요금** [와인] 아이스와인 C$50~130, 스파클링와인 C$80~ [시음] 아이스와인 시음 Icewine Experience C$60(3가지 아이스와인 시음) [투어] 이니스킬린 투어 앤 테이스팅스 Inniskillin Tours and Tastings C$35 (선착순) **가는 방법** 테이블 록 웰컴 센터에서 자동차로 30분.

펠러 와이너리 Peller Winery

1927년 헝가리 이민자 앤드루 펠러 Andrew Peller에 의해 설립된 와이너리로 지금은 그의 3대 손자가 운영 중이다. 처음에는 BC주 오카나간 밸리에 와이너리를 열었으며 온타리오주로 이전해 1969년 와이너리 면허를 취득했다. 와이너리 안으로 들어가면 고급 주택처럼 보이는 건물이 보이는데 여기서 각종 와인을 판매하고 시음을 한다. 펠러 와이너리는 아름답기로도 유명하다. 건물 뒤로 푸른 잔디가 깔린 아름다운 정원과 드넓은 포도밭이 펼쳐지며 정원 한쪽에 고급 레스토랑도 함께 운영하고 있다. 10가지가 넘는 투어 프로그램을 운영하고 있으며 시음만도 가능하다. 투어는 홈페이지에서 예약할 수 있다.

지도 P.387-상단　**주소** 290 John Street East Niagara-on-the-Lake, ON L0S 1J0　**홈페이지** www.peller.com　**운영** 일~목요일 11:00~20:00, 금·토요일 10:00~21:00　**요금** [와인] 아이스와인 C$25~100, [시음] Bar Tasting C$20(예약 없이 바에서 바로 가능), 프리미엄 C$30 [투어] 그레이티스트 와이너리 투어 Greatest Winery Tour C$45　**가는 방법** 테이블 록 웰컴 센터에서 자동차로 30분.

리프 와이너리 Reif Winery

1982년 에발드 리프 Evald Reif에 의해 설립된 와이너리로 지금은 조카인 클라우스 리프 Klaus Reif가 운영한다. 이들 가족은 원래 독일에서 와인을 제조하다가 캐나다로 넘어와 1977년 포도밭을 운영하기 시작했다. 문을 열 당시 독일식 생산 방식에 따라 와인을 제조했을 뿐 아니라 독일에서 직접 오크통을 들여와 와인을 숙성시켰다. 2005년에는 비달 아이스와인으로 '온타리오주의 올해의 와인'으로 선정되기도 했을 만큼 높은 품질을 자랑하며 수차례 수상 경력을 자랑한다. 여러 투어 프로그램과 시음이 있으며 온라인으로 예약 가능하다. 와이너리의 역사를 볼 수 있는 오래된 오크통을 전시하고 있다.

지도 P.387-상단 주소 15608 Niagara River Pkwy Niagara-on-the-Lake, on L0S 1J0 **홈페이지** www.reifwinery.com **운영** 4~10월 10:00~18:00, 11~3월 10:00~17:00 **요금** [시음] C$20~55 [워킹 투어] C$15~25 **가는 방법** 테이블 록 웰컴 센터에서 자동차로 30분.

넘버 99 웨인 그레츠키 No. 99 Wayne Gretzky

나이아가라강에서 조금 떨어진 55번 도로 위 나이아가라 온 더 레이크의 중심부에 위치한 와이너리. 캐나다의 전설적인 아이스하키 선수인 웨인 그레츠키의 등 번호와 이름을 딴 와이너리로 2017년 문을 열었다. 와이너리와 위스키 양조장을 함께 운영하는 독특한 곳으로 와인과 위스키를 함께 시음해볼 수 있는 투어가 있다. 현대적으로 세련되게 꾸며 놓은 시음장이 인상적이다.

지도 P.387-상단 주소 1219 Niagara Stone Rd, Niagara-on-the-Lake, ON L0S 1J0 **홈페이지** www.gretzkyestateswines.com **운영** 월~목요일 11:00~20:00, 금·토요일 10:00~21:00, 일요일 10:00~20:00 **요금** [시음] 와인과 양주 C$23 [투어] 더 와인, 스프라이트·칵테일 투어 The Wine, Spirit & Cocktail Tour C$35 **가는 방법** 테이블 록 웰컴 센터에서 자동차로 25분.

Restaurant 나이아가라 폴스의 식당

STK 스테이크하우스 폴스뷰 STK Steakhouse Fallsview

통유리창 너머 멋진 장관의 나이아가라 홀슈 폭포를 눈앞에 내려다보며 식사를 할 수 있는 전망 좋은 스테이크하우스다. 엠버시 스위트 바이 힐튼 나이아가라 폴스 폴스뷰 Embassy Suites by Hilton Niagara Falls Fallsview 9층에 위치하며 세련되고 현대적인 분위기로 새롭게 오픈한 곳이다. 낮에는 고급스러운 스테이크 요리를 먹으며 전망을 즐기고 밤에는 폭포의 조명쇼와 불꽃놀이를 보며 흥겨운 밤의 여흥을 즐길 수 있다. 스테이크를 비롯한 다양한 요리와 함께 칵테일과 와인 리스트도 많다. 가격대가 높아 호불호가 있지만 전망을 즐기기 위한 인파로 창가 자리는 인기가 많다. 식당의 규모가 커서 안쪽 좌석에서는 보이지 않으니 반드시 창가석으로 부탁하자. 예약을 못했다면 점심시간이 시작하기 전에 가는 것도 방법이다.

지도 P.362-A2 ▶ **주소** 6700 Fallsview Blvd, Niagara Falls, ON L2G 3W6 **홈페이지** https://stksteakhouse.com **영업** 일~목요일 12:00~23:00, 금·토요일·공휴일 12:00~02:00 **가는 방법** 테이블 록 웰컴 센터에서 도보 20분. 또는 스카이론 타워에서 도보 8분.

테이블 락 하우스 레스토랑 Table Rock House Restaurant

테이블 록 웰컴 센터에 자리한 전망 좋은 레스토랑이다. 테이블 록 웰컴 센터에는 푸드코트가 있어 자유롭고 저렴하게 식사를 할 수 있지만, 테이블 락 하우스 레스토랑은 보다 편안한 자리에서 폭포를 바라보며 식사를 하려는 사람들로 항상 붐빈다. 관광지이다 보니 음식값이 다소 비싼 편이니, 창가석이 아니라면 굳이 이용할 필요는 없다. 창가 좌석은 홀슈 폭포와 매우 가까워 뛰어난 전망을 자랑한다.

지도 P.362-A2 ▶ **주소** 6650 Niagara Pkwy, Niagara Falls, ON L2G 0L0 **홈페이지** www.niagaraparks.com/visit/culinary/table-rock-house-restaurant/ **영업** 성수기는 매일 11:30~22:00(비수기는 날짜에 따라 다르니 홈페이지 참조) **가는 방법** 테이블 록 웰컴 센터 내 위치.

나폴리 리스토란테 피제리아 Napoli Ristorante Pizzeria

나이아가라 폴스 시내에서 가장 인기 있는 피자집 중 하나다. 외관은 좀 허름한 편이지만 내부는 고전적이면서 아늑한 분위기로 좌석이 상당히 많은데도 불구하고 저녁마다 줄을 서서 기다려야 할 정도다. 파스타, 피자를 비롯한 다양한 이탈리안 요리를 전문으로 하는 곳으로 식당 이름에서 알 수 있듯 화덕에서 구운 얇은 도우의 나폴리식 피자 나폴리타노 Napolitano가 시그니처 메뉴다.

지도 P.362-A2 **주소** 5485 Ferry St, Niagara Falls, ON L2G 1S3 **홈페이지** www.napoliristorante.ca **영업** 일·화~목·일요일 16:30~21:00, 금·토요일 16:30~21:30, 월요일 휴무 **가는 방법** 테이블 록 웰컴 센터에서 도보 25분. 또는 스카이론 타워에서 도보 10분.

더 웍스 The WORKS Craft Burgers & Beer

캐나다 동부에 여러 체인을 둔 수제버거 전문점이다. 세계 최고의 버거를 목표로 100% 캐나다산 신선한 소고기 패티를 사용하며 메뉴도 아주 다양하다. 개인의 취향에 맞게 빵이나 패티, 사이드도 선택할 수 있으며 토핑도 원하는 대로 고를 수 있다. 50가지나 되는 버거가 너무 복잡하다면 가장 인기 있는 10가지 버거 중에 선택해보자. 채식주의자 버거도 있고 엘크 버거도 있다.

지도 P.362-A2 **주소** 5717 Victoria Ave, Niagara Falls, ON L2G 3L5 **홈페이지** www.worksburger.com **영업** 일·월·목·금요일 12:00~20:00, 토요일 12:00~22:00 **가는 방법** 테이블 록 웰컴 센터에서 도보 25분 또는 버스 104·204번 탑승 Ellen Av + Centre St 하차 후 도보 3분.

갤러리아 숍스 앤 다이닝 Galleria Shops & Dinning

갤러리아 숍스 앤 다이닝은 폴스뷰 카지노 리조트 바로 옆으로 이어진 복합몰이다. 카지노와 극장, 호텔, 스파가 있는 리조트 건물에 이어져 상점과 식당들이 모여 있다. 상점 수가 많지는 않지만 돌아볼 만하며 저렴한 패스트푸드점이 있는 푸드코트가 있어 가볍게 식사를 하기에 좋다.

지도 P.362-A2 ▶ 주소 6380 Fallsview Blvd, Niagara Falls, ON **홈페이지** www.fallsviewcasinoresort.com **영업** 매장마다 다르며 밤 늦은 시간까지 영업하는 곳도 있다. **가는 방법** 위고 버스 블루 라인 탑승 Skylon Tower 하차 후 도보 5분.

윌리엄스 프레시 카페 Williams Fresh Cafe

나이아가라 폴스 시내 외곽에 자리한 카페로 고속도로와 가까워 시내를 드나들 때 들르기 좋다. 건물들이 별로 없는 외진 동네에 위치하지만 인기 있는 로컬 체인 카페이며 커피와 차는 물론 베이커리, 아침 식사나 점심 식사용 샌드위치도 인기가 높다. 지역색을 느낄 수 있는 베이글 샌드위치와 다양한 종류의 수프도 있으며 퀘사디야나 퀴노아 볼 등 메뉴가 점점 다양해지고 있다.

지도 P.362-A1 ▶ 주소 4025 Dorchester Rd, Niagara Falls, ON L2E 6N1 **홈페이지** www.williamsfreshcafe.com **영업** 매일 08:00~21:00 **가는 방법** 테이블 록 웰컴 센터에서 자동차로 17분.

 **나이아가라 폴스**의 쇼핑

아웃렛 컬렉션 앳 나이아가라 Outlet Collection at Niagara

나이아가라 폴스 근처 아웃렛 중에 가장 규모가 크고 상점이 많은 곳이다. 마이클 코어스 Michael Kors, 룰루레몬 lululemon, 폴로 POLO 등 유명 브랜드 매장뿐 아니라 기념품점, 와인숍, 대형 푸드코트도 있다. 야외 매장이지만 곳곳에 지붕이 있고 중앙에 마당 같은 공간이 있어 여유있게 돌아다니며 쇼핑을 즐기기에 좋다.

지도 P.362-A1 **주소** 300 Taylor Rd, Niagara-on-the-Lake, ON L0S 1J0 **홈페이지** www.outletcollectionatniagara.com **영업** 월~토요일 10:00~21:00, 일요일 10:00~18:00 **가는 방법** 테이블 록 웰컴 센터에서 자동차로 25분.

배스 프로 숍스 Bass Pro Shops

아웃도어의 천국 캐나다이기에 가능한 초대형 아웃도어용품 전문점이다. 아웃렛 컬렉션 옆에 있어서 함께 묶어서 보기에 편리하다. 거대한 통나무집 분위기의 건물 안으로 들어서면 투박할 것 같은 느낌과는 달리 디테일한 인테리어가 눈길을 끈다. 등산용품, 캠핑용품, 의류, 낚시용품 등 섹션별로 다양한 물품들이 가득한데, 카누와 카약은 물론 총포류, 보트까지 있는 것이 놀랍다.

지도 P.362-A1 **주소** 300 Taylor Rd A1, Niagara-on-the-Lake, ON L0S 1J0 **홈페이지** https://stores.basspro.ca/on/niagara-on-the-lake **영업** 월~토요일 09:00~21:00, 일요일 09:00~18:00 **가는 방법** 테이블 록 웰컴 센터에서 자동차로 25분. 아웃렛 컬렉션 앳 나이아가라에 위치.

나이아가라 면세점 Niagara Duty Free Shops

레인보 다리 초입에 자리한 면세점이다. 캐나다와 미국의 국경에 있어 미국으로 건너가기 직전에 들러 세금 없는 쇼핑을 할 수 있다. 인기 품목은 아이스와인을 비롯한 각종 주류와 캐나다 기념품, 초콜릿 등이다. 가격이 많이 저렴한 것은 아니고 세금만 면제되기 때문에 할인마트나 아울렛, 또는 일반 매장에서 할인하는 상품이라면 잘 비교해 봐야 한다. 그리고 물건을 구입한 후 미국 측으로 나가면서 물품을 받을 수 있기 때문에 미국 쪽으로 갈 계획이 있는 경우만 쇼핑이 가능한 점을 주의하자.

지도 P.362-A2 **주소** 5726 Falls Ave, Niagara Falls, ON L2G 7T5 **홈페이지** www.niagaradutyfree.com **영업** 매일 07:00~22:00 **가는 방법** 테이블 록 웰컴 센터에서 자동차로 10분. 또는 도보 25분. 레인보 다리 캐나다 쪽 입구에 위치.

Travel tip!

나이아가라 기념품 쇼핑

캐나다의 상징적인 아이콘이 들어간 굿즈나 메이플시럽 등 기본적인 기념품과 함께 아이스와인의 산지로서 아이스와인도 인기다. 물론 폭포를 형상화하거나 나이아가라 명칭이 들어간 여러 기념품도 많이 찾는다. 관광지인 만큼 시내 곳곳에 기념품점이 있지만 위치가 편리하면서도 규모가 커서 한번에 쇼핑할만한 곳을 소개한다.

테이블 록
Table Rock Welcome Centre
주소 6650 Niagara Pkwy, Niagara Falls, ON L0S 1J0

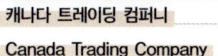

캐나다 트레이딩 컴퍼니
Canada Trading Company
주소 4950 Clifton Hill, Niagara Falls, ON L2G 3N4

그레이트 캐나디언 기프트
Great Canadian Gifts
주소 5875-E Falls Ave, Niagara Falls, ON L2G 3K7

나이아가라 온 더 레이크
NIAGARA-ON-THE-LAKE

나이아가라 폭포 북쪽 나이아가라강을 따라 온타리오 호수와 맞닿는 곳까지 형성된 도시로 과수 농업과 관광업이 발달했다. 캐나다 특산품인 아이스와인 생산지로 유명하며 곳곳에 크고 작은 와이너리가 많아 관광객들에게 인기다. 와이너리 투어나 예쁜 상점이 많은 퀸 스트리트를 구경하는 것이 여행의 포인트다.

••• 나이아가라 온 더 레이크 가는 방법 •••

나이아가라 폴스에서 20km 정도 거리로 차량 이용 시 국도로는 25분이면 도착할 수 있다. 나이아가라 강 옆의 나이아가라 파크웨이 Niagara Parkway 길로 가면 시간은 더 걸리지만 경치도 좋고 중간에 유명한 와이너리들을 방문하기에도 좋다. 대중교통을 이용한다면 나이아가라 '꽃시계'까지 위고 버스 그린 라인을 탄 다음 오렌지 라인(604번)으로 갈아 타면 된다.

홈페이지 www.niagaraparks.com (plan검색) [위고 버스 꽃시계~포트 조지] **운행** 4월 중순~5월 10:30~18:00, 6~9월 09:30~19:00 (1시간 간격, 30분 소요, 자세한 시간표는 홈페이지 참조) **요금** 성인 1일권 C$25

Niagara-on-the-Lake

퀸스 로열 공원. 멀리 미국측 포트 나이아가라가 보인다.

포트 조지 국립 역사 유적지

Attraction 나이아가라 온 더 레이크의 볼거리

퀸 스트리트 Queen Street

나이아가라 온 더 레이크의 중심지인 퀸 스트리트는 개성 있고 아기자기한 상점들이 많아 관광객들에게 인기가 많다. 시계탑을 중심으로 쇼 페스티벌이 열리는 오래된 극장, 작지만 독특한 박물관, 아담한 우체국, 카페, 레스토랑이 줄지어 있다. 예쁜 장식품, 차, 그림, 부엌용품, 크리스마스용품 등 다양한 물건을 팔고 있는 재미난 곳이다. 동화마을 같은 유럽풍의 길을 걷다 보면 꼭 한 개씩 사 먹게 되는 아이스크림 가게도 여럿있다. 퀸 스트리트가 끝에는 벤치와 잔디가 깔려 있는 심코 공원 Simcoe Park이라는 작은 공원이 있는데 피크닉을 즐기는 시민들과 뛰어노는 아이들이 평화로워 보인다.

지도 P.387-하단 [심코 공원] 주소 Picton St, Niagara-on-the-Lake, ON L0S 1J0

Travel Plus

쇼 페스티벌 Shaw Festival

매년 5~10월 영국의 유명 극작가인 '조지 버나드 쇼 George Bernard Shaw'의 삶과 정신을 기리기 위해 그의 작품과 다른 유명 작가들의 작품을 뮤지컬, 연극으로 상연하는 축제다. 로열 조지 극장 Royal George Theatre, 페스티벌 극장 Festival Theatre, 재키 맥스웰 스튜디오 극장 Jackie Maxwell Studio Theatre에서 공연한다. 1962년 첫 시즌을 시작해 오랜 역사를 자랑하며, 캐나다 유명 배우들이 대거 참여하는 수준 높은 축제다.

지도 P.387-하단 [박스 오피스(페스티벌 극장)] 주소 10 Queen's Parade, Niagara-on-the-Lake, ON L0S 1J0 홈페이지 www.shawfest.com 운영 월요일 09:00~17:00, 화~일요일 09:00~19:00 티켓 가격 C$30~

퀸 스트리트 걷기

프린스 오브 웨일스 호텔
Prince of Wales Hotel

퀸 스트리트 끝 길 건너에 위치한 이 호텔은 1864년에 오픈한 나이아가라 온 더 레이크 의 랜드마크다. 1860년대 고딕 리바이벌 건축 양식의 '폴리크롬 브릭워크 Polychrome Brickwork'(붉은색에 크림색 하이라이트가 있는 벽돌) 스타일을 사용한 유럽풍 호텔이다. 입구 양옆으로 예쁜 꽃들로 장식된 회랑이 있어 더 고풍스럽다.

지도 P.387-하단 **주소** 6 Picton St, Niagara-on-the-Lake, ON L0S 1J0 **홈페이지** www.vintage-hotels.com

나이아가라 약국 박물관
Niagara Apothecary Museum

실제 약을 팔던 약국을 복원한 박물관이다. 지금의 모습은 1869년 당시의 모습이며 1971년 복원했다. 내부는 빈티지한 약장에 옛날 약병, 약이 담긴 도자기, 당시 사용하던 약 등을 전시하고 있다. 19~20세기 초에는 지금 같은 규제가 없어 일반 상품들과 같이 약을 팔았는데 습관적으로 복용한 약물에 중독된 이야기 같은 흥미로운 자료도 있다.

지도 P.387-하단 **주소** 5 Queen St, Niagara-on-the-Lake, ON L0S 1J0

나이아가라 디스트릭트 코트 하우스
Niagara district Court House

'코트 하우스 시어터 Court House Theatre'로 많이 알려진 이곳은 1847년 신고전주의 양식으로 건축된 나이아가라 법원 건물이었다. 1962년부터 쇼 페스티벌의 본거지가 됐으며 1981년 국립 역사 유적지로 지정됐다. 코트 하우스 앞 퀸 스트리트 중앙에는 전쟁에서 희생된 전사자를 기리는 시계탑 Memorial Clock Tower of Niagara on the Lake이 있다.

지도 P.387-하단 **주소** 26 Queen St, Niagara-on-the-Lake, ON L0S 1J0

로열 조지 극장
Royal George Theatre

제1차 세계대전 당시 나이아가라 온 더 레이크에 주둔해 있던 군부대를 위해 1915년 지은 공연장으로, 작지만 역사가 있는 곳이다. 전쟁 후에는 영화관으로 운영되다가 지금은 '쇼 페스티벌 Show Festival'의 공연장으로 쓰이며 뮤지컬, 패밀리 쇼 등을 상연한다.

지도 P.387-하단 **주소** 85 Queen St, Niagara-on-the-Lake, ON L0S 1J0 **홈페이지** www.shawfest.com **운영** 공연 시작 1시간 30분 전 오픈해서 저녁 공연까지

포트 조지 국립 역사 유적지 Fort George National Historic Site

온타리오 호숫가에 미국군에 대항하기 위해 영국군이 지은 군사 요새로 1796부터 짓기 시작해 1799년 완성했다. 1813년 미국과의 전쟁 이후 미군이 점유해 요새를 변경하기도 했지만, 그해 12월 다시 되찾아왔다. 그러나 1815년 이후 주둔지가 이전하면서 오랫동안 방치돼왔다. 현재의 모습은 1799~1813년까지의 모습을 1937년부터 3년 동안 복원한 것이다. 성벽과 망루, 무기, 군인들의 막사와 장교의 방, 부엌 등 다양한 볼거리를 전시하고 있으며 사격 시연 같은 퍼포먼스도 한다.

지도 P.387-하단 **주소** 51 Queen's Parade, Niagara-on-the-Lake, ON L0S 1J0 **홈페이지** https://parks.canada.ca **운영** 4월 초~5월 중순 토·일요일 10:00~17:00, 5월 중순~9월 초 매일 10:00~17:00, 9월 초~10월 말 수~일요일 10:00~17:00 **요금** 18세 이상 C$13.25, 6~17세 무료 **가는 방법** 퀸 스트리트에서 자동차로 2분 또는 도보 10분.

더 리빙 워터 웨이사이드 채플 The Living Water Wayside Chapel

세상에서 가장 작은 교회라고 알려진 곳이다. 주변 포도 농장에서 바쁘게 일하는 사람들이 교회 가는 시간을 줄이고자 만들었다고 한다. 교회 규모는 길이 3m, 어른 6~7명이 겨우 들어가는 크기의 아담한 예배당이지만 기도를 할 수 있는 의자와 성경책이 놓여 있는 테이블이 있고 한쪽 테이블 위에는 다녀간 사람들의 방명록이 있다. 작아도 교회의 역할을 하기 때문에 실제 결혼식도 열린다. 나이아가라 파크웨이 바로 옆에 있어 나이아가라 온 더 레이크에 가는 길에 잠시 보고 가기에 좋다.

지도 P.387-상단 **주소** 15796 Niagara Pkwy, Niagara-on-the-Lake, ON L0S 1J0 **가는 방법** 테이블 록 웰컴 센터에서 자동차로 30분.

Restaurant 나이아가라 온 더 레이크의 식당

선셋 그릴 Sunset Grill

토론토에서 처음 문을 연 후 30년 넘게 이어오며 체인을 늘리고 있는 브런치 전문점이다. 나이아가라 온 더 레이크는 작은 마을이지만 관광 도시이기 때문에 성수기에는 항상 복잡하고 물가도 비싼 편이다. 선셋 그릴은 외관은 조금 낡았지만 무난한 맛과 가격으로 인정받아 오랜 시간 자리를 버티고 있는 가성비 좋은 식당이다. 관광의 중심인 퀸 스트리트 대로변에 위치해 주변 상점들을 구경하다 가볍게 들어가서 먹기 좋다. 항상 가게 앞에는 줄을 선 사람들로 가득하다.

지도 P.387-하단 주소 62 Queen St, Niagara-on-the-Lake, ON L0S 1J0 **홈페이지** www.sunsetgrill.ca **영업** 매일 07:00~16:00 **가는 방법** 퀸 스트리트 시계탑에서 도보 1분.

카우스 COWS

캐나다의 동부 끝자락의 프린스 에드워드 아일랜드에서 탄생해 서부의 휘슬러까지 진출한 인기 수제 아이스크림 가게다. 목초지에서 자란 소의 신선한 우유와 전통 방식으로 만든 아이스크림의 순박한 맛이 사람들의 입맛을 사로잡았다. 온타리오주에서는 유일하게 토론토를 제치고 이곳 나이아가라 온 더 레이크에만 지점이 있다. 항상 줄을 서서 먹는 인기 아이스크림점으로 프린스 에드워드 아일랜드의 상징 '빨간 머리 앤'이 그려진 음료도 있고 귀여운 암소가 그려진 기념품도 판매한다.

지도 P.387-하단 주소 44 Queen St, Niagara-on-the-Lake, ON L0S 1J0 **홈페이지** www.cows.ca **영업** 매일 10:00~22:00 **가는 방법** 퀸 스트리트 시계탑에서 도보 2분.

킹스턴
KINGSTON

모피 교역소이자 요새로 시작된 도시로, 1841~1844년까지 캐나다의 수도이기도 했다. 크지 않은 도시지만 정치적, 군사적으로 중요했던 역사가 깊은 곳이다. 영국풍 건물이 많이 남아 있고 강에 인접해 있어 항구 도시로 발달했다. 주요 산업은 제조업이지만 관광 도시로도 유명하다. 세인트 로렌스강에 떠 있는 수많은 섬을 비롯해 주변에 아름다운 곳이 많아 여름에는 휴양지로서도 인기가 높다.

··· 킹스턴 가는 방법 ···

인근 대도시인 토론토(240km), 오타와(150km), 몬트리올(270km)에서 멀지 않은 곳에 위치한 도시로 비행기, 렌터카, 기차, 버스를 타고 갈 수 있다. 주요 관광지가 자리한 다운타운에서 공항, 기차역, 버스 터미널이 떨어져 있으며 대중교통이 불편해 렌터카를 이용하는 것이 편리하다.

렌터카

토론토에서 갈 때는 401번 도로를 타고 가는 것이 가장 빠르며 401번 도로는 몬트리올까지 이어진다. 토론토에서 킹스턴 다운타운까지 2시간 30분~3시간 정도 소요된다.

비행기

킹스턴 공항 Kingston Airport(YGK)는 노먼 로저스 공항 Norman Rogers Airport이라고도 부르며, 캐나다 주요 도시에서 국내선 비행기가 운항한다. 공항에서 다운타운까지 택시나 버스로 이동할 수 있다.

[킹스턴 공항] 주소 1114 Len Birchall Way, Kingston, ON K7M 9A1 홈페이지 www.ygkairport.com

기차

비아 VIA 레일이 온타리오주와 퀘벡주의 주요 도시에서 킹스턴을 오간다. 토론토에서 약 2시간 30분, 몬트리올에서 약 2시간 40분, 오타와에서는 2시간 정도 소요된다. 하지만 기차역에서 다운타운까지 시내버스로 30~40분 거리이며 배차 간격도 커 불편할 수 있다.

[킹스턴 기차역] 주소 1800 John Counter Blvd, Kingston 홈페이지 www.viarail.ca

버스

메가버스, 라이더 익스프레스, 플릭스버스가 킹스턴으로 들어가며 토론토에서 3시간, 오타와에서는 2시간 5분 정도 소요된다. 플릭스버스 터미널이 시내에서 제일 가까우며 메가버스나 라이더 익스프레스는 시내버스로 25~30분 가야 해서 짐이 많으면 불편할 수 있다.

[킹스턴 버스 터미널] 주소 메가버스 1175 John Counter Blvd, Kingston 라이더 익스프레스 1185 Division St, Kingston, ON K7K 5W3 플릭스버스 275 Wellington St, Kingston, ON K7K 7A9 홈페이지 메가버스 https://ca.megabus.com, 라이더 익스프레스 www.riderexpress.ca, 플릭스버스 https://shop.global.flixbus.com

··· 킹스턴 시내 교통 ···

킹스턴 여행의 중심인 컨페더레이션 공원과 시청사 주변은 걸어 다닐 수 있지만 나머지 명소들은 흩어져 있는 편이라 버스를 타야 하며, 기차역이나 버스 터미널로 갈 때에도 마찬가지다. 시내 버스는 킹스턴 트랜싯 Kingston Transit에서 운영하며 관광지 위주로 돌아본다면 관광 버스인 트롤리를 이용하는 것도 괜찮다.

요금 1회권 C$3.50, 1일권 C$10 **홈페이지** www.kingstontransit.ca

▶ **시티 트롤리** City Trolley

킹스턴 시내를 돌아다니는 빨간색의 예쁜 버스다. 킹스턴은 규모가 작은 도시이지만 관광 명소들이 흩어져 있어서 대중교통을 이용해야 하는데, 트롤리를 타면 편하고 쉽게 구경할 수 있다. 킹스턴 관광안내소 앞에서 출발해 킹스턴의 주요 명소와 박물관 등을 돌아보는데, 1시간 15분 정도(투어) 소요된다. 봄·늦가을에는 투어로, 여름 성수기는 홉 온 홉 오프로 이용할 수 있다.

요금 [투어] 16세 이상 C$39.50, 2~15세 C$32.50, [홉 온 홉 오프] 16세 이상 C$44.50, 2~15세 C$35.50 **운영** [투어] 봄·늦가을, [홉 온 홉 오프] 5월 중순~10월 중순 **홈페이지** www.kingstontrolley.ca/

Travel tip!

킹스턴 관광안내소 Kingston Visitor Information Centre

킹스턴 여행의 출발점인 컨페더레이션 공원에 있다. 옆에 증기기관차가 서 있으며 건물 자체도 눈에 띄는 이곳은 과거 기차역으로 사용했던 건물이다. 건물 안에는 오래된 역사의 흔적이 남아 있다. 킹스턴 여행 정보와 각종 투어, 티켓의 예약을 도우며 기념품점도 겸하고 있다.

지도 P.395-하단 **주소** 209 Ontario St, Kingston, ON K7L 2Y7 **홈페이지** www.visitkingston.ca **운영** 일~목요일 09:00~19:00, 금·토요일 09:00~20:00

Kingston

시청사

옛 소방서 자리.
현재는 상점으로 운영 중이다.

Attraction 킹스턴의 볼거리

컨페더레이션 공원 Confederation Park

다운타운의 중심이 되는 곳으로 세인트 로렌스강 앞에 공원으로 꾸며져 있다. 공원 한쪽에는 '캐나디안 퍼시픽 1095 Canadian Pacific 1095'이란 이름의 증기 기관차 모형이 서 있고 바로 옆에는 관광안내소가 있다. 분수대가 있는 잔디 곳곳에 앉아서 휴식을 취하거나 '킹스턴 KINGSTON'이라는 글자 조형물 앞에서 사진을 찍는 사람들로 가득하다. 공원 바로 앞 강변에는 요트들이 정박해 있는데 사우전드 아일랜드 Thousand Islands로 가는 크루즈 터미널이 있어 평화로운 항구의 모습을 볼 수 있다. 킹스턴의 마르텔로 타워 Martello tower(P.397) 4개 중 하나인 쇼얼 타워 Shoal Tower도 보인다. 공원 바로 뒤쪽으로는 시청사가 웅장하게 서 있다.

지도 P.395-하단 **주소** Confederation Park, Kingston, ON K7L 2Z1 **가는 방법** 시내버스 31번 탑승 Ontario / Clarence 하차.

포트 헨리 Fort Henry

1812년 전쟁 중에 이 지역의 보호를 위해 요새를 지은 것이 시초이며 1936년 국립 역사 유적지로 등재됐다. 1930년 복원 작업을 거쳐 지금은 요새 군사 박물관으로 사용되고 있다. 포트 헨리 가드라고 부르는 병사들이 안내를 해주며 선셋 세리머니 Sunset Ceremony(7, 8월), 소총 쏘기 Fire a Rifle, 개리슨 퍼레이드 Garrison Parade(포트 헨리 포병대 퍼포먼스) 등 다양한 이벤트를 연다.

지도 P.395-상단 **주소** 1 Fort Henry Dr, Kingston, ON K7K 5G8 **홈페이지** www.forthenry.com **운영** 5월 중순~9월 초 10:00~17:00, 9월 수~일요일 10:00~16:30 **요금** 성인 C$20(성수기 기준) **가는 방법** 시청사에서 자동차로 5분.

머니 타워 박물관 Murney Tower Museum (Heritage Martello Tower – Murney)

1846년 미국을 방어하기 위해 온타리오 호반에 지어진 요새로 캐나다 국립 역사 유적지와 세계 문화유산으로 지정된 곳이다. 킹스턴에 남아 있는 4개의 마르텔로 타워 Martello Tower(둥근 석조 요새) 중의 하나인 머니 타워는 1925년 박물관으로 개조해 대중에게 오픈됐다. 이 요새는 해자로 둘러싸여 있고 어떤 공격에도 무너지지 않게 호수 쪽 벽은 5m, 내륙 쪽 벽은 3m의 두께로 두껍게 지어진 것이 특징이다. 1층에는 병사들이 살던 생활 공간을 재현해 놓고 있으며 2층에는 대포, 지하에는 무기고, 간이 샤워실이 있다. 타워 앞에 캐나다 건국 100주년을 기념한 조각이 있다.

지도 P.395-상단 **주소** 2 King St W, Kingston, ON K7L 3J6 **홈페이지** www.murneytower.com **운영** 5월 10:00~17:00 **요금** C$5 **가는 방법** 버스 32번 탑승 King / George 하차.

Travel Plus

마르텔로 타워 Martello Tower

1794년 영국군과 프랑스군의 교전 당시 무너지지 않는 프랑스군의 둥근 석조 요새의 파워에 놀란 영국군은 이를 벤치마킹해 마르텔로 타워라 부르며 전 세계 영국령에 세우기 시작했다. 이 요새는 벽이 두껍고 견고한 것이 특징이며 둥근 타워 형태다. 캐나다에 16개의 마르텔로 타워를 세웠고 현재 11개가 남아 있으며 그중 4개가 킹스턴에 있다. '머니 Murney', '쇼얼 Shoal', '캐스카트 Cathcart', '포트 프레드릭 Fort Frederick'이다.

브레이크워터 파크 Breakwater Park

머니 타워가 있는 맥도널드 공원에서 서쪽 강변을 따라 길게 조성된 공원이다. 구불구불한 해안선이 주는 독특한 경치를 볼 수 있는 곳으로 산책로가 조성돼 있어 호수의 경치를 감상하며 여유 있게 산책하거나 공원 잔디에 앉아 쉬기 좋다. '워터프런트 패스웨이 Waterfront Pathway'라는 트레일이 컨페더레이션 공원부터 이어져 내려오기 때문에 이 길을 따라 조깅을 하는 시민들이 많으며 여름에는 수영을 즐기는 사람도 많이 보인다.

지도 P.395-상단 **주소** 200 King St W Kingston, ON K7L 3T7 **홈페이지** www.cityofkingston.ca **가는 방법** 버스 32번 탑승 King / Lower University 하차.

벨뷰 하우스 Bellevue House

캐나다 초대 총리였던 존 맥도널드 John A. Macdonald가 살았던 이탈리아 양식의 집으로 국립 역사 유적지로 보존되고 있다. 아담한 규모의 1층 비지터 센터를 통해 안으로 들어가면 맥도널드 가족의 발자취가 남아 있는 집과 정원이 등장한다. 메이드 복장을 한 직원의 안내로 정원을 둘러볼 수 있다.

지도 P.395-상단 **주소** 35 Centre St, Kingston, ON K7L 4E5 **홈페이지** https://parks.canada.ca(bellevue House 검색) **운영** 5월 중순~10월 중순 목~월요일(7·8월 매일) 10:00~17:00 **요금** 18~64세 C$9, 6~17세 무료 **가는 방법** 버스 2·31·501번 탑승 Beverley Street The Isabel/Tett Centres 하차 후 도보 4분.

캐나다 교도소 박물관 Canada's Penitentiary Museum

감옥 박물관이라는 이름에서 느껴지는 이미지와는 다르게 예쁜 일반 주택의 모습을 한 박물관이다. 1870~1873년 킹스턴 교도소장과 가족이 거주하던 곳으로 1933년 교도소 관리사무소였다가 1985년 박물관으로 개조됐다. 수감자 기록부, 1971년 수감자 폭동 자료, 수감자에게 직접 가하는 형벌 도구, 수감자들이 만든 흉기 등의 전시물들이 있으며 실제 감방을 재현해 놓기도 했다. 기념품점에도 재미있는 물건이 많다. 예약을 통해 방문해야 하며 박물관 맞은 편에 위치한 킹스턴 교도소 투어를 예약할 수 있다.

지도 P.395-상단 ▶ 주소 555 King St W, Kingston, ON K7L 4V7 홈페이지 www.penitentiarymuseum.ca 운영 5~10월 매일 09:00~16:00 요금 기부금제 가는 방법 버스 501번 탑승 King / Sir John A. Macdonald 하차.

Travel Plus

킹스턴 교도소 Kingston Penitentiary

과거부터 인구 밀도가 높은 온타리오주는 범죄율도 높아 많은 감옥이 필요했다. 따라서 킹스턴은 작은 도시임에도 불구하고 교도소가 무려 10개나 있다. 감옥 박물관에서 내려다보이는 킹스턴 교도소는 1835년 캐나다에서 처음으로 지어진 교도소다. 2013년 문을 닫을 때까지 178년간 계속 운영을 하던 곳으로 캐나다 국립 역사 유적지로 지정됐다.

지도 P.395-상단 ▶ 주소 560 King St W, Kingston, ON K7L 4V7 운영 5월 초~10월 매일 월~금요일 08:30~16:30 토·일요일 08:30~17:00 요금 스탠다드 투어 C$42.13(90분)

Restaurant 킹스턴의 식당

판 찬초 베이커리 앤 카페 Pan Chancho Bakery & Café

베이커리를 겸한 카페로 빵으로도 커피로도 모두 인기 있는 곳이다. 베이커리에는 빵 종류 외에도 테이크아웃 용으로 간단히 조리된 음식이 있으며 각종 식재료도 판다. 바로 안쪽으로는 카페가 있는데 식사 시간대면 항상 길게 줄을 선다. 브런치와 런치를 먹을 수 있으며 파이, 버거, 샌드위치, 샐러드 등 대부분의 메뉴가 맛이 있고 재료 또한 신선하다. 실내의 공간이 작은 편이며 안뜰로 나가면 야외 테이블이 있어 날씨가 좋은 날에는 더욱 인기다.

지도 P.395-하단 ▶ **주소** 44 Princess St, Kingston, ON K7L 1A4 **홈페이지** www.panchancho.ca **영업** [베이커리] 월~토요일 08:00~17:00, 일요일 08:00~15:00 [카페] 매일 08:00~15:00 **가는 방법** 시청사에서 도보 3분.

킹스턴 커피 하우스 Kingston Coffee House

킹스턴 시청사 바로 뒤쪽에 자리한 카페다. 시청사 뒤에 '마켓 스퀘어 Market Square'라는 광장이 있어서 시장이나 각종 이벤트가 열리기도 하며 겨울에는 스케이트를 탈 수 있는 아이스링크장이 되기도 한다. 킹스턴 커피 하우스는 바로 이 마켓 스퀘어가 바라보이는 곳에 자리해 있으며 테이블 수가 많지는 않지만 벽돌로 지어져 아늑한 느낌을 준다. 커피나 케이크, 쿠키가 맛있고 간단한 샌드위치나 샐러드도 판매한다.

지도 P.395-하단 ▶ **주소** 322 King St E, Kingston, ON K7L 3B4 **홈페이지** www.facebook.com/KingstonCoffeeHouse/ **영업** 월~금요일 07:00~19:00, 토요일 08:00~18:00, 일요일 08:00~17:00 **가는 방법** 시청사에서 도보 2분.

세인트 로렌스강에 떠 있는
천 개의 섬
사우전드 아일랜드
THOUSAND ISLANDS

세인트 로렌스강에 떠 있는 크고 작은 섬들을 사우전드 아일랜드(천 섬)이라 부르는데 사실 섬이 1,864개라고 한다. 이 섬들 사이로 미국과의 국경이 지나가 크루즈를 타고 가다 보면 캐나다와 미국을 수시로 넘나드는 재미있는 경험을 하게 된다. 1812년 미국과의 전쟁터이기도 했으나 20세기 초 부자들의 별장이 들어서면서 휴양지로 변모했다. 작은 오두막이 있는 섬부터 동화 속 예쁜 성이 있는 섬까지 다양한 풍경이 펼쳐지는 곳이다.

사우전드 아일랜드 가는 방법

사우전드 아일랜드를 가까이 보려면 크루즈를 타야 하는데, 세인트 로렌스강을 따라 위치한 세 도시 킹스턴 Kingston, 가나노크 Gananoque, 록포트 Rockport에 크루즈 터미널이 있다. 킹스턴의 크루즈 터미널은 킹스턴 컨페더레이션 공원 부둣가에 있으며 가나노크는 킹스턴에서 28km, 록포트는 48km 떨어져 있다. 킹스턴에서 가나노크까지 가는 비아 레일이 하루 1회 있지만 킹스턴 외에 두 크루즈 터미널은 대중교통이 매우 불편해 자동차를 이용하는 것이 좋다. 가나노크까지는 2번 도로를, 록포트까지는 가나노크에서 사우전드 아일랜드 파크웨이 Thousand Islands Parkway를 따라가면 된다.

지도 P.402   **홈페이지** www.1000Islandstourism.com

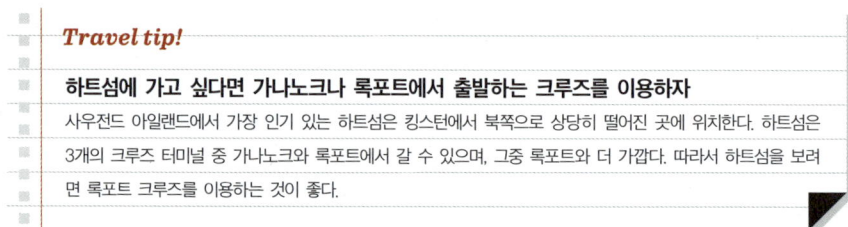

Travel tip!

하트섬에 가고 싶다면 가나노크나 록포트에서 출발하는 크루즈를 이용하자

사우전드 아일랜드에서 가장 인기 있는 하트섬은 킹스턴에서 북쪽으로 상당히 떨어진 곳에 위치한다. 하트섬은 3개의 크루즈 터미널 중 가나노크와 록포트에서 갈 수 있으며, 그중 록포트와 더 가깝다. 따라서 하트섬을 보려면 록포트 크루즈를 이용하는 것이 좋다.

사우전드 아일랜드를 즐기는 **세 가지 방법**

크루즈

사우전드 아일랜드를 가장 가까이서 즐기는 방법이다. 다양한 프로그램이 있어 그림같은 별장이 있는 여러 섬을 구경할 수 있다. 프로그램 선택 기준은 천 섬에서 가장 유명한 하트섬을 가는지의 여부다. **하트섬에 ①내리는 것과 ②옆으로 지나가는 것 ③안 가는 것**이 있으니 노선을 잘 확인하고 선택해야 한다. 미국령인 하트섬에 하차하는 프로그램은 여권과 비자 또는 ESTA가 필요하며 별도의 입장료가 있다. 겨울에는 크루즈를 운영하지 않는다.

❶ 록포트 크루즈 Rockport Cruises

하트섬과 가장 가까운 터미널이다. 이곳에서 크루즈를 타면 하트섬을 보거나 직접 방문할 수 있다. 하트섬과 다크섬을 모두 방문하는 프로그램도 있으나 상당히 비싸다. 한국어 오디오 가이드를 제공한다.

▶ 하트 오브 더 사우전드 아일랜즈 크루즈 Heart of the 1000 Islands Cruise
특징 하트섬 지나감, 여권 필요 없음. **소요 시간** 1시간 **요금** 13세 이상 C$37

▶ 볼트 캐슬 사우전드 아일랜즈 스탑오버 크루즈
Boldt Castle 1000 Islands Stopover Cruise
특징 하트섬 투어 포함, 여권과 전자여행 허가 ESTA 필요. **소요 시간** 4시간 **요금** 13세 이상 C$69(볼트 캐슬 입장료 포함)

 **지도 P.402** **주소** 20 Front St, Rockport, ON K0E 1V0 **홈페이지** www.rockportcruises.com **운영** [하트 오브 더 아일랜즈 크루즈] 5월~10월 매일 3~7회 운항 (날짜별 다름) [볼트 캐슬 투어] 5월~10월 하루 2회 운항 (운항 날짜 불규칙적, 홈페이지 참조 필수)

❷ 시티 크루즈 가나노크 City Cruises Gananoque

하트섬을 지나가는 투어와 하트섬에 내리는 투어가 있으며 록포트 보트 라인보다 시간이 많이 걸린다.

▶ 3시간 사우전드 아일랜드 크루즈 3-Hour 1000 Islands Cruise
특징 하트섬 지나감, 여권 필요 없음 **소요 시간** 3시간 **요금** 13~54세 이상 C$48

▶ 볼트 캐슬 스탑오버 크루즈 Boldt Castle Stopover Cruise
특징 하트섬 투어 포함, 여권·전자여행허가 ESTA **소요 시간** 5시간 **요금** 13세 이상 C$80

지도 P.402 **주소** 280 Main St, Gananoque, ON K7G 2M2 **홈페이지** www.cityexperiences.com

❸ 킹스턴 사우전드 아일랜드 크루즈 Kingston 1000 islands cruises

하트섬은 가지 않으며 주로 킹스턴 주변의 섬들을 돌아보는 프로그램을 운영한다. 킹스턴의 역사적인 장소와 크고 작은 섬을 구경하며 시간에 따라 사우전드 아일랜드 안으로 더 멀리 다녀오기도 한다.

▶ 디스커버리 크루즈 Discovery Cruise
소요 시간 1시간 30분 **요금** 16세 이상 C$39.50

▶ 하트 오브 더 사우전드 아일랜드 크루즈 Heart of the 1000 Island Cruise
소요 시간 3시간 **요금** 16세 이상 C$58

지도 P.395-하단 **주소** 1 Brock St, Kingston, ON K7L 5P7 **홈페이지** www.1000islandscruises.ca **운영** 4월 중순~10월 말(봄·가을은 1일 1회 운항)

헬리콥터 투어

사우전드 아일랜드를 짧은 시간에 내려다볼 수 있는 확실한 방법이다. 하트섬까지 다녀오는 프로그램이 있으며 가격이 비싸지만 하늘에서 보는 수많은 섬들의 색다른 경치가 펼쳐진다. 가나노크에서 탈 수 있다.

▶ **사우전드 아일랜드 투어** 1000 Islands Tour
소요 시간 10분 요금 C$109

▶ **볼트 캐슬 투어** Boldt Castle Tour
특징 하트섬 지나감, 여권 필요 없음 소요 시간 20분 요금 C$189

지도 P.402 ▶ 주소 88 County Road 32, Leeds and the Thousand Islands, ON K7G 2V3 운영 5~10월 매일 10:00~17:00, 11~4월 월~금요일 10:00~16:00 홈페이지 www.fly1000islands.ca

전망대

사우전드 아일랜드의 섬을 가까이서 볼 수는 없지만 360도로 탁 트인 전망대에서 세인트 로렌스강을 내려다보는 방법이다. 높이가 조금 아쉽기는 해도 천 섬의 분위기를 느끼기에는 좋으며 크루즈와는 다른 눈높이에서 내려다보는 재미가 있다. 세인트 로렌스강이 미국과의 경계인 만큼 미국으로 들어가는 국경 건너로 미국 영토가 보인다.

사우전드 아일랜드 타워 1000 Islands Tower

사우전드 아일랜드 중의 하나인 힐섬 Hill Island에 위치한 전망대로 세인트 로렌스강 위에 떠 있는 크고 작은 섬들을 시원하게 내려다볼 수 있다. 힐섬은 캐나다 쪽 섬이며 하트섬과 그리 멀지 않은 곳에 있다. '천 섬 다리 Thousand Islands Bridge'를 건너 힐섬으로 들어가면 전망대가 보이며 이곳에서 조금 더 안쪽으로 가면 국경이 있다. 표는 기념품점이 있는 매표소에서 살 수 있고 가이드와 함께 엘리베이터를 타고 올라가면 된다. 전망대에 오르면 세인트 로렌스강과 사우전드 아일랜드 다리 옆에 펴져 있는 크고 작은 섬들, 강 사이로 지나가는 크루즈가 만든 한 폭의 그림이 펼쳐지는데 가이드가 섬에 대한 설명을 해줘 더 흥미롭게 감상할 수 있다. 계단으로 한 층 더 올라가면 오픈 전망대가 있으며 탁 트인 전망과 함께 시원한 공기를 느낄 수 있다. 전망대는 성수기에만 운영한다는 것도 알아두자.

지도 P.402 ▶ 주소 716 Highway 137 Hill Island, Lansdowne, ON 홈페이지 www.1000islandstower.com 운영 7·8월 매일 10:00~16:00, 5·6·9·10월 목~월요일 10:00~16:00, 화·수요일 휴무 요금 13세 이상 C$19.50, 6~12세 C$9.50

사우전드 아일랜드를 대표하는 섬

하트섬 Heart Island

하트 모양으로 생긴 섬의 모양과 특별한 이야기를 간직하고 있는 볼트성 Boldt Castle 때문에 사우전드 아일랜드에서 가장 유명하다. 유럽의 고성 같은 볼트성의 주인은 뉴욕의 월도프 아스토리아 Waldorf Astoria 호텔의 주인인 조지 볼트 George Boldt다. 미국 이민자인 조지 볼트는 호텔 사업으로 돈을 벌자 아내가 좋아했던 이 섬을 사들여 성을 짓기 시작했다. 그런데 공사가 한창이던 1904년 갑자기 아내가 심장마비로 죽고 만다. 볼트는 크게 상심해 다시는 이 성을 찾지 않았다고 한다. 73년간 방치되던 성은 공사를 재개해 120개의 방을 가진 지금의 아름다운 성이 됐다.

볼트가 입맛이 없는 아내를 위해 만들었다는 샐러드 드레싱에 대한 유명한 일화가 있다. 드레싱을 맛본 요리사 오스카는 그 맛에 감탄해 사우전드 아일랜드(천 섬)라는 이름을 붙여 호텔 손님에게 제공했고, 이것이 유명해지면서 우리가 아는 '사우전드 아일랜드 드레싱'이 되었다(여러 가지 유래 중 하나다). 미국령이라 크루즈로 지나가는 것은 상관없지만 이 섬에 내리기 위해서는 여권과 비자가 필요하다.

지도 P.402 ▶ 주소 1 Heart Island, Alexandria Bay, NY 13607(미국령) 홈페이지 www.boldtcastle.com

자비콘섬 Zavikon Island

킹스턴에서 북동쪽으로 50km, 하트섬에서 북쪽으로 2.8km 떨어진 곳에 위치해 있다. 두 개의 섬이 길이가 10m밖에 되지 않는 작은 다리로 연결돼 있는데 '세계 최단 국교 The Shortest International Bridge'로 알려져 있다. 두 섬 모두 캐나다 영토 안에 있지만 다리를 보면 두 섬 중 큰 섬쪽 다리에는 캐나다 국기가, 작은 섬쪽 다리에는 미국 국기가 붙어 있다.

지도 P.402 ▶ 주소 Leeds and the Thousand Island, ON K0E 1V0

다크섬 Dark Island

자비콘섬에서 10km 더 북쪽으로 올라가면 나오는 섬으로 싱어성 Singer Castle이 있는 곳으로 유명하다. 싱어 재봉틀로 유명한 '싱어 소잉 머신 컴퍼니 Singer Sewing Machine Company'의 대표였던 프레데릭 본 Frederick Bourne이 1905년에 사냥 오두막용으로 지은 성이다. 내부로 들어가면 여러 개의 방과 비밀 통로, 곳곳에 전시해 놓은 싱어 재봉틀을 볼 수 있다.

지도 P.402 ▶ 주소 Hammond, NY 13646(미국령) 홈페이지 www.singercastle.com

오타와
OTTAWA

오타와강과 리도 운하가 만나는 지점에 위치하며 계획 도시답게 깔끔하고 잘 정비돼 있다. 1857년 영국의 빅토리아 여왕에 의해 캐나다의 수도로 지정됐다. 규모는 작은 편이지만 도시가 가지고 있는 무게만큼은 가볍지 않다. 캐나다 정치와 행정의 중심이 되는 국회의사당과 총독이 거주하는 리도 홀이 있으며 각종 박물관과 미술관이 많다. 볼거리들이 오밀조밀 모여 있는 편이라 다니기도 좋다. 소프트웨어와 전자통신 산업이 발달했으며 강으로 둘러싸여 있어 경치가 아름답고 오래된 건축물과 현대식 건물들이 조화를 이루고 있다.

오타와 🍁
대표 명소

1 국회의사당 P.412
웅장한 건물이 인상적인 캐나다의 국회.

2 리도 운하와 수문 P.416
세계문화유산에 등재된 200년 역사의 운하와 수문.

3 바이워드 마켓 P.418
오타와의 물류가 도착하는 재래시장으로 캐나다에서 가장 오래된 곳이다.

4 캐나다 역사 박물관 P.424
오타와 강변에 있는 박물관으로 원주민과 캐나다 역사를 전시한다.

5 캐나다 국립 미술관 P.421
캐나다, 유럽의 회화와 사진, 조각을 전시하는 미술관이다.

오타와 가는 방법

비행기

한국에서 직접 가는 직항편은 없으며 벤쿠버, 토론토 등을 경유해야 한다. 오타와 국제공항 Ottawa International Airport(YOW)은 다운타운에서 약 11km 떨어져 있다. 공항에서 시내로 갈 때는 버스, 경전철 O-트레인 O-Train, 택시, 우버 등을 타고 가면 된다. O-트레인을 타면 다운타운까지 약 40~50분 소요된다.

지도 P.410 [오타와 국제공항] 주소 1000 Airport Parkway Private, Ottawa, ON K1V 9B4 홈페이지 www.yow.ca

버스

다른 도시에서 갈 때는 버스 정류장이 그나마 가까운 메가 버스가 낫다. 토론토에서 오타와까지 4시간 50분~6시간 정도 소요된다. 버스 터미널은 다운타운에서 5km 정도 떨어진 동남쪽에 있는데 다운타운까지 오 트레인이 연결돼 20분이면 간다.

지도 P.410 [오타와 버스 터미널] 주소 메가 버스 Ottawa, ON K1K 3B9 St Laurent Station - Platform E 홈페이지 메가 버스 https://ca.megabus.com

기차

동부의 여러 도시에서 비아 VIA 레일이 운행된다. 오타와 기차역은 다운타운에서 남서쪽으로 3.5km 떨어진 417번 도로 옆에 있으며 다운타운까지 가려면 오 트레인이나 택시를 타면 된다. 티켓은 빨리 예매할수록 싼 가격에 살 수 있다.

지도 P.410 [오타와 기차역] 주소 200 Tremblay Rd, Ottawa, ON K1G 3H5 홈페이지 www.viarail.com

오타와 시내 교통

명소가 모여 있는 국회의사당 주변은 걸어 다니기 충분하지만 다운타운 외곽으로 갈 때는 버스나 경전철을 타야 한다. 오타와의 대중교통은 OC 트랜스포 OC Transpo에서 관리하며 버스가 주요 교통수단이며 경전철 O-트레인 O-Train도 많이 이용한다. 4개 노선이 있으며 관광객이 주로 이용하는 노선은 다운타운을 동서로 관통하는 컨페더레이션선 Confederation Line(1호선)이다. 2호선은 남북으로 지나가는데 공항에서 출발하는 4호선에서 갈아 타면 시내로 접근할 수 있다. 요금은 버스, 경전철 모두 동일하다. 요금 결제는 온타리오주 교통카드인 프레스토 카드나 탭하여 결제하는 컨택리스 카드로 가능하며 카드가 없으면 1회권을 사면 된다. 단, 캐나다 역사 박물관이 있는 곳은 퀘벡주이므로 현금을 내거나 따로 티켓을 사야 한다. 버스는 현금 승차 시 거스름돈을 주지 않는다.

홈페이지 www.octranspo.com 요금 카드 C$4, 현금 C$4.05, 1일권 C$12

오타와 추천 일정

DAY 1

1. 국회의사당 P.412
   도보 8분
2. 스파크스 거리 P.415
   도보 3분
3. 컨페더레이션 광장 P.415
   도보 2분
4. 페어몬트 샤토 로리에 P.415
   도보 1분
5. 리도 운하 P.416
   도보 3분
6. 바이타운 박물관 P.417
   버스 10분
7. 바이워드 마켓 P.418
   도보 7분
8. 노트르담 대성당 P.419
   도보 1분
9. 캐나다 국립 미술관 P.421
   도보 7분
10. 니피안 포인트 P.419
    도보 7분
11. 캐나다 왕립 조폐국 P.422

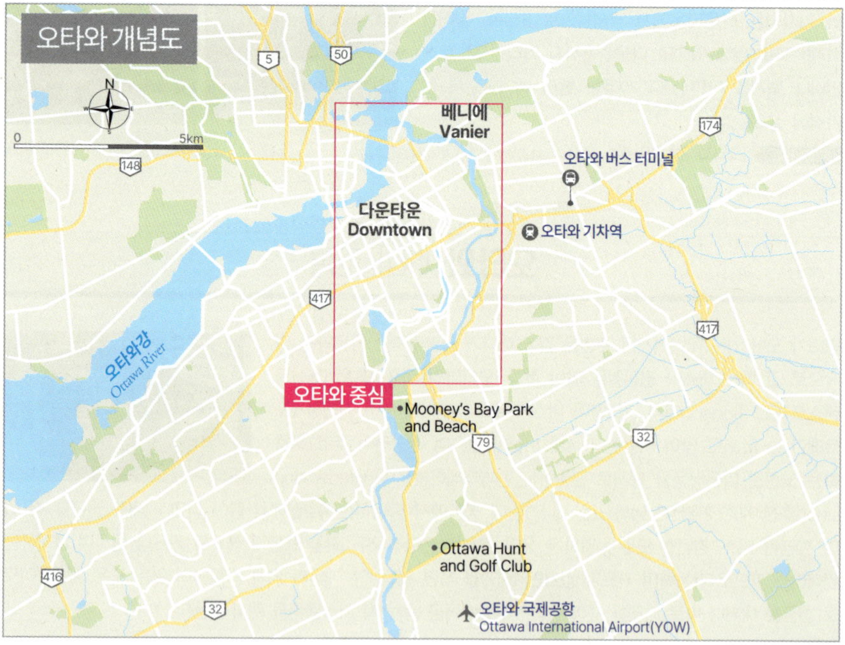
오타와 개념도
N
0
5km
5
50
148
174
베니에
Vanier
오타와 버스 터미널
다운타운
Downtown
오타와 기차역
417
417
오타와강
Ottawa River
오타와 중심
Mooney's Bay Park
and Beach
79
32
Ottawa Hunt
and Golf Club
416
32
오타와 국제공항
Ottawa International Airport(YOW)

Attraction 오타와의 볼거리

다운타운 Downtown

오타와의 상징인 국회의사당과 리도 운하, 바이워드 마켓, 국립 미술관, 역사 박물관 등 대부분의 관광지가 다운타운에 모여 있다. 이 볼거리와 더불어 오타와강을 중심으로 펼쳐지는 시내 전경을 여러 곳에서 감상할 수 있다.

국회의사당 Parliament of Canada

캐나다 정치의 중심이라 할 수 있는 국회의사당은 고풍스러운 건물과 아름다운 경관으로 많은 사람이 찾는 오타와의 랜드마크다. 상원 건물인 중앙관과 가운데 우뚝 서 있는 평화탑, 양옆으로 동관, 하원건물인 서관으로 구성돼 있다. 내부는 투어로 볼 수 있다. 중앙관 아래로는 넓은 정원이 펼쳐져 있고 뒤뜰에는 여러 동상과 원추형의 국회도서관이 있다. 무엇보다 오타와강과 건너편 퀘벡주의 전경이 아름답게 펼쳐진다. 6~8월에는 국회의사당 앞마당에서 위병 교대식이 펼쳐지는데, 1959년부터 내려오는 전통으로 관광객들에게 인기 높은 볼거리 중 하나다. 여름과 크리스마스 시즌에는 중앙관을 배경으로 한 화려한 조명쇼도 열린다.

지도 P.411-A1·A2 **주소** 111 Wellington St, Ottawa, ON K1A 0A9 **홈페이지** www.parl.ca **운영** 홈페이지 참조 **요금** 무료 **가는 방법** O-Train 1호선 Parliament/Parlement역 하차 후 도보 4분 또는 버스 5·6·7·12·14·18·57·61·75·616번 탑승 Elgin / Wellington 하차 후 도보 2분.

Travel Plus

꺼지지 않는 불꽃 Centennial Flame

국회의사당 정문을 들어서면 활활 타오르는 불꽃이 보인다. 연방 정부 100주년 기념으로 설치한 것으로 천연가스를 이용해 365일 꺼지지 않도록 관리하고 있다. 불꽃을 둘러싸고 있는 방패 모양의 조각은 12개의 주와 준주를 나타내는 것이며 그 주변으로 태평양과 대서양을 상징하는 물이 흐르고 있다.

국회의사당 들여다보기

국회 상원

국회 하원

국회도서관

❶ 중앙관 Central Block (상원 Senate)

정문에서 똑바로 보이는 건물이다. 1920년 문을 연 이곳은 현대 캐나다의 대부분의 정치 활동이 이루어지는 곳이다. 총독과 총독이 임명한 상원 의원들이 회의를 하는 '상원 본 회의장 The Senate Chamber', '국회 도서관 The Library of Parliament' 등이 있는 곳이다. 국회도서관은 외부에서도 볼 수 있는 원추형 건물로 캐나다 의회의 자료를 보관하고 있다. 국회의사당이 1916년 화재로 소실됐을 당시 이 도서관만 타지 않고 살아 남았다. 섬세하게 조각된 나무 책장이 3층 규모로 둥글게 배치돼 있고 중앙에는 여왕의 권위와 위엄이 느껴지는 흰색의 빅토리아 여왕 조각상이 있다.

❷ 평화탑 Peace Tower

신고딕 양식으로 지어졌으며 높이가 90m에 달하는 탑이다. 1차 세계대전 전사자들의 명복을 빌고 평화를 갈망한다는 의미를 가지고 있다. 탑을 올라가기 바로 전에 있는 '메모리얼 챔버 Memorial Chamber'는 전사한 군인들을 추모하는 홀로 모자, 선글라스를 벗고 예의를 갖춰야 한다. 탑 내부에 있는 53개의 종 'Carillon'이 정오가 되면 아름다운 소리를 낸다. 꼭대기에서는 주요 명소가 있는 다운타운과 오타와강 건너편 광역권에 해당하는 '헐 Hull' 지역이 보인다. 오타와를 무료로 360도 내려다볼 수 있어 매력적이다.

Travel tip!

국회의사당 투어 신청하기

국회의사당 내부를 보기 위해서는 투어를 신청해야 한다. 중앙관은 장기 공사로 별도의 건물에서 The Immersive Experience의 형태로 투어를 진행하며 국회 일정에 따라 동관, 서관은 가능하다. 홈페이지에서 투어 가능 일정을 확인할 수 있고 티켓도 함께 예약할 수 있는데 성수기에는 미리 예약하는 것이 좋다. 중앙관과 서관 사이에 위치한 관광안내소에서 안내를 받을 수 있다.

주소 111 Wellington St, Ottawa, ON K1A 0A6 **소요 시간** 30~40분 **요금** 무료

❸ 서관 West Block (하원 The House of Commons)

시민들이 직접 투표로 뽑은 하원 의원들이 회의를 하는 '하원 본 회의장 The House of Commons'이 있는 곳으로 2018년 다시 오픈하기 전에는 중앙관인 지금의 상원 건물에 함께 있었다.

건물 자체는 빅토리안 고딕 리바이벌 스타일이지만 내부를 모던하게 재건축했으며 특히 햇빛이 통과하는 천장이 볼거리다. 관광안내소에서 투어가 시작되며 하원들의 직무, 역사, 역할, 그림, 예술품, 건축에 대해 설명한다. 의원들이 회의 중이면 투어가 취소될 수 있다. 소요 시간은 40분.

❹ 동관 East Block

19세기 고딕 양식의 건물을 보존하고 있는 동관은 19세기 의회를 들여다 볼 수 있으며 초대 수상인 '존 맥도날드 경 Sir John A. Macdonald'의 집무실을 그대로 재현해 놓고 있다. 7~9월에만 투어가 가능하다.

❺ 국회 뒤뜰 East Block

중앙관 뒤쪽에도 볼거리가 있다. 캐나다 초대 총리 존 맥도널드 경 Sir John A. Macdonald과 프랑스 식민지를 개척했던 자크 카르티에 Jacques Cartier, 정치가 윌리엄 라이언 매켄지 킹 William Lyon Mackenzie King 등 캐나다 유명 인사들의 동상이 곳곳에 세워져 있으며 여성 참정권의 역사가 담긴 여성 5명의 동상 'The Famous Five'도 눈길을 끈다. 1916년 당시 화재로 떨어져 깨졌다는 빅토리아 타워 벨 Victoria Tower Bell과 지붕이 독특한 국회도서관 외관도 볼 수 있다. 무엇보다 오타와강 건너편의 퀘벡주와 함께 알렉산드라 다리, 국립 미술관까지 조망할 수 있다.

Travel Plus

테리 폭스 Terry Fox (1958-1981)

국회의사당 정문 건너편 관광안내소 앞에는 캐나다에서 영웅으로 대접받는 테리 폭스의 동상이 있다. 인간 승리의 상징인 그는 캐나다 훈장 중 최고인 '컴패니언'을 수상한 사람이다. 1977년 골육종으로 다리를 절단하고도 1980년 암환자를 위한 기금을 모으기 위해 동부의 세인트 존스에서 서부 빅토리아까지 가는 대장정의 캐나다 횡단 마라톤을 하다 암세포가 퍼져 사망했다. 그는 서부에 이르지 못하고 온타리오 주에서 멈췄지만 그의 뜻은 전국에 퍼져 매년 기념 마라톤 대회가 열린다.

스파크스 거리 Sparks Street

국회의사당의 앞길인 웰링턴 스트리트 Wellington St.에서 한 블록 안쪽에 있는 거리로 은행, 관공서 같은 사무실 빌딩과 다양한 상점, 레스토랑, 카페가 모여 있는 보행자 전용 도로다. 엘긴 스트리트 Elgin St.에서 리옹 스트리트 Lyon ST.까지 870m가량 이어지며 오타와에서 가장 번화한 거리다. 점심시간이 되면 주변 직장인들이 몰려나와 거리는 많은 사람으로 붐빈다. 군데군데 벤치가 놓여 있어 잠시 쉬어가기에도 좋다.

지도 P.411-A2 > 주소 Sparks St, Ottawa, ON 가는 방법 국회의사당에서 도보 8분.

컨페더레이션 광장 Confederation Square

국회의사당 정문에서 리도 운하를 건너기 전 남쪽에 위치한 삼각형 모양의 광장이다. 1984년 국립 역사 유적지로 지정된 곳으로 광장 중심에는 캐나다 국립 전쟁 기념비 The National War Memorial가 있다. 세계대전과 한국전쟁에 참전했다가 죽은 병사들을 위한 추모비로 1939년 영국의 조지 6세가 공식적으로 공개했다. 위병들이 1년 내내 보초를 서고 있으며 기념비까지 행진을 하며 교대를 한다. 한국전에서 전사한 캐나다 병사는 516명으로 적지 않은 수다. 타국에서 죽어간 그들을 위해 이곳에서 잠시나마 추모의 시간을 가져보는 것도 좋다.

지도 P.411-A2 > 주소 53 Elgin St, Ottawa, ON 홈페이지 www.canada.ca 가는 방법 국회의사당에서 도보 5분.

Travel tip!

페어몬트 샤토 로리에 Fairmont Château Laurier

오타와 주요 명소와 매우 가까워 오가면서 몇 번씩 마주치게 되는 곳으로, 리도 운하와 리도 거리가 만나는 코너에 있다. 1912년 완공돼 역사가 100년이 넘었으며 페어몬트 호텔 계열에서 흔히 볼 수 있는 건축 양식인 샤토에스크 Châteauesque(성 같은) 스타일로 지어져 고풍스러운 매력을 뽐낸다. 국립 역사 유적지로 지정됐다.

리도 운하와 수문 Rideau Canal & Locks

리도 운하는 오타와 중심에서 킹스턴까지 이어지는 총 202km의 수로로 2007년 유네스코 세계문화유산으로 지정됐다. 리도 운하 건설의 총 책임자인 존 바이 John By 중령에 의해 1826년부터 6년간 공사를 거쳐 완공됐다. 전쟁물자를 수송하기 위한 군사적 목적으로 설계됐지만, 운하의 개발로 오타와는 엄청난 발전을 했다. 리도 운하에 놓인 총 45개 이상의 수문 중 국회의사당 옆에 있는 운하의 8개 수문은 소나무로 만들어졌다. 계단식으로 이어져 있는 수문은 여름에 보트가 지나갈 때만 수동으로 여닫는다. 보트가 이곳을 다 지나가려면 꽤 많은 시간이 걸리지만 재미있는 볼거리다.

지금의 리도 운하는 오타와 시민들의 쉼터이자 관광명소다. 매년 5월이면 운하를 따라 수십만 송이의 튤립이 심어지며 겨울에는 7.8km에 달하는 거대한 야외 스케이트장으로 변한다. 운하 위를 지나가는 매켄지 킹 브리지 Mackenzie King Bridge 위에서 운하의 여름과 겨울의 매력적인 모습을 감상할 수 있다.

지도 P.411-A1 **주소** Ottawa, ON K1A 0A4 **홈페이지** www.pc.gc.ca/en/lhn-nhs/on/rideau **가는 방법** 컨페더레이션 스퀘어에서 도보 2분.

Travel tip!

세계에서 가장 긴 리도 운하 스케이트장 Rideau Canal Skateway

국회의사당 동쪽 다리 밑에서 시작해 하트웰 수문 Hartwells Locks까지 7.8km로 길게 이어지는 곳으로 기네스북에 등재돼 있다. 이곳은 원으로 돌아야 하는 다른 스케이트장과 달리 직진하며 달릴 수 있고 덤으로 오타와 풍경도 감상할 수 있어 인기 만점이다. 추위도 잊은 채 꽁꽁 언 얼음을 가르며 운하를 따라 가는 색다른 재미가 있어 시민들과 관광객들로 넘쳐 난다. 중간에 스케이트 대여점이 여러 군데 있기 때문에 스케이트를 준비해 가지 않아도 이용할 수 있으며 간식을 파는 쉼터도 마련돼 있다.

홈페이지 ncc-ccn.gc.ca/rideau-canal-skateway **운영** 1~3월(기온에 따라 달라질 수 있음) **요금** 무료, 스케이트 대여 C$13~20

바이타운 박물관 Bytown Museum

오타와에 현존하는 가장 오래된 석조건물로 리도 운하 건설과 함께한 오타와의 역사를 엿볼 수 있는 박물관이다. '바이타운 Bytown'은 오타와의 옛날 이름이다. 박물관 자체는 그리 크지 않지만 리도 운하의 건설 배경과 수문의 작동 원리, 운하 건설 당시의 도시 모습에 대한 다양한 자료를 전시하고 있으며 1층에는 조그마한 카페도 있다. 운하가 오타와강과 만나는 지점에 위치해 운하의 수문을 본 후 방문하기에 제격이다.

지도 P.411-A1 **주소** 1 Canal Ln, Ottawa, ON K1P 5P6 **홈페이지** www.bytownmuseum.com **운영** 성수기 수~월요일 11:00~17:30(목요일 ~20:00) 화요일 휴관 **요금** 성인 C$9 (목요일 17:00~20:00 무료) **가는 방법** 리도 운하와 수문에서 도보 2분.

캐나다 자연사 박물관 Canadian Museum of Nature

16, 17세기 스코틀랜드의 작은 성이나 가옥의 스타일을 표현하는 스코티시 배로니얼 Scottish Baronial 건축양식으로 지어진 이곳의 공식 이름은 빅토리아 기념박물관 빌딩 Victoria Memorial Museum Building이다. 1956년 자연사 박물관과 문명 박물관이 이 건물을 같이 사용하다가 1989년 문명 박물관이 이사를 하면서 자연사 박물관 혼자 사용하고 있다. 총 5개 층으로 0층에서 4층까지 전시실이 있으며 공룡, 화석, 동물, 식물, 우주 광물 등 다양한 전시물을 볼 수 있는데 특히 박제와 화석 종류의 전시물이 많다.

지도 P.411-B2 **주소** 240 McLeod St, Ottawa, ON K2P 2R1 **홈페이지** www.nature.ca **운영** 5월 중순~8월 매일 09:30~17:00(목요일 09:30~20:00), 비수기는 홈페이지 참조 **요금** 성인 C$24(목요일 17:00~20:00 무료) **가는 방법** 버스 14번 탑승 Gladstone / Metcalfe 하차 후 도보 2분.

바이워드 마켓 Byward Market

캐나다에서 가장 크고 오래된 재래시장으로 존 바이 John By 중령에 의해 1826년 설립됐다. 존 바이 중령은 마켓 건물 양쪽 입구에 나 있는 요크 스트리트 York St.와 조지 스트리트 George St.를 더 넓혀 리도 운하에서 식료품을 실은 마차가 쉽게 마켓으로 들어갈 수 있도록 했다. 오타와 시민들의 삶의 현장이었던 이곳이 지금은 많은 관광객이 찾는 관광명소가 됐다. 마켓의 건물 자체는 그리 큰 규모는 아니지만 내부에 식료품을 파는 가게, 레스토랑, 카페, 베이커리 등이 빼곡히 들어서 있다. 그중 르 물랭 드 프로방스 Le Moulin de Provence(P.426)라는 오바마 쿠키를 파는 가게가 가장 유명하다. 마켓 주변에는 채소, 과일, 액세서리, 꽃, 기념품을 파는 가판대가 줄지어 있다. 마켓 주변의 오래된 건물에도 다양한 레스토랑과 카페, 상점들이 있다. 캐나다의 대표 간식인 페이스트리 비버 테일(넓적하게 만든 페이스트리 위에 다양한 토핑을 얹어 먹는 페이스트리)을 파는 비버 테일즈 BeaverTails도 눈에 띈다. 여름에는 거리 공연을 하는 연주가들의 음악이 마켓 분위기를 더 흥겹게 만든다.

지도 P.411-A1 **주소** 55 Byward Market Square, Ottawa, ON K1N 9C3 **홈페이지** www.byward-market.com **운영일** ~수요일 09:00~18:00, 목~토요일 09:00~21:00 **가는 방법** 국회의사당에서 도보 10분 또는 O-Train Rideau역 하차 후 도보 3분.

캐나다 국민 간식, 비버 테일로 유명한 비버 테일즈.

헤이즐넛 초콜릿 스프레드 위에 바나나를 얹은 비버 테일.

시나몬과 설탕을 뿌린 기본 형식의 비버 테일.

노트르담 대성당 Notre-Dame Cathedral Basilica

오타와에서 가장 크고 오래된 가톨릭 성당으로 1990년 국립 역사 유적지로 지정됐다. 1841년 건축이 시작돼 신고전주의 고딕 양식으로 지어진 대성당은 스테인리스 스틸로 만들어진 두 개의 뾰족한 은빛 첨탑을 가지고 있는 것이 특징이다. 햇빛을 받으면 더욱 반짝여 눈길을 사로잡는다. 두 탑 사이 지붕 위에는 아기 예수를 안고 있는 성모 마리아상이 세워져 있다. 화려하게 장식된 성당 내부도 볼거리가 가득한데, 푸른빛으로 꾸며진 돔 천장에는 수많은 별이 새겨져 있고 섬세한 조각이 돋보이는 대제단, 스테인드글라스, 오르간과 성인 조각상 등이 있다.

지도 P.411-A1 주소 385 Sussex Dr, Ottawa, ON K1N 1J9 홈페이지 www.notredameottawa.com 운영 월-금요일 09:00~18:00, 토·일요일 09:00~19:00(겨울 시간은 홈페이지 확인) 가는 방법 바이워드 마켓에서 도보 7분.

니피안 포인트 Nepean Point

오타와 다운타운을 조망할 수 있는 전망대로, 국립 미술관 후문에서 언덕을 따라 올라가면 오타와강에 둘러싸인 국회의사당의 모습이 한눈에 들어오는 곳이다. 언덕이 그리 높지 않지만 오타와를 360도로 조망할 수 있다. 여기에는 17세기 초 퀘벡주를 개척한 사뮤엘 드 샹플랭 Samuel de Champlain의 동상이 있다. 그는 손을 들고 오타와강 건너 퀘벡주를 바라보고 있는 모습을 하고 있다. 동상 아래로는 계단식 좌석이 있는 야외무대가 있다. 가슴이 탁 트이는 오타와의 아름다운 경치를 감상하기 좋은 곳이다.

지도 P.411-A1 주소 Ottawa, ON K1N 9N4 가는 방법 국립 미술관에서 도보 7분.

무료로 즐기는 **오타와 전망 포인트**

오타와는 강과 운하, 그리고 아름다운 건축물들이 어우러진 도시로 멋진 풍경을 무료로 즐길 수 있는 전망대가 많다. 아래 소개하는 전망 포인트 중 한 곳만이라도 시간을 내어 방문해보자.

니피안 포인트
강 건너 국회의사당의 아름다운 뒷모습이 녹음과 어우러져 멋진 풍경을 볼 수 있다.

캐나다 역사 박물관
낮은 층과 높은 층에서 모두 강 건너로 국회의사당의 풍경과 알렉산드라 다리가 보인다.

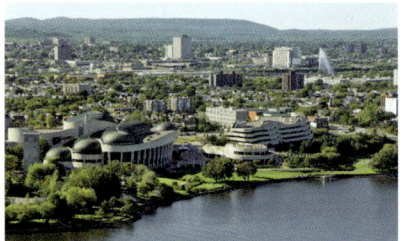

평화탑
가장 높은 곳에서 오타와의 전망을 360도로 시원하게 볼 수 있다. 페어몬트 샤토 로리에와 국회의사당 동관 등이 가까이 보인다.

국회의사당 뒤뜰
국회의사당 중앙관 뒤뜰에선 국립 미술관의 유리 지붕과 강 건너 역사 박물관까지 보인다.

매켄지 킹 브리지
리도 운하를 사이에 두고 양쪽에 페어몬트 샤토 로리에와 국회의사당 건물이 멋진 배경으로 보인다.

캐나다 국립 미술관
국회도서관이 있는 국회의사당의 뒷모습이 가장 가까이서 보이는 곳으로 노트르담 대성당도 보인다.

캐나다 국립 미술관 National Gallery of Canada

유리와 화강암 기둥의 독특한 외관만으로도 오타와의 랜드마크가 되는 미술관이다. 1880년 설립돼 한 호텔에서 첫 전시회를 연 이후 140년의 역사를 가지고 있는 이곳은 몇 번의 이사를 거쳐 1988년 지금의 건물에서 다시 문을 열었다. 설립 당시 19세기 풍경화들이 전부였던 작품이 지금은 8만 7,000점 이상으로 늘어났다. 각 갤러리에는 캐나다를 대표하는 '그룹 오브 세븐'의 작품을 비롯해 유럽, 미국, 아시아의 회화와 사진, 원주민 예술, 현대 미술, 판화, 조각 등이 나눠 전시되고 있으며 건물 밖에도 높이가 9m에 달하는 거대한 청동 거미 조형물 마망 등 조각 작품들이 전시돼 있다.

마망

건축가는 밴쿠버 공립 도서관을 디자인한 모셰 사프디 Moshe Safdie다. 유리로 된 건물은 미적 효과 외에도 유리를 통해 햇빛을 많이 받을 수 있고 밖을 조망하기 좋은 장점을 가지고 있다. 내부의 디자인도 인상적이다. 중앙의 그레이트 홀 Great Hall은 천장을 높게 만들어 시원한 느낌을 주며 개방감이 좋고 유리창을 통해 보이는 바깥 경치가 훌륭하다. 남쪽으로 국회의사당이 보이고 서쪽으로 니피안 포인트, 동쪽으로는 노트르담 성당도 보인다. 위에서 내려다보는 홀의 모습은 더욱 멋져 보인다. 위층으로 향하는 경사진 통로, 리도 채플, 도서관, 조각 작품이 있는 인공 연못 워터 코트 Water Court 등 건축물 자체만으로도 눈여겨볼 것이 많다.

▶ **지도 P.411-A1** ▶ **주소** 380 Sussex Dr, Ottawa, ON K1N 9N4 **홈페이지** www.gallery.ca **운영** 5월 초~9월 초 매일 09:30~17:00(목요일 09:30~20:00) 그 외 달의 월요일, 12/25, 1/6~1/10 휴관 **요금** 성인(31~64세) C$22, 18~30세 C$15, 12~17세 C$12 매주 목요일 17:00~20:00 무료 **가는 방법** 노트르담 대성당에서 도보 2분.

캐나다 왕립 조폐국 Royal Canadian Mint

캐나다에는 오타와, 위니펙 2곳에 자국의 동전은 물론 수출용 동전과 각종 기념 동전을 생산하는 조폐국이 있다. 캐나다는 미국과 함께 수준 높은 동전 제조 기술을 보유하고 있는 나라로 그 기술을 이용해 제조 기술이 없는 세계 여러 나라에 동전을 수출하고 있다. 국영기업으로 1908년 문을 연 오타와 지부는 원래 모든 용도의 동전을 제조해 왔는데 위니펙 지부가 생기면서부터 기념 동전과 각종 메달만 제작하고 있다. 전 피겨스케이팅 선수 김연아의 밴쿠버 올림픽 금메달도 이곳에서 제작됐다.

1979년 국가 역사 유적지로 지정된 오타와 지부의 건물은 튜더 건축 양식으로 지어져 중세의 영국 성채 같아 눈길을 끈다. 내부는 가이드 투어를 통해서만 둘러볼 수 있다. 110년 이상의 역사와 기술력이 고스란히 녹아 있는 다양한 동전과 제조 과정을 볼 수 있어 흥미롭다. 45분 정도 소요되며 사진 촬영은 금지다. 오타와 지부에서 제조하는 기념 동전은 디자인과 기술이 돋보이는 작품이 많아 상품 가치가 높다. 매년 새로운 기념 동전을 제작해 판매하고 있으며 홈페이지를 통해서도 판매 동전을 확인할 수 있다.

지도 P.411-A1 ▶ **주소** 320 Sussex Dr, Ottawa, ON K1A 0G8 **홈페이지** www.mint.ca **운영** 성수기 매일 10:00~17:00(비수기 화~일요일), 투어 예약은 홈페이지 또는 전화(613-993-0949, 수신자 부담 1-800-267-1871) **요금** 성인 C$12 **가는 방법** 캐나다 국립 미술관에서 도보 2분.

오타와 외곽

외곽이라 하지만 시내에서 그리 멀지는 않다. 다운타운 북쪽으로 리도 홀이 자리하고 있으며, 오타와강 건너편에는 캐나다 역사 박물관이 있다. 오타와강 건너편은 퀘벡주 헐 Hull 지구로 오타와 광역 수도권에 해당된다.

리도 폭포 Rideau Falls

리도강과 오타와강이 만나는 지점에 생겨난 폭포로 커튼이 내려져 있는 모습이 연상된다는 의미로 리도(Rideau; 커튼) 폭포라 부른다. 폭포 자체는 크지 않지만 강 옆이라 시원한 느낌이 든다. 폭포 주변에 공원이 조성돼 있어 산책하기 좋으며 강을 조망할 수 있는 카페도 있다.

지도 P.411-A1 **주소** 1 John St, Ottawa, ON K1M 2C9 **홈페이지** ncc-ccn.gc.ca **운영** 24시간 **가는 방법** 버스 9번 탑승 John/Sussex 하차 후 도보 2분.

리도 홀 Rideau Hall

캐나다 총독 The Governor General of Canada의 관저인 리도 홀은 총독의 거주와 국정 수행의 목적으로 이용되는 곳으로 국회의사당에서 약 3.5km 떨어져 있다. 건물은 175개 이상의 방으로 구성돼 있으며 이 중 하이라이트는 '볼룸 Ballroom'이다. 국가 행사나 귀빈들의 연회 장소로 쓰이는 이곳은 크리스털로 장식된 대형 샹들리에가 걸려 있고 벽에 커다란 창문에는 두꺼운 커튼이 걸려 있는데 귀빈들의 연회가 시작되면 커튼을 내린다고 한다. 프랑스어로 '커튼'이라는 뜻의 '리도'라는 이름도 이곳에서 나왔다. 건물 밖 나무가 빽빽한 정원 곳곳에도 분수와 기념석, 우리나라 전 대통령들이 심어 놓은 기념 식수 등 볼거리가 많으며 단풍이 드는 가을에는 더 아름다워진다. 정문을 지키는 위병들과 기념 사진 촬영도 잊지 말자. 투어를 신청하면 내부를 둘러볼 수 있다. 45분 정도 소요되고 무료다.

지도 P.411-B1 **주소** 1 Sussex Dr, Ottawa, ON K1A 0A1 **홈페이지** www.gg.ca **운영** 7·8월 10:00~16:00(선착순), 5·6·9·10월 10:00~16:00(주중은 예약 필수, 주말은 선착순), 11~4월 매일 10:00~15:00(예약 필수) **[그라운드]** 08:00~일몰 1시간 전 **가는 방법** 리도 폭포에서 도보 12분 또는 버스 9번 탑승 Crichton / Union 하차 후 도보 8분.

캐나다 역사 박물관 Canadian Museum of History

원주민과 캐나다 역사에 대한 전시를 하고 있는 곳으로 원래 캐나다 문명 박물관이었으나 2014년 캐나다 역사 박물관으로 이름이 바뀌었다. 오타와 강변에 위치하고 있으며 전경이 아름답기로 유명하다. 건물은 부드러운 곡선의 형태로 지어졌으며 초록색 돔 지붕이 인상적이다. 이런 독특한 외관 때문에 멀리서도 눈에 잘 띈다. 계단식으로 지어진 분수를 내려가면 건물 뒤 강변에는 산책로가 있는 정원이 꾸며져 있다. 이곳에서 오타와강이 흐르는 국회의사당 뒤쪽의 아름다운 모습이 보인다. 주위에는 레스토랑과 카페테리아가 있어 쉬어가기에도 좋다.

입구로 들어서면 바로 매표소가 있는 2층이다. 2층엔 아이맥스 영화관, 어린이 박물관, 특별 전시관, 기념품점, 카페가 있다. 이곳에서 표를 사서 1층으로 내려 가거나 3, 4층으로 올라가야 한다. 1층은 원주민 전시가 이루어지는 그랜드 홀이며 3, 4층은 캐나다 역사관이다.

지도 P.411-A1 주소 100 Rue Laurier, Gatineau, QC K1A 0M8 홈페이지 www.historymuseum.ca 운영 성수기 매일 09:00~18:00(목요일 ~19:00) 요금 성인(25세 이상) C$24, 학생(18~24세) C$12, 매주 목요일 17:00~19:00·캐나다 데이(7/1)·캐나다 현충일(11/11) 무료 가는 방법 버스 67번 탑승 Musée de L'histoire 하차.

그랜드 홀 Grand Hall

캐나다 원주민 전시관이 있는 1층의 커다란 홀로, 박물관의 핵심이다. 한쪽 면이 높이 15m의 유리로 돼 있어 밖을 조망하기 좋으며 강 건너로 국회의사당이 보인다. 맞은 편에는 브리티시 컬럼비아 태평양 연안에 살던 원주민들의 가옥 6채가 복원돼 전시 중이며 43개의 다양한 토템폴이 세워져 있다. 원주민 가옥은 각 부족의 특징이 잘 나타나 있으며 내부에도 그들이 사용하던 흥미로운 생활용품과 예술품들이 전시돼 있다. 집 앞에 세워져 있는 토템폴을 자세히 들여다보면 그들이 숭상하는 동물이나 자연물에 대해 알 수 있다.

그랜드 홀은 규모가 커서 전시 용도뿐 아니라 각종 컨퍼런스와 콘서트가 열리는 장소로도 사용된다. 그 외에도 원주민 화가가 그린 천장 벽화인 모닝 스타와 원주민 예술가 빌 레이드 Bill Reid의 조각 작품도 전시하고 있다.

지도 P.411-A1   ※상세 정보는 캐나다 역사 박물관과 동일함.

Travel Plus

알렉산드라 다리 Alexandra Bridge
오타와강을 사이에 두고 다운타운과 오타와 북쪽의 헐 Hull 지역을 잇는 철교다. 오타와는 온타리오주인데 캐나다 역사 박물관이 있는 헐 지역은 퀘벡주로 강 하나를 사이에 두고 주 정부가 바뀐다. 자동차와 사람이 모두 지나갈 수 있으며 10분이면 건너갈 수 있다. 다리 위에서 보는 주변의 경치가 아름다워 걸어가는 사람도 많다.

Restaurant 오타와의 식당

르 물랭 드 프로방스 Le Moulin de Provence (K·D)

다운타운에 자리한 카페 겸 베이커리다. 바이워드 마켓에서 베이커리로 성공해 카페와 비스트로를 겸한 고급스러운 콘셉트로 새롭게 문을 열었다. 산뜻한 분위기의 카페로 들어서면 빵과 쿠키들이 먹음직스럽게 진열된 베이커리가 한눈에 들어온다. 품질 좋은 유기농 원두를 현지에서 로스팅해 사용하며 차에 대한 자부심도 강하다. 간단한 식사류도 있는데 신선한 재료로 만든 샌드위치가 직장인들에게 특히 인기 있어 점심 시간에는 카페가 매우 붐빈다.

지도 P.411-A2 ▶ 주소 30 Metcalfe St, Ottawa, ON K1P 5L4 영업 매일 07:00~18:00 가는 방법 국회의사당에서 도보 5분.

르 물랭 드 프로방스 바이워드 마켓 Le Moulin de Provence Byward Market

'르 물랭 드 프로방스'의 원조 베이커리이지만 분위기는 전혀 다르다. 일단 바이워드 마켓에 있다 보니 시장 느낌이 물씬 풍긴다. 오픈된 공간이 많고 촌스러운 분위기지만 빵 종류가 다양하고 푸짐해 항상 많은 사람들로 붐빈다. 특히 2009년 미국의 오바마 대통령이 방문해 언론을 탄 뒤로는 관광객들이 끊이지 않고 있다. 특히 오바마 대통령이 직접 사갔다는 빨간 메이플 모양의 캐나다 쿠키는 일명 '오바마 쿠키 Obama Cookies'로 인기가 높다.

지도 P.411-A1 ▶ 주소 55 Byward Market Square, Ottawa, ON K1N 9C3 홈페이지 www.lemoulindeprovence.com 영업 매일 07:00~21:00 가는 방법 국회의사당에서 도보 13분.

에그스펙테이션 Eggspectation

캐나다를 비롯해 미국, 인도, 중동 등 전 세계에 지점을 두고 있는 유명 브런치 레스토랑. 캐나다에는 몬트리올에 지점이 많고 오타와에는 다운타운에 자리하고 있다. 이름에서 느껴지듯 계란을 주재료로 사용한 오믈렛이나 베네딕트 요리가 전문이라 브런치를 즐기기 좋으며, 과일과 생크림을 듬뿍 올린 와플, 크레페, 팬케이크 등도 있다. 가게 분위기를 보면 맥주를 팔 것 같은 펍 분위기이지만 신선한 생과일주스만 판매하는 브런치 식당이라 오후 3시면 문을 닫는다.

지도 P.411-A2 **주소** 171 Bank St, Ottawa, ON K2P 1W5 **홈페이지** www.eggspectation.ca **영업** 매일 07:00~15:00 **가는 방법** 국회의사당에서 도보 6분.

브리지헤드 Bridgehead

오타와의 대표적인 로컬 커피숍으로 캐나다 최초로 공정무역 커피를 제공한다는 점에 자부심을 가지고 있다. 2012년에는 자체 로스터리를 오픈해 전 세계 협동조합에서 수입한 생두로 엄청난 양의 유기농 커피를 로스팅해 오타와 곳곳에 공급하고 있다. 커피뿐 아니라 유기농 차와 베이커리도 인기다. 현재 오타와에만 20여 곳의 지점이 있는데 대부분 다운타운에 지점이 많다. 찾아가기 편리하고 분위기까지 제대로 즐기고 싶다면 리틀 이탤리 Little Italy 지역에서 로스터리까지 겸하고 있는 본점을 추천한다.

지도 P.411-A2 **[다운타운점] 주소** 96 Sparks St, Ottawa, ON K1P 5T9 **홈페이지** www.bridgehead.ca **영업** 월~금요일 06:00~18:00, 토·일요일 07:00~18:00 **가는 방법** 국회의사당에서 도보 3분.
[본점] 주소 130 Anderson St, Ottawa, ON K1R 6T7 **홈페이지** www.bridgehead.ca **영업** 매일 06:30~18:30 **가는 방법** 국회의사당에서 버스 11번 탑승 Preston / Somerset 하차 후 도보 2분.

카페 디럭스 Cafe Deluxe

다운타운 중심에 자리한 아침 식사 전문 식당이다. 새벽에 문을 열고 오후 일찍 문을 닫아 아침과 점심시간에만 운영하는데, 가성비가 좋아서 이른 아침부터 아침 식사를 먹고 출근하려는 직장인들이 가게를 가득 채운다. 카페테리아 형식으로 되어 있어 직접 주문하고 픽업해서 원하는 테이블에 앉아 먹으면 된다. 회사가 많은 다운타운 중심에 위치하고 있어 주로 직장인들이 많이 이용하는데, 이 때문인지 회사가 쉬는 주말에는 영업을 하지 않는다.

지도 P.411-A2 주소 200 Kent St, Ottawa, ON K2P 2J8 **홈페이지** www.cafedeluxe.ca **영업** 월~목요일 07:00~15:00, 금요일 07:00~14:00, 토·일요일 휴무 **가는 방법** 국회의사당에서 도보 3분.

마일스톤즈 Milestones

캐나다 전역에 40개의 체인을 두고 있는 유명 레스토랑 체인이다. 특히 오타와 지점은 다운타운이면서 관광의 중심이 되는 곳에 자리해 찾아 가기도 편리하고 내부 분위기도 좋다. 페어몬트 샤토 로리에 Fairmont Château Laurier 호텔 옆 큰길가(매켄지 애비뉴 Mackenzie ave.)에 있는데 입구로 들어가면 공간이 둘로 나뉘어 한쪽은 어두운 바 분위기지만 다른 한쪽으로 들어가면 통유리창이 있는 밝은 분위기의 노천 테이블로 이어진다. 메뉴가 다양한데 퓨전 스타일이 많으며 대부분 맛있다. 오후와 밤 늦은 시간의 해피아워를 이용하는 것도 좋다. 시저 칵테일도 유명하지만 괴상한 맛이라 호불호가 갈린다.

지도 P.411-A1 주소 700 Sussex Dr Unit 201, Ottawa, ON K1N 1K4 **홈페이지** www.milestonesrestaurants.com **영업** 일~수요일 11:00~22:30, 목~토요일 11:00~23:00 **가는 방법** 국회의사당에서 도보 8분.

# 오타와의 쇼핑

CF 리도 센터 CF Rideau Centre

컨벤션 센터와 호텔, 백화점, 쇼핑몰이 들어선 대형 복합몰로 오타와 최고의 쇼핑 명소다. 대형 쇼핑몰답게 넓고 쾌적하며 경전철이 바로 연결되어 교통도 편리하다. 시몽 Simons 백화점이 자리하고 있으며 170여 개의 상점이 들어서 있어 한 곳에서 다양한 쇼핑을 즐기기에 좋다. L2층에 대형 푸드코트가 있어서 간단히 식사를 해결할 수도 있다. 주변에 다른 식당이 별로 없어서 항상 사람들로 가득하니 식사 시간을 조금 피해 가는 것이 좋다. 그 밖에 멕시칸 패스트푸드점 치폴레와 커피숍 팀홀튼, 스타벅스 등이 독립 매장으로 있다.

지도 P.411-A1 **주소** 50 Rideau St, Ottawa, ON K1N 9J7 **홈페이지** https://shops.cadillacfairview.com **영업** 월~토요일 10:00~21:00, 일요일 11:00~18:00 **가는 방법** 국회의사당에서 도보 8분 또는 경전철 Rideau역에서 바로.

Travel tip!

바이워드 마켓 주변

오타와에서 쇼핑하기 편리한 곳은 쾌적한 대형몰 안에 다양한 상점이 모여 있는 CF 리도 센터다. 하지만 대부분 브랜드숍이 입점해 있어 오타와만의 특별함을 찾고 싶다면 바이워드 마켓 주변을 돌아다녀보는 것도 좋다. 조지 스트리트 건너편 쪽으로는 소규모 상점과 편집숍들이 흩어져 있고, 바이워드 마켓과 가까워지면 식당과 카페도 많이 있으니 날씨가 좋다면 천천히 걸어다니면서 구경해보자.

퀘벡주
QUÉBEC

몬트리올 Montréal　　　　　　　　　P.432
메이플 로드 Maple Road　　　　　　P.472
퀘벡 시티 Quebec City(Ville de Québec)　P.478

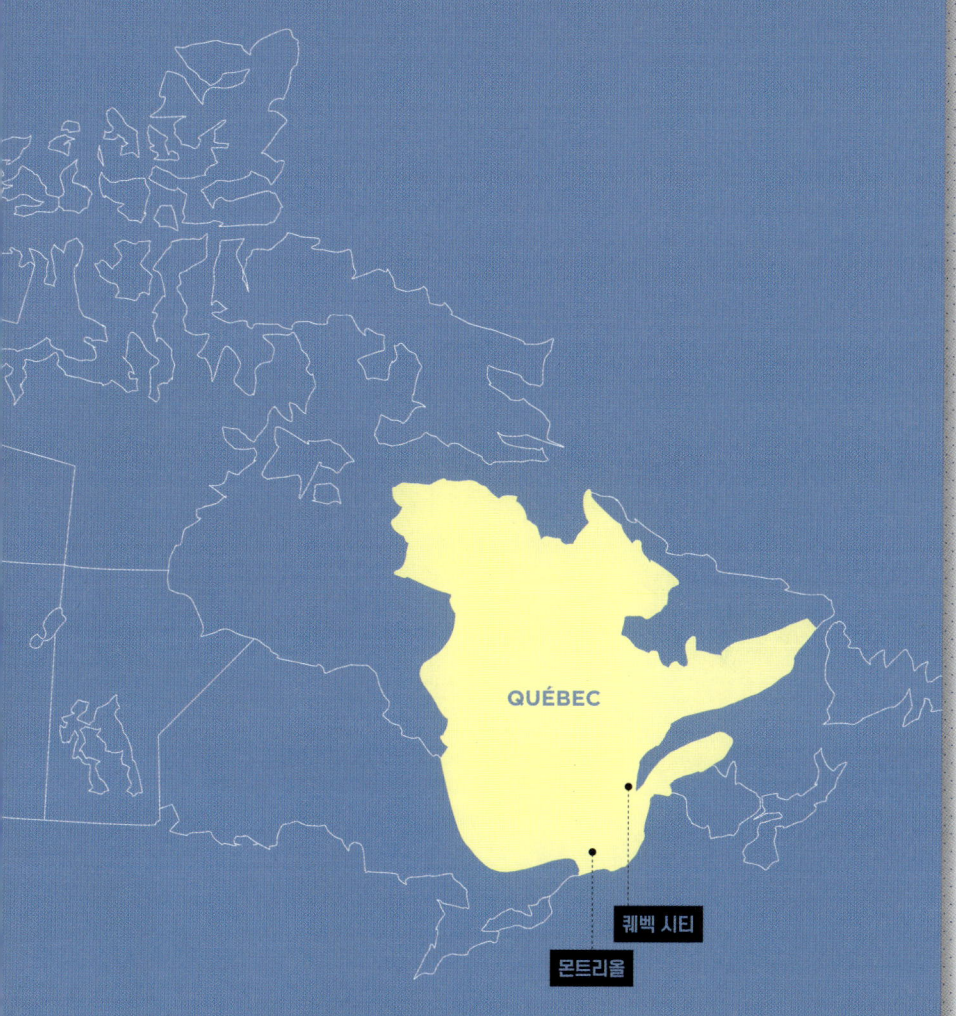

캐나다에서 가장 오랜 역사를 가진 퀘벡주는 프랑스어가 공용어로 사용되는 곳으로 유럽의 향취가 가득한 곳이다. 원주민이 살던 퀘벡주에 1535년 처음 발을 들여놓은 프랑스 항해가 자크 카르티에 Jacques Cartier에 의해 알려지며 발전했다. 사람이 살기 힘든 허드슨만 북쪽의 극한 지역까지 광활한 땅을 가지고 있지만 사람들은 거의 남쪽 세인트 로렌스강 유역을 따라 살고 있다. 주도는 퀘벡 시티 Quebec City이며 가장 큰 도시는 몬트리올 Montréal이다. 1759년 영국과의 전쟁에서 진 이후 영국의 지배하에 놓였으나 프랑스인들은 이곳을 떠나지 않고 수백 년간 그들만의 자부심을 가지고 독특한 문화를 형성하며 살아왔다. 특히 민족주의가 강하며 정치적 독립을 열망하는 시민들이 많다.

몬트리올
MONTRÉAL

프랑스어로 '몽레알'이라 부르는 몬트리올은 오타와강과 세인트 로렌스강이 만나는 지점에 형성된 대형 섬이다. 가톨릭 전파를 위해 프랑스인 폴 드 초메디 드 메조네브 Paul de Chomedey de Maisonneuve가 1642년 구 항구에 발을 디딘 후 발전시킨 도시로 문화, 예술, 건축에 있어 프랑스가 깊숙이 녹아 있는 '캐나다 속 유럽'이다. 몬트리올의 출발점이었던 구시가지에는 17~18세기 지어진 건물들이 역사를 증명하듯 서 있고 돌로 만들어진 골목도 유럽과 닮아 있다. 캐나다 최대의 미술관을 가진 도시이며 크고 작은 갤러리가 도시 곳곳에 가득하다. 뿌리를 잃지 않으려는 이들의 노력으로 400년 가까운 시간 동안 독특한 문화를 고집스레 유지해오고 있다.

몬트리올 대표 명소

1 자크 카르티에 광장 P.445
구시가지의 중심이 되는 광장으로 주변에 시청사가 있으며 카페, 레스토랑도 많다.

2 생 폴 거리 P.445
유럽의 오래된 골목을 연상시키는 예쁜 거리로 다양한 상점이 줄지어 있어 구경하기 좋다.

3 다름 광장 P.447
몬트리올의 랜드마크인 노트르담 대성당과 역사가 깊은 건물들로 둘러싸인 광장이다.

4 노트르담 대성당 P.448
두 탑과 푸른색의 화려한 내부가 돋보이는 성당으로 관광객들의 필수 코스다.

5 성 요셉 성당 P.461
치유의 기적을 보인 성 안드레 신부의 성당으로 해마다 많은 순례자들이 찾는다.

6 몽 루아얄 공원 P.460
산 위에 조성된 공원으로 몬트리올 시내가 시원하게 내려다보이는 전망대가 있다.

7 구 항구 P.450
몬트리올이 도시로 발전할 수 있었던 경제의 중심지였으며 현재는 시민들의 휴식처다.

8 몬트리올 미술관 P.452
원주민, 캐나다, 유럽, 현대를 망라하는 작품들을 전시하는 캐나다 최대 미술관이다.

몬트리올 가는 방법

한국에서 가는 직항편은 에어 캐나다가 있으며 대한항공은 경유해 들어간다. 직항으로 가면 13시간 50분 정도, 경유하면 16시간 50분 정도 걸린다. 토론토에서는 비행기로 1시간 20분 정도 걸리며 주변 도시에서는 기차나 버스를 이용해서 간다.

비행기

몬트리올 피에르 엘리오트 트뤼도 국제공항
Aéroport International Pierre-Elliott-Trudeau de Montréal (YUL)

공항이 있는 지역 이름을 따 도르발 Dorval 국제공항이라고도 부른다. 에어 캐나다 Air Canada, 에어 트란셋 Air Transat, 웨스트 젯 West Jet 등이 국내 주요 도시를 연결하며 미국 항공사인 델타 Delta 항공, 유나이티드 에어라인 United Airlines, 아메리칸 에어라인 American Airlines도 쉽게 연결된다.

지도 P.441-상단 ▶ **주소** boul. Roméo-Vachon N, Dorval, QC H4Y 1H1 **홈페이지** www.admtl.com

공항에서 시내로

공항은 도심에서 남서쪽으로 20km 떨어져 있으며 현재 다운타운과 바로 연결되는 지하철은 없다. 시내로 들어가는 대중교통은 747 버스가 대표적으로 몬트리올 중앙역 Gare Centrale de Montréal을 거쳐 지하철 베리위캄 Berri-UQAM역까지 운행한다. 티켓이나 교통카드는 공항 내 발매기에서 살 수 있으며 시내에서 지하철이나 다른 버스로 환승 가능하다. 공항에서 1일권을 구입하면 시내까지 갈 수 있을 뿐 아니라 하루 종일 시내 교통을 이용할 수 있다. 택시의 경우 다운타운까지 보통 C$50~+팁, 우버는 C$40~ 정도의 금액이 나온다.

[747 버스] 운행 24시간 **소요 시간** 45~70분 **요금** C$11.25

기차

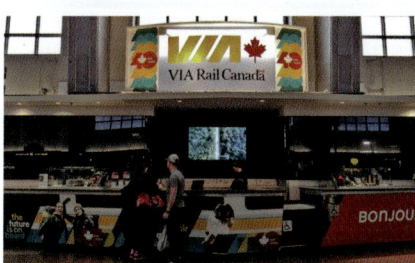

비아 레일 VIA Rail

동부 지역 주요 도시에서 몬트리올로 가는 비아 레일이 자주 운행하기 때문에 편리하다. 기차역은 몬트리올의 중앙역인 몬트리올 상트랄 Gare Centrale de Montréal역으로 연결되는데 이 기차역은 다운타운 중심에 있고 지하철 보나방튀르 Bonaventure 역과 가까워 관광지로 이동하기 편리하다. 티켓은 비아 레일 홈페이지에서 예매할 수 있으며 일찍 할수록 저렴하다.

출발 도시별 기차 소요 시간

출발 도시	소요 시간
토론토 Toronto	5시간
오타와 Ottawa	2시간
퀘벡 시티 Quebec City	3시간

▶지도 P.442-B2 ▶[몬트리올 상트랄역] 주소 895 Rue de la Gauchetière O, Montréal, QC H3B 4G1 홈페이지 www.viarail.ca

버스

메가 버스, 오를레앙 버스 Orléans Express를 타고 주요 도시에서 갈 수 있다. 도시별로 운행하는 버스 회사가 다른데 오를레앙 버스는 퀘벡 주 내의 도시를 연결하는 버스로 퀘벡 시티에서 갈 때 이용하면 된다. 두 개의 버스가 몬트리올에서 내리는 곳이 다르니 잘 확인해야 한다. 메가 버스는 지하철 보나방튀르 Bonaventure 역 인근 역에 정차하고, 오를레앙 버스는 지하철 베리위캄 Berri-UQAM 역에서 도보 5분 거리에 있는 몬트리올 중앙 버스터미널로 들어간다.

▶지도 P.442-B2 ▶[메가 버스 정차 역] 주소 977 Rue Saint-Antoine O, Montréal, QC H3C 1A6
▶지도 P.442-B1 ▶[오를레앙 버스 정차 역] 주소 Gare d'autocars de Montréal 1717 Rue Berri, Montréal, QC H2L 4E9(중앙 버스터미널)

출발 도시별 버스 소요 시간

출발 도시	소요 시간	홈페이지
토론토 Toronto	6~7시간	ca.megabus.com
킹스턴 Kingston	3시간 40분	ca.megabus.com
퀘벡 시티 Quebec City	2시간 30분~3시간 20분	www.orleansexpress.com

몬트리올 시내 교통

지하철과 버스가 있으며 몬트리올 대중교통 시스템 STM Société de Transport de Montréal에서 관리·운영한다. 요금은 교통카드인 오푸스 OPUS 카드를(C$6) 충전해 사용하거나 1회권, 2회권, 1일권을 구입해 지불할 수 있다. 저녁부터 다음 날 새벽까지 사용할 수 있는 패스인 야간권 'Unlimited Evening'이나 주말권 'Unlimited Weekend'도 있으며 좀 더 저렴하다. 오푸스 카드는 몇 번 타지 않을 사람이라면 손해일 수 있지만 퀘벡시티에서도 사용 가능하니 자신의 여행 계획에 맞게 구입하자. 지하철과 버스가 서로 환승 가능(왕복 불가)하고 120분간 유효하다. 한편, 2023년부터 일부 개통을 시작한 경전철은 지속적으로 공사를 이어가고 있는데, 현재는 상트랄 Gare Centrale역에서 외곽으로 연결된 부분만 이용할 수 있어서 여행자들에게는 아직 별 의미가 없다.

홈페이지 www.stm.info **요금** 1회권 C$3.75, 2회권 C$7.00, 1일권(24시간) C$11.25, 3일권 C$21.75, 야간권(18:00~05:00) C$6.50, 주말권 C$16.75

지하철

그린(초록), 오렌지(주황), 옐로(노랑색), 블루(파랑) 등 총 4개 노선이 있으며 그린, 오렌지, 옐로 노선이 만나는 베리위캄 Berri-UQAM역이 중심 역이다. 1회권은 삽입식이며 오푸스 카드와 1일권은 태그하는 방식이다. 지하철에서는 휴대폰 신호가 약해서 전화나 인터넷 사용이 안 된다.

버스

오토버스 Autobus라 부른다. 현금으로 탑승하면 운전사에게 환승권을 따로 받아야 환승할 수 있다. 거스름돈은 주지 않으므로 정확한 금액을 준비해야 하며, 내릴 때는 정류장 도착 전에 창문 옆의 노란 줄을 당겨 정차 요청을 해야 한다.

Montréal

몬트리올 추천 일정

DAY 1

① 노트르담 봉스쿠르 교회 P.443
— 도보 1분 —
② 봉스쿠르 마켓 P.443
— 도보 2분 —
③ 람제이 성 P.444
— 도보 3분 —
④ 시청 P.444
— 도보 3분 —
⑤ 자크 카르티에 광장 P.445
— 도보 2분 —
⑥ 생 폴 거리 P.445
— 도보 2분 —
⑦ 다름 광장 P.447
— 도보 1분 —
⑧ 노트르담 대성당 P.448
— 도보 10분 —
⑨ 구 항구 P.450

DAY 2

① 바이오스피어 환경 박물관 P.459
— 지하철+버스 35분 —
② 몬트리올 미술관 P.452
— 버스 20분 —
③ 성 요셉 성당 P.461
— 버스+도보 20분 —
④ 몽 루아얄 공원 P.460

Montréal

Attraction 몬트리올의 볼거리

구 몬트리올 Vieux Montréal(구시가지)

세인트 로렌스강변에 자리한 구 몬트리올은 몬트리올의 역사가 시작된 곳이다. 프랑스인이 이주해 세운 도시답게 유럽식의 오래된 골목과 17~18세기 건축물이 많이 남아 있으며 구 항구는 거대한 공원 단지로 조성돼 즐길 거리가 많다.

노트르담 봉스쿠르 교회 Chapelle Norte-Dame-de-Bon-Secours

1655년 성 마르그리트 부르주아 St. Marguerite Bourgeoys가 처음 세운 교회로 1754년 화재로 소실됐다가 1771년 재건됐다. 19세기 몬트리올에 항구가 발달하면서 뱃사람들의 안전과 수확을 기도하는 교회로 유명해졌다. 이를 상징하듯 교회의 천장에는 배 모형이 매달려 있고 교회의 꼭대기에는 마리아가 세인트 로렌스강을 향해 팔을 벌리고 있다. 교회 옆 마르그리트 부르주아 박물관 Musée Marguerite-Bourgeoys은 몬트리올 초기 역사와 이 지역 원주민들의 삶, 프랑스계 이민자들의 생활상을 전시하며 성당 지하에는 고고학적인 유적지가 있다.

> **지도 P.442-C1** **주소** 400 Rue Saint Paul Est, Montréal, QC H2Y 1H4 **홈페이지** www.margueritebourgeoys.org **운영** [마르그리트 부르주아 박물관] 5월 중순~10월 중순 매일 10:00~18:00, 10월 중순~5월 중순 화~토요일 11:00~17:00, 일요일 10:00~17:00, 월요일 휴관 **요금** [박물관] 성인 C$16, 학생(18~25세) C$7, 어린이(13~17세) C$5 **가는 방법** 버스 50번 탑승 de la Commune/de Bonsecours 하차.

봉스쿠르 마켓
Marché Bonsecours (Bonsecours Market)

영국인 건축가 윌리엄 푸트너 William Footner의 설계로 1847년 완공한 건축물로 그리스 신전 같은 팔라디안 Palladian 건축양식을 사용했다. 은색의 둥근 돔이 인상적인 이 건물은 완공 당시 주 의회 건물로 쓰이다가 1852~1878년에는 몬트리올 시청이었으며 1963년 문을 닫을 때까지 100년 이상 채소 등 식재료를 파는 몬트리올의 중심 시장이었다. 전시회장, 연회장 등 다용도로 쓰이다가 지금은 상점과 식당이 들어섰다.

> **지도 P.442-C1** **주소** 350 Rue Saint Paul Est, Montréal, QC H2Y 1H2 **홈페이지** www.marchebonsecours.qc.ca **운영** 일~수요일 10:00~18:00, 목~토요일 10:00~21:00 **가는 방법** 노트르담 봉스쿠르 교회에서 도보 1분.

람제이 성 Château de Ramezay

시청사 맞은편에 위치한 람제이 성은 11대 몬트리올 총독 클로드 드 람제이 Claude de Ramezay(1659~1724)가 1705년에 지은 집으로 1929년 퀘벡 정부가 지정한 최초의 역사적인 유적지다. 그의 사후에는 1745년까지 그의 가족이 살았다. 1775~1776년에는 미국에 점령되기도 했으며 몬트리올 총독의 관저, 대학 법원 등으로 쓰이다가 1895년 박물관으로 문을 열었다. 성이라고 하기에는 규모가 작지만 뉴 프랑스 시기였던 몬트리올의 모습과 생활상을 볼 수 있는 곳으로 가구, 각종 소품, 회화, 원주민 유물을 전시하고 있다. 건물 앞에 통치자의 아담한 정원이 꾸며져 있다.

지도 P.442-C1 **주소** 280 Rue Notre-Dame Est, Montréal, QC H2Y 1C5 **홈페이지** www.chateauramezay.qc.ca **운영** 박물관 매일 10:00~17:00 **요금** 성인(Tax 포함) C$14.50, 학생 C$10, 어린이(5~17세) C$6 **가는 방법** 봉스쿠르 마켓에서 도보 2분.

시청 Hôtel de Ville de Montréal (City Hall)

노트르담 거리 Notre-Dame St.에 위치한 몬트리올 시청사는 19세기 후반과 20세기 초 유행했던 제2 제정시대 건축 스타일로 지어진 5층 건물로 6년의 공사를 거쳐 1878년 완공됐다. 1922년 화재로 건물 외벽만 남기고 모두 소실됐으나 프랑스 '투르 Tours'에 있는 시청사를 모델로 복원됐다. 이곳은 1967년 프랑스 대통령이었던 샤를 드골이 발코니에 서서 '퀘벡의 자유는 영원하다. Vive le Québec libre!'라는 연설을 했던 곳으로 유명하다. 수많은 군중이 모였던 이날 드골의 연설은 퀘벡 시민들의 분리 독립 열망에 더욱 불을 지폈다. 화려한 조각과 스테인드글라스가 있는 1층 내부도 볼거리다.

지도 P.442-C1 **주소** 275 Rue Notre-Dame Est, Montréal, QC H2Y 1C6 **홈페이지** www.montreal.ca **운영** 월~금요일 08:00~17:00, 토·일요일 휴관 **가는 방법** 지하철 오렌지 라인 Champ-de-Mars역 하차 후 도보 3분. 또는 람제이 성에서 도보 1분.

자크 카르티에 광장 Place Jaques-Cartier

시청 앞 노트르담 거리에서 생 폴 거리까지 이어지는 이 광장은 구시가지와 항구의 중심지였다. 항구를 중심으로 상인들이 몰리자 호텔이 들어서고 1950년대까지 일주일에 2번 시장으로 사용됐을 만큼 활기차고 분주한 곳이었다. 항구에 가까워질수록 경사면이 낮아지는 형태를 하고 있으며 당시 지어진 석조 건물도 많이 남아 있다. 광장 한쪽에 서 있는 넬슨 호텔 Nelson Hotel이 조용히 역사를 말해준다. 경사진 면 위쪽에는 1810년 세워진 영국의 '넬슨 제독 Viscount Horatio Nelson' 동상이 있다. 런던 트라팔가 광장의 넬슨 동상보다 33년 먼저 세워졌다.

지금은 관광과 문화의 중심지로 관광안내소, 레스토랑, 카페, 상점, 작은 갤러리들이 모여 있다. 악기 연주나 노래를 하는 작은 연주회도 열리고 초상화를 그려주는 화가들이 손님을 기다리고 있다. 광장 주변을 둘러싼 건물들은 꽃으로 장식돼 있고 레스토랑의 야외 테이블에서 식사하는 사람들의 모습이 어우러져 유럽의 풍경 같다. 이곳에서 브런치를 먹고 관광을 시작해도 좋다.

지도 P.442-C1 ▶ **주소** 448 Place Jacques-Cartier, Montréal, QC H2Y 3B3 **가는 방법** 시청에서 도보 3분. 또는 버스 361번 탑승 Place Jacques-Cartier 하차.

생 폴 거리 Rue St. Paul

봉스쿠르 교회와 봉스쿠르 마켓에서 이어지는 골목으로 유럽을 닮았다. 1672년 포장된 거리는 몬트리올을 세운 폴 드 초메디 드 메조네브 Paul de Chomedey de Maisonneuve에서 이름을 따왔으며 몬트리올 초창기 오랫동안 이동과 교역이 이루어지는 중요한 길이었다. 자갈이 깔린 바닥과 아기자기한 상점들, 갤러리들이 모여 있는 것이 언뜻 파리의 뒷골목 같은데 가끔 볼 수 있는 퀘벡주 깃발이 캐나다임을 상기시킨다. 메이플 시럽 전문점, 크리스마스 용품점, 기념품점, 옷가게, 레스토랑, 카페, 개인 화랑 등 하나씩 둘러보다 보면 시간이 가는 줄 모른다.

지도 P.442-C1·C2 ▶ **주소** Rue Saint Paul Est Montréal, QC H2Y 1G6 **가는 방법** 자크 카르티에 광장에서 도보 1분.

몬트리올의 **걷고 싶은 거리**

몬트리올의 구시가지를 대표하는 유명한 거리이자 가장 운치 있는 거리는 생 폴 거리다. 그만큼 관광객들로 가득한 곳이기도 하다. 하지만 몬트리올에는 좀 더 현지인 분위기를 느끼면서 걸어볼 만한 거리들도 많다. 몬트리올의 개성 있는 거리들을 탐방해보자.

생 자크 거리 Rue Saint-Jacques

생 폴 거리와 3~4블록 떨어져 평행선으로 이어진 거리다. 다름 광장에 자리한 BMO 몬트리올 은행 BMO Banque de Montréal에서부터 남서쪽으로 빅토리아 공원 Victoria Square까지 내려가는 500m 길에는 17~18세기 건물들이 줄지어 있는데, 길은 좁지만, 코린트식, 이오니아식 기둥들로 지어진 웅장한 건물들이 있어 색다른 느낌을 준다.

지도 P.442-C2

생 드니 거리 Rue St. Denis

몬트리올의 대학로로 불리는 생 드니 거리는 2km 넘게 상점들이 자리한 거리인데 특히 지하철 셔브룩 Sherbrooke역에서 베리위캄 Berri-UQAM역 사이에 카페와 식당, 술집, 상점, 벽화가 가득하다. 오래된 프렌치 스타일 건물에 철제 계단이 연결된 몬트리올의 특징을 쉽게 볼 수 있다. 북서쪽의 몽루아얄 Mont-Royal역 주변으로도 식당과 상점들이 많은 편이다.

지도 P.442-B1·C1, P.441-하단

생 로랑 거리 Blvd, St. Laurent

곳곳에 그래피티로 벽면을 채운 건물들이 많아 빈티지한 분위기가 느껴지는 거리다. 생 로랑 거리도 매우 긴 도로인데 라셸 거리 Rue Rachel부터 셔브룩 거리 Rue Sherbrooke까지 로컬 상점과 식당들이 있다.

지도 P.442-B1, P.441-하단

크레셍 거리 Rue Crescent

유럽의 분위기가 느껴지는 식당 거리로 생 카트린 거리 Rue Sainte-Catherine에서부터 셔브룩 거리 Rue Sherbrooke까지 길지 않은 거리지만 빅토리아풍의 건물들이 길 양쪽으로 나란히 자리하고 있다. 주변에 미술관과 쇼핑가가 있으며 곳곳에 펍과 식당이 들어서 있어 주말 밤이면 매우 북적인다.

지도 P.442-B2

다름 광장 Place d'Armes

1693년 최초로 조성된 이 광장은 주로 정부나 군대의 행사가 치러졌던 곳으로 한때는 건초, 목재 시장이 열리기도 했다. 주변에 은행과 금융 관련 사무실 많으며 광장 동쪽에는 구시가지의 랜드마크인 노트르담 대성당을 비롯해 오래된 건물들이 광장을 둘러싸고 있다. 광장 중심에는 1895년에 세운 몬트리올 설립자 '폴 드 초메디 드 메조네브 Paul de Chomedey de Maisonneuve'의 동상이 있다.

> 지도 P.442-C2 ▶ 주소 Côte de la Place d'Armes and, St Jacques St, Montréal, QC H2Y 4A4 가는 방법 지하철 오렌지 라인 Place-d'Armes역에서 도보 3분.

다름 광장 주변의 건물

① BMO 몬트리올 은행 BMO Banque de Montréal
1847년 완공된 몬트리올 은행 건물은 다름 광장 서쪽에 위치하며 로마 판테온을 본 떠 디자인했다. 정면 열주 안의 입구로 들어가면 고풍스러운 은행 내부를 볼 수 있다. 건물 옆에는 작은 지폐 박물관이 있다.
주소 129 Rue Saint-Jacques, Montréal, QC H2Y 1K4

② 생 쉴피스 신학교 Vieux Séminaire de Saint-Sulpice

노트르담 대성당 옆에 위치한 석조 건물로 프랑스에서 건너온 선교사들과 사제들의 교육 기관이었다. 1687년 처음 완공됐으며 지금의 건물은 1865년에 지어졌다. 건물의 꼭대기에는 1701년 만들어진 시계가 설치돼 있다.
주소 130 Rue Notre-Dame Ouest, Montréal, QC H2Y 1T1

③ 뉴욕 생명보험사 New York Life Insurance Building
1887년 상업 건물로는 8층으로 지어진 최초의 건물. 바로 옆 시계탑이 있는 9, 10층을 증축했다. 스코틀랜드에서 수입한 붉은 돌로 지어졌으며 1909년 퀘벡 은행이 1층에 들어오면서 '퀘벡 뱅크 빌딩 Quebec Bank Building'이라고도 불렸다. 건물 입구에 새긴 이름이 아직도 남아 있다.
주소 511 Place d'Armes, bureau 800, Montréal, QC H2Y 2W7

④ 알드레드 빌딩 Édifice Aldred (Aldred Building)

96m의 높이의 23층 건물로, 석회암을 이용해 1931년 아르 데코 Art Deco 건축 양식으로 지어졌다. 주변의 일조권을 방해하지 않기 위해 위로 올라갈수록 계단식으로 좁아지는 형태를 하고 있다.
주소 507 Place d'Armes, Montréal, QC H2Y 2W7

노트르담 대성당 Basilique Notre-Dame (Notre-Dame Basilica of Montreal)

다름 광장 앞에 서 있는 성당으로 몬트리올을 대표하는 명소 중 하나다. 늘 관광객이 넘쳐나는 이 성당은 17세기에 최초로 지어졌는데, 건축가 제임스 오도넬 James O'Donnell이 고딕 리바이벌 양식으로 재건축했다. 본당은 1830년에 지어졌으며, 오도넬은 죽은 후 이 성당에 묻혔다.

성당 내부는 대제단 뒤부터 천장까지 푸른색으로 장식돼 있어 독특하면서도 화려하다. 정교하고 섬세한 조각과 스테인드글라스도 눈길을 끄는데 이곳의 스테인드글라스는 성경 이야기가 아니라 몬트리올의 350년 역사가 새겨져 있어 흥미롭다. 제단 맞은편 파이프 오르간은 1891년 만들어진 것으로 연주회를 통해 소리를 들을 수 있으며 제단 뒤에도 작은 예배당이 더 있다. 영화 〈타이타닉〉의 주제가를 부른 가수로도 유명한 캐나다 가수 셀린 디옹 Celine Dion이 결혼식을 올린 곳으로도 유명한데, 유명인과 주요 인사들의 결혼식, 장례식 등 각종 행사가 열린다.

지도 P.442-C2 주소 110 Rue Notre-Dame Ouest, Montréal, QC H2Y 1T2 **홈페이지** www.basiliquenotredame.ca **운영** 월~토요일 09:00~16:00, 일요일 12:30~16:00(크리스마스 등 특별한 날은 변동 가능하니 홈페이지 참조) **요금** 성인 C$16, 학생 C$14, 6~16세 C$10 **가는 방법** 다름 광장에서 도보 1분.

고고학 역사 박물관
Musée Pointe-á-Callière Montreal (Museum of Archaeology and History)

몬트리올 탄생 350주년을 기념하기 위해 1992년 설립된 박물관으로, 삼각형 건물에 높은 탑이 세워진 형태의 독특한 외관을 가지고 있다. 메인 입구가 있는 탑은 메조네브와 일행이 1642년 처음 발을 디딘 후 정착한 자리로 역사적 의미가 크다. 발굴된 유적 위에 그대로 박물관을 세웠고 수로, 건물터 등의 유적을 홀로그램으로 완성해 보여주고 있으며 3개의 건물이 지하로 연결돼 있다. 원주민의 역사와 정착민들의 생활상, 몬트리올의 역사, 전쟁에 대한 다양한 전시물이 있다. 1998년 국립 역사 유적지로 지정됐다.

지도 P.442-C2 **주소** 350 Place Royale Old Montréal (Québec) Canada H2Y 3Y5 **홈페이지** www.pacmusee.qc.ca **운영** 월~금요일 10:00~18:00, 토·일요일 11:00~18:00 **요금** 31~64세 C$29, 18~30세 C$19, 13~17세 C$15, 어린이 (5~12세) C$10 **가는 방법** 버스 50번 탑승 De la Commune / D'Youville 하차.

구 세관 건물 Old Custom House

180년 이상 된 몬트리올 초창기 벽돌 건물이자 몬트리올 최초 세관 건물로 사용됐던 곳이다. 유럽에서 수입하는 많은 물건들이 이곳 세인트 로렌스강에 내려지면서 경제가 활발해지자 지어졌으며, 규모가 커지자 세관이 이전하고 여러 정부기관으로 사용되다가 지금은 고고학 역사 박물관의 일부로 사용되고 있다. 입구가 두 개인 것이 특징인데 한 곳은 강가를, 다른 한곳은 시티 쪽을 향해 있다.

지도 P.442-C2 **주소** 350 Pl. Royale, Montréal, QC H2Y 3Y5 **가는 방법** 고고학 역사 박물관에서 도보 1분.

몬트리올 대평화 공원
Place de la Grande-Paix-de-Montréal

몬트리올이 시작한 역사적인 자리에 위치한 작은 공원이다. 아담하게 꾸며진 공원에 쉴 수 있는 벤치들이 있고 공원 끝에는 오벨리스크가 세워져 있다. 이 오벨리스크는 1701년 원주민들과 이주민들간에 체결했던 평화협정 Great Peace Treaty을 기념하고자 세운 것으로 이 평화협정은 몬트리올 역사에 중요하게 기록돼 있다. 오벨리스크 밑 부분 구리동판 네 면에 이 내용이 담긴 픽토그램이 새겨져 있다.

지도 P.442-C2 **주소** Pl. d'Youville, Montréal, QC H2Y 2N9 **가는 방법** 고고학 역사 박물관에서 도보 1분.

구 항구
Vieux Port de Montréal (Old Port of Montreal)

구시가지의 세인트 로렌스강을 따라 약 2km에 걸쳐 조성된 항구로 과거 몬트리올 경제의 중심지이자 몬트리올이 도시로 성장할 수 있었던 중요한 곳이었다. 지금은 항구의 기능보다는 놀이동산, 산책로, 페리 터미널 등이 있는 공원으로 꾸며져 시민들과 관광객을 맞이하고 있다.

구시가지쪽 마리아상이 서 있는 봉스쿠르 교회에서 철길을 건너면 작은 인공 해변과 요트 선착장을 지나 하얀 시계탑이 있는 공원으로 이어지는데 이곳이 시계 부두 Quai de l'Horloge다. 시계탑에서 강 옆으로 난 산책로를 따라 산책하기 좋은 곳으로 작은 모래사장도 있다. 남쪽으로 내려가면 대관람차와 옛날 창고로 쓰이던 곳을 개조해 겨울철 아이스링크로 사용하는 봉스쿠르 공원 Parc du Bassin-Bonsecours이 있다. 여기를 지나면 몬트리올 최초로 생긴 자크 카르티에 부두 Quai Jacques Cartier가 나오며 강 건너 보이는 생텔렌섬 île Sainte-Hélène으로 가는 페리 선착장이 있다. 자크 카르티에 부두에서 남쪽으로 과학 박물관과 아이맥스 영화관이 있는 킹 에드워드 부두 Quai King-Edward, 크루즈 터미널이 있는 그랑 부두 Grand Quai로 이어진다.

지도 P.442-C1 ▶ **주소** 333 Rue de la Commune O, Montréal, QC H2Y 2E2 **홈페이지** www.oldportofmontreal.com **운영** 장소마다 다른데 공원은 06:00~24:00 **가는 방법** 생 폴 거리에서 도보 2분, 또는 50번 버스가 강변도로인 De la Commune을 따라 D'Youville, Saint-Jean-Baptiste, Jacques-Cartier, Bonsecours 등 여러 정류장에 정차한다.

Travel tip!
무료 와이파이존
구 항구 일대는 무료 와이파이 Wi-Fi가 제공되는 지역이다. 사람들이 붐비는 곳이라 속도가 빠르지는 않지만 이용해볼 만하다.

구 항구의 볼거리

① 시계탑 Tour de l'Horloge (Clock Tower)

시계 부두에 위치한 높이 45m의 흰색 전망대로 제1차 세계대전에서 죽은 항해사들을 기리기 위해 1919~1922년 지어졌다. 시계탑으로 유명한 영국의 질레트 앤 존스턴 Gillett & Johnston 회사에서 런던의 빅벤을 모델로 만들었으며 시계가 매우 정확해서 항해사들이 이를 기준으로 시간을 맞췄다고 한다. 밤에는 등대 역할도 했다. 2025년 현재 건물 내부는 공사중이다.

지도 P.442-C1 주소 1 Rue Quai de l'Horloge, Montréal, QC H2L 5C1 **홈페이지** www.vieuxportdemontreal.com **요금** 무료 **가는 방법** 노트르담 봉스쿠르 교회에서 도보 8분.

② 봉스쿠르 공원 Parc du Bassin-Bonsecours

시계 부두와 자크 카르티에 부두 사이에 조성된 공원으로 강변 쪽으로는 집라인 등의 액티비티와 관람차가 있는 놀이 공원이 있으며 부둣가로 나가면 카페와 산책로가 조성되어 있다. 부둣가 끝에 서면 오른쪽으로 디에프 공원 Parc de Dieppe이 보이고 왼쪽으로는 숲으로 우거진 생텔렌섬이 보인다. 멀리 보이는 원형 돔은 바이오스피어 환경 박물관 Biosphère de Montréal이다.

지도 P.442-C1 주소 Port St, Montréal, QC H2Y 0B4 **홈페이지** www.vieux.montreal.qc.ca **운영** 24시간 **가는 방법** 봉스쿠르 마켓에서 도보 5분.

③ 해비타트 '67 Habitat '67

그랑 부두의 건물 루프탑 산책로에 서면 오른쪽으로 독특한 건물군이 눈에 들어온다. '죽기 전에 봐야 할 세계의 건축물'에 선정된 해비타트 '67은 기하학적인 모양의 외관이 강 건너에서도 눈에 띌 정도로 독특한 아파트다. 1967년 몬트리올 엑스포 당시 미래 주거의 주제로 건축된 것으로, 많은 사람들이 모여 살지만 철저히 독립되고 사생활이 보장되는 공간이라고 한다. 총 354개의 큐브가 불규칙하게 쌓인 형태로 148세대를 이루고 있다.

지도 P.441-상단 주소 2600 Av Pierre-Dupuy, Montréal, QC H3C 3R6 **홈페이지** www.habitat67.com **가는 방법** 77번 Pierre-Dupuy / De la Concorde 정류장 옆.

④ 포트 오브 몬트리올 타워 Port of Montreal Tower

몬트리올 항구에 새로 지어진 전망 타워다. 유리로 지어진 65m 높이에서 세인트 로렌스강 주변과 몬트리올 시내의 모습을 시원하게 볼 수 있다. 타워 안에는 글라스 케이지 The Glass Cage라 부르는 바닥까지 전면이 유리로 된 공간이 있어 파노라마처럼 펼쳐지는 풍경과 함께 짜릿함을 느낄 수 있다.

지도 P.442-C2 주소 200 R. de la Commune O, Montréal, QC H2Y 0B5 **홈페이지** https://www.port-montreal.com **운영** 12:00~20:00(입장은 19:00까지) **요금** 성인 C$15, 학생 C$12, 4~12세 C$10 **가는 방법** 버스 24번 탑승 Sherbrooke/Bishop 하차.

©Victor Lucas

다운타운 Downtown

몬트리올 경제의 중심인 다운타운은 많은 기업의 고층 빌딩이 가득하며, 오랜 역사를 자랑하는 몬트리올 미술관과 대규모 예술 센터인 플라스 데자르, 맥길 대학이 있다. 바쁘게 움직이는 다양한 사람들이 모인 활기찬 곳이다.

몬트리올 미술관
Musée des Beaux-arts de Montréal (Montréal Museum of Fine Arts)

1860년 최초로 개관해 오랜 역사를 자랑하는 몬트리올의 대표 미술관으로 셔브룩 거리 Rue Sherbrooke를 사이에 두고 총 5개 건물로 구성되어 있다. 메인 입구는 현대적인 모습의 '장 노엘 데마레 파빌리온' 건물이고, 나머지 건물들과 지하로 연결되어 있으며 지하 통로에도 독특한 설치 미술이 전시돼 있다. 캐나다 원주민의 예술, 캐나다와 유럽의 회화, 조각, 설치 미술, 사진, 그래픽 아트 등 다양한 작품들을 전시하고 있으며 상설 전시물 외에도 특별전이 계속 열린다. 길 옆에 자리한 오래된 교회 건물은 클래식 콘서트가 열리는 브루지 홀 Bourgie Concert Hall이고 미술관과 교회 건물 사이의 언덕진 보행자 도로는 조각 공원으로 꾸며져 있어 야외 미술관 역할을 한다.

지도 P.442-A2 **주소** 1380 Rue Sherbrooke Ouest, Montréal, QC H3G 1J5 **홈페이지** www.mbam.qc.ca **운영** 매일 10:00~17:00 **요금** (온라인 예매 시 C$2 할인) 성인 C$31, 25세 이하 무료, 수요일 17:00~21:00(특별전) C$15,50 **가는 방법** 버스 24번 탑승 Sherbrooke/Bishop 하차 또는 지하철 그린 라인 Guy-Concordia역에서 도보 5분.

몬트리올 미술관 관람하기

건물 앞의 하트 조각상이 눈에 띄는 '장 노엘 데마레 파빌리온'으로 들어가면 매표소와 뮤지엄숍 등이 있는 로비가 있고 위층에는 카페와 갤러리가 있다. 지하로 내려가면 교육센터와 갤러리가 있고 이정표를 따라 연결된 다른 건물들로 이동할 수 있다.

메인 입구 건너편의 신전을 연상시키는 '마이클 & 레나타 혼슈타인 파빌리온'은 미술관에서 가장 오래된 건물이다. 셔브룩 거리에 면한 이 두 건물 뒤편으로 각각의 신축 건물이 추가로 지어졌고 교회 건물 뒤에도 신축 건물이 지어져 주제별로 나누어 전시하고 있다.

장 노엘 데마레 파빌리온
Jean-Noël Desmarais Pavilion (1991)

마이클 & 레나타 혼슈타인 파빌리온
Michal & Renata Hornstein Pavilion (1912)

릴리안 & 데이비드 스튜어트 파빌리온
Liliane & David M. Stewart Pavilion (1976)

마이클 & 레나타 혼슈타인 파빌리온 포 피스
Michal & Renata Hornstein Pavilion for Peace (2017)

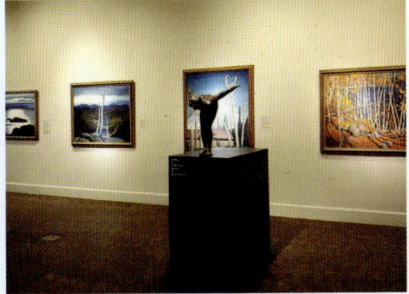

클레어 & 마크 브루지 파빌리온
Claire & Marc Bourgie Pavilion (2011)

대표 작품

◀ 이시스의 관
Coffin of Isis-Weret
(이집트, B.C. 664~B.C. 525)

▼ 이시스 신전의 부조
Temple of Isis
(이집트, B.C. 360~B.C. 343)

◀ 10월
October(제임스 티소 James Tissot, 1877)

▲ 더 아이 The Eye
(데이비드 알트메즈
David Altmejd, 2011)

가시 면류관을 쓴 예수 ▶
Crist Crowned with Thorns
(파올로 칼리아리
Paolo Caliari, 1584~1585)

◀ 젊은 여인의 초상
Portrait of a Young Woman
(렘브란트 Rembrandt
Harmensz, van Rijn, 1668)

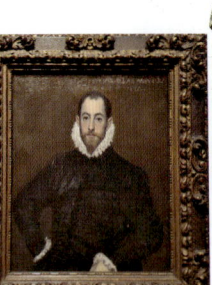

생각하는 사람 ▶
The Thinker
(로댕 Auguste
Rodin, 1881~1882)

남자의 초상 ▶
Portrait of a Man
of the House of Leiva
(엘 그레코 El Greco, 1580~1585)

마리 렌뒤몽드 대성당
Basilique Cathédrale Marie Reine-du-Monde (Mary, Queen of the World Cathedral)

바티칸의 '성 베드로 대성당'을 본떠 지어진 로마 가톨릭 성당이다. 몬트리올 2대 주교 이냐스 부르제 Ignace Bourget 신부는 1852년 불타버린 로마 가톨릭 성당을 대신해 이곳에 성당을 지으라고 명했다. 성당이 있던 자리가 당시 성공회 영국인들이 주로 거주하는 곳이어서 논란이 많았지만 우여곡절 끝에 1894년 세인트 제임스 성당 Saint James Cathedral이라는 이름으로 문을 열었고 이후 1955년 교황 피오 12세에 의해 마리아에게 봉헌됐다. 성당 파사드 위의 조각들은 성 요한, 성 패트릭을 포함한 13개 교구 수호성인들이며 성당 앞에는 이냐스 브루제 동상이 서 있다. 내부에 있는 대제단도 화려하다.

> 지도 P.442-B2　주소 1085 Rue de la Cathédrale, Montréal, QC H3B 2V3　홈페이지 https://mariereinedumonde.org/　운영 매일 07:00~19:00　요금 무료　가는 방법 지하철 오렌지 라인 Bonaventure역에서 바로.

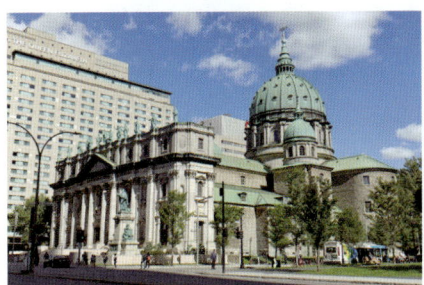

캐나다 광장 Place du Canada

마리 렌뒤몽드 대성당 바로 옆에 자리한 공원으로 캐나다 초대 총리였던 맥도널드의 동상이 자리하고 있으며 세계대전과 한국전쟁 기념비와 영국 빅토리아 여왕이 하사한 대포가 광장에 놓여 있다.

> 지도 P.442-B2　주소 8047 Rue Peel, Montréal, QC H3B　가는 방법 마리 렌뒤몽드 대성당 바로 옆.

도체스터 광장 Square Dorchester

높은 빌딩이 가득한 다운타운 한가운데서 작은 쉼터가 되는 광장으로 마리 렌뒤몽드 대성당 건너편에 위치해 있다. 캐나다 총독을 지낸 도체스터 남작의 이름을 땄으며 1876년 조성됐다. 푸른 잔디와 나무 외에도 시인 로버트 번스 Robert Burns, 캐나다 총리를 지낸 윌프리드 로리에 경 Sir Henri Charles Wilfrid Laurier 동상이 있다.

> 지도 P.442-B2　주소 2903 Rue Peel, Montréal, QC H3B 4J5　가는 방법 지하철 오렌지 라인 Bonaventure역 또는 그린 라인 Peel역에서 도보 4분.

크라이스트 처치 성당
La Cathédrale Christ Church (Christ Church Cathedral)

1856년 화재로 이전 성당이 전소되자 1859년 네오 고딕 양식으로 재건축된 로마 가톨릭 성당이다. 석회암으로 지어져 고풍스러운 매력을 지녔다. 그런데 중앙 첨탑이 너무 무거워 지반이 가라앉기 시작해 1940년 알루미늄으로 교체했다. 성당 내부는 그렇게 화려하진 않지만 경건함을 주며 매주 토요일 오후에는 지역 음악가들과 음악 대학 학생들의 무료 콘서트가 열린다. 성당 지하에서 언더그라운드 시티와 연결된다.

지도 P.442-B2 ▶ 주소 635 Rue Sainte-Catherine O, Montréal, QC H3A 2B8 홈페이지 www.montrealcathedral.ca 운영 월~금요일 09:00~17:00, 토요일 10:00~18:00, 일요일 08:00~18:00 가는 방법 지하철 그린 라인 McGill역 하차 후 도보 2분.

맥길 대학 McGill University

1821년 개교한 맥길 대학은 스코틀랜드 출신의 성공한 상인이었던 제임스 맥길 James McGill의 기부로 설립된 공립대학으로 토론토 대학, UBC와 함께 캐나다 3대 대학 중 하나이다. 캐나다 대학 중 가장 많은 노벨상 수상자를 배출했으며 의학, 공학, 건축학 등이 유명하다. 캐나다 대학 중 수년간 대학 평가 1위를 차지하고 있을 만큼 입학 경쟁도 치열하다. 다운타운 캠퍼스와 맥도널드 캠퍼스로 이루어져 있으며 11개 단과 대학과 400개 이상의 프로그램이 있다.

지도 P.442-B2 ▶ 주소 845 Rue Sherbrooke Ouest, Montréal, QC H3A 0G4 홈페이지 www.mcgill.ca 가는 방법 버스 24·356번 탑승 Sherbrooke/Mansfield 하차 또는 그린 라인 McGill역에서 도보 4분.

플라스 데자르 Place-des-Arts

다운타운 동쪽에는 30여 개의 공연장과 관련 기관이 모여 있는 카르티에 데 스펙타클 Quartier des Spectacles이라는 문화지구가 있다. 플라스 데자르는 이 문화지구의 대표적인 공연 예술 센터로 1963년 설립됐다. 몬트리올 교향악단 Orchestre Symphonique de Montréal, 몬트리올 그랜드 발레단 Les Grands Ballets Canadiens de Montréal, 몬트리올 오페라단 Opéra de Montréal이 상주하며 그 외에도 현대 무용, 현대 음악 등 다양한 행사와 공연이 열린다. 1992년 현대 미술관이 옮겨왔고 2011년 교향악단을 위한 새 콘서트홀이 지어져 현재 극장, 콘서트홀을 포함해 총 6개의 홀을 가지고 있다. 이 중 윌프리드 펠레티어 홀 Salle Wilfrid-Pelletier은 약 3,000개의 좌석을 가진 다목적 홀로 가장 큰 규모를 자랑한다. 홀과 홀 사이에 부티크와 레스토랑이 있으며 쇼핑몰과도 가깝다.

지도 P.442-B1 ▶ **주소** 175 Rue Sainte-Catherine, Montréal, QC H2X 1Y9 **홈페이지** www.placedesarts.com **가는 방법** 지하철 그린 라인 Place-des-Arts역에서 바로.

몬트리올 현대 미술관 Musée d'art Contemporain de Montréal (MAC)

현대 회화, 사진, 조각 등 주로 현대 작품을 전시하고 있는 미술관으로 퀘벡주의 작가들을 포함해 캐나다 작가, 북미 지역 작가의 작품을 많이 소장하고 있다. 1964년 최초로 설립됐으며 1992년 복합 예술 센터인 플라스 데자르 Place-des-Arts로 옮겼다. 현재는 대대적인 확장 공사로 도체스터 광장 부근으로 이전한 상태이며 2028년에 재개관될 예정이다. 전시 외에도 각종 워크숍과 강연이 많이 개최된다. 전시와 관련된 물건들을 파는 기념품점도 볼거리다.

지도 P.442-B2 ▶ **주소** (임시) Niveau Galerie Commerciale, Pl. Ville-Marie Local 11220, Montréal, QC H3B 3Y1 **홈페이지** https://macm.org/ **운영** (임시) 화~금요일 11:00~19:00, 토요일 11:00~18:00, 일요일 11:00~17:30 **가는 방법** 지하철 그린 라인 McGill역 하차 후 도보 5분.

차이나타운 Quartier Chinois (Chinatown)

지하철 다름 광장 Place-d'Armes역에서 북서쪽으로 뻗어 있는 차이나타운은 다운타운과 구시가 사이에 위치하며 생 로랑 거리 Boul St-Laurent가 관통한다. 차이나타운이 시작하는 생 로랑 거리 입구에 차이나타운의 상징인 중화문이 서 있고 타운 중심부에는 순얏센 광장 Place Sun-Yat-Sen이 있다. 1877년 중국인 이민자가 몬트리올에 처음 들어온 후 만들어지기 시작했다. 토론토나 밴쿠버에 비해 규모는 작지만 저렴한 상점과 중국 식당을 비롯한 아시안 식당이 많아 늘 북적인다.

지도 P.442-C1 **주소** Quartier Chinois, QC H2Z 1K1 **가는 방법** 지하철 오렌지 라인 Place-d'Armes역에서 도보 한 블록 (게이트까지 3분).

몬트리올 세계무역센터
Centre de Commerce Mondial de Montréal (World Trade Centre Montréal)

몬트리올의 구시가지와 다운타운의 경계가 되는 인터내셔널 지구에 자리한 세계무역센터는 사무실과 함께 식당, 상점, 호텔이 들어선 복합 건물이다. 1840년에서 1960년 사이에 지어진 17개의 건물 전체를 리노베이션한 것인데, 유리 천장으로 건물들을 연결시켰으며 그중 11개 건물의 벽면이 옛 모습 그대로 보존되어 있다. 안으로 들어가면 오래된 벽돌 건물이 현대적인 소재들과 자연스럽게 어울리는 독특한 건축 기법을 느낄 수 있다. 건물 안에는 몬트리올 건립 350주년 기념으로 기증받은 베를린 장벽을 비롯해 벽화와 조각, 연못 등이 있으며 콘서트나 전시회 등 도심 속의 작은 이벤트가 열리기도 한다.

지도 P.442-C2 **주소** 747 Rue du Square-Victoria, Montréal, QC H2Y 3Y9 **홈페이지** www.centredecommercemondial.com **운영** 매일 06:00~18:00 **가는 방법** 버스 35·36·50·107번 탑승 McGill/Saint-Jacques 하차.

다운타운 외곽
다운타운 북쪽에는 다운타운을 시원하게 내려다 볼 수 있는 몽 루아얄산과 몬트리올을 대표하는 가톨릭 성당인 성 요셉 성당이 있으며 마켓과 박물관 등 흥미로운 볼거리도 있다.

바이오스피어 환경 박물관 Biosphère de Montréal (Biosphere Environmental Museum)

구 항구 건너편 생텔렌섬 Île Sainte-Hélène의 공원에 자리한 구 모양의 독특한 외관을 한 박물관이다. 멀리서도 눈에 띄는 특이한 외관으로 더 주목받는 이곳은 건축가 리차드 벅민스터 풀러 Richard Buckminster Fuller의 디자인으로 1967년 완공됐다. 몬트리올 엑스포 당시 미국관으로 지어진 박물관은 금속 고리를 반복적으로 연결해 만든 구체가 인상적이다. 1976년 공사 중 화재로 1990년까지 폐쇄됐다가 1995년 환경 박물관으로 개관했다. 기후변화, 공기, 생태계, 환경 문제에 관한 전시를 하고 있으며 다양한 체험존이 있다. 옥상으로 올라가면 강 건너 멀리 몬트리올 시내가 한눈에 보인다.

지도 P.441-상단 **주소** 160 Chemin du Tour de l'isle, Montréal, QC H3C 4G8 **홈페이지** https://espacepourlavie.ca **운영** [6월~9월 초] 매일 09:00~18:00 [9월 초중순~5월] 화~일요일 09:00~17:00 **요금** 성인 C$23.75, 18세 이상 학생 C$17.50, 5~17세 C$12.75 **가는 방법** 지하철 옐로 라인 Jean-Drapeau역 하차 후 도보 2분.

장 탈롱 마켓
Le Marché Jean Talon (Jean Talon Market)

좋은 품질을 자랑하는 식재료 마켓으로 이탈리안 거주 지역에 있다. 1933년 공식적으로 문을 열었으며 1983년 장 탈롱 마켓으로 이름을 변경했다. 잘 정돈된 넓은 부지에 인근 지역에서 오는 신선한 제철 과일과 채소가 있고 꽃집, 정육점, 생선 가게, 베이커리 등 다양한 상점이 모여 있다. 관광객은 살 것이 많지 않지만 현지인들의 식생활을 엿볼 수 있고 알록달록 진열된 과일과 채소를 구경하는 것만으로도 눈이 즐거워진다.

지도 P.441-하단 **주소** 7070 Avenue Henri-Julien, Montréal, QC H2S 3S3 **홈페이지** www.marchespublics-mtl.com **운영** 월~토요일 08:00~18:00, 일요일 08:00~17:00 **가는 방법** 지하철 오렌지·블루 라인 Jean-Talon역 하차 후 도보 4분.

몽 루아얄 공원 Parc du Mont-Royal

산이 거의 없는 몬트리올의 북서쪽에 위치한 루아얄산 Mt. Royal에 조성된 공원이다. 몬트리올이라는 지명도 이곳에서 유래됐으며 뉴욕의 센트럴 파크를 만들었던 조경사 프레데릭 로 올름스테드 Frederic Law Olmsted가 디자인했다. 공원의 중심부엔 몬트리올 시내가 시원하게 내려다보이는 콩디아롱크 전망대 Belvédère Kondiaronk가 있다. 여기서 몬트리올의 다운타운과 구시가지, 항구까지 조망할 수 있으며 야경 또한 멋져 인기가 많다. 전망대 뒤에는 방문자센터인 프랑스풍의 샬레 Chalet가 있어 쉬어갈 수 있다. 샬레 뒤 언덕을 한 번 더 오르면 1924년 세워진 높이 30m의 거대 십자가 조형물이 있다. 밤에는 조명을 밝혀 시내에서도 보인다. 정상 부근에도 몬트리올의 남서쪽을 조망하는 카밀리앙 오드 전망대 Belvédère Camillien-Houde가 하나 더 있다. 공원 전체에 산책로가 잘 조성돼 있어 많은 시민이 이용하는 녹지 공간이다.

지도 P.442-A2 **주소** 2000 Chemin Remembrance, Montréal, QC H3H 1A2 **홈페이지** www.montreal.ca **운영** 06:00~24:00 **요금** 무료 **가는 방법** 지하철 블루 라인 Côte-des-Neiges역 하차 후 Côte-des-Neiges/Lacombe에서 버스 369번 탑승 Côte-des-Neiges/The Boulevard 하차.

성 요셉 성당
L'Oratoire Saint-Joseph du Mont-Royal (Saint Joseph's Oratory of Mount Royal)

캐나다 수호성인인 요셉을 모신 곳으로 연간 2백만 명 이상의 순례자들이 찾아오는 몬트리올의 대표 가톨릭 성당이다. 몽 루아얄 Mt. Royal 남서쪽 기슭에 위치해 몬트리올 전경이 시원하게 내려다보이는 이 성당은 팔각 연두색의 돔이 멀리서도 눈에 띄는 몬트리올의 랜드마크다. 1904년 처음 지을 때는 작은 예배당의 모습이었으나 찾아오는 사람들이 늘어나면서 이를 수용하기 위해 계속 확장됐으며 1967년 지금의 웅장한 모습으로 재탄생했다.

이 성당이 유명한 이유는 여기에 잠들어 있는 성 안드레 신부 Saint-Frère-André(본명 André Bessette) 때문이다. 병약하고 가난했던 그는 성당에서 잡일을 하며 살았는데 기도로 병든 이들을 낫게 하면서 치유의 기적을 일으키는 신부님으로 유명해졌다. 92세로 죽을 때까지 기적은 계속됐고 죽은 후 성인으로 추도됐다.

성당 입구에 있는 예배당 Crypt Church을 지나 봉헌 예배당 The Votive Chapel에 들어가면 8개 주제의 요셉 조각상과 기도자들의 염원을 담은 초, 벽에 세워둔 많은 목발을 볼 수 있는데 이는 실제로 안드레 신부가 병을 고쳐준 사람들이 기증한 것들이다. 2층 전시실에는 안드레 신부의 심장을 보존하고 있으며 그가 지내던 침실을 재현해 놓고 있다. 성당 꼭대기에 있는 화려한 대성당 Basilica과 전망대도 잊지 말고 방문해 보자. 볼거리가 많은 이곳은 시간을 넉넉하게 잡고 가는 것이 좋다.

지도 P.441-상단 **주소** 3800 Chemin Queen Mary, Montréal, QC H3V 1H6 **홈페이지** www.saint-joseph.org **운영** 06:30-21:00 **가는 방법** 지하철 블루 라인 Côte-des-Neiges역 하차 후 도보 6분.

Restaurant 몬트리올의 식당

헐리스 아이리시 펍 Hurley's Irish Pub

펍들이 많이 모여 있는 크레센 거리 Rue Crescent에 자리한 인기 펍이다. 다소 허름해 보이는 입구는 보잘것없어 보일지라도 날씨가 좋은 날이면 펍 앞에 노천 테이블이 북적이는 모습이 꽤 멋스럽다. 내부 공간도 꽤 넓고 안쪽으로 들어가면 야외 마당도 있다. 나무로 된 내부는 아이리시 펍의 분위기를 가득 담고 있으며 19가지 맥주와 50가지가 넘는 싱글몰트, 16가지의 위스키가 있을 정도로 술에 있어서는 어느 펍보다도 전문적이다. 술 외에도 버거나 스테이크 등 식사가 될 만한 메뉴도 많으며 대부분 맛도 훌륭하다. 주말 저녁에는 라이브 공연도 열린다.

지도 P.442-B2 **주소** 1225 Rue Crescent, Montréal, QC H3G 2B1 **홈페이지** www.hurleysirishpub.com **영업** 매일 11:00~03:00 **가는 방법** 지하철 그린 라인 Guy-Concordia역 하차 후 도보 6분.

세 쇼콜라 C'ChôColat

맛은 물론 비주얼도 좋아서 인기 많은 디저트 카페다. 쇼콜라라는 이름에서 느껴지듯 칼로리가 폭발할 것만 같은 풍부한 초콜릿 메뉴들이 많이 있다. 초콜릿, 아이스크림, 크레페, 와플 등을 이용한 다양한 디저트 메뉴가 인기이며, 식사를 대신할 만한 샌드위치와 샐러드도 있어서 간단한 식사와 디저트를 겸하기에 좋다. 깔끔하면서 세련된 가게 인테리어와 활발하게 활동 중인 가게 인스타그램(www.instagram.com/cchocolatlounge) 덕분에 젊은이들 사이에서도 인기 맛집이다.

지도 P.442-B2 **주소** 1255 Rue Bishop, Montréal, QC H3G 2E2 **홈페이지** www.cchocolat.ca **영업** 화~목·일요일 11:00~22:30, 금·토요일 11:00~23:30, 월요일 휴무 **가는 방법** 지하철 그린 라인 Guy-Concordia역 하차 후 도보 5분.

코라 Cora

몬트리올에서 탄생해 캐나다 전역에 130여 개의 체인을 둔 브런치 전문 패밀리 레스토랑이다. 노란색 귀여운 해님 로고가 인상적인 이 집은 내부도 전형적인 패밀리 레스토랑의 분위기에 귀여운 분위기가 느껴져 아이를 동반한 가족들이 많이 찾는다. 메뉴도 키즈 메뉴를 비롯해 시리얼, 프렌치 토스트 등 아이들이 좋아할 만한 브런치 메뉴와 달달한 디저트 메뉴가 많다. 메뉴판에 사진이 있어 고르기도 쉽다. 지점마다 조금 다르지만 보통 아침 일찍 문을 열고 오후에 문을 닫는 편이며 아침 식사의 경우 메뉴판에 없더라도 원하는 스타일로 만들어 주기도 한다.

지도 P.442-B2　**주소** [몬트리올 센터점] 1240 Rue Drummond, Montréal, QC H3G 1V7　**홈페이지** www.chezcora.com　**영업** 월~토요일 06:00~15:00, 일요일 07:00~15:00　**가는 방법** 지하철 그린 라인 Peel역 하차 후 도보 3분.

레 트루아 브라쇠르 Les 3 Brasseurs

몬트리올의 번화가에만 4개의 지점이 있는 유명한 펍. 100년이 넘는 전통을 자랑하는 곳으로, 자손들이 프랑스에서 캐나다로 넘어와 마이크로 브루어리를 시작했다. 퀘벡주와 온타리오주에만 20여 곳의 지점을 둘 만큼 성장했으며 푸짐하고 맛있는 음식과 수제 맥주로 항상 붐빈다. 10가지 안주와 10잔의 맥주, 3리터와 5리터의 대형 트라이톤 맥주는 단체석에서 특히 인기이며 혼술이라면 조금 한산한 해피아워 Happy Hour를 택해 저렴하게 즐기는 것도 좋다.

지도 P.442-B2　**주소** [맥길 지점] 732 Rue Sainte-Catherine O, Montréal, QC H3B 1B9　**홈페이지** www.les3brasseurs.ca　**영업** 월~수요일 11:00~23:00, 목요일 11:00~24:00, 금·토요일 11:30~01:00, 일요일 11:30~23:00　**가는 방법** 지하철 그린 라인 McGill역 하차 후 도보 3분.

카페 올림피코 Café Olimpico - Vieux Montréal

몬트리올에 여러 지점이 있는 인기 카페다. 구시가지의 골목 안쪽에 조용히 자리하고 있으며 돌로 지어진 건물 안에 오래된 듯하면서도 아늑한 분위기를 지녔다. 커피와 함께 도넛이나 페이스트리를 먹기 괜찮고 맛보다는 접근성과 편안한 분위기로 많이 찾는다.

지도 P.442-C1 **주소** 419 R. Saint-Vincent, Montréal, QC H2Y 3A6 **홈페이지** http://cafeolimpico.com **영업** 매일 06:00~24:00 **가는 방법** 자크 카르티에 광장에서 도보 2분.

크루 컬렉티브 앤 카페 Crew Collective & Cafe

1920년대에 지어진 캐나다 왕립은행을 개조해서 만든 카페다. 주소만 들고 찾아 나섰다가는 헤매기 쉽상인데, 웅장한 건물 안쪽 깊숙한 곳에 자리하고 있기 때문이다. 간판이라고는 옆면에 걸린 작은 표지판이 유일하다. 외관상 박물관이라도 될 듯한 건물 안으로 들어서면 어둑하지만 화려한 느낌의 카페가 나타나고 계단을 오르면 영화에나 나올 법한 아주 오래된 은행의 모습이 펼쳐진다. 은행 창구와 금고가 그대로 남아 있으며 독립된 공간들은 세미나 등을 위한 미팅룸으로 대여하고 있다. 커피와 차, 베이커리, 스테이크 그리고 간단한 식사도 할 수 있다.

지도 P.442-C2 **주소** 360 Rue Saint-Jacques, Montréal, QC H2Y 1P5 **홈페이지** www.crewcollectivecafe.com **영업** 월~금요일 08:00~16:00 토·일요일 09:00~16:00 **가는 방법** 노트르담 성당에서 도보 6분.

자뎅 넬슨 Jardin Nelson

자크 카르티에 광장 Place Jacques-Cartier에서 가장 눈에 띄는 맛집이다. 광장쪽에 자리한 야외 테라스도 좋지만 건물 안쪽에 자리한 안뜰 좌석이 인기가 많다. 안뜰에서는 광장의 풍경이 보이지 않지만 흥겨운 재즈 라이브가 펼쳐져 기분 좋은 식사를 할 수 있다. 여름철에는 꽃이 만발해 아름답고 활기찬 분위기를 띠며 여름 외에는 영업 시간이 날씨에 따라 변동되므로 홈페이지를 꼭 확인해야 한다. 음식이 좀 비싼 편이지만 대부분 맛있고 위치와 분위기 모두 좋아 항상 대기줄이 길다.

지도 P.442-C1 주소 407 Place Jacques-Cartier, Montréal, QC H2Y 3B1 **홈페이지** www.jardinnelson.com **영업** 월~금요일 11:30~, 토·일요일 11:00~ (날씨에 따라 22:00~24:00까지 운영) **가는 방법** 자크 카르티에 광장에 위치.

매기 오크스 Maggie Oakes

자크 카르티에 광장에 자리한 레스토랑으로 자뎅 넬슨 Jardin Nelson 건너편에 있다. 야외 테라스의 아기자기한 분위기와 달리 내부 인테리어는 대리석과 호두나무로 꾸며져 중후한 분위기를 풍긴다. 브렉퍼스트(아침)부터 브런치, 런치(점심), 디너(저녁) 메뉴가 매우 다양한 편으로 저녁에는 꽤 가격대가 비싼 편이지만 브런치나 런치는 무난한 편으로 인기가 많다. 신선한 채소를 주재료로 한 메뉴가 유명하지만 해산물이나 스테이크 종류도 맛있다.

지도 P.442-C1 주소 426 Place Jacques-Cartier, Montréal, QC H2Y 3B3 **홈페이지** www.maggieoakes.com **영업** 브렉퍼스트 월~금요일 07:30~11:00 토·일요일 07:30~10:00, 런치 월~금요일 11:30~15:00, 디너 일~수요일 17:00~22:00 목~토요일 17:00~23:00, 브런치 토·일요일 10:30~15:00 **가는 방법** 자크 카르티에 광장에 위치.

맨디스 Mandy's

생 폴 거리에서 한 블록 들어간 곳에 자리한 샐러드 전문점이다. 여름에는 하얀색 나무 울타리를 한 야외 테이블 자리도 인기지만 생기 넘치는 인테리어 덕분에 내부 분위기도 산뜻한 느낌이 물씬 난다. 신선한 재료를 사용한 다양한 샐러드와 수프가 있으며 원하는 재료를 추가로 토핑할 수 있다. 몬트리올에만 6곳의 지점이 있는 인기 식당으로 생 폴 지점과 크레셍 지점이 유명하다.

홈페이지 mandys.ca

지도 P.442-C2 [생 폴 지점] **주소** 425 Rue Saint Nicolas, Montréal, QC H2Y 2P4 **영업** 매일 08:00~21:00 **가는 방법** 노트르담 성당에서 도보 6분.

지도 P.442-B2 [크레셍 지점] **주소** 2067 Rue Crescent, Montréal, QC H3G 2C1 **영업** 매일 08:00~21:00 **가는 방법** 지하철 그린 라인 Peel역 하차 후 도보 5분.

슈워츠 델리 Schwartz's Deli

유대인 이민자였던 루번 슈워츠 Reuben Schwartz's가 1928년에 세운 고기 샌드위치 전문점으로 몬트리올을 대표하는 맛집이다. 주로 샌드위치 빵 사이에 코셔 스타일이라는 특별 비법으로 만든 훈제육을 넣어 겨자를 뿌린 뒤 사워 피클과 코울슬로를 곁들여 먹는데 고기를 풍족하게 먹을 수 있을 뿐만 아니라 맛도 좋다. 일반인들은 물론 유명인들도 많이 찾는 곳으로, 사람들이 몰릴 때는 가게 밖 멀리까지 줄을 서야 할 만큼 인기가 많다.

지도 P.442-B1 **주소** 3895 Boul. Saint-Laurent, Montréal, QC H2W 1X9 **홈페이지** www.schwartzsdeli.com **영업** 일~목요일 10:00~23:00, 금·토요일 10:00~24:00 **가는 방법** 버스 29·25·363번 Saint-Laurent / Napoléon 역 하차.

몬트리올의 명물 베이글

캐나다 여행을 하다보면 여기저기서 '몬트리올 베이글'이란 이름을 내세운 가게들을 볼 수 있다. 그만큼 몬트리올 베이글은 캐나다 베이글을 대표하는 인기 메뉴로, 몬트리올에 왔다면 한 번쯤 맛볼 것을 권한다.

몬트리올 베이글 Montreal Bagel이란?

밀가루 반죽에 이스트만 넣고 뜨거운 물에 데쳐서 굽는 베이글은 과거 가난했을 때 먹던 음식이었지만 현대에는 첨가물이 없는 건강한 빵으로 인식되고 있다. 몬트리올 스타일 베이글은 전통 방식으로 화덕에 굽는데 데칠 때 꿀물이나 설탕물을 사용해 단맛이 조금 있으며 밀도가 치밀하고 겉에 보통 참깨나 양귀비씨(포피시드)를 뿌린다. 도넛처럼 가운데에 구멍이 큰 것도 특징이다.

몬트리올 베이글 맛집

일반 카페뿐 아니라 여러 베이글 맛집이 있는데, 몬트리올 베이글 전문점이면서도 체인점이라 찾기 쉬운 두 브랜드를 소개한다.

히나위 브로스 베이글 Hinnawi Bros Bagel and Coffee
지도 P.442-B2 [맥길대 부근] 홈페이지 www.hinnawibrosbagelandcafe.com

라 파브리크 드 베이글 La Fabrique de Bagel
지도 P.442-C2 [세계무역센터점] 홈페이지 www.lafabriquedebagel.com

몬트리올 베이글 명소(테이크아웃)

오랜 역사와 전통을 자랑하는 원조 가게는 아직도 화덕에 굽는 모습을 볼 수 있는 베이글 명소다. 위치도 멀고 공간도 매우 협소해 테이크아웃만 가능하지만 궁금하다면 들러보자.

생비아토 베이글 St-Viateur Bagel
홈페이지 www.stviateurbagel.com

페어마운트 베이글 Fairmount Bagel
홈페이지 www.fairmountbagel.com

 **몬트리올**의 쇼핑

생 카트린 거리 Rue Sainte-Catherine

몬트리올 쇼핑의 중심이 되는 거리로 가장 번화한 곳이기도 하다. 생 카트린 거리 자체는 매우 길지만 쇼핑으로 유명한 번화가는 몬트리올 현대 미술관 옆의 컴플렉스 데자르뎅 Complexe Desjardins에서부터 몬트리올 미술관 근처의 크레셍 거리 Rue Crescent까지 1.5km 정도다. 더 남쪽으로 내려가도 쇼핑몰이나 상점가가 있기는 하지만 보통은 이 1.5km 구간에 온갖 백화점과 브랜드숍이 밀집되어 있다. 특히 맥길 콜레주 거리 Avenue McGill College에서부터 크레셍 거리 Rue Crescent까지 600m 거리는 '신발 거리'로 불릴 만큼 유난히 많은 신발 가게들이 몰려 있다. **지도 P.442**

생 카트린 거리의 쇼핑 명소

홀트 렌프류 오길비 Holt Renfrew Ogilvy

1866년 개업해 150년이 넘는 전통을 자랑하는 오래된 백화점이다. 1896년에 지금의 자리로 확장 이전해 지금까지 성업 중이며 몇 차례 주인이 바뀌다가 2011년 한 투자회사의 자회사인 영국의 셀프리지 백화점 그룹에 매각되기도 했다. 지금은 또 다른 자회사인 홀드 렌프류의 이름이 들어간 홀트 렌프류 오길비로 바꾸고 리노베이션을 거쳐 새롭게 오픈했다. 대부분 고가와 명품 매장이 많다.

지도 P.442-B2 **주소** 1307 Rue Sainte-Catherine O, Montréal, QC H3G 1P7 **영업** 월~수요일 10:00~18:00, 목·금요일 10:00~20:00, 토요일 10:00~18:00, 일요일 11:00~18:00 **홈페이지** www.holtrenfrew.com

또 하나의 지하 도시, **몬트리올 RÉSO**
La ville souterraine/Under Ground City

몬트리올도 토론토와 마찬가지로 건물과 건물이 지하 통로로 연결되어 지하 도시 형태로 발달한 곳이다. 영하 10도를 밑도는 혹독한 겨울 추위를 피하기 위한 것으로 엑스포 67을 기념해 1966년 몬트리올에 처음 지하철이 개통됐을 때부터 본격적으로 시작되었다.

이튼 센터 Centre Eaton와 컴플렉스 데자르뎅 Complexe Desjardins을 중심으로 대형 광장과 쇼핑몰이 형성되어 있으므로 몬트리올의 지하 도시를 구경하기 위해선 이 두 곳에서 시작하는 것이 좋다. 총 길이를 합하면 33km 정도에 달하며, 7개의 지하철역으로 연결되고 190개 출구로 지상과 연결된다. 수백 개의 레스토랑과 극장, 박물관 등 1,700개가 넘는 상점들이 가득해 밖으로 나가지 않고도 알차게 하루를 보낼 수 있다.

단, 초행자는 길을 잃을 수도 있으니 목적지의 명칭을 정확히 확인하고 다녀야 한다. 지하 곳곳에는 길 안내 표시가 있으며, 지하 도시 홈페이지에도 안내도가 있으니 참고하자.

홈페이지 www.montrealundergroundcity.com

언더그라운드 쇼핑가 명소

레 쿠 몽 루아얄 Les Cours Mont-Royal

프랑스어로 '쿠 Cour'는 안뜰이라는 의미다. 그래서인지 내부 곳곳에 정원을 품은 듯 화분이 많고 식물과 곡선을 활용한 인테리어 분위기가 특징인 백화점이다. 브랜드 매장은 물론 개성 있는 부티크, 무엇보다도 패션쇼가 열리는 오픈 스테이지가 있을 정도로 패션 전문 백화점의 모습을 하고 있다.

지도 P.442-B2 **주소** 1455 Rue Peel, Montréal, QC H3A 1T5 **홈페이지** lcmr.ca **영업** 월·수요일 10:00~18:00, 목·금요일 10:00~21:00, 토요일 10:00~17:00, 일요일 12:00~17:00 **가는 방법** 지하철 그린 라인 Peel역 하차 후 도보 2분.

라 메종 시몽 La Maison Simons

1840년 퀘벡에서 작은 상점으로 시작해 1960년대 백화점으로 발전한 곳으로 보통 '시몽 Simons'으로 부른다. 캐나다 중서부와 온타리오주에도 있지만 주로 퀘벡주에 있으며 특히 몬트리올과 퀘벡시 매장이 규모도 크고 잘 꾸며져 있다.

지도 P.442-B2 **주소** 977 Rue Sainte-Catherine O, Montréal, QC H3B 4W3 **홈페이지** simons.ca **영업** 월·수요일 10:00~18:30, 목·금요일 10:00~21:00, 토요일 10:00~18:00, 일요일 10:00~18:00 **가는 방법** 지하철 그린 라인 Peel역 하차 후 도보 2분.

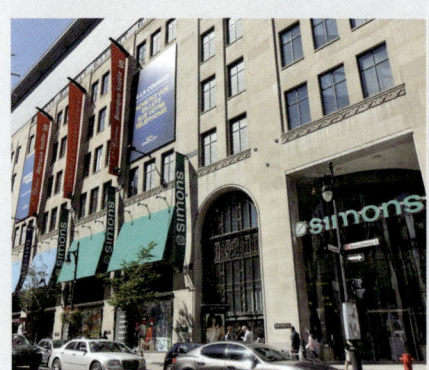 

플레이스 몬트리올 트러스트 Place Montreal Trust

건물 중앙이 시원하게 뚫린 현대적인 분위기의 쇼핑몰로 아웃렛 매장 위너스 Winners와 대형 서점 인디고 Indigo, 자라 Zara 등이 입점해 있고 지하에 푸드코트도 있다.

지도 P.442-B2 **주소** 1500 Avenue McGill College, Montréal, QC H3A 3J5 **홈페이지** placemontrealtrust.com **영업** 월 ~금요일 10:00~21:00, 토요일 10:00~19:00, 일요일 11:00~17:00 **가는 방법** 지하철 그린 라인 McGill역 하차 후 도보 3분.

몬트리올 이튼 센터 Montreal Eaton Centre (Le Centre Eaton de Montréal)

100여 개가 넘는 매장으로 가득한 대형 쇼핑몰이다. 백화점보다는 중·고급 또는 대중적인 브랜드숍들이 많으며 푸드코트도 매우 크다. 지하철 맥길 McGill역과 바로 연결되어 편리하며 언더그라운드 도시의 중심이기도 하다.

지도 P.442-B2 **주소** 705 Rue Sainte-Catherine O, Montréal, QC H3B 4G5 **홈페이지** centreeatondemontreal. com **영업** 월~금요일 10:00~21:00, 토요일 10:00~19:00, 일요일 11:00~17:00 **가는 방법** 지하철 그린 라인 McGill역 하차 후 도보 2분.

컴플렉스 데자르뎅 Complexe Desjardins

다른 쇼핑몰과는 조금 떨어져 있지만 원래는 다양한 상점과 푸드코트가 있고 플라스 데자르와 연결되어 걷기 좋은 지역이었으나 2025년 현재 리노베이션 공사 중으로 일부 상점만 영업한다. 2026년 말쯤 주변이 정비될 전망이다.

지도 P.442-B1 **주소** 150 Saint-Catherine St W, Montréal, H2X 3Y2 **홈페이지** complexedesjardins.com **영업** 월~수요일 10:00~18:00, 목·금요일 10:00~21:00, 토·일요일 10:00~17:00 **가는 방법** 지하철 그린 라인 Place-des-Arts역 하차 후 도보 3분.

끝없이 펼쳐지는
오색 빛깔 단풍을 따라 떠나는 여행
메이플 로드
MAPLE ROAD

캐나다 국기 한가운데 그려진 빨간 단풍 문양에서 알 수 있듯이 캐나다의 가을은 단연 특별하다. 매년 9~10월이면 캐나다 가을의 진수를 볼 수 있는데, 가는 길마다 형형색색으로 변한 단풍들이 끝없이 이어지는 장관이 연출된다. 특히 캐나다 동부 지역에는 나이아가라 폭포에서 시작하여 토론토, 오타와, 몬트리올을 거쳐 퀘백 시티까지 약 800km에 이르는 단풍길, 일명 '메이플 로드'가 있다. 메이플 로드는 길 자체도 아름답지만 주변의 도시와 함께 여러 명소들을 찾아 다니며 단풍을 즐기는 여정으로 '단풍국(메이플 컨트리)' 캐나다를 즐길 수 있는 가장 좋은 여행법이다. 이 시기가 되면 메이플 로드는 드라이브를 하며 오색찬란한 단풍을 즐기려는 관광객들로 북적인다.

메이플 로드 가는 방법

자동차로 여행을 할 경우 대도시인 토론토나 몬트리올을 출발점으로 정해 일정을 짜면 좋다. 주요 도시 간 자동차 주행 시간은 3시간을 넘지 않아 부담 없이 드라이브 여행을 즐기기에 좋다.

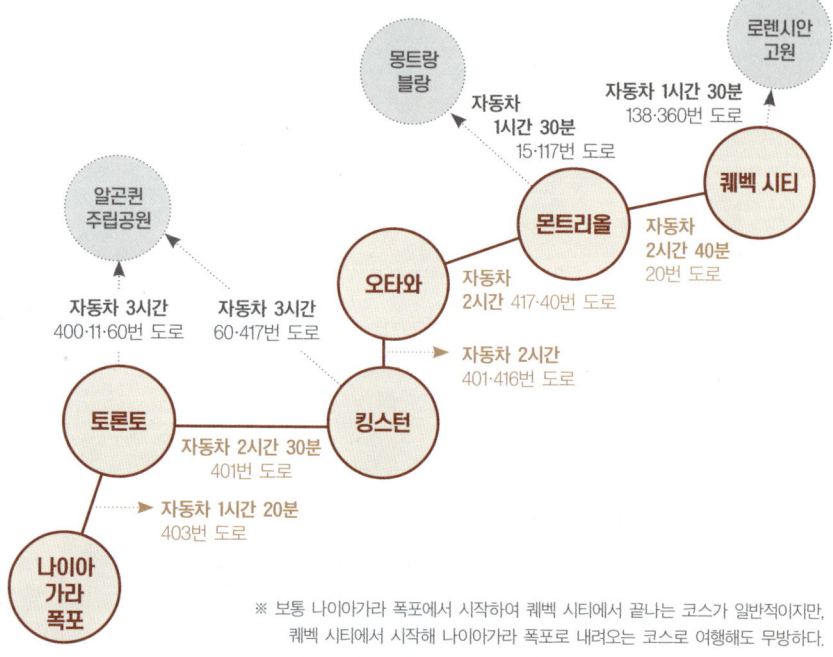

※ 보통 나이아가라 폭포에서 시작하여 퀘벡 시티에서 끝나는 코스가 일반적이지만, 퀘벡 시티에서 시작해 나이아가라 폭포로 내려오는 코스로 여행해도 무방하다.

메이플 로드의 **주요 관광 포인트**

나이아가라 폭포 Niagara Falls
나이아가라 폭포와 근교의 아기자기한 마을 나이아가라 온 더 레이크의 가을 정취를 느낄 수 있다.

토론토 Toronto
대도시 토론토도 가을이면 온 도시가 알록 달록 물든다. 빌딩 숲 사이로 아름다운 단풍을 느낄 수 있다.

알곤퀸 주립공원 Algonquin Provincial Park
캐나다에서 가장 오래된 주립공원으로 1,000여 종이 넘는 동식물과 수천 개의 크고 작은 호수가 있다. 가을이 되면 이 일대가 모두 단풍으로 물들어 장관을 이룬다.

로렌시안 고원 Laurentians
숲과 호수로 둘러싸인 퀘벡주의 고원지대로, 메이플 로드 중에서도 인기가 많은 지역이다. 자동차로 지나가면서 단풍으로 물든 작은 마을을 둘러보는 것도 좋다.

몽트랑블랑 Mont-Tremblant
로렌시안 고원의 유명한 리조트 단지로 곤돌라를 타고 올라가 산 아래 단풍을 내려다볼 수 있다.

몬트리올 Montréal
세인트 로렌스강을 마주하고 있는 몬트리올은 구 항구에 가을의 정취가 가득하며 울긋불긋 물든 가을의 몽 루아얄 공원은 더없이 아름답다.

메이플 로드의 하이라이트
몽트랑블랑 Mont-Tremblant

퀘벡주 몬트리올 북서쪽에 위치한 몽트랑블랑은 로렌시안 고원의 대표적인 명소다. 국립공원으로 지정된 트랑블랑산이 있고 그 남쪽 기슭에 대형 스키 리조트 Mont Tremblant Resort 단지가 조성돼 있다. 각종 액티비티를 할 수 있고 경치가 좋아 사시사철 인기가 많은 곳이다. 메이플 로드의 대표적인 명소로서 가을이 되면 단풍이 사방으로 물들어 아름다움을 뽐낸다. 특히 리조트의 곤돌라를 타고 올라가 산 정상에서 내려다보는 단풍이 장관이다. 겨울에는 파우더 설질과 경치 좋은 스키장으로 스키어들을 매료시킨다. 인근에 동명의 작은 마을 '몽트랑블랑' 이 있다.

가는 방법

① 시외에서 몽트랑블랑 가기

몬트리올에서 북서쪽으로 약 130km, 오타와에서는 북동쪽으로 약 150km 떨어져 있어 각각 자동차로 1시간 30분 정도면 간다. 시외버스도 있으며 몬트리올에서 3시간 정도 걸린다.

시외버스 Autobus Galland **홈페이지** www.galland-bus.com

② 몽트랑블랑 다운타운에서 몽트랑블랑 리조트 가기

다운타운에서 리조트까지는 자동차로 15분 정도 걸리며 시내버스를 이용해 갈 수도 있다.

시내버스 요금 무료

Travel tip!

몽트랑블랑 여행의 시작

여행자 광장 Place des Voyageurs

몽트랑블랑 리조트 입구는 주차장 바로 앞에 자리한 여행자 광장이다. 광장 바로 오른쪽에 작은 관광안내소 부스가 있고 정면에 곤돌라가 있으며, 곤돌라 오른쪽으로는 어드벤처 센터가 있다. 그리고 곤돌라 왼쪽의 시계탑 건물에는 호텔과 카페 등이 있다.

트랑블랑 관광안내소 Centre d'information Tremblant

몽트랑블랑 리조트는 물론 주변 지역의 전반적인 여행 정보를 얻을 수 있고 각종 예약을 돕는다.

주소 1000 Chemin des Voyageurs, Mont-Tremblant, QC J8E 1T1 **홈페이지** www.tremblant.ca **운영** 09:00~18:00

어드벤처 센터 Centre Aventure Chalet des Voyageurs

스키, 보드, 스노슈즈, 스키복 등 다양한 장비와 관련 용품들을 갖춘 렌털숍과 수리점 등이 있다.

주소 1000 Chemin des Voyageurs, Mont-Tremblant, QC J8E 1T1 **홈페이지** www.tremblant.ca **운영** 겨울 시즌 매일 09:00~17:00

몽트랑블랑 가을 볼거리

생 베르나르 광장 Place St.-Bernard

보행자 전용 산책로가 있고 알록달록한 건물들이 모여있는 예쁜 광장이다. 입구의 여행자 광장 Place des Voyageurs에서 걸어가거나 곤돌라를 타고 정상에 내리면 생 베르나르 광장으로 갈 수 있는 길이 있다.

파노라마 익스프레스 곤돌라
Télécabine Express Panoramique

트랑블랑산 정상으로 올라가 산과 호수, 리조트 빌리지가 그림처럼 펼쳐지는 경치를 볼 수 있는 곤돌라로 승강장은 여행자 광장 Place des Voyageurs에 위치한다. 산 정상에는 하이킹을 할 수 있는 트레일이 있다.

주소 150 Chemin au Pied de la Montagne, Mont-Tremblant, QC J8E 3M2 **요금** 18세 이상 여름 C$32, 겨울 C$46

트랑블랑 호수 Lac Tremblant

트랑블랑 산자락에 위치한 호수로 길이가 12km에 이른다. 리조트에서 곤돌라를 타고 올라가면 호수가 시원하게 내려다 보인다.

주소 Chemin de la Chapelle, Mont-Tremblant, QC J8E 1E1

Travel tip!

몽트랑블랑의 여름과 겨울

몽트랑블랑은 사시사철 인기 있는 곳이다. 여름에는 청록의 자연을 느낄 수 있고, 겨울이면 캐나다 동부 최고의 스키 리조트로 변모한다.

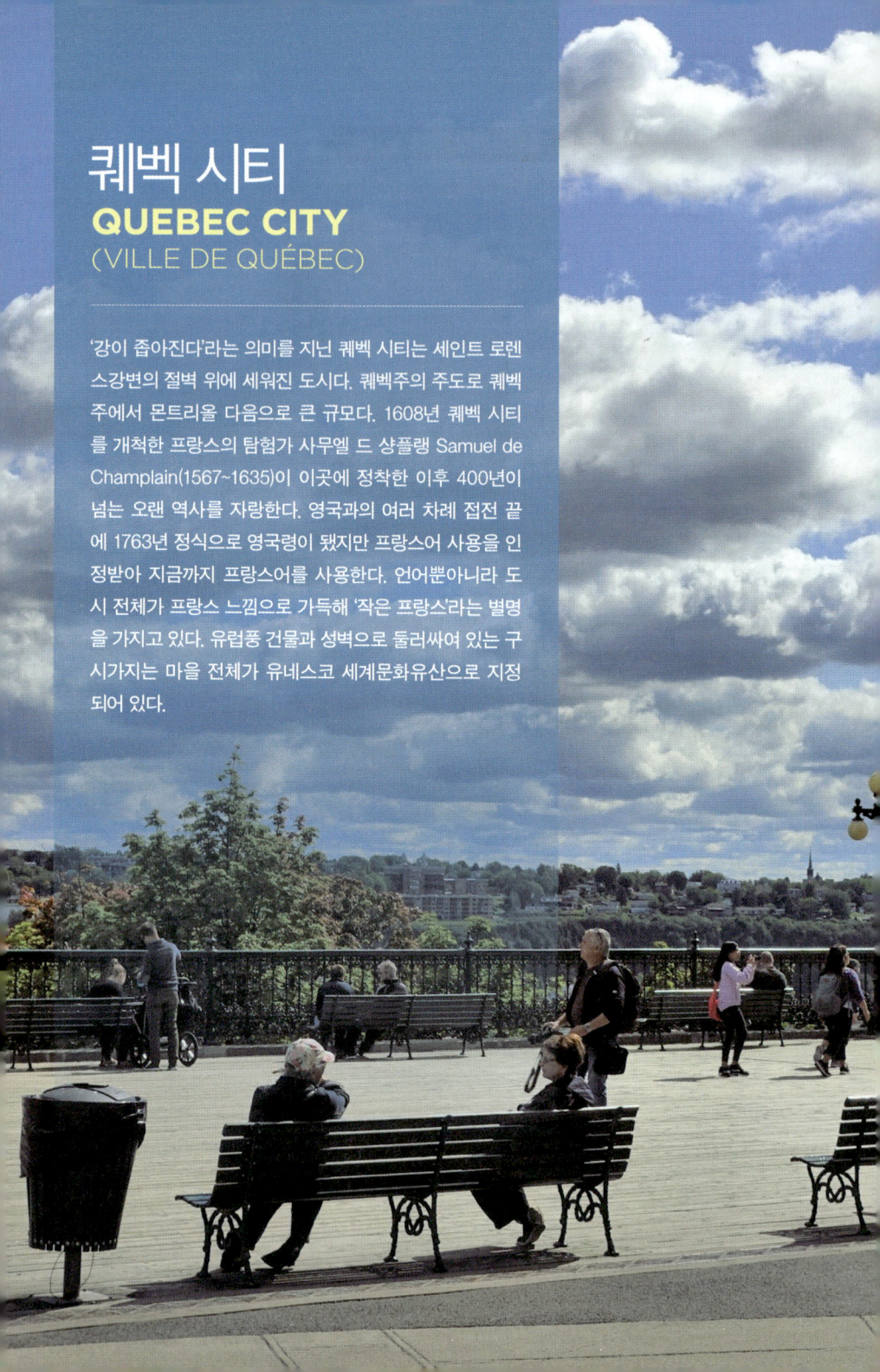

퀘벡 시티
QUEBEC CITY
(VILLE DE QUÉBEC)

'강이 좁아진다'라는 의미를 지닌 퀘벡 시티는 세인트 로렌스강변의 절벽 위에 세워진 도시다. 퀘벡주의 주도로 퀘벡주에서 몬트리올 다음으로 큰 규모다. 1608년 퀘벡 시티를 개척한 프랑스의 탐험가 사무엘 드 샹플랭 Samuel de Champlain(1567~1635)이 이곳에 정착한 이후 400년이 넘는 오랜 역사를 자랑한다. 영국과의 여러 차례 접전 끝에 1763년 정식으로 영국령이 됐지만 프랑스어 사용을 인정받아 지금까지 프랑스어를 사용한다. 언어뿐아니라 도시 전체가 프랑스 느낌으로 가득해 '작은 프랑스'라는 별명을 가지고 있다. 유럽풍 건물과 성벽으로 둘러싸여 있는 구시가지는 마을 전체가 유네스코 세계문화유산으로 지정되어 있다.

퀘벡 시티
대표 명소

1 페어몬트 샤토 프랑트낙 P.486
프랑스 오래된 성을 닮은 퀘벡 시티의 랜드마크.

2 프티 샹플랭 거리 P.490
유럽의 골목처럼 아기자기한 상점과 레스토랑, 카페가 줄지어 있는 인기 높은 장소다.

3 테라스 뒤프랭 P.487
세인트 로렌스강을 따라 조성된 나무 데크 산책로로 강변의 경치를 즐길 수 있다.

4 시타델 P.494
강변의 절벽에 별 모양으로 지은 요새로 실제로 군대가 주둔하고 있다.

5 루아얄 광장 P.492
퀘벡 시티가 시작된 역사적인 장소로 오래된 석조 건물이 많이 남아 있다.

퀘벡 시티 가는 방법

인천에서는 직항편이 없어 에어 캐나다로 몬트리올을 경유해 갈 수 있으며 18시간 가까이 걸린다. 다른 도시에서 비행기로 갈 수 있고 온타리오주나 퀘벡주에 있는 도시에서는 기차나 버스로도 갈 수 있다.

비행기

우리나라에서 직항 노선이 없어서 보통 토론토나 밴쿠버를 경유한다. 장르사주 드 퀘벡 국제공항 Aéroport international Jean-Lesage de Québec (YQB)으로 들어가며, 토론토에서 퀘벡 시티까지 1시간 45분, 몬트리올에서는 55분 정도면 도착한다. 공항에서 17km 떨어져 있는 구시가지까지 가기 위해서는 버스·택시·우버 등을 타야 한다. 버스는 저렴하지만 갈아타야 해서 짐이 많으면 택시·우버가 낫다(다운타운까지 택시 요금 C$41.40).

지도 P.483 [장르사주 드 퀘벡 국제공항] 주소 505 Rue Principale, Québec, QC G2G 0J4 홈페이지 www.aeroportdequebec.com

기차

비아 VIA 레일이 동부의 여러 도시와 연결돼 있다. 몬트리올에서 3시간 30분이면 퀘벡 시티에 도착하며 토론토에서 가면 오타와나 몬트리올에서 한 번 갈아타야 한다. 퀘벡 시티의 중심이 되는 기차역 팔레역 Gare du Palais은 구시가지의 북쪽에 위치한다.

지도 P.485-C1 [팔레역] 주소 450 rue de la Gare du Palais Québec, QC G1K 3X2 홈페이지 www.viarail.ca

Travel tip!
이렇게 예쁜 기차역이 또 있을까

퀘벡 시티의 메인 기차역인 팔레역은 외관부터 기차역이라기보다는 중세 시대 성같이 보인다. 고풍스러운 퀘벡 시티의 이미지와 잘 어울리는 곳으로 붉은 벽돌과 뾰족한 청동 지붕이 멀리서도 눈에 띈다. 내부에는 레스토랑, 카페 등 편의시설이 잘 갖춰져 있다.

버스

오를레앙 익스프레스 Orleans Express가 몬트리올에서 3시간 15분이면 퀘벡 시티에 도착한다. 티켓은 홈페이지에서 예매 가능하며 예매 확인증을 가져가는 것이 좋다. 버스 터미널은 비아 레일 기차역인 팔레역과 바로 연결돼 있으며 고풍스러운 기차역과는 달리 현대식으로 단장했다.

지도 P.485-C1 [오를레앙 익스프레스 버스 터미널] 주소 320 Rue Abraham Martin, Québec, QC G1K 8N2 홈페이지 www.orleansexpress.com

퀘벡 시티 시내 교통

퀘벡 시티를 돌아다니기 위한 주요 대중교통 수단은 버스다. 볼거리가 모여 있는 구시가지는 크지 않아 걸어 다니는 것으로 충분하다. 하지만 버스 터미널과 기차역(구시가지까지 약 1.4km)에서 오가거나 구시가지 밖의 퀘벡 시티를 돌아다니기 위해서는 버스를 타야 한다. 비아 레일 기차역인 팔레역 Gare du Palais 바로 앞에 시내버스 정류장이 있다. 하지만 구시가지 안으로 들어가려면 택시나 우버를 타야 한다. 이 외에도 퀘벡 시민들이 강을 건너기 위해 타는 페리도 있다.

버스

퀘벡 시티의 버스는 Réseau de Transport de la Capitale (RTC)에서 운영하며 다양한 노선이 주변의 여러 지역을 연결한다. 하지만 구시가지 내부에는 버스 노선이 거의 없는 편이다. 길이 좁고 관광객도 많아 안전과 도시 보호 차원에서 그나마 있던 노선도 많이 없어졌다. 구시가지 중심으로 가려면 버스를 타고 근처에 내려서 걸어 들어가야 한다.

요금은 판매처(위치 홈페이지 참조)에서 1회권이나 1일권을 구입해서 지불하면 된다. 1시간 30분 이내에서 환승도 가능하다. 현금 승차도 할 수 있지만 정확한 액수를 준비해야 한다. 퀘벡주 교통카드 오푸스 OPUS가 있으면 충전해서 사용할 수 있으나 퀘벡 시티에서만 사용하기 위해, 특히 구시가지 근처만 돌아다닐 계획이라면 구입할 필요는 없다(C$6).

홈페이지 www.rtcquebec.ca **요금** [1회권] 현금 C$4, 티켓 C$3.70, [1일권-24시간] C$10.25

페리

Société des Traversiers du Québec (STQ)에서 운영하는 페리가 세인트 로렌스강 건너에 위치한 레비스 Lévis 지역까지 연결된다. 지역 주민들의 이동 수단이지만 페리를 타면 강 주변의 아름다운 경치를 감상할 수 있어 관광객은 보통 이동보다는 경치를 보기 위한 목적으로 탄다. 운항 시간은 12~15분 정도다.

지도 P.485-D2 **[퀘벡 시티 페리 터미널] 주소** 10 Rue des Traversiers, Québec, QC **홈페이지** www.traversiers.com **운영** 퀘벡 시티~레비스 구간 06:30~02:20 **요금** 성인 편도 C$4.15, 자동차 C$10(전기자동차 C$4.15)

Travel tip!

구시가지를 보는 다른 방법

구시가지를 돌아보기 위해서는 걸어 다니는 것이 좋지만 좀 더 편하게 다른 시선으로 보고 싶다면 관광버스나 마차를 타보는 것도 좋다. 여름 시즌에 다름 광장 Place d'Armes 주변에 자유롭게 내렸다 탈 수 있는 2층 버스인 홉 온 홉 오프 버스 Hop-On Hop-Off Bus, 관광 마차 칼레슈 Caléche가 관광객을 기다리고 있다. 겨울에는 시티 투어 City Tour 버스가 있다.

홈페이지 www.toursvieuxquebec.com

퀘벡 시티 추천 일정

DAY 1

1. 다름 광장 P.489
   - 도보 4분
2. 노트르담 대성당 P.489
   - 버스 14분
3. 주의사당 P.493
   - 도보 12분
4. 시타델 P.494
   - 도보 13분
5. 생 드니 테라스 P.487
   - 도보 5분
6. 테라스 뒤프랭 P.487
   - 도보 7분 또는 푸니쿨라 1분
7. 프티 샹플랭 거리 P.490
   - 도보 3분
8. 루아얄 광장 P.492

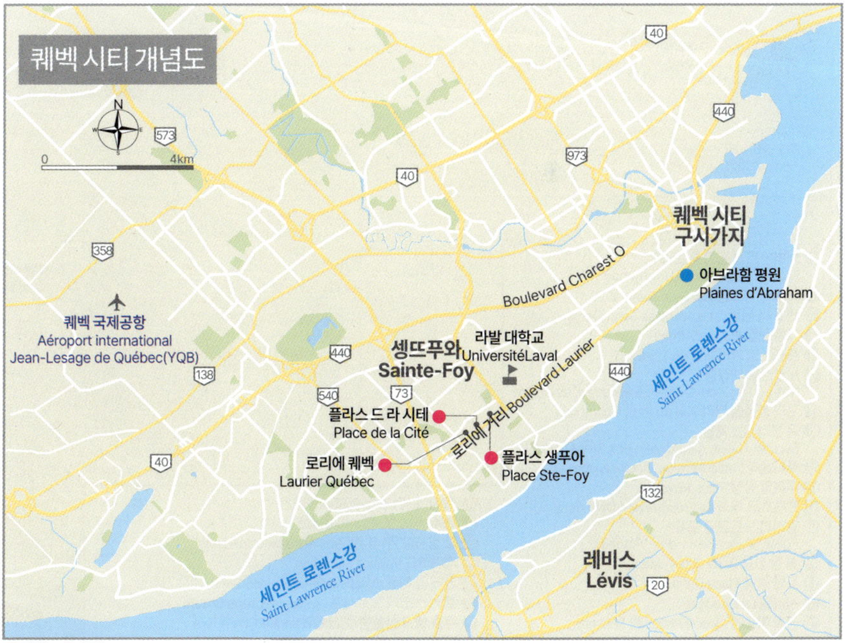

퀘벡 시티 개념도
N
0
4km
573
40
440
973
358
퀘벡 시티
구시가지
아브라함 평원
Plaines d'Abraham
Boulevard Charest O
퀘벡 국제공항
Aéroport international
Jean-Lesage de Québec(YQB)
라발 대학교
UniversitéLaval
셍뜨푸와
Sainte-Foy
138
540
73
플라스 드 라 시테
Place de la Cité
로리에 거리 Boulevard Laurier
플라스 생푸아
Place Ste-Foy
로리에 퀘벡
Laurier Québec
세인트 로렌스강
Saint Lawrence River
132
레비스
Lévis
20

● 관광 ● 쇼핑

Quebec City

Attraction 퀘벡 시티의 볼거리

페어몬트 샤토 프롱트낙 Fairmont Le Château Frontenac

전 세계의 유명인사들이 찾아오는 퀘벡의 랜드마크로 프랑스의 고성을 연상시키는 웅장함과 고풍스러움으로 눈길을 사로잡는다. 외관만으로도 압도적인 이 5성급 호텔은 캐나다 퍼시픽 레일웨이 Pacific Railway 회사가 기차로 캐나다 대륙을 횡단할 수 있게 되자 여행자들을 위해 지은 것이다. 미국 건축가 브루스 프라이스 Bruce Price가 디자인하고 1893~1924년까지 31년간의 공사를 거쳤으며 1993년 증축해 지금의 모습을 가지게 됐다. 호텔의 이름은 프랑스 식민지 시대 총독이었던 프롱트낙 백작의 이름에서 따왔다.

금빛으로 화려하게 꾸며져 있는 로비와 600개가 넘는 고급스러운 유럽풍 객실, 호화로운 살롱, 레스토랑, 스파, 명품점, 기념품점 등 다양한 부대시설을 갖추고 있다. 특히 인기 드라마 〈도깨비〉의 배경지로 등장하기도 했는데, 드라마 장면에 등장해 더욱 관심을 끌었던 호텔 로비의 우체통은 실제로도 우편물을 보낼 수 있다. 호텔의 역사와 유명인사들의 방문기를 들을 수 있는 유료 가이드 투어와 스키 등 액티비티도 제공한다.

지도 P.485-C2 **주소** 1 Rue des Carrières, Québec, QC G1R 4P5 **홈페이지** www.fairmont.com **가는 방법** 버스 25·402 탑승 H tel de ville 하차 후 도보 4분 또는 버스 1·400번 탑승 Trav, Qc-Lévis 하차 후 도보 7분.

테라스 뒤프랭 Terrasse Dufferin

페어몬트 샤토 프롱트낙 앞 세인트 로렌스강변에 있는 400m의 산책로다. 1872년 캐나다 총독인 뒤프랭 경이 일대를 관광지로 발전시키고자 조성한 산책길은 폭이 상당히 넓은 나무 데크가 깔려 있다. 산책길을 걷다 보면 강 위 정박한 크루즈와 뒤쪽에 자리한 성 같은 호텔을 바라볼 수 있어 운치를 더한다. 산책길 곳곳에는 거리 연주가들이 음악을 연주하고 있으며, 야외 테이블이 있는 카페와 곳곳에 벤치가 놓여 있어 쉬기에도 좋다. 중간에 프티 샹플랭 거리 Rue du Petit Champlain로 바로 갈 수 있는 푸니쿨라역도 있다. 운치 있는 나무 데크 길을 따라 끝까지 걸어가면 시타델 La Citadelle 요새로 가는 계단이 나오고 그 길은 아브라함 평원까지 이어진다. 겨울에는 눈썰매장을 개장하기도 한다.

`지도 P.485-D2` **주소** Rue des Carrières, Québec, QC G1R 5J5 **가는 방법** 페어몬트 샤토 프롱트낙에서 도보 1분.

Travel Plus

생 드니 테라스 La Terrasse Saint Denis

아브라함 평원 동북쪽 끝에 위치한 곳으로 우리나라 사람들에게 많은 사랑을 받았던 드라마 〈도깨비〉에서 '김신'이 찾아간 묘비들이 있던 장소다. 덕분에 관광객의 발길이 끊임없이 이어지고 있다. 테라스 뒤프랭 쪽에서 이어지는 언덕으로 올라가면, 페어몬트 샤토 프롱트낙 호텔과 세인트 로렌스강이 어우러진 퀘벡의 전경이 아름답게 펼쳐진다. `지도 P.485-D2`

드라마 <도깨비>를 따라가는 **낭만 투어**

시공간을 넘나드는 판타지로 인기를 모은 드라마 〈도깨비〉. 퀘벡 시티는 드라마 〈도깨비〉의 촬영지로 등장하면서 더욱 관심이 높아졌다. 드라마의 인기를 입증하듯 퀘벡 시티 곳곳에는 드라마의 여운을 되새기는 관광객들로 가득하다. 당장이라도 주인공 김신(공유)이 등장할 것만 같은 드라마 속 '그곳'을 찾아 다니며, 나만의 여행 추억을 만들어보자.

페어몬트 샤토 프롱트낙 호텔 P.486
Fairmont Le Château Frontenac
호텔 로비에 여주인공 지은 탁이 편지를 보낸 우체통이 있다.

라 부티크 드 노엘 P.500
La Boutique de Noël
여주인공이 흥분하며 좋아했던 크리스마스 상점. 상점에 들어서자마자 동심의 세계가 펼쳐진다.

생 드니 테라스 P.487
La Terrasse Saint Denis
도깨비 김신이 찾은 묘비들이 있던 곳으로 퀘벡 시티의 전경이 아름답게 펼쳐진다.

프티 샹플랭 거리 P.490
Rue du Petit Champlain
문만 열면 캐나다로 순간 이동하는 빨간 문이 있는 예쁜 거리.

주의사당 Hôtel du Parlement 분수 P.493
(투르니 분수 Fontaine de Tourny)
두 주인공이 티격태격 놀며 사랑을 키운 분수대로 주의사당의 명물이다.

다름 광장 Place d'Armes

퀘벡 시티 여행의 출발점이라 할 수 있는 곳으로 광장 주변을 페어몬트 샤토 프롱트낙 호텔을 비롯해 주요 명소들이 둘러싸고 있다. 광장 북쪽으로 관광안내소가 있고 주변에는 관광 마차 칼레슈가 돌아다닌다. 여러 도시에서 온 관광버스가 정차하는 곳이자 수많은 관광객이 호기심 어린 눈으로 퀘벡 시티를 맞이하는 곳이다. 광장 중심에는 1916년 세워진 가톨릭 설립 300주년 기념 동상 '믿음 Monument of Faith'이 자리한다.

지도 P.485-D2 **주소** Place d'Armes, Québec, QC **홈페이지** www.patrimoine-culturel.gouv.qc.ca **가는 방법** 페어몬트 샤토 프롱트낙에서 도보 1분.

트레조르 거리 Rue du Trésor

화가들이 자신의 그림을 걸어놓고 판매하는 좁은 골목. 파리 몽마르트 언덕의 축소판 같은 이곳은 짧고 좁은 골목의 양쪽 벽에 전시용 패널을 빽빽하게 걸어놓고 있다. 골목 앞 생탄 거리 Rue de Sainte Anne 주변에는 초상화를 그려주는 화가들이 있는데, 가격이 싸진 않지만 재미난 추억거리가 될 수 있다.

지도 P.485-C1 **주소** Rue du Trésor Québec, QC G1R 4L9 **가는 방법** 다름 광장에서 도보 1분.

노트르담 대성당 Notre-Dame-de-Québec Basilique-Cathédrale

350년 역사를 지닌 퀘벡 시티의 노트르담 대성당은 1647년 뉴 프랑스의 가톨릭 성당으로 지어졌고 1674년 대성당으로 승격됐다. 2번의 큰 화재가 나기도 했지만 정면 보수 외에 종탑과 벽면은 당시의 모습을 거의 유지하고 있는 상태다. 그리 특별해 보이지 않는 석조 건물 형태의 외관과는 달리 내부는 화려하게 꾸며져 있다. 금빛으로 빛나는 '황금 제단' 위에 섬세하게 조각된 6개의 황금 기둥과 스테인드글라스, 파이프 오르간과 성당의 초대 주교이자 순교 성인인 프랑수아 드 라발 St. Francisco de Laval 주교의 기념관, 성물 판매소가 있다. 지하에는 프랑수아 드 라발과 역대 주교들의 무덤이 있다.

지도 P.485-C1 **주소** 16 Rue De Buade, Québec, QC G1R 4A1 **홈페이지** www.notre-dame-de-quebec.org **운영** 월·화요일 07:30~16:00, 수·토요일 7:30~18:00, 일요일 8:30~18:00(박물관 금~일요일 13:30~15:30, Crypt 수~일요일 13:30~15:30) **가는 방법** 다름 광장에서 도보 3분 또는 버스 25·402번 탑승 H tel de Ville 하차 후 도보 2분.

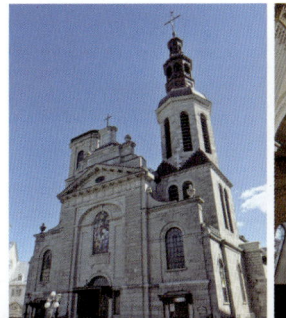 

프티 샹플랭 거리 Rue du Petit Champlain

유럽의 어느 아기자기한 골목을 그대로 가져온 듯한 거리. 퀘벡 시티에서 관광객들에게 가장 인기가 많은 명소다. 큰 길인 샹플랭 대로 Boulevard Champlain 바로 안쪽에 자리한 골목길을 따라 잡화점, 기념품점, 카페, 레스토랑 등 45개 이상의 상점과 극장, 갤러리, 작은 공원이 옹기종기 모여 있다. 상점 하나 하나 간판부터 외부 장식, 인테리어까지 특색을 살려 예쁘게 꾸며져 있다. 여름에는 꽃으로 장식하고 겨울에는 색색의 크리스마스 전구가 빛을 발하며 동화 속 마을로 변한다. 거리를 걷다 보면 어디선가 본 듯한 낯익은 빨간 문이 보이는데, 바로 드라마 〈도깨비〉에서 한국과 퀘벡을 넘나 들었던 바로 그 빨간 문이 있다.

지도 P.485-D2 **주소** Rue du Petit Champlain Québec, QC G1K 4G8 **홈페이지** www.quartierpetitchamplain.com **가는 방법** 다름 광장에서 도보 7분 또는 버스 1·400번 탑승 Petit-Champlain 또는 Trav, Qc-Lévis 하차.

구시가지의 어퍼 타운과 로어 타운을 오가는
두 가지 방법

유네스코 세계문화유산인 퀘벡 시티의 구시가지는 어퍼 타운과 로어 타운으로 나뉘어 있다. 퀘벡 시티 관광의 핵심인 페어몬트 샤토 프롱트낙 호텔과 프티 샹플랭 거리는 각각 어퍼 타운과 로어 타운을 대표하는 명소다. 이 두 곳을 오가기 위해서는 조금 돌아가지만 걸어 가거나 비용이 들지만 편하게 이동하는 푸니쿨라를 타는 방법이 있다.

방법 ❶ 목 부러지는 계단 Escalier Casse-Cou(Breakneck Steps)

테라스 뒤프랭에서 프티 샹플랭 거리로 이어지는 길에 놓인 계단이다. 구시가지의 로어 타운이 시작되는 곳이라고 볼 수 있다. 1635년 지어진 계단은 경사가 높아 옛날에 사람들이 술에 취해 오르내리다 떨어져 다치곤 해서 '목 부러지는 계단'이라 불렸다고 한다. 이름은 좀 끔찍하지만 실제로는 그렇게 위험하지는 않다. 계단 위에서 바라 본 프티 샹플랭 거리가 예쁘게 보여 많은 사람이 인증샷을 찍는 장소이며 계단 중간에 카페가 있어 항상 사람들로 붐비는 곳이다.

> 한 번은 도보, 한 번은 푸니쿨라를 타 보자.

방법 ❷ 푸니쿨라 Funiculaire du Vieux-Québec

1879년 만들어진 푸니쿨라는 어퍼 타운의 대표 명소 페어몬트 샤토 프롱트낙 호텔의 테라스 뒤프랭과 로어 타운의 프티 샹플랭 거리를 직선으로 연결해 주는 교통수단이다. 언덕길을 편리하게 오르내리면서 짧은 시간이지만 세인트 로렌스강을 내려다볼 수 있다. 도보로 연결된 길은 경사진 언덕길과 계단으로 되어 있어 푸니쿨라로 이동하는 편이 편하긴 하지만, 간혹 푸니쿨라에 대기 줄이 긴 경우도 있으니 도저히 도보로 이동하기 힘들다거나 여행의 재미를 더하고 싶을 때 편도로 한 번쯤 이용할 만한 교통수단이다.

지도 P.485-D2 주소 16 Rue du Petit Champlain, Québec, QC G1K 4H4 **홈페이지** www.funiculaire.ca **운영** 매일 09:00~21:00 **요금** 편도 C$6(현금만 가능)

Travel tip!

ATM 기계를 찾는다면

푸니쿨라는 현금으로만 이용이 가능하다. 부득이하게 ATM 기계에서 현금을 인출해야 할 경우에는 푸니쿨라 로어역(프티 샹플랭 거리쪽)에 ATM 기계가 있으니 참고하자.

루아얄 광장 Place Royale

유럽풍의 아담한 석조 건물들이 둘러싸고 있는 이 광장은 퀘벡의 개척자 샹플랭이 마을을 세웠던 곳이다. 북아메리카에 세워진 첫 번째 프랑스 정착 마을로 이곳에서 퀘벡 시티의 역사가 시작됐다. 이후 2백여 년간 도시의 중심지로서 역할을 했다. 광장에는 승리의 노트르담 교회 Église Norte-Dame-des-Victoires와 태양 왕 '루이 14세'의 흉상이 서 있다. 파스텔톤의 고풍스러운 석조 건물들은 카페, 펍, 갤러리, 박물관 등으로 운영되고 있으며 건물 앞에는 지어진 연도가 새겨져 있다.

지도 P.485-D1 **주소** 3 Place Royale, Québec, QC G1K 4G3 **홈페이지** www.placeroyale.ca **가는 방법** 프티 샹플랭 거리에서 도보 3분.

승리의 노트르담 교회 Église Notre-Dame-des-Victoires Catholic Church

1688년 지어져 1723년에 지금의 크기로 완공된 로마 가톨릭 교회로 1988년에 국립 역사 유적지로 지정됐다. 1690년과 1711년 퀘벡에서 있었던 영국과 프랑스의 전쟁에서 프랑스가 이긴 것을 기념해 이름을 '승리의 노트르담 교회'로 부르기 시작했다. 1759년 아브라함 전투 당시 영국의 포격으로 많이 파괴됐다가 1816년 복원됐다. 2002년 영화〈캐치 미 이프 유 캔 Catch Me If You Can〉의 촬영 장소로도 유명하다. 소박한 외관에 비해 내부는 화려한 편이며 천장에는 1664년 프랑스 지휘관이 타고 온 배의 모형이 매달려 있다.

지도 P.485-D2 **주소** 32 Rue Sous le Fort, Québec, QC G1K 4G7 **홈페이지** www.notre-dame-de-quebec.org **운영** 수~토요일 11:00~16:00, 일요일 10:00~16:00 **가는 방법** 루아얄 광장 내 위치.

Travel Plus

프레스코 벽화 La Fresque des Québécois

퀘벡 시티는 날씨가 추워 건물의 북쪽에는 창을 내지 않는 풍습이 있었다. 대신 창이 없는 밋밋한 벽에 벽화를 그려 장식했다. 루아얄 광장에 면한 건물의 벽면에는 거대한 프레스코 벽화가 있다. 역사적인 주요 인물들의 이야기를 주제로 그린 이 그림은 400년 전 12명 예술가의 작업으로 탄생한 작품이다. 벽화의 아래쪽 가운데에 서 있는 사람이 퀘벡의 개척자 사무엘 드 샹플랭 Samuel de Champlain이다. 프티 샹플랭 거리 끝에 있는 건물에도 벽화가 그려져 있으니 놓치지 말고 보자.

지도 P.485-D1 **주소** [루아얄 광장에 면한 건물의 벽면] 29 Rue Notre Dame, Québec, QC G1K 4E9, [프티 샹플랭 거리 끝에 있는 건물] 102 Rue du Petit Champlain, Québec, QC G1K 4H4

생 장 성문 Porte Saint-Jean

퀘벡 시티는 북미에서 찾아보기 힘든 성벽으로 둘러싸인 도시다. 대부분 1690년 영국의 침략에 대비해 쌓기 시작한 성벽이다. 미국이 독립한 후에는 미국의 침략에 대비해 성벽을 더 쌓았으며 총 4.6km 길이의 성벽이 구시가지를 둘러싸고 있다. 생장 성문은 생장 거리를 따라 신시가지와 구시가지로 나뉘는 지점이다. 성문에서 신시가지쪽 바로 옆에는 듀발 광장 Place D'Youville이 있고 주변에 레스토랑과 카페가 있다. 성문 위로 올라갈 수도 있는데 신시가지와 구시가지를 한 번에 바라볼 수 있다.

지도 P.485-C2 **주소** 979 Rue Saint-Jean, Quebéc, QC G1R 5C2 **가는 방법** 다름 광장에서 도보 10분 또는 버스 25번 탑승 D'Auteuil/1124 하차 후 도보 3분.

주의사당 Hôtel du Parlement

성벽의 바로 바깥쪽 신시가지에 위치한 주의사당은 프랑스 제2 제정시대의 건축 양식을 따라 지은 건물로 1887년에 완공했다. 중앙에 세워져 있는 높은 탑이 웅장함을 더한다. 건물 앞에는 퀘벡 역사와 뉴 프랑스 건설에 기여한 인물을 포함한 26개의 청동 동상이 있고 정문에 '나는 기억한다'라는 뜻의 'Je Me Souviens'라는 글귀가 새겨져 있다. 이 글귀는 퀘벡주의 좌우명이다. 건물을 둘러싸고 있는 정원에는 퀘벡주 원산지의 나무와 식물들이 있으며 앞마당에는 퀘벡 시티 400주년 기념 분수인 투르니 분수 Fontaine de Tourny가 있다. 역사와 의회에 대한 이야기를 듣는 무료 가이드 투어를 통해 내부를 볼 수 있으며 60분 정도 소요된다.

지도 P.485-C2 **주소** 1045 Rue des Parlementaires, Québec, QC G1A 1A3 **홈페이지** www.assnat.qc.ca **운영** [가이드 투어] 월-금요일(공휴일 제외) 08:30~16:30, 토요일 09:30~16:30, 일요일 휴무 **요금** 무료 **가는 방법** 버스 11번 탑승 Parlement 하차.

시타델 La Citadelle

세인트 로렌스강 절벽에 세워진 시타델은 1750년 프랑스군이 처음 만들었고 1831년 영국군이 미국의 침략을 방어하기 위해 지금의 모습으로 다시 만든 요새다. 하늘에서 보면 별처럼 생긴 다각형의 모양을 하고 있다. 현재 캐나다 군대 22연대가 실제 주둔하고 있으며, 1950년부터 군사 박물관 Musée Royal 22 Resiment을 운영하고 있다. 테라스 뒤프랭을 따라 끝까지 걸어가 언덕으로 올라가면 아브라함 평원 Plaines d'Abraham으로 이어지는데 이곳에서 보이는 성벽이 시타델의 일부다. 성벽 앞의 산책로를 따라가면 시타델 주위를 둘러볼 수 있다. 내부와 박물관은 가이드 투어로 볼 수 있다.

지도 P.485-C2 [군사 박물관] **주소** 1 Côte de la Citadelle, Québec, QC G1R 3R2 **홈페이지** www.lacitadelle.qc.ca **운영** 가이드 투어 6월 말~8월 수~일요일 10:00~16:00(박물관 포함, 10:00 투어는 근위병의 퍼레이드와 교대식(금·토요일만) 포함) **요금** 성인 C$22, 학생(11~17세) C$8, 어린이(10세 이하) 무료 **가는 방법** 페어몬트 샤토 프롱트낙 호텔에서 도보 17분 또는 버스 25번 탑승 St.-Louis 하차 후 도보 9분.

아브라함 평원 Plaines d'Abraham

1759년 프랑스와 영국이 치열하게 전투를 벌였던 현장이다. '퀘벡 전투'라 불리는 이 전쟁의 승리는 제임스 울프 James Wolfe 장군이 이끌던 영국에게 돌아갔다. 그는 전쟁을 승리로 이끌었지만, 전쟁 시작 몇 분 만에 전사했다. 아브라함이라는 이름은 땅의 주인이었던 '아브라함 마틴 Abraham Martin'에서 따온 것이다. 지금은 전쟁을 치렀던 곳이라고 믿기지 않을 만큼 평화롭고 조용하며 퀘벡 시민과 관광객의 쉼터이자 다양한 이벤트와 축제가 열리는 장소로 사랑 받고 있다. 1759년과 1760년 전쟁에 대한 자료를 전시하며 공원 안내소도 겸하고 있는 아브라함 평원 박물관 Plains of Abraham Museum에서 투어를 신청할 수 있다.

지도 P.483 **주소** Avenue Wilfrid-Laurier, Québec, QC G1R 2L3 **홈페이지** www.plainsofabraham.ca [아브라함 평원 박물관] **운영** 매일 09:00~17:00 **요금** 성인 7·8월 C$17, 9~6월 C$13.75 **가는 방법** 시타델에서 도보 10분 또는 버스 11번 탑승 H.-Mercier 하차 후 도보 5분.

캐피털 전망대 Observatoire de la Capitale

구시가지와 신시가지의 전경을 360도로 볼 수 있는 전망대. 주의사당에서 멀지 않은 곳에 위치한 마리 귀야르 Marie-Guyart 빌딩의 31층에 있다. 높은 빌딩이 별로 없는 퀘벡 시티에 우뚝 솟아 있는 이 빌딩은 1972년 완공된 현대식 건물로 현재 일반 사무실로 쓰이고 있다. 1층에 매표소와 서점, 기념품점이 있고 엘리베이터를 타고 올라가면 221m 높이의 전망대로 바로 갈 수 있다. 아름다운 구시가지와 신시가지의 모습이 파노라마로 펼쳐진다.

지도 P.484-B2 **주소** 1037 Rue de la Chevrotière, Québec, QC G1R 5E9 **홈페이지** www.observatoire-capitale.com **운영** 매일 10:00~17:00 **요금** 성인 C$14.75, 학생 C$11.50, 어린이(6-17세) C$7 **가는 방법** 버스 11번 탑승 George-V Ouest 하차 후 도보 4분.

Travel tip!

퀘벡의 경치를 즐길 수 있는 전망 명소

신시가지의 주의사당 주변에는 유난히 눈에 띄는 두 개의 높은 건물이 있다. 하나는 (캐피털 전망대가 있는) 마리 귀야르 빌딩이고 다른 하나는 콩코드 호텔인데, 두 곳 모두 퀘벡 시티를 360도 조망할 수 있다. 위치가 비슷해서 보이는 풍경도 비슷하기 때문에 둘 중 한 곳만 올라가도 된다. 호텔 레스토랑인 시엘 비스트로 바 Ciel! Bistro-bar(P.499)는 일반 식당보다는 비싸지만 캐피털 전망대도 요금이 만만치 않으므로 고민해 볼 만하다.

Restaurant 퀘벡 시티의 식당

르 시크 섁 Le Chic Shack

퀘벡에서 탄생한 캐나다의 대표적인 음식 푸틴 전문점으로, 퀘벡은 물론 캐나다 최고의 푸틴 맛집으로 꼽히는 곳이다. 위치도 다름 광장에 있어 찾아가기 편리하다. 오래된 모습으로 요새 박물관 Musée du Fort이라 써 있는 건물 1층에 자리한다. 입구는 골목쪽에 있지만 야외 테이블이 다름 광장과 마주하고 있어 그 유명한 페어몬트 샤토 프롱트낙 호텔을 바라보며 식사를 할 수도 있다. 여러 재료를 토핑할 수 있는 푸틴이 가장 인기지만 햄버거도 유명하며, 직접 만든 과일소다와 밀크셰이크도 있고 푸틴과 잘 맞는 수제맥주도 있다.

지도 P.485-D1 **주소** 15 Rue du Fort, Québec, QC G1R 3Z8 **홈페이지** www.lechicshack.ca **영업** 매일 08:00~21:00 **가는 방법** 다름 광장에서 도보 1분.

1640 비스트로 1640 Bistro

다름 광장에서 눈에 띄는 빨간 지붕의 건물이다. 식당의 이름인 1640은 건물이 지어진 해로 그만큼 오래된 역사를 느낄 수 있다. 내부 인테리어는 나무로 되어 아늑한 분위기를 주며 공간이 상당히 넓은 편이지만 날씨가 좋은 날에는 역시 야외 테이블이 북적인다. 다름 광장 너머로 페어몬트 샤토 프롱트낙 호텔이 보이고 사람 구경하기에 좋은 자리라 밤에도 인기다.

지도 P.485-C1·D1 **주소** 20 Rue Sainte-Anne, Québec, QC G1R 3X2 **홈페이지** www.bistro1640.com **영업** 매일 08:30~21:00 **가는 방법** 다름 광장에서 도보 1분.

오 정시앙 카나디앙 Aux Anciens Canadiens

퀘벡 전통 레시피로 맛을 재현하는 유명한 향토 요리 전문점이다. 사실 퀘벡 요리라고 하면 야생동물을 여러 방법으로 조리한 것인데 이 집은 특히 고기파이가 유명하다. 동화 속에 나올 법한 빨간 지붕에 하얀 울타리가 있는 식당 안으로 들어서면 약간 어둡지만 아늑한 분위기가 느껴진다. 메뉴가 다양해 고민이라면 코스로 나오는 데일리 스페셜 메뉴도 있다. 미리 예약을 하거나 일찍 가서 줄을 서는 것이 좋다.

지도 P.485-C2 **주소** 34 Rue Saint Louis, Québec, QC G1R 4P3 **홈페이지** www.auxancienscanadiens.qc.ca **영업** 매일 12:00~22:30 **가는 방법** 다름 광장에서 도보 3분.

예쁜 접시에 담겨 내오는 음식들은 맛도 훌륭하다.

르 카스 크레프 브레통 Le Casse-Crepe Breton

식당이 많이 모여 있는 생장 거리에 자리한 크레페 전문점이다. 벽돌과 나무로 지어진 인테리어가 아늑함을 주며 프랑스색이 강한 퀘벡에서 맛보는 크레페 역시 프랑스와 닮아 있다. 메뉴는 크게 짭짤한 식사용과 달달한 디저트용으로 나뉘며 홈메이드 스타일로 원하는 재료를 선택해 각자의 입맛에 맞게 만들 수도 있다.

지도 P.485-C1 **주소** 1136 Rue Saint-Jean, Québec, QC G1R 1S4 **홈페이지** www.cassecrepebreton.ca **영업** 매일 07:30~22:30 **가는 방법** 다름 광장에서 도보 8분.

카페 라 메종 스미스 Café La Maison Smith

퀘벡 시티의 구시가지에만 3개의 지점을 둔 인기 카페다. 시청, 생장 거리, 루아얄 광장 세 지점의 위치가 모두 편리하고 관광지의 중심이라 오며 가며 들르기에 좋다. 직접 로스팅해 만드는 에스프레소와 맛있는 케이크와 샌드위치 등이 있으며 단골손님이 많다. 카페의 로고가 새겨진 커피잔과 원두도 판매한다.

지도 P.485-C1·D1 **주소** [생장 거리점] 1141 Rue Saint-Jean, Québec, QC G1R 1S3 **홈페이지** www.smithcafe.com **영업** 월~금요일 06:30~23:00, 토·일요일 07:00~23:00 **가는 방법** 다름 광장에서 도보 8분.

페이야드 Paillard-St-Jean

이른 아침부터 가게 앞에 길게 줄을 서는 인기 베이커리. 프랑스 파리에서 온 베이커리 장인의 손길로 만든 전통 프랑스식 빵들이 사람들의 입맛을 사로잡으며 퀘벡 시티에만 3개의 지점을 두고 있다. 그중 구시가지의 생장 거리점은 퀘벡 시티의 중심가에 위치해 찾아 가기 쉬워 항상 많은 사람으로 가득하다. 기다란 테이블을 따라 앉은 사람들이 이 집의 빵을 맛보기 위해 가게를 가득 채우고 있다. 식사용 빵은 물론 에클레어, 마카롱, 타르트 같은 디저트류도 인기가 많다. 간단한 아침 식사나 샌드위치, 피자도 판매한다.

지도 P.485-C1 주소 [생장 거리점] 1097 Rue Saint-Jean, Québec, QC G1R 1S3 **홈페이지** www.paillard.ca **영업** 월~목요일 06:00~19:00, 금~일요일 06:00~20:00 **가는 방법** 다름 광장에서 도보 8분.

쿠숑 뎅그 샹플랭 Cochon Dingue Champlain

'쿠숑 뎅그 Cochon Dingue'는 '미친 돼지'란 뜻이다. 샹플랭 거리에 자리한 이 레스토랑은 이름도 재미있지만 그만큼 너무나 (미치도록) 맛있는 돼지갈비 집이기도 하다. 레스토랑 입구는 샹플랭 대로 Boulevard Champlain에도 있고 프티 샹플랭 거리 Rue du Petit Champlain에도 있다. 벽돌과 나무가 조화롭게 이루어진 아기자기한 인테리어에 음식도 맛있어서 관광객과 현지인 모두에게 인기가 있다. 인기 메뉴는 부드러운 육질이 매력적인 메이플 훈제 립 Maple Ribs이다.

지도 P.485-D2 주소 46 Boulevard Champlain, Québec, QC G1K 4H7 **홈페이지** www.cochondingue.com **영업** 매일 08:00~22:00 **가는 방법** 프티 샹플랭 거리에 위치. 다름 광장에서 도보 8분.

시엘 비스트로 바 Ciel! Bistro-bar

퀘벡 시티에서 가장 전망이 좋은 비스트로 겸 바다. 콩코드 호텔 Hôtel Le Concorde Québec의 꼭대기 층에 자리한 바로 360도 회전 전망대를 겸하고 있다. 바닥이 천천히 돌아가기 때문에 테이블에 앉아서 퀘벡 시티의 360도 전망을 즐길 수 있다. 퀘벡 시티를 유유히 흐르는 세인트 로렌스강은 물론, 페어몬트 샤토 프론트낙 호텔의 멋진 전경도 감상할 수 있다. 저녁 메뉴는 가격대가 좀 비싼 편이지만 주말 브런치는 상대적으로 저렴한 편이니 주말과 공휴일 브런치 시간대를 노려보자. 단, 예약하지 않으면 자리가 없을 정도로 인기가 높으니 예약은 필수다.

지도 P.484-B3 **주소** 1225 Cours du Général de Montcalm, Québec, QC G1R 4W6 **홈페이지** www.cielbistrobar. com **영업** 디너 일~목요일 17:00~21:00, 금·토요일 17:00~22:00, 브런치 토·일요일 오전 09:00~14:00 **가는 방법** 버스 11번 Gén.-De Montcalm 하차.

퀘벡 시티의 쇼핑

라 부티크 드 노엘 La Boutique de Noël

퀘벡의 유명한 크리스마스용품 전문점이다. 노트르담 대성당 바로 근처에 위치한 가게 입구는 평범해 보이지만 안으로 들어가면 방들이 이어지며 2층까지 꽤 큰 규모를 자랑한다. 공간마다 크리스마스 트리와 그 트리를 장식하는 화려한 오너먼트들로 가득하다. 가격이 만만치는 않지만 수없이 많은 장식품, 인형, 스노글로브 등 다양한 기념품과 크리스마스용품을 구경하는 것만으로도 마음은 벌써 크리스마스다.

지도 P.485-C1 주소 47 Rue De Buade, Québec, QC G1R 4A2 **홈페이지** www.boutiquedenoel.ca **영업** 매일 09:00~23:00 **가는 방법** 다름 광장에서 도보 2분.

라 프티 카반 아 수크레 La Petite Cabane à Sucre

프티 샹플랭 거리 끝자락에 자리한 메이플 시럽 전문점이다. 메이플 시럽, 메이플 캔디, 메이플 버터, 메이플 슈가, 메이플 식초, 메이플 차, 아이스와인 차 등 매우 다양한 종류의 메이플 관련 상품들을 구경하고 살 수 있으며 가끔 시식도 가능하다. 특히 인기 있는 것은 '메이플 태피 Maple Taffy'인데, 겨울철이면 소복히 쌓인 눈 위에 메이플 시럽을 뿌려 그 자리에서 얼려 막대사탕처럼 먹는 것이다.

지도 P.485-D2 주소 94 Rue du Petit Champlain, Québec, QC G1K 4H4 **홈페이지** www.petitecabane.com **영업** 성수기 매일 10:00~21:00 **가는 방법** 목 부러지는 계단에서 도보 2분 또는 버스1·400 탑승 후 Petit-Champlain 하차 후 도보 1분.

로리에 거리 Boulevard Laurier

퀘벡 시내 남서쪽에는 라발 대학교 Université Laval가 있고 그 옆으로 로리에 대로를 따라 거대한 쇼핑몰이 있다. 구시가지에 아기자기한 쇼핑거리가 있다면 이 지역은 대형 쇼핑몰에 수많은 브랜드숍과 백화점, 대형 마트가 있는 곳이다. 퀘벡에만 있는 특유의 상점은 아니지만 다양한 품목별 쇼핑을 한 번에 할 수 있어 편리하다.

지도 P.483

로리에 거리 쇼핑몰

플라스 생푸아 Place Ste-Foy

현대적이고 깔끔한 분위기의 쇼핑몰로 메트로 슈퍼마켓과 애플 스토어 그리고 퀘벡주의 대표 백화점인 시몽(라 메종 시몽)이 입점해 있으며 다양한 브랜드 상점과 유명 식당도 많은 편이다.

지도 P.483 주소 2450 Boulevard Laurier, Québec, QC G1V 2L1 홈페이지 www.placestefoy.com 영업 월~수요일 10:00~18:00, 목·금요일 10:00~21:00, 토요일 09:00~17:00, 일요일 10:00~17:00

플라스 드 라 시테 Place de la Cité

로리에 거리의 두 대형 쇼핑몰 사이에 자리한 규모가 작은 쇼핑몰이다. 서브웨이 Subway, 팀 호튼 Tim Hortons 등 패스트푸드점과 커피숍도 있다.

지도 P.483 주소 2600 Boulevard Laurier, Québec, QC G1V 4T3 홈페이지 placedelacite.com 영업 월~수요일 10:00~18:00, 목·금요일 10:00~21:00, 토요일 09:00~17:00, 일요일 10:00~17:00

로리에 퀘벡 Laurier Québec

플라스 생푸아와 비슷한 분위기의 쇼핑몰이다. 서점, 생활용품점, 전자제품점, 그리고 유명 브랜드 상점들과 대형 마트인 월마트, 약국 등이 있다.

지도 P.483 주소 2700 Boulevard Laurier, Québec, QC G1V 4J9 홈페이지 www.laurierquebec.com 영업 월~수요일 10:00~18:00, 목·금요일 10:00~21:00, 토요일 09:00~17:00, 일요일 10:00~17:00

타이타닉에서 빨간 머리 앤까지
애틀랜틱 캐나다
ATLANTIC CANADA

캐나다 동쪽 끝 대서양 일대 지역을 '애틀랜틱 캐나다'라 부른다. 유럽에서 건너온 이민자들로 인해 캐나다에서 가장 먼저 발달했으며 전쟁의 아픈 역사를 간직하고 있다. 평화로워 보이는 푸른 들판이 펼쳐져 있고 아름다운 해안 도로를 따라가면 등대가 기다리는 그림 같은 곳이 많다.

Atlantic Canada

애틀랜틱 캐나다 가는 방법

애틀랜틱 캐나다 여행의 중심 도시는 핼리팩스 Halifax라고 할 수 있다. 위치상으로도 중간에 있고 다양한 항공 노선이 있으며 토론토, 몬트리올, 퀘벡 시티에서 기차로도 연결되어 교통이 편리하다. 한국에서 직항편은 없지만 토론토에서 경유해 갈 수 있다. 따라서 핼리팩스를 중심으로 렌터카를 이용하는 것이 가장 편리하고 효율적이다.

애틀랜틱 캐나다 추천 일정 ※(기차) 표시 없는 부분은 모두 자동차로 이동하는 일정이다.

 **3일 일정**

핼리팩스 ─── 샬럿타운 ─── 캐번디시

 **5일 일정**

퀘벡 시티 ─── 프레더릭턴 ─── 핼리팩스 ─── 샬럿타운 ─── 캐번디시

5일 일정

퀘벡 시티(기차) ─── 멍턴(기차) ─── 핼리팩스 ─── 샬럿타운 ─── 캐번디시

프레더릭턴
Fredericton

세인트 존강 St. John River이 도시 중심을 가로지르는 프레더릭턴은 뉴 브런즈윅주의 주도다. 영국에 충성을 맹세한 왕당파가 정착해 만든 도시이며 빅토리안 스타일 건물들이 많이 남아 있다. 화가들이 많이 사는 예술의 도시로도 잘 알려져 있다.

가는 방법 비행기로 갈 경우 몬트리올에서 1시간 30분, 자동차로는 핼리팩스에서 4시간 퀘벡 시티에서 6시간 30분 정도 걸린다.

프레더릭턴 주요 볼거리

뉴 브런즈윅 주의사당 Legislative Assembly of New Brunswick

프레더릭턴의 볼거리는 퀸 스트리트를 따라 모여 있다. 그중에서도 눈에 띄는 곳은 뉴 브런즈윅 주의사당이다. 중후한 멋을 지닌 아름다운 건물로 프레더릭턴의 랜드마크다. 주의사당 근처에는 갤러리와 성당도 있으며 북서쪽으로 조금만 올라가면 과거 군의 주둔지였던 오피셔스 스퀘어 Officers' Square가 나온다. 지금은 각종 공연과 문화행사가 열리는 흥겨운 장소다.

주소 706 Queen St, Fredericton, NB E3B 1C5 **운영** 월~금요일 08:30~16:30, 토·일요일 휴관

Travel Plus

하트랜드 브리지 Hartland Covered Bridge

지붕이 있는 다리로는 세계에서 가장 길며 1901년 건설됐다. 뉴 브런즈윅주의 서북쪽 도시 하트랜드의 세인트 존강 위에 놓여 있으며 자동차와 보행자 길이 따로 있어 걸어서 건널 수 있다. 퀘벡 시티에서 프레더릭턴으로 자동차를 가지고 간다면 들러볼만하다.

주소 Hartland Hill Bridge Rd, Hartland, NB E7P 2N3

Travel tip!

프레더릭턴 관광안내소 Fredericton Visitor Information Centre

관광 명소의 여행 정보와 지도, 자료를 무료로 얻을 수 있으며 레스토랑, 숙소, 투어 정보도 알 수 있다.

주소 494 Queen St, Fredericton, NB E3B 1B5 **홈페이지** www.frederictoncapitalregion. ca **운영** 6월 중순~8월 말 성수기 매일 10:00~18:00, 9월~10월 중순 매일 10:00~16:30, 10월 중순~5월 월~금 10:00~16:30

세인트 존
Saint John

뉴 브런즈윅주 남쪽 해안가에 자리한 항구 도시로 세인트 존강 St. John River의 이름을 땄으며 아일랜드 이민자들이 많은 곳이다. 뉴 브런즈윅주에서 가장 큰 도시로 상공업이 발달했으며 관광 도시로도 알려져 있다. 근교에 관광 명소가 많아 거점 도시로 삼기도 한다.

가는 방법 프레더릭턴에서 남쪽으로 110km 정도 떨어져 있어 자동차로 1시간 30분이면 갈 수 있다.

세인트 존 주요 볼거리

다운타운은 걸어서 볼 수 있으며 주요 볼거리는 로열리스트 하우스 Loyalist House와 마켓 스퀘어 Market Square다. 로열리스트란 미국의 독립을 반대하고 영국에 충성을 맹세한 왕당파 정치인들을 말하는 것으로 그들이 사용했던 건물이 로열리스트 하우스다. 지금은 박물관으로 사용되고 있다. 근교에 있는 리버싱 폭포 Reversing Falls, 어빙 자연공원 Irving Nature Park도 잘 알려진 명소다.

[로열리스트 하우스] 주소 120 Union St, Saint John, NB E2L 1A3
[어빙 자연공원] 주소 1790 Sand Cove Rd, Saint John, NB E2M 4Z8 운영 매일 08:00~19:00

Travel Plus

멍턴
Moncton

바닷물의 역류 현상을 볼 수 있는 타이들 보어 공원 Tidal Bore Park과 시동을 끄고도 오르막에 오르는 마그네틱 힐 Magnetic Hill이 있다. 무엇보다 프린스 에드워드 아일랜드주와 노바 스코샤주로 가는 길목에 위치해 많이 지나가는 도시다. 비아 레일이 연결되며 기차는 핼리팩스까지 이어진다.

Travel tip!

세인트 존 지역 웰컴 센터
Saint John Region Welcome Centre
시내에 두 곳의 안내소가 있는데, 한 곳은 성수기만 운영한다.

시티 마켓
주소 47 Charlotte Street, Saint John City Market, Saint John, NB E2L 2H8 운영 월~토요일(시간은 변동됨), 일요일 휴무

선착장 부근
주소 85 Water St, Saint John, NB E2L 0B1 운영 성수기(보통 5월 중순~10월) 수~일요일(시간은 변동됨), 월·화요일 휴무

핼리팩스
Halifax

노바 스코샤주의 주도이며 애틀랜틱 캐나다에서 가장 번화한 도시다. 대학이 많아 교육 도시로도 알려져 있다. 반면 1912년 타이타닉호의 침몰과 1917년 대폭발 등 역사적 아픔을 간직한 곳이기도 하다. 항구를 중심으로 볼거리가 있으며 해안도로를 따라 있는 명소를 찾아 드라이브를 할 수 있다.

핼리팩스 가는 방법

비행기
캐나다 주요 도시에서 항공편으로 연결되며 몬트리올에서 1시간 30분이면 핼리팩스 스탠필드 국제공항 Halifax Stanfield International Airport (YHZ)에 도착한다. 시내까지는 약 33km 떨어져 있으며 공항에서 렌트하는 것이 시내는 물론 주변 지역을 여행하기에 좋다.

[핼리팩스 스탠필드 국제공항] 주소 1 Bell Blvd, Enfield, NS B2T 1K2 홈페이지 www.flyhalifax.com

기차
비아 레일의 동부 종착역이다. 몬트리올에서 출발하면 22시간, 퀘벡 시티(샤르니 Charny역)에서 출발하면 20시간 정도 걸려 다음 날 도착하게 된다.

[핼리팩스 기차역] 주소 1161 Hollis St, Halifax, NS B3H 2P6 홈페이지 www.viarail.com

---

Travel tip!

노바 스코샤 관광안내소 Nova Scotia Visitor Information Centre

핼리팩스 스탠필드 국제 공항에 위치한 관광안내소다. 도심에서 좀 떨어져 있지만 핼리팩스는 물론 노바 스코샤주의 여행 정보를 얻을 수 있다.

주소 747 Bell Blvd, Goffs, NS B2T 1K2 홈페이지 https://novascotia.com 운영 매일 09:00~18:00

핼리팩스 주요 볼거리

그랜드 퍼레이드 Grand Parade

다운타운 중심에 위치한 광장으로 과거 군대 행진을 하던 곳이며 지금은 시민들의 휴식 공간이자 각종 이벤트가 열리는 장소다. 중심에는 경찰위령비가 서 있고 남쪽에는 '세인트 폴 성공회 교회 St. Paul's Anglican Church', 북쪽에는 '핼리팩스 시청사 Halifax City Hall'가 자리한다.

주소 1770 Barrington St, Halifax, NS B3J 3K4

워터프런트 Waterfront

핼리팩스 항구 해안을 따라 2km 정도 조성된 보드워크를 따라 산책하기 좋은 곳이다. 해산물 레스토랑과 다양한 상점이 가득하며 흥겹고 분주하다.

주소 Lower Water St, Halifax, NS B3H 4P8 **가는 방법** 그랜드 퍼레이드에서 도보 5분.

시타델 Citadel

핼리팩스 항구가 내려다보이는 언덕에 지은 별 모양의 요새다. 지금의 모습은 미국의 공격에 대비해 1856년 지은 것이다.

주소 5425 Sackville St, Halifax, NS B3J 3Y3 **가는 방법** 그랜드 퍼레이드에서 도보 10분.

올드 타운 클락 Old Town Clock

시타델 언덕에 서 있는 핼리팩스의 랜드마크. 영국군 사령관이 시간 엄수의 중요성을 일깨우고자 선물한 것으로 시계탑의 각 면은 동서남북을 가리킨다.

주소 Brunswick St, Halifax, NS B3J 3Y3 **가는 방법** 시타델에서 도보 3분.

애틀랜틱 해양 박물관 Maritime Museum of the Atlantic

애틀랜틱 캐나다의 해양 역사에 관한 전시를 한다. 타이타닉 침몰 관련 특별관에 가면 타이타닉에서 발굴된 유물을 볼 수 있다.

주소 1675 Lower Water St, Halifax, NS B3J 1S3 **가는 방법** 그랜드 퍼레이드에서 도보 5분.

샬럿타운
Charlottetown

프린스 에드워드 아일랜드(PEI)주의 주도이자 캐나다 연방 결성을 위한 회의가 열렸던 도시다. 요트가 떠 있는 부두가 있고 빨간 머리 앤의 뮤지컬을 볼 수 있는 곳이다. 중심 거리는 '퀸 스트리트'이며 이 길을 따라 걸으면 아기자기한 소도시의 매력을 느낄 수 있다.

샬럿타운 가는 방법

핼리팩스에서 200km 떨어져 있어 비행기로 40분, 자동차로는 4시간 걸린다. 대중교통은 마리타임 버스 Maritime Bus가 있는데 애틀랜틱 캐나다의 여러 도시를 연결하는 버스다.

[마리타임 버스(핼리팩스→샬럿타운)] 홈페이지 www.maritimebus.com 운행 하루 1-2회 요금 성인 C$58.25

샬럿타운 주요 볼거리

다운타운은 걸어 다니며 볼 수 있다. 1864년 영국의 식민지 대표들이 모여 연방 결성 회의를 했던 주의사당 Province House이 있다. 캐나다 연방 결성 100주년 기념 건물이자 종합 예술센터인 연방 예술센터 Confederation Centre of the Arts에서는 뮤지컬 <빨간 머리 앤 Anne of Green Gables>을 장기 공연한다. 퀸 스트리트를 따라 아기자기한 상점을 구경하고 남쪽으로 내려가면 피크스 워프 Peake's Wharf에 갈 수 있다. 레스토랑, 기념품점, 수공예 전문점이 모여 있고 작은 콘서트도 열리는 활기찬 부두로 PEI의 특산품인 해산물과 감자 요리를 맛볼 수 있다.

[주의사당] 주소 165 Richmond St, Charlottetown, PE C1A 1J1
[연방 예술센터] 주소 145 Richmond St, Charlottetown, PE C1A 1J1
[피크스 워프] 주소 1 Great George St, Charlottetown, PE C1A 0B1

Travel Plus

컨페더레이션 다리 Confederation Bridge
프린스 에드워드 아일랜드(PEI)주와 뉴 브런즈윅주를 이어주는 다리다. 1997년 완공했으며 총 길이가 12.9km, 자동차로 10분 이상 달려야 한다. 이 다리의 개통으로 육로를 통해 프린스 에드워드 아일랜드로 들어갈 수 있게 됐다.

캐번디시
Cavendish

프린스 에드워드 아일랜드(PEI)주 북쪽 해변에 있는 캐번디시는 〈빨간 머리 앤〉의 도시다. 소설 속 앤의 집 등 빨간 머리 앤과 관련된 많은 것을 볼 수 있다. 작가가 소설의 영감을 얻은 농촌 마을의 풍경이 평화롭고 한가하다. 붉은 모래가 깔려 있는 캐번디시 비치의 전경도 아름답다.

캐번디시 가는 방법

샬럿타운에서 자동차로 40분이면 간다. 자동차가 없다면 샬럿타운과 캐번디시를 연결하는 셔틀버스를 이용할 수 있으나 운행 횟수가 적고 스케줄에 따라 50분~2시간 걸린다(예약 필수).
요금 편도 C$2 **홈페이지** www.t3transit.ca

Travel tip!

그린 게이블스 방문자센터 Green Gables Visitor Centre
그린 게이블스 헤리티지 플레이스 Green Gables Heritage Place 입구에 위치하며 이곳의 지도와 안내 자료를 받을 수 있다.
주소 8779 PE-6, New Glasgow, PE C0A 1N0

캐번디시 주요 볼거리

그린 게이블스 헤리티지 플레이스
Green Gables Heritage Place

캐번디시 최고의 명소인 이곳은 앤의 집인 그린 게이블스 하우스 Green Gables House와 작가 몽고메리의 일터였던 우체국, 묘지, 소설에 나왔던 '연인의 오솔길 Lover's Lane', '유령 숲 Haunted Wood' 등이 조성돼 있다. 그린 게이블스 하우스 내부의 각 방도 소설 속 것처럼 꾸며져 있으며 매튜의 마차와 아기자기한 기념품점도 볼거리다.
주소 8619 Cavendish Rd, Cavendish, PE C0A 1M0 **홈페이지** https://parks.canada.ca/greengables 검색 **운영** (전체 오픈) 5~10월 매일 09:00~17:00 **요금** 7·8월 성인 C$9(시즌마다 다름), 17세 이하 무료

그린 게이블스 하우스
Green Gables House

앤이 실수로 입양되면서 살게 되는 마릴라와 매튜 남매의 집으로 그린 게이블스 헤리티지 플레이스의 하이라이트다. 초록색 잔디가 깔린 낮은 동산 위에 그림처럼 자리하고 있으며 초록색 지붕과 초록 창문이 있는 소설 속 집을 그대로 재현해 놓았다. 내부로 들어가면 금방이라도 소설 속 주인공들이 튀어나올 것 같은 착각이 들 만큼 앤과 마릴라, 매튜의 방, 거실, 부엌 등을 섬세하게 꾸며 놓았다.

앤의 방 Anne's Room
2층에 위치한 앤의 방은 소박하지만 아기자기하다. 앤은 이 방에서 울고 웃으며 성장해 갔다. 꽃무늬 벽지의 방엔 흰색의 침대보가 덮인 침대가 놓여있고 매튜가 구해다 준 원피스 등 소설에 나왔던 소품들도 깨알처럼 장식돼 있다.

마릴라의 방 Marilla's Room
조용하고 단호한 성격의 마릴라가 느껴지는 방으로 앤의 방 옆에 있다. 화장대와 침대 등 꼭 필요한 것 외에 군더더기가 없는 인테리어다.

매튜의 방 Matthew's Room
수줍음이 많지만 정도 많은 매튜의 방은 1층에 있다. 그가 쓰고 다니던 모자가 걸려 있고 침대와 세면기가 있는 평범한 방이지만 그의 정이 느껴지는 곳이다.

그린 게이블스 박물관
Anne of Green Gables Museum
캐번디시 외곽에 자리한 몽고메리 관련 박물관이다. 몽고메리가 결혼식을 올렸던 곳으로 원래는 그  녀의 이모부 집이며 지금도 그 후손들의 소유다. 소설 속 마차 타기 체험도 할 수 있다.

주소 4542 PE-20, Park Corner, PE C0B 1M0 **홈페이지** www.annemuseum.com **운영** 5·10월 11:00~16:00, 6·9월 10:00~16:00, 7·8월 09:00~17:00 **요금** C$9 **가는 방법** 그린 게이블스에서 자동차로 20분.

Travel Plus

앤 오브 그린 게이블스
Anne of Green Gables
우리에게는 〈빨간 머리 앤〉으로 잘 알려진 작가 루시 모드 몽고메리 Lucy Maud Montgomery의 연작 소설이다. 작가의 고향이 있는 프린스 에드워드 아일랜드가 소설의 배경이며 앤의 성장기를 담은 따뜻한 내용을 담고 있다. 1908년 출판된 이후 수많은 만화와 영화, 드라마로 재탄생됐다.

노바 스코샤주의 해안도로
라이트하우스 루트
Lighthouse Route

핼리팩스의 남쪽 해안을 따라 이어져 있는 약 300km의 해안도로. 이 도로를 따라 가다 보면 예쁜 등대와 유네스코 세계문화유산으로 지정된 마을을 만날 수 있다. 핼리팩스에서 루넨버그까지만 간다면 당일치기도 가능하다.

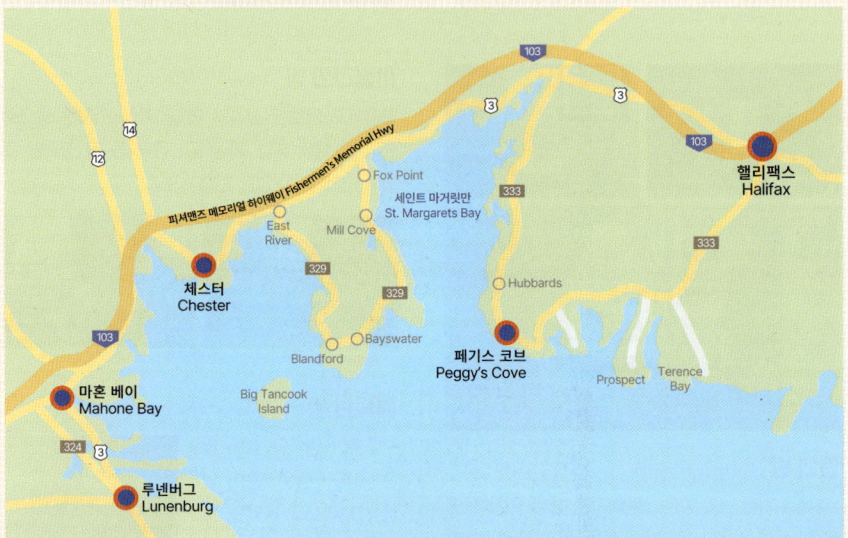

❶ 페기스 코브 Peggy's Cove

등대가 서 있는 작은 마을로 사진작가들의 사랑을 한 몸에 받는 곳이다. 유명세에 비해 낡은 부두와 기념품점, 식당 외에 별다른 시설은 없지만 화강암 언덕 위에 고즈넉하게 서 있는 등대의 모습이 아름답다.
주소 Peggy's Cove, NS B3Z 3S1 **가는 방법** 핼리팩스에서 자동차로 50분~1시간 소요.

❷ 체스터 Chester

작은 섬들이 떠 있는 바다와 전원이 아름답게 조화를 이루는 평화로운 항구 도시로 1759년 프랑스인이 정착해 세운 마을이다. 요트를 즐기는 휴양지로 알려져 있다.

주소 21 South Street, Chester, NS B0J 1J0 **가는 방법** 페기스 코브에서 자동차로 1시간 소요.

❸ 마혼 베이 Mahone Bay

해안가에 나란히 자리한 3채의 교회가 물에 비친 풍경으로 유명한 아름답고 조용한 마을이다. 17세기 초부터 식민지 정착민들이 들어오기 시작했으며 18세기 독일과 스위스 신교도인들이 정착하면서 발달한 도시로 지금도 독일계 후손이 많이 남아 있다. 골목마다 오래된 예쁜 집이 많이 남아 있고 수공예품 상점이 많다. 루넨버그와 가까워 같이 둘러보기 좋다.

주소 14 Parish St, Mahone Bay, NS B0J 2E0 **가는 방법** 페기스 코브에서 자동차로 1시간 10분 소요.

❹ 루넨버그 Lunenburg

동화 속 그림처럼 예쁜 집들이 바다와 어우러진 모습이 한 폭의 그림같은 이곳은 1753년 영국인 이민자들이 정착해 세운 항구 도시로 1995년 유네스코 세계문화유산에 등록된 곳이다. 조선업과 어업으로 번성해 1920년대 가장 빠르던 배 '블루노즈 Bluenose'를 만든 곳이기도 하다. 구시가지에는 18~19세기 건물이 많이 남아 있으며 세인트 존스 성공회 교회 St. John's Anglican Church 등 인상적인 건물이 많다. 맛있는 해산물과 럼주가 유명하며 산책하기 좋은 마을이다.

주소 Falkland St, Lunenburg, NS B0J 2C0 **가는 방법** 마혼 베이에서 자동차로 15분 소요.

여행 준비
Preparing

여행 계획 세우기
항공권 예약하기
숙소 예약하기
도시별 숙소 잡는 요령
각종 서류 준비하기
예산 짜기
로밍 및 이심, 유심 준비하기
가방 싸기

여행 계획 세우기

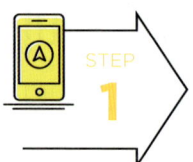

STEP 1 일정 짜기
캐나다를 처음 여행하는 사람에게 일정부터 짜라고 하면 난감하겠지만, 일정이 나와야 항공편, 렌터카, 숙소를 예약할 수 있다. 여행 성수기에 떠나는 사람일수록 모든 예약을 일찍 하지 않으면 가격이 올라가는 것은 물론 예약이 아주 어려워지기도 한다. 따라서 여행의 일정을 짜는 것이 제일 먼저 해야할 일이다.

STEP 2 교통편 예약하기
일정에 맞춰 항공권을 예약하고 렌터카나 기차, 버스 등 도시 간 이동 시 이용할 교통수단을 예약해야 한다. 교통편 예약은 이를수록 좋으며, 6개월~1년 전, 늦어도 3개월 전에는 예약을 해둘 것을 권한다.

STEP 3 숙소 예약하기
일정에 맞게 숙소를 예약한다. 성수기에 가성비 좋은 숙소에 머물고 싶다면 1년 전부터 서두르는 것이 좋고 평수기엔 일반 숙소라도 3개월 전에 하는 것이 좋다.

STEP 4 서류 준비하기
2주일 정도의 여유를 가지고 여권, 비자, 영문 운전면허증 또는 국제운전면허증을 준비한다.

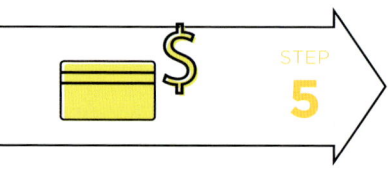

STEP 5 카드 발급
해외에서 사용할 수 있는 카드를 미리 발급받도록 하고 이미 가지고 있는 카드는 사용 여부를 체크해 두자.

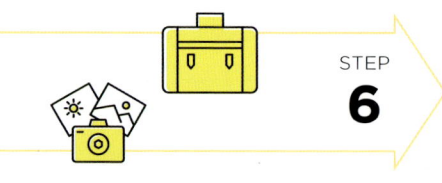

STEP 6 가방 싸기
출국이 월요일 아침이라면 약국 등의 영업시간을 고려해 2~3일 전에 준비물을 모두 확인해두는 것이 좋다. 여행자보험도 출국 전날까지 가입하자.

STEP 7 출국하기
성수기에는 출국 수속에 시간이 오래 걸리니 공항에 늦어도 3시간 전에는 도착하는 것이 좋다.

항공권 예약하기

우리나라에서 캐나다까지 가는 직항은 대한항공, 아시아나항공, 에어 캐나다, 웨스트젯, 티웨이 항공이 있다. 직항 노선 외에도 미국, 일본 등의 주요 도시를 경유하는 항공 노선도 많다. 예약은 항공사 홈페이지에서 직접 할 수도 있고 항공권 비교 사이트에서 좀 더 저렴한 가격대의 항공권을 찾을 수도 있다.

할인 항공권

여행 일정이 정해지면 일찍 예약하는 것이 경비 절감의 지름길이다. 보통은 6개월, 성수기에는 1년 전부터 좌석이 줄어들기 때문에 일찍 할수록 저렴하고 선택의 폭이 넓다. 항공권은 조기 예약, 비수기, 경유 노선 이용 시 할인이 되며, 마일리지 적립 불가, 환불 및 변경 불가 등의 조건이 붙거나 특정 카드 프로모션이 적용되는 할인도 있으니 여러 사이트에서 가격을 비교해 보고 결정하면 좋다. 가격이 저렴할수록 규정이 까다로울 수 있으니 꼼꼼히 살펴보고 예약하자.

항공권 예약 방법

❶ 목적지와 출발·도착 날짜를 입력하고 항공권을 검색한다.
❷ 항공사, 출발·도착 시각, 소요 시간, 요금 등을 확인하고 항공권을 선택한다.
❸ 여권과 일치하는 정확한 영문명을 기입하고 결제한다.
❹ 확인 메일을 받는다.

※ 항공사마다 다르지만 온라인으로 좌석 선택이나 출발 24~72시간 전에 체크인이 가능한 경우도 있다.

Travel Plus

보너스 항공권
항공 마일리지를 적립하면 언젠가는 보너스 항공권을 기대할 수 있는데 (세금과 수수료는 본인 부담) 좌석이 매우 한정돼 있어 6개월 전부터 예약을 서둘러야 한다. 마일리지는 좌석 승급에 이용할 수도 있다. 마일리지를 모으는 데는 신용카드 이용 등 다양한 방법이 있으며 같은 항공 동맹체에 속해 있는 항공사를 이용해 함께 적립할 수도 있다. 마일리지 사용 조건이나 혜택은 항공사마다 다르니 관련 정보는 각 항공사 홈페이지를 참조하자.

항공권 조회 및 예약 사이트

- **온라인투어** www.onlinetour.co.kr
- **스카이스캐너** www.skyscanner.co.kr
- **인터파크 투어** https://sky.interpark.com
- **카약** www.kayak.co.kr
- **익스피디아** www.expedia.co.kr
- **트립닷컴** kr.trip.com
- **웹투어** www.webtour.com
- **와이페이모어** www.whypaymore.co.kr
- **노랑풍선** www.ybtour.co.kr
- **네이버 항공** https://flight.naver.com

숙소 예약하기

숙소 예약은 일정이 정해지면 바로 시작하는 것이 좋다. 그래야 선택의 폭이 넓고 가격도 좀 더 저렴하기 때문이다. 특히 성수기에 여행을 간다면 6개월 전부터 숙소들을 검색하고 예약을 시작하는 것이 좋다.

숙소 예약하기

숙소 예약 전문 사이트에서 도시와 일정을 입력하고 호텔의 위치와 조건, 가격을 꼼꼼히 따져 예약한다. 일정이 다소 불확실한 경우라면 취소를 대비해 무료 환불 조건을 확인하고 예약하도록 하자. 예약이 끝나면 확인 메일이 오는데 만약을 대비해 확인 번호가 나온 화면을 캡처해두거나 출력해 가는 것이 좋다.

주요 숙소 예약 사이트

- 부킹 닷컴 www.booking.com
- 호텔스 닷컴 www.hotels.com
- 아고다 www.agoda.com
- 트리바고 www.trivago.co.kr
- 호텔스 컴바인드 www.hotelscombined.co.kr
- 익스피디아 www.expedia.co.kr
- 호스텔스 닷컴 www.hostels.com
- 에어비앤비 www.airbnb.co.kr

숙소 예약 주의사항

❶ 이용자 후기
숙소의 사진보다는 이용자들의 후기를 읽어보자. 아무리 예쁜 욕실이라도 물이 잘 안 나오면 무슨 소용이 있겠는가. 특히 최근 사용이 늘고 있는 숙박 공유 사이트를 이용할 경우 문제가 생기면 책임의 소재가 불분명할 수 있으므로 반드시 이용자들의 후기가 많은지, 후기가 좋은지 확인한다.

❷ 시설과 조건
숙소에서 제공하는 물품, 부대 시설과 서비스를 확인한다. 무료 와이파이, 조식 포함 여부, 체크인·체크아웃 시간, 냉장고, 드라이어, 에어컨, 무료 픽업 서비스 등이다. 호스텔의 경우 수건이나 비누 등도 대부분 본인이 준비해야 한다.

❸ 위치와 교통
도심에서 너무 멀지 않은지 그리고 렌터카 여행이라면 주차 시설과 요금을 확인해야 하고 자동차가 없다면 대중교통이 편리하게 연결되는지 확인한다

❹ 환불 규정
갑작스럽게 변동 상황이 생길 것에 대비해 예약 변경이나 취소 시 환불 조건을 알아두자. 대체로 저렴한 특가 세일의 경우 환불이 불가한 조건이 있으니 꼼꼼하게 확인한 후 결정해야 한다.

도시별 **숙소** 잡는 요령

여행에서 숙소는 매우 중요한 요소다. 시설과 환경이 너무 낙후되지는 않았는지, 돌아다니기 편리한 위치에 있거나 멀어도 대중교통이 잘 연결되는지 꼼꼼히 따져보는 것이 좋다. 근교 도시를 여행할 때에는 숙소를 매번 이동하기보다 한 숙소에 짐을 풀어놓고 당일치기로 이동하면서 다니는 것도 방법이다.

· 밴쿠버 Vancouver
밴쿠버는 시즌에 따라 호텔의 가격 차가 크며 다운타운 지역은 특히 그렇다. 성수기에는 중급 호텔도 가격대가 평균 $250 이상이며 좋은 호텔은 $400 이상까지 올라간다. 하지만 2월, 11월 등 비수기에는 가격이 절반으로 떨어지기도 한다. 숙박비를 아끼려면 시내(다운타운)에서 좀 떨어진 곳으로 잡아야 한다.

· 밴프 Banff
로키의 중심 도시 밴프는 성수기와 비수기 가격 차가 상당히 크다. 성수기인 6~9월과 스키 시즌인 12월 중순~1월 초까지는 중급이라도 $500를 훌쩍 넘는 곳이 많고 방 자체를 구하기가 어렵다. 비수기에는 저렴해지지만 좋은 날씨를 기대하기 힘들다. 다운타운에 숙소를 잡는 것이 가장 편리하지만 가격이 부담스럽다면 주변 도시인 캔모어에 숙소를 잡고 차로 이동하는 것도 방법이다.

· 토론토 Toronto
토론토는 캐나다 금융과 경제의 수도로 전 세계 비즈니스맨들이 찾는 도시다. 주로 다운타운에 좋은 호텔이 많이 있는데 호텔 요금뿐 아니라 주차 요금도 상당히 비싸다. 다운타운을 벗어나더라도 대중교통과 잘 연계되는 곳을 선택하는 것이 좋다. 토론토 필름 페스티벌 등의 큰 행사 기간에는 가격이 오르고 방을 구하기 어려울 때도 있으니 유의하자.

· 나이아가라 Niagara
성수기에는 주차하기도 힘들 만큼 사람이 많고 비수기에는 썰렁해진다. 성수기에 여행을 간다면 호텔 예약을 가능한 한 아주 일찍 하는 것이 좋고, 위고 버스 정류장이 가까이 있는 곳이면 이동하기 편리하다. 폭포가 보이는 호텔은 대체로 비싸지만 하루 정도는 비용을 지불해 좋은 추억을 남길 만하다.

· 몬트리올 Montréal
다른 도시들과 마찬가지로 성수기나 국제행사 등이 열릴 때는 호텔비가 올라간다. 관광지는 크게 올드타운인 구 몬트리올 Vieux Montréal과 다운타운 Downtown으로 나뉘는데, 운치 있는 구시가지에 머물고 싶다면 구 몬트리올 Vieux Montréal, 미술관이나 쇼핑에 집중하고 싶다면 다운타운에 숙소를 구하는 것이 편리하다. 대중교통이 잘 연결되는지 확인하자.

· 퀘벡 시티 Quebec City
오래된 유럽의 낭만적인 분위기를 느낄 수 있는 구시가지에 관광지와 식당, 상점이 모여 있다. 별로 크지 않아 걸어서 다닐 수 있어 이곳에 호텔을 잡으면 편리하지만 비싸고 차가 있을 경우 주차도 힘들 수 있다. 이럴 경우 구시가지 중심부에서는 살짝 떨어져 있는 조용한 주택가에 잡으면 가격도 좀 떨어지고 조용해 괜찮다.

각종 서류 준비하기

여권

해외에서 신분증 역할을 하는 중요한 서류다. 여권이 없으면 최소 10일 전에는 신청해야 하고 만기가 6개월 미만이라면 재발급받아야 한다. 여권 발급 업무는 외교부 여권과에서 담당하며 신청은 가까운 구청이나 시청, 도청 등에서 할 수 있다. 준비물은 여권 발급신청서(해당 기관 구비), 여권용 사진 1매, 신분증, 병역 관계 서류다. 18~37세 병역 미필자, 군인 및 대체의무 복무 중인 자는 국외여행 허가서(소속부대나 병무청 발급)가 필요하다. 최근 무비자나 전자여행허가 등으로 종이 사용이 줄어 26면 얇은 여권이 무난하다.

종류	구분	기간	수수료(매수별)
전자여권	18세 이상	10년	47,000~50,000원
	8세 이상 ~18세 미만	5년	39,000~42,000원
	8세 미만	5년	30,000~33,000원

외교부 여권안내 홈페이지 www.passport.go.kr

비자

캐나다는 한국과 상호주의에 의한 비자면제협정을 체결한 나라로 비자 없이 최대 6개월간 체류할 수 있다. 그러나 출발 전에 '전자여행허가 e-TA'를 받아야 하며 승인이 나면 여권에 연계된다. 학업이나 취업 등의 목적으로 비자를 받아야 한다면 캐나다 대사관에 가서 인터뷰를 거쳐 심사를 받아야 한다.

[캐나다 대사관] **주소** 서울특별시 중구 정동길 21 **홈페이지** www.international.gc.ca/

전자여행허가 e-TA (Electronic Travel Authorization)

항공편으로 입국하는 비자 면제 국가의 국민에 대한 입국 요건으로 2016년부터 시행됐다(미국 시민권자 예외). 신청은 비행기 탑승 전 해야 하며 캐나다 이민국 홈페이지에서만 가능하다. 신청 방법은 홈페이지 양식에 방문자 신상정보를 입력하고 신용카드로 수수료를 결제하면 된다. 이때 여권 영문 이름과 일치하는지 주의해야 한다. 승인은 신청 후 바로 이루어지며 홈페이지에서 확인할 수 있다. 유효기간은 5년 또는 여권 만기일 중 먼저 도래하는 날이다(수수료 C$7). 비싼 수수료를 부과하는 대행 사이트에 유의하자.

홈페이지 www.canada.ca (메뉴에서 Visit Canada - Apply eTA - 한국어 선택 가능)

영문 운전면허증 또는 국제운전면허증

렌터카 여행을 하기 위해서는 운전면허증을 발급받아 가야 한다. 캐나다는 한국의 (영문이 표기된) 운전면허증을 인정하는 국가로 누나부트 준주를 제외한 12개 주에서 사용할 수 있다. 국제운전면허증은 모든 주에서 가능하다. 전국 운전면허시험장이나 경찰서 민원실에서 발급받을 수 있다.

[영문 운전면허증] 운전면허증, 수수료 1만 원, 모바일 IC 1만 5,000원
[국제운전면허증] 여권 사진, 여권, 운전면허증, 수수료 9,000원 **홈페이지** www.safedriving.or.kr

Travel tip!

주요 여행자보험 사이트

- **삼성화재** direct.samsungfire.com
- **현대해상** direct.hi.co.kr
- **한화 손해보험** www.hanwhadirect.com
- **KB 손해보험** https://direct.kbinsure.co.kr
- **DB 손해보험** www.directdb.co.kr
- **마이뱅크** www.mibankins.com

예산 짜기

여행 경비는 개인차가 매우 크기 때문에 단정할 수는 없지만 기본적으로 필요한 내역을 알아두면 예산을 짜는 데 도움이 된다. 여행 시기나 지역, 교통 수단, 여행 스타일에 따라 차이가 커지고 현지에서 변수가 생길 수 있으니 여유 있게 준비하는 것이 좋다.

항공권

여행 경비 중 큰 비중을 차지하며 성수기/비수기, 스케줄, 예약 시점, 항공권 종류 등에 따라 가격 차가 큰 편이다. 밴쿠버나 토론토까지 저렴한 티켓도 보통 150만 원이 넘고, 성수기이거나 출발 날짜가 임박하면 250만 원이 넘기도 한다.

교통

캐나다는 워낙 넓어 도시 간 이동 시 교통비가 많이 든다. 국내선 항공의 경우 비수기라도 10~40만 원 정도 들며, 기차 요금도 그리 저렴한 편은 아니다. 그나마 버스는 노선에 따라 일찍 저렴하면 조금 저렴하게 이용할 수 있다. 시내 교통은 보통 1회권이 2~4천 원 정도다.

관광

도시마다 차이가 나지만 관광에 들어가는 비용은 박물관, 미술관 등의 입장료와 각종 투어 요금이다. 박물관, 미술관은 보통 1만~3만 원, 시티투어 버스의 경우 3만~6만 원, 전망 곤돌라나 케이블카, 크루즈 등은 3만~10만 원 정도 잡아야 한다.

숙박

성수기의 숙박은 상당히 비싸며 특히 시내 중심과 로키 지역은 몇 달 전부터 가격이 오른다. 주요 도시에서 중급 호텔 2인 1실을 기준으로 하루 20만~50만 원 정도 예상해야 한다.

항목	금액	9박 10일 기준
항공권	150만~250만 원	150만~250만 원
숙박	중급 호텔 2인 1실 20만~40만 원	90만~225만 원
교통	시내 교통 또는 렌터카 5일 기준	20만~100만 원
식비	1일 6만~15만 원	60만~150만 원
관광	각종 입장료 (비싼 투어 제외)	30만~70만 원
총합		350만~800만 원

식사

간단한 패스트푸드도 만 원이 넘고, 일반 식당에 가면 기본 메뉴만 시켜도 3만 원은 나온다. 중고급 레스토랑이라면 음료와 팁, 세금 등이 추가돼 5~10만 원 정도 예상해야 한다. 커피나 간식은 별도다.

환전

현금을 많이 사용하지 않는 추세라 많은 환전이 필요하진 않다. 그래도 일부 상점이나 신용카드 분실 등에 대비해 약간의 현금은 필요할 수 있다. 요즘은 다양한 트래블 전용 신용카드나 체크카드가 많이 나와서 현금을 수수료 없이 환전해 현지 ATM기에서 필요한 만큼 뽑아 사용할 수 있어 편리하다. 출발 전 환전이 꼭 필요한 것은 아니니 개인의 상황에 맞게 준비하자.

신용카드

가장 많이 이용하는 신용카드는 컨택리스가 가능한 비자 VISA, 마스터 Master 카드다. 와이파이 모양의 컨택리스 아이콘이 있는 카드는 삽입 방식이 아닌 가볍게 탭하여 결제하는 방식이라 세계적으로 많이 이용하고 있다. 특히 밴쿠버, 토론토 등 대도시에서는 교통카드 기능도 할 수 있어 매우 편리하다.

사용이 편리하지만 수수료가 붙는 단점이 있고 특히 원화로 결제하면 높은 수수료가 붙으니 반드시 현지 통화로 결제하자(원화 결제 차단 서비스를 신청해 두자). 최근에는 해외 사용 수수료가 없거나 환전 수수료가 없는 신용카드나 체크카드들이 많이 나와 있으니 스펙을 잘 비교해 활용해 보자.

로밍 및 이심 e-SIM, 유심 USIM 준비하기

캐나다도 공항 등 공공장소나 호텔, 카페 등에 무료 와이파이가 늘어나고 있지만 그 외의 장소에서는 로밍, 이심, 유심, 핫스폿 기계 등을 이용해 모바일 데이터를 사용해야 한다. 인터넷 속도나 품질은 한국과 비슷한 편이지만 도시를 벗어나면 통신이 잘 안 되는 곳이 있으니 주의해야 한다.

휴대폰 로밍

통신사의 로밍 서비스를 이용하면 외국에서도 자신의 휴대폰 번호를 그대로 사용할 수 있다는 장점이 있다. 외국에 도착해 휴대폰을 켜면 안내 문자가 오면서 자동으로 로밍이 된다. 아무 생각없이 사용하다가는 요금 폭탄을 맞을 수 있으니 미리 통신사에 전화해 (공항 로밍센터나 온라인 신청 가능) 로밍 요금제에 가입하는 것이 좋다. 로밍 요금제는 기간과 데이터 사용량에 따라 다른데 통신사마다 할인 요금제나 혜택 등이 종종 바뀌므로 출국 전에 확인하도록 한다.

이심 e-SIM, 유심 USIM

로밍을 하지 않는다면 이심이나 유심을 구매해 데이터를 사용해야 한다. 요즘에는 저렴하면서도 자신의 번호와 현지 번호를 모두 쓸 수 있는 이심을 사용하는 사람들이 늘고 있다. 이심은 실물 칩을 교환할 필요 없이 온라인으로 구매한 후 QR코드 등으로 간단히 설치할 수 있다. 단, 자신의 휴대폰이 가능한 기종인지 확인해야 한다. 유심은 실물 칩을 구매해 본래의 칩을 빼고 끼워 넣으면 된다. 저렴하고 편리하지만 기존 번호 대신 현지 임시 번호를 사용해야 한다. 캐나다의 주요 통신사는 텔러스 Telus, 로저스 Rogers, 벨 Bell이며, 피도 fido, 쿠두 Koodo 등도 많이 쓴다.

가방 싸기

- CHECK ○ 여권(사본은 따로 보관)
- CHECK ○ 항공권(E티켓 또는 스마트폰)
- CHECK ○ 현금 소액권
- CHECK ○ 신용카드/체크카드
- CHECK ○ 영문 운전면허증 또는 국제운전면허증
- CHECK ○ 여행자보험
- CHECK ○ 렌터카, 기차, 버스 예약 바우처(종이나 E티켓)
- CHECK ○ 숙소 예약 바우처(종이나 E티켓)
- CHECK ○ 세면 도구
- CHECK ○ 화장품/여성용품
- CHECK ○ 비상약
- CHECK ○ 날씨에 맞는 의류/속옷/양말/잠옷
- CHECK ○ 편한 신발
- CHECK ○ 실내복/실내화(슬리퍼)
- CHECK ○ 보조백(데이팩)
- CHECK ○ 우산
- CHECK ○ 선글라스/모자
- CHECK ○ 스마트폰
- CHECK ○ 카메라/보조 배터리/충전기
- CHECK ○ 플러그 어댑터(A타입)

Travel tip!
전압과 플러그

캐나다는 우리와 전압, 플러그 타입이 달라서 전자제품을 가져갈 때에는 주의를 요한다. 먼저 캐나다는 120V를 사용하기 때문에 220V 전용 제품은 사용이 어려우며, 110V/220V 겸용이라도 캐나다 콘센트(소켓)에 맞출 수 있는 어댑터를 가져가야 한다. 노트북, 태블릿PC, 휴대폰, 카메라, 충전기 등 전자제품을 많이 가져간다면 케이블도 여러 개 준비하는 것이 편리하다.

위탁 수하물

항공사마다 조금 차이가 있지만 보통 이코노미 클래스 기준 23kg 가방 2개까지, 가로+세로+높이의 합이 158cm까지만 무료이고 초과하면 추가 요금을 낸다. 전자담배, 라이터, 그리고 최근 많이 이용하는 보조배터리(리튬)는 위탁 수하물 금지 품목이다. 기내 반입 시에도 항공사 규정에 따라야 한다.

기내 반입 수하물(휴대 수하물 Carry-on)

이코노미 클래스 기준으로 기내용 가방 1개와 작은 짐 1개까지만 가능하다. 모든 공항과 항공사는 기내로 반입하는 휴대 물품을 엄격히 규제하므로 반드시 확인해야 한다. 칼이나 뾰족한 물건, 공구류 등은 기내 반입이 금지되어 있으며, 액체류는 100ml 이하 용기에 담아 20 x 20cm 이하의 투명 비닐 1개에 모두 담은 경우에만 (총 1000ml 이하) 휴대할 수 있다.

실전 여행
Start to Travel

출국 및 입국하기
캐나다에서 이동하기
① 렌터카 여행
② 기차 여행
③ 버스 여행
캐나다 시내 교통 이용하기
위급상황 대처하기
여행에 유용한 애플리케이션

출국 및 입국하기

출국하기

인천국제공항에는 2개의 터미널이 있다. 대한항공, 스카이팀 항공사 일부가 제2터미널을 이용하고 있으며 나머지는 제1터미널을 이용한다. 두 터미널 간에는 5분 간격으로 무료 셔틀버스가 운행되며 15~18분이 소요된다. 두 터미널 간은 공항철도로 1정거장 차이가 나니, 반드시 티켓에 적힌 터미널을 확인한 후 찾아가도록 한다. 출국장에 도착하면 항공사 카운터를 확인한 후 찾아가면 된다. 휴가철에는 공항이 매우 복잡하므로 출국 3시간 전에 공항에 도착해야 한다.

인천국제공항 홈페이지 www.airport.or.kr

❶ 체크인
항공사 카운터에 도착하면 여권을 제출하고 위탁 수하물이 있으면 부친다. 체크인 수속을 마치면 탑승권(Boarding Pass)과 수하물 영수증(Baggage Tag)을 받아 출국 게이트로 향한다.

❷ 출국 수속
출국 게이트 안으로 들어가 보안 검색대를 통과하면 출국 심사대가 나온다. 전자여권을 소지한 경우 자동 출입국 심사대에서 기계에 여권을 스캔하고 지문을 찍으면 출국 심사가 끝난다. 심사대를 지나면 바로 면세점, 식당, 라운지 등이 있는 보세구역을 지나 출국 게이트로 향한다.

캐나다 입국하기

캐나다에 도착하면 맨 처음 거쳐야 하는 과정이 입국 심사. 입국 심사를 통과하면 짐을 찾고 세관을 통과해 나가면 된다.

❶ 입국 심사 Immigration
캐나다에 입국할 때는 보통 밴쿠버, 토론토 등 대도시 국제공항으로 가게 되는데 입국 신고는 공항에 설치된 키오스크(한국어 지원)에서 직접 할 수 있다. 여권을 스캔하고 정보 입력 후 사진 촬영을 하면 컨펌 종이가 나오는데 이것을 여권과 함께 심사관에게 보여주면 된다. 심사관에 따라 머무는 기간 등 간단한 질문을 할 수 있다. 필수는 아니지만 애플리케이션 어라이브캔 ArriveCAN에서 입국 신고를 미리 작성하면 공항에서 시간이 단축될 수도 있다.

❷ 짐 찾기 Baggage Claim
입국 심사를 마치고 나와 위탁 수하물이 있다면 도착 항공기 편명을 찾아 짐 찾는 곳으로 가서 자신의 짐을 찾는다. 모니터에서 편명과 컨베이어 번호를 확인할 수 있다.

❸ 세관 통과 Customs

출구로 나가면서 마지막으로 세관을 통과해야 한다. 세관 신고 또한 별도로 종이 신고서는 배포하지 않고 전자 신고로 한다. 미리 애플리케이션 어라이브캔 ArriveCAN을 통해 할 수 있으며 캐나다 도착 후 키오스크에서도 할 수 있다. 이때 세관 신고 물품이 있는 사람과 없는 사람의 줄이 다르니 확인 후 키오스크에서 받은 종이를 직원에게 주고 나가면 된다.

Travel tip!
귀국 시 주의할 점

외국에서 취득한 (출국 시 면세점 포함) 물품 가격이 $800 이상이면 세관에 신고하고 세금을 내야 한다. 종이신고서를 작성해도 되고 온라인으로도 가능하다. 허위 신고를 했다가 적발되면 벌금이 부과된다. 또한 금액과 관계없이 세관 신고대상 물품이거나 마약, 총포 등 반입 금지 품목을 소지한 경우 관세법 위반으로 형사 처벌까지 당할 수 있으니 주의해야 한다.

캐나다에서 이동하기

렌터카 여행

캐나다의 멋진 풍경을 제대로 즐기기 위한 가장 좋은 방법은 자동차 여행이다. 원하는 곳을 자유롭게 다닐 수 있으며 기동력이 좋아 시간을 절약할 수도 있다. 출발 전 캐나다 교통 시스템과 법규 등을 잘 숙지하고 준비를 잘하면 안전하고 편리한 렌터카 여행을 즐길 수 있다.

❶ 렌트하기

한국에서 렌터카 회사 사이트나 렌터카 비교 사이트를 통해 일찍 예약해 두는 것이 좋다. 일찍 예약할수록 할인율이 높은 편이며 차량 선택의 폭이 크다. 먼저 차를 빌릴 장소와 날짜를 정하고 차량 선택은 예산, 여행 스타일, 탑승 인원, 짐의 크기 등을 고려해 결정한다. 보험, 추가 운전자, 편도 비용, 옵션 등은 예약 시점 또는 현지에서 해도 조건이나 가격이 동일하다.

예약 후에는 현지 픽업 장소에 가서 예약 바우처, 여권, 국제운전면허증, 예약 시 사용한 신용카드를 제시하면 된다. 이때 보험이나 옵션을 추가할 수도 있다.

주요 렌터카 회사
- 허츠 Hertz www.hertz.co.kr
- 알라모 Alamo www.alamo.co.kr
- 버짓 Budget www.budget.co.kr
- 에이비스 Avis www.avis.ca

주요 렌터카 비교 사이트
- 렌탈카스 www.rentalcars.com
- 익스피디아 www.expedia.co.kr/cars
- 카약 www.kayak.co.kr/cars
- 스카이스캐너 www.skyscanner.co.kr

① 자동차 보험 Car Insurance

렌터카에서 가장 고민되고 골치 아픈 것이 보험이다. 여행자를 안심시키기도 하지만 불안함을 이용해 다양하고 복잡한 형태로 판매하고 있는 것도 사실이다. 보장의 범위와 한도액이 클수록 보험료는 올라간다. 하지만 어떤 보험이라도 모든 것이 다 보장되지는 않으니 약관을 반드시 읽어보고 필요한 부분을 선택하자. 보통 자차보험은 가입하는 것이 좋고 자기부담금 면제보험을 들지는 각자 예산과 판단의 몫이다. 그리고 캐나다 동부 지역은 자손보험이 안 되는 경우가 많으니 여행자보험을 가입해 가는 것이 좋다.

보험 종류*	보상 내용	주의사항
책임보험 LP : Liability Protection	대인·대물, 즉, 상대방과 상대 차에 대한 기본 보상	의무사항이라 렌터카요금에 포함되나 보장 수준이 낮음.
자차보험 LDW : Loss Damage Waiver, CDW : Collision Damage Waiver	자신의 차량에 대한 손실 보상	사고가 나면 운전자가 내야 하는 자기부담금(Excess)이 있음(따라서 경미한 접촉사고 시 커버가 안 된다고 볼 수 있음).
자기부담 면제보험 DW : Deductible Waiver 또는 ZDC : Zero Deductible Coverage, DDW	사고 시 운전자가 내야 하는 자기부담금(면책금)까지 면제됨	하루 C$5~15 정도 부과되는데 렌트 기간이 길면 자기부담금보다 비쌀 수도 있으니 잘 계산해야 함. 유리, 타이어, 고장 처리 수수료 등 예외조항이 있음.
추가 책임보험 LIS : Liability Insurance Supplement 또는 EP : Extended Protection	대인·대물 보상의 범위와 한도를 높이는 보험	기본 보험에 추가하는 것이니 보상 범위와 한도를 확인하고 예산을 고려해 결정.
풀커버 보험 Full Coverage 또는 Super Cover	보상 범위와 한도액이 크고 자기부담금이 면제됨	모든 것이 보장되는 것은 아니며 자기부담금만 면제해주는 회사도 있고 자손보험이나 추가책임보험이 포함된 것도 있음. 보상의 조건이 붙는 경우도 있으니 약관을 확인해야 함.
자손보험 PAI : Personal Accident Insurance	운전자와 동승자에 대한 보상	앨버타주와 퀘벡주에서는 안 되는 경우가 많음. 여행자 보험으로 어느 정도 대체 가능.
긴급지원 서비스 RA : Roadside Assistance 또는 RAP, ERA	비상 시 현지 지점에 연락해 도움을 받음	무료 포함인 경우라도 과실로 인한 상황에서는 수수료를 부과함. 가입하지 않더라도 긴급상황 시 유료서비스가 가능한 경우도 있음.

*보험 용어는 렌터카나 보험사마다 다르니 명칭보다 내용을 확인해야 한다.

Travel tip!
렌터카 회사 외 보험

렌터카 회사에서 직접 판매하지 않고 예약 사이트나 가격 비교 사이트, 보험 사이트 등에서 자사의 풀커버리지 보험을 팔기도 하는데, 보험료는 저렴하지만 사고 시 운전자가 현지에서 우선 사고 처리를 하고 한국에 돌아와 서류를 제출해 보상받는 방식이라 시간이 걸리고 다툼의 소지가 있다는 것도 알아두자.

② 추가 운전자 Additional Driver

주 운전자 외에 운전자가 더 있다면 현지 렌터카 회사를 방문했을 때 추가 등록하면 된다. 등록하지 않은 운전자가 운전을 하다 사고가 나면 보험 혜택을 받지 못한다. 비용은 하루 1인당 C$10~15이며 등록 시 면허증이 필요하다.

③ 편도 요금 One-way Fee/ Drop Charge

출발지와 도착지가 다른 경우에는 차량을 반납할 때 편도 요금을 내야 한다. 요금은 거리로 계산하며 꽤 비싼 편이지만 구간에 따라 무료인 경우도 있으니 예약 시 확인한다.

④ 무제한 주행거리 Unlimited Mileage

대부분 무제한 주행거리가 보장되지만 간혹 주행거리 제한이 있는 렌터카가 있다. 예를 들어 하루 100km 이상 주행 금지조항이 있다면 초과 거리당 비싼 수수료가 부과된다. 자신의 일정에 따라 주행거리가 긴 경우 조건을 확인해야 한다.

⑤ 연료 옵션 Fuel Option

가득 채워서 받고 가득 채워 반납하는 'Full to Full' 방식을 선택하는 것이 무난하다. 채우지 않고 반납하면 렌터카 회사의 단가로 계산하는데 시중보다 조금 비싼 편이다.

⑥ 카 시트 Car Seat

아이가 있을 경우 아이의 몸무게와 키에 따라 단계별로 엄격하게 규제하므로 반드시 확인해야 하며 만 12세까지는 앞 좌석에 탈 수 없다. 캐나다에서 사용할 수 있는 카 시트는 반드시 국가 인증마크(National Safety Mark)가 있는 유통기한 내의 상품이어야 하기 때문에 현지에서 렌트하는 것이 좋다.

	1단계 Rear Facing	2단계 Forward Facing	3단계 Booster Seats	4단계 Seat Belts
내용	차량의 뒤를 향하는 카 시트에 앉아야 한다	차량의 앞을 향하는 카 시트에 앉아야 한다	보조 의자에 앉아 안전벨트를 매야 한다	뒷좌석에 앉아 안전벨트를 매야 한다
조건	영유아 (0~12개월) (20kg까지 가능)	10kg 이상, 18kg 이하, (30kg까지 가능)	몸무게 18kg 이상, 36kg 이하, 키 145cm 이하	몸무게 36kg 이상, 키 145cm 이상, 만 12세까지

⑦ 스노 타이어 Snow Tire

현지 기후에 따라 스노 타이어 차량을 고려해야 한다. 로키 같은 경우는 겨울에 스노 타이어를 의무화하고 있다.

⑧ 내비게이션 GPS

스마트폰에서 구글맵을 이용하는 것이 편리하고 한국어도 지원되지만 데이터와 배터리를 많이 소모한다는 것도 알아두자. 내비게이션을 따로 추가할 경우라면 한국어가 지원되는지, 최신 버전인지 확인해야 한다.

❷ 운전하기

캐나다는 도로 상태나 운전 매너가 좋은 편이라 교통법규만 잘 지키면 안전하고 편안하게 자동차 여행을 즐길 수 있다. 하지만 우리와 다른 법규가 꽤 많고 위반 시 범칙금이 매우 높으니 반드시 숙지하고 출발하도록 하자.

Travel tip!

교통법규 위반 벌금 예시(밴쿠버)

STOP 사인 완전 정차 위반 C$167	주차 위반 C$35~75
안전벨트 미착용 C$167	스쿨버스를 위한 정차 위반 C$368
속도 위반 C$196~483	운전 시 휴대전화 사용 C$368

① 정지 STOP

우리와 달라서 각별히 주의해야 한다. STOP 사인이 보이면 무조건 완전히 정차한 후 주변을 살피고 주행해야 한다. 신호등이 없는 교차로에 많으며 차량의 위치와 상관없이 먼저 정차한 순서대로 진행한다. 퀘벡주에서는 불어/영어 또는 불어로만 표시돼 더욱 주의해야 한다.

② 속도 제한

주마다, 지역마다 제한 속도가 다르므로 반드시 표지판을 확인하고 엄수한다. 특히 학교가 있는 스쿨존에서는 30km 정도이며 어디서든 보행자가 우선임을 기억하자. 지방도로에서는 야생동물이 나오는 구간에 제한 속도가 낮으니 표지판을 잘 확인해야 한다.

③ 좌회전과 우회전

우리나라와 달리 좌회전은 대부분 비보호로 가능하며 신호등이 있는 경우만 따르면 된다. 우회전은 별도의 표지판이 없다면 완전 정차 후 보행자가 없으면 비보호로 가능하지만 표지판이나 우회전 신호등이 있는 경우는 이에 따른다. 다운타운에서는 시간제 허용도 있으니 안내판에 주의해야 한다.

④ 양보 Yield

주로 교차로의 우회전 차선에 있는 역삼각형의 표지판이다. 주도로에 직진 차량이 있거나 사람이 지나간다면 우선 양보한 후 안전을 확보한 뒤 진행하라는 뜻으로 우리보다 엄격하다.

⑤ 상향등 Headlight Upper Beam (High beam, Main beam)

어두운 시골 도로에서는 가끔 사용하게 되는데, 상대방 차량이 300m 내에 있다면 반드시 상향등을 꺼야 한다. 앨버타주 등에선 벌금을 부과하기도 하고 사고 시 책임이 커질 수 있다.

⑥ 스쿨버스

캐나다는 스쿨버스의 안전을 위해 매우 강력한 법규를 적용한다. 중앙분리대가 없는 도로에서 스쿨버스가 정차한 뒤 STOP 사인을 하면 반드시 양방향 모두 멈춰야 하며 추월해서도 안 된다.

⑦ 긴급 차량

구급차나 소방차, 경찰차 사이렌이 울리면 무조건 정차 또는 서행해 이들 차량의 진행을 막지 말아야 한다.

⑧ 교통경찰이 차를 세울 때

즉시 속도를 줄이고 갓길에 세운 뒤 엔진을 끄고 양 손을 핸들 위에 올리고 대기해야 한다. 절대 차 밖으로 나오지 말고 경찰의 지시에 따른다.

Travel Plus

토론토 유료 도로 407 ETR

토론토와 나이아가라 사이에 있는 '407 ETR (Express Toll Route)' 도로는 여행자들에게 악명이 높은 유료도로다. 톨부스(징수소)가 따로 없고, 카메라로 차량의 번호판을 인식해 요금을 징수하는 방식이라 렌터카 회사로 청구서가 간다. 렌터카 회사는 이를 대신 지급하고 서비스 수수료까지 부과해 신용카드에서 빼간다. 이 도로를 피하고 싶다면 내비게이션 검색에서 유료 도로 제외 설정을 할 수 있다.

❸ 주차하기

주차는 반드시 정해진 구역에서만 해야 한다. 대도시 다운타운은 주차가 어렵고 비싼 편이다. 길거리에 주차하는 경우 좀 더 저렴하지만 주차 가능 구역시각과 시간이 적힌 안내표지판을 잘 확인해야 한다. 대도시를 벗어나면 주차 공간도 넉넉하고 무료 주차도 많다.

셀프 주차

캐나다의 셀프 주차는 주차 요금을 나중에 정산하는 방식이 아니라 운전자가 주차 시간을 예측해 요금을 미리 내는 곳이 많다. 이 경우 시간이 초과되면 불법 주차로 간주되어 벌금을 내야 하므로 항상 시간을 여유 있게 잡는 것이 좋다. 카드 납부가 가능한 기계도 있지만 동전으로 내야 하는 곳도 있으니 동전을 미리 준비하는 것이 좋다.

❹ 주유하기

주유소를 '가스 스테이션 Gas Station'이라 하는데, 가스란 '가솔린 Gasoline'을 뜻한다. 주유는 직원이 해주는 것(Full Service)과 셀프 주유가 있는데 대부분은 셀프 주유다. 가솔린 가격은 한국과 비슷하거나 약간 저렴하며, 단위는 L를 사용하는데 100L 기준으로 표시한다. (예) 175.50이면 1L당 C$1.755

셀프 주유

먼저 휘발유 Gasoline와 경유 Diesel를 잘 구분하도록 하고, 휘발유도 레귤러, 플러스, 프리미엄 등 등급을 선택한다. 금액을 정하고 결제 후 급유를 시작하면 된다. 주유기에서 카드 결제가 안 되거나 현금 결제를 원한다면 주유소 내 편의점 카운터로 가서 자신의 주유기 번호와 원하는 금액을 말하고 결제하면 된다. 가득 채우고 싶다면 'Fill it up please'라고 하면 된다. 결제 후 주유기로 돌아와 주유하면 된다.

Travel tip!

유명한 주유소 브랜드

- 셀 Shell
- 에소 Esso
- 허스키 Husky
- 페트로 캐나다 Petro-Canada
- 쿱 Co-op

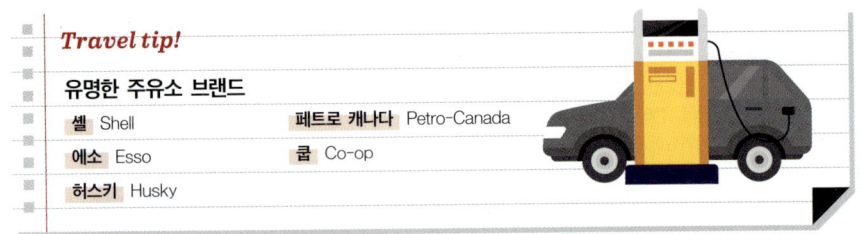

기차 여행

기차 여행은 시원한 차창을 통해 경치를 감상하며 이동할 수 있는 낭만적인 여행의 대명사다. 캐나다의 국영열차인 비아 VIA 레일은 섬 지역을 제외한 캐나다 전국의 8개 주를 연결해 총 길이 1만 2,500km에 달하며 대륙횡단도 가능하다. 티켓은 홈페이지에서 예매할 수 있으며 일찍 예약하면 할인 혜택이 있다. 요금은 구간, 좌석의 등급, 스케줄 등에 따라 차이가 많이 난다. 기차 여행을 본격적으로 할 계획이라면 캐나다 철도패스인 캔레일패스 Canrailpass를 구입하는 것도 고려해보자.

홈페이지 www.viarail.ca

인기 노선	구간	장점
코리더 라인 Québec City - Windsor Corridor	토론토 – 오타와 – 몬트리올 – 퀘벡	소요 시간이 짧은 편이고 스케줄이 다양하다. 요금도 비싸지 않다.
캐나디안 라인 Canadian	밴쿠버 – 재스퍼	서부와 로키를 연결한다.
	밴쿠버 – 토론토	대륙횡단의 의미가 있다(4,500km, 3박 4일).
오션 라인 Ocean	몬트리올 – 핼리팩스	교통이 다소 불편한 애틀랜틱 캐나다를 연결한다. 먼 거리지만 침대칸이 있어 시간을 절약할 수 있다.

Travel Plus

로키 마운티니어 Rocky Mountaineer

밴쿠버나 미국 시애틀에서 출발해 로키까지 가는 럭셔리 관광열차로 기차 안에서 캐나다 서부의 자연경관을 감상하며 편하게 이동할 수 있다. 최소 1박 또는 2박을 하며 로키를 향해 달리는데 캠룹스 Kamloops, 휘슬러 Whistler 등의 중간 도시에서 숙박을 한 후 재스퍼나 밴프로 간다. 상품 종류와 일정, 서비스에 따라 요금이 다르며 대체로 비싸다.

홈페이지 www.rockymountaineer.com

버스 여행

버스는 가장 저렴하게 이동할 수 있는 교통수단이다. 특히 동부 지역은 여러 회사의 버스가 운행돼 버스 여행하기가 좋다. 동부의 각 소도시는 물론 미국의 주요 도시와도 연결된다. 반면 서부 지역은 동부에 비해 버스 노선이 많지 않다.

메가 버스 Megabus
캐나다 동부의 토론토, 몬트리올, 나이아가라 폴스 사이의 도시를 오간다. 티켓은 홈페이지에서 예약할 수 있으며 일찍 예약하면 저렴하다.
홈페이지 ca.megabus.com

플릭스 버스 Flix Bus
밴쿠버, 캘거리, 밴프 등 서부 도시들과 온타리오 주 주요 도시들을 오가는 버스다. 캐나다의 많은 도시들로 점점 확장해가고 있다.
홈페이지 https://shop.global.flixbus.com/

오를레앙 익스프레스 Orléans Express
퀘벡주 내에서 이동하려면 타게 되는 버스다. 여행자들이 주로 방문하는 몬트리올과 퀘벡 시티는 물론 퀘벡 시티 북쪽으로 이어지는 여러 도시를 연결한다.
홈페이지 www.orleansexpress.com/en/

라이더 익스프레스 Rider Express
주로 소규모 노선만 운행하던 버스였는데 그레이하운드 캐나다가 철수한 후 캐나다 전역에 노선을 확대하고 있다.
홈페이지 www.riderexpress.ca

Travel tip!

페리 이용하기

육지와 섬을 연결하는 페리는 다양한 회사가 있는데 가장 많이 이용하는 페리는 밴쿠버와 빅토리아를 연결하는 BC페리다. 소형 자동차는 물론 버스까지 싣고 가며 버스와도 연계된다.

홈페이지 www.bcferries.com

캐나다 시내 교통 이용하기

캐나다 도시 안에서 돌아다닐 때 가장 많이 이용하는 대중교통은 버스와 지하철이며 상황에 따라 택시와 우버, 리프트를 타기도 한다. 대중교통은 플라스틱 교통카드와 1회용 종이 티켓을 사용하는데 밴쿠버, 토론토, 오타와 등 컨택리스 카드로 교통요금을 결제하는 도시가 늘고 있다. 그러나 아직 토큰을 쓰는 지역도 있으며 버스는 현금 승차가 가능한 곳도 많다. 탑승 방법은 우리나라와 비슷하지만 조금 다른 점도 있으니 미리 알고 가는 것이 좋다. 자세한 정보는 도시별 시내 교통편을 참조하자.

버스

- 카드나 티켓은 물론 현금 승차도 가능한데, 운전기사는 거스름돈 주지 않으니 정확한 금액을 준비해야 한다.
- 현금 승차 시 환승이 필요할 때는 탑승 시 환승 티켓을 달라고 해야 한다. 이 티켓은 버스끼리만 환승된다.
- 목적지가 가까이 오면 벨을 누르거나, 버스 내부에 이어 놓은 줄을 당기거나 테이프같이 생긴 것을 누르는데, 방법은 버스마다 다르다.
- 안내 방송이 없는 버스도 있으니 구글맵 등을 이용해 위치를 확인한다.
- 하차 시 문이 자동으로 열리는 버스도 있지만, 밀거나 버튼을 눌러야 열리는 문도 있으니 잘 살펴보자.

지하철

- 개찰구가 없는 무인 탑승 시스템인 경우 플랫폼 입구나 플랫폼 등에 자리한 기계에 반드시 탭해야 한다.
- 일부 도시에서는 카드, 티켓과 함께 토큰도 사용한다.
- 무임승차를 했다가 적발되면 상당한 벌금을 내야 한다.

우버/리프트/택시

카카오택시처럼 앱에서 택시를 부르고 결제도 하는 우버나 리프트가 편리하고 요금도 일반 택시보다 저렴하다. 공항 출발을 제외하면 앱으로 택시를 부르는 것이 일반 택시보다 편리하다.

우버

리프트

택시 앱 사용 방법
❶ 스마트폰에 앱을 다운받아 가입한다.
❷ 계정을 만들 때 결제할 신용카드 정보를 입력한다.
❸ 차량이 필요할 때 앱을 열어 목적지를 입력한다. 출발지는 자동으로 현재 위치가 입력되며 바꿀 수도 있다.
❹ 출발지와 목적지가 정해지면 지도에 주변 차량이 검색된다. 차량과 서비스에 따라 요금이 다르다.
❺ 예상 요금을 확인하고 선택하면 픽업 위치가 표시되고 운전기사 정보가 나온다.
❻ 픽업 장소에 차량이 도착하면 번호판, 색상, 모델명 등으로 식별한다.
❼ 목적지에 도착하면 팁은 직접 입력하고 요금은 등록한 카드에서 자동 결제된다.

> ***Travel tip!***
>
> **택시 앱 이용 시 유의사항**
> ❶ 통화를 해야 하는 경우 휴대폰이 로밍 상태라면 국제전화를 해야 해서 드라이버가 거부할 수도 있다.
> ❷ 심카드나 이심을 사용한다면 현지 전화번호를 입력한다.
> ❸ 택시를 불렀다가 취소하면 벌금이 부과된다.

투어 버스

투어버스는 대중교통이 불편한 도시에서 하나의 대안이 될 수 있다. 대부분의 대도시에 있는 홉 온 홉 오프 Hop on Hop off 버스는 주요 관광지에 정류장이 있는데, 원하는 정류장에서 내렸다가 다시 탈 수 있어 편리하지만 배차 간격이 큰 편이라 스케줄과 노선을 미리 확인해야 한다. 요금은 꽤 비싼 편이다.

위급상황 대처하기

여행 중에는 생각지 못한 일들이 일어날 수 있으며, 낯선 곳에서 위급한 상황이 생기면 누구나 당황하기 마련이다. 분실이나 도난, 사고에 대비해 다음 사항들을 알아두고 침착히 대처하도록 하자.

여권 분실

먼저 가까운 경찰서에 가서 경찰 증명서 Police Report를 작성하고 (분실 또는 도난 경위, 시각 등을 기입) 경찰서의 확인 도장을 받은 뒤 영사관에 가서 여권이나 여행증명서를 발급받아야 한다. 영사관 업무시간이 아닌 경우 시간이 오래 걸린다. 출발 전에 여권 안쪽 사진과 개인정보가 있는 부분을 복사해서 종이나 디지털 형태로 보관해두면 좋고, 여권 번호, 발급일, 만기일 등도 따로 메모해 두면 좋다. 여권 사진은 영사관에서 찍을 수 있고 수수료(여권 C$62~65, 여행증명서 C$29.90)가 부과된다.

재외공관	주소	대표 번호	긴급 번호
주캐나다 대한민국 대사관(오타와)	150 Boteler St, Ottawa, Ontario K1N 5A6	613-244-5010	613-986-0482
주밴쿠버 대한민국 총영사관	1090 Georgia St, West 1600, Vancouver, BC V6E 3V7	604-681-9581	604-313-0911
주토론토 대한민국 총영사관	555 Avenue Rd, Toronto, Ontario M4V 2J7	416-920-3809	416-994-4490
주몬트리올 대한민국 총영사관	1250 René-Lévesque Blvd West, Suite 3600, Montreal H3B 4W8	514-845-2555	514-261-4677

카드 분실

현금카드의 경우에는 비밀번호를 입력해야 하기 때문에 도용이 어렵지만 신용카드를 잃어버렸을 경우에는 다른 사람이 도용하지 못하도록 한국의 카드사에 전화해 분실/도난신고를 해두자.

귀중품 분실

공공장소에서 소지품을 분실한 경우 먼저 근처에 분실물 센터가 있는지 확인해 본다. 그리고 도난의 경우 여행자 보험에 가입했다면 가까운 경찰서로 가서 경찰 증명서 Police Report를 작성한다. 범인의 인상착의, 발생 장소, 시간, 도난 경위, 도난 물품명세 등을 기입하고 경찰서의 확인 도장을 받으면 귀국 후 보험 회사에 연락해 일부 보상받을 수 있다.

응급상황 발생

응급상황이 발생하면 911로 전화를 걸어 도움을 요청한다. 공중전화에서도 긴급서비스를 이용할 수 있다. 병원에 갔을 때에는 먼저 결제하고 진단서와 진료비 계산서를 챙겨 두었다가 귀국 후 보험 회사에서 보상받을 수 있고, 만약 자신이 지불하기 어려운 고액이거나 입원 치료를 요하는 중한 상황일 때는 가입한 보험사에 연락해 현지에서 보상받는 방법도 있다.

현금 분실

카드까지 모두 잃어버린 경우에는 한국에 전화해서 송금 받아야 한다. 한국에 지점이 있는 은행에 찾아가 여권을 제시하고 계좌를 개설하면 영업일 1~2일 후 송금 받을 수 있다. 여권이 없다면 타인의 이름으로 송금 받거나 외교통상부의 영사콜센터를 통해 송금 받을 수 있다.

Travel tip!

외교부 영사콜센터

외국에서 긴급상황 발생 시 24시간 운영되는 무료 전화로 해외 송금 지원 등 도움을 요청할 수 있다. 송금은 국내의 지인에게 부탁해야 하며 영사콜센터와 재외 공관은 협력 은행(우리은행, 농협, 수협)과의 중간 과정을 도와주는 역할을 한다. 송금 한도는 미화 기준 $3,000달러까지다.

콜센터 전화 +82-2-3210-0404
홈페이지 www.0404.go.kr

여행에 유용한 **애플리케이션**

구글 지도 Google Maps
길 찾는 물론 대중교통 정보, 식당, 숙소 정보를 알 수 있어 낯선 여행지에서 매우 유용하다. 오프라인 지도를 미리 다운로드 받아 두면 더욱 편리하다.

구글 번역 Google Translate
영어를 포함해 100개가 넘는 언어를 번역할 수 있으며 오프라인 상태에서도 50개 이상을 번역한다. 카메라로 찍어 바로 번역하는 기능도 있다.

파크스 캐나다 Parks Canada
캐나다 전역의 국립 공원 및 유적지, 자연 보호 구역, 트레킹, 하이킹, 투어 등의 정보를 알려 주고 GPS로 셀프 가이드 투어가 가능하게 안내를 해준다.

비아 레일 Via Rail Canada
캐나다에서 기차를 이용할 때 스케줄 조회, 기차표 예약, 실시간 열차정보 확인 등의 기능을 편리하게 이용할 수 있다.

부킹닷컴 Booking.com
대표적인 숙박 예약 사이트로 호텔스닷컴과 함께 가장 많이 이용된다. 숙소 예약, 확인과 알람 등 여러 기능이 있으며, 바우처가 따로 필요 없다.

우버 Uber
휴대폰으로 쉽게 이용할 수 있는 차량 공유 서비스 애플리케이션이다. 캐나다 주요 도시에서 이용할 수 있고 택시보다 저렴해 많이 이용한다.

오를레앙 익스프레스 Orléans Express
퀘벡주 내에서 이동할 때 타게 되는 버스 오를레앙 익스프레스를 예약할 수 있는 애플리케이션이다.

해외안전여행 MOFA
외교부에서 제공하는 앱으로 실시간 안전정보 알림, 위급 시 위치정보 발송 등이 가능하고 재외 공관 연락처, 위기상황별 대처 매뉴얼 등이 있다.

INDEX

숫자·알파벳

410 리치먼드 빌딩	336
BC 플레이스 스타디움	92
BMO 몬트리올 은행	447
CF 토론토 이튼 센터	334
CN 타워	321
HTO 공원	326
UBC 식물원	101
UBC 인류학 박물관	102
UBC 장미 정원	101

ㄱ

개스타운	87
게 낚시(너나이모)	
고고학 역사 박물관	449
고트섬	373
구 몬트리올(구시가지)	443
구 세관 건물	449
구 시청	335
구 항구	450
구시가지(너나이모)	195
국회의사당	412
그라우스 마운틴	112
그랜드 퍼레이드	508
그랜빌 스트리트	89
그랜빌 아일랜드	94
그린 게이블스 박물관	511
그린 게이블스 하우스	511
그린 게이블스 헤리티지 플레이스	510
그린 호수	146
글렌보 박물관	212
꽃시계	375

ㄴ

나이아가라 디스트릭트 코트 하우스	389
나이아가라 시티 크루즈	367
나이아가라 약국 박물관	389
나이아가라 온 더 레이크	386
나이아가라 폭포 전망 타워	373
나이아가라 폭포 주립공원	372
나이아가라 폴스	354
나이아가라 헬리콥터	369
내추럴 브리지	277
너나이모	190
너나이모 박물관	195
넘버 99 웨인 그레츠키	380
네이선 필립스 스퀘어	335
네트 로프트	96
노트르담 대성당(오타와)	419
노트르담 대성당(몬트리올)	448
노트르담 대성당(퀘벡 시티)	489
노트르담 봉스쿠르 교회	443
뉴 브런즈윅 주의사당	505
뉴욕 생명보험사	447
니타 호수	146
니토베 기념 정원	101
니피안 포인트	419

ㄷ

다름 광장(몬트리올)	447
다름 광장(퀘벡 시티)	489
다운타운(몬트리올)	452
다운타운(밴쿠버)	84
다운타운(빅토리아)	164
다운타운(오타와)	412
다크섬	405
대륙 분수령	272
더 드롭	85
더 리빙 워터 웨이사이드 채플	390
더 보	212
더 비하이브	264
더 서밋 로지 뷰잉 데크	135
더 스피릿 뷰잉 플랫폼	135
더 치프 오버룩 뷰잉 플랫폼	135
더 컨플루언스 히스토릭 사이트	215
더 티하우스	106
덩컨	182
데보니언 가든스	213
도체스터 광장	455
등대 공원	115
디스틸러리 히스토릭 디스트릭트	333
딥 코브	113

ㄹ

라듐 온천	273
라운드하우스 커뮤니티 아트 앤 레크리에이션 센터	93

항목	페이지
라이언스 게이트 브리지	106
라이언스 베이 비치 파크	133
라이트하우스 루트	512
람제이 성	444
레이크 루이즈 레이크쇼어 트레일	264
레이크 루이즈 사이트시잉 곤돌라	268
레이크 루이즈 스키 리조트	252
레이크 루이즈	260
레이크 루이즈(호수)	263
레인보 다리	370
로스트 라군	104
로스트 호수	146
로어 조프리 호수	155
로열 BC 박물관	167
로열 온타리오 박물관	340
로열 조지 극장	389
로저스 센터	323
로클랜드	170
로키	224
론즈데일 키 마켓	109
롭슨 스퀘어	91
롭슨 스트리트	89
롭슨산 주립공원	304
루넨버그	513
루아얄 광장	492
리도 운하와 수문	416
리도 폭포	423
리도 홀	423
리버사이드 공원	197
리프 와이너리	380
리플리 아쿠아리움	323
린 캐니언 공원	114

ㅁ

항목	페이지
마르텔로 타워	397
마리 렌뒤몽드 대성당	455
마릴라의 방	511
마블 캐니언	272
마운트 노퀘 스키 리조트	252
마일 제로 기념비	172
마켓 스퀘어	169
마페오 서튼 원	194
마혼 베이	513
매튜의 방	511
맥길 대학	456
맥밀란 스페이스 센터	98

항목	페이지
머니 타워 박물관	397
멀린 캐니언	299
멀린 호수	300
멍턴	506
메디신 호수	299
메이플 로드	472
모레인 호수	269
몬트리올 R SO	469
몬트리올 대평화 공원	449
몬트리올 미술관	452
몬트리올 세계무역센터	458
몬트리올 현대 미술관	457
몬트리올	432
몽 루아얄 공원	460
몽트랑블랑	476
미네완카 호수	249
미니어처 월드	168
미들 조프리 호수	155
미스트라이더 집라인	368
미에테 온천	301

ㅂ

항목	페이지
바람의 동굴	373
바이오스피어 환경 박물관	459
바이워드 마켓	418
바이타운 박물관	417
바타 슈 박물관	343
배니어 공원	98
배스천 스퀘어	169
배스천	193
밴듀센 식물원	108
밴쿠버 공립 도서관	91
밴쿠버 룩아웃	86
밴쿠버 미술관	90
밴쿠버 박물관	97
밴쿠버 컨벤션 센터 서관	85
밴쿠버 해양 박물관	98
밴쿠버	70
밴프 곤돌라 서밋	251
밴프 곤돌라	250
밴프 국립공원	236
밴프 서프라이즈 코너	247
밴프 애비뉴	243
밴프 어퍼 온천	249
밴프 파크 박물관	245
버그 호수	307

버밀리온 호수	246
버펄로 네이션스 박물관	244
벨뷰 하우스	398
벽화(슈메이너스)	188
보 고개	283
보 밸리 파크웨이	253
보 폭포	248
보 호수	282
볼드윈 스텝스	345
봉스쿠르 공원	451
봉스쿠르 마켓	443
부차트 가든	174
브라이덜 베일 폭포	372
브레이크워터 파크	398
브록턴 포인트	104
브리타니아 광산 박물관	133
브리티시 컬럼비아 주립대학	100
블랙콤산	141
블뢰델 온실	108
비콘힐 공원	172
빅토리아 거리	197
빅토리아	156
빌리지 노스	143
빌리지 센터	142

ㅅ

사우전드 아일랜드	401
사이언스 월드	92
사이워시 록	105
산코파 스퀘어	334
샌손스 피크	251
생 드니 거리	446
생 로랑 거리	446
생 베르나르 광장	477
생 쉴피스 신학교	447
생 자크 거리	446
생 장 성문	493
생 폴 거리	445
샬럿타운	509
섀넌 폭포	133
선샤인 메도스	255
선샤인 빌리지 스키 리조트	252
선왈타 고개	287
선왈타 폭포	287
선큰 가든	175
설상차 빙하 투어	285

설퍼산 보드워크	251
성 삼위일체 교회	334
성 요셉 성당	461
세인트 로렌스 마켓	332
세인트 제임스 성당	332
세인트 존	506
슈메이너스	185
스카이 파일럿 서스펜션 브리지	135
스카이라인 트레일	301
스카이론 타워	366
스코샤뱅크 아레나	327
스쿼미시	132
스탠리 파크	103
스탬피드 축제	215
스탬피드 파크	215
스티븐 애비뉴 워크	213
스파디나 박물관	345
스파이럴 터널	277
스파크스 거리	415
스피리트 아일랜드	300
승리의 노트르담 교회	492
시 투 스카이 곤돌라	134
시 투 스카이 하이웨이	132
시계탑(몬트리올)	451
시모어산 주립공원	114
시청(덩컨)	183
시청(몬트리올)	444
시타델(퀘벡 시티)	494
시타델(핼리팩스)	508

ㅇ

아메리칸 폭포	372
아브라함 평원	494
아이스필드 파크웨이	278
안개 아가씨 호	373
알드레드 빌딩	447
알타 호수	146
알파 호수	146
애서배스카 폭포	287
애틀랜틱 캐나다	502
애틀랜틱 해양 박물관	508
앤의 방	511
어퍼 빌리지	143
어퍼 조프리 호수	155
에메랄드 호수	276
에밀리 카 하우스	171

예일타운	93
옐로나이프 방문자 센터	222
옐로나이프	220
오그덴 포인트 방파제	171
오로라 빌리지	223
오스굿 홀	336
오카나간 밸리	198
오카나간 와인 축제	199
오타와	406
오하라 호수	277
온타리오 미술관	338
온타리오 주의사당	342
올드 타운 클락	508
올드 타운(슈메이너스)	187
요호 국립공원	274
워터프런트(밴쿠버)	84
워터프런트(핼리팩스)	508
워터휠 공원	186
월풀 에어로 카	375
웨스트 4번가	99
윌로 스트리트	187
유니언역(토론토)	327
이너 하버	164
이니스킬린 와인스	378
이디스 카벨산	298
이탈리아 가든	176
이탈리아 광장	176
일만 불 사리탑	374
일본 가든	176
잉글리시 베이 비치	106

ㅈ	
자비콘섬	405
자크 카르티에 광장	445
잠수복을 입은 소녀	105
장 탈롱 마켓	459
장미 가든	175
재스퍼 국립공원	288
재스퍼 박물관	294
재스퍼 스카이트램	296
잭 풀 광장	85
저니 비하인드 더 폴스	368
제리코 해변	102
제임스베이	170
조프리 호수	154
존스턴 캐니언	254

주의사당(빅토리아)	165
주의사당(퀘벡 시티)	493
중산(순얏센) 정원	88
증기 시계	87
지중해 가든	176

ㅊ	
차이나타운(밴쿠버)	88
차이나타운(몬트리올)	458
차이나타운(토론토)	337
천 개의 폭포 계곡	306
체스터	513

ㅋ	
카사 로마	344
캐나다 광장	455
캐나다 교도소 박물관	399
캐나다 국립 미술관	421
캐나다 역사 박물관	424
캐나다 왕립조폐국	422
캐나다 자연사 박물관	417
캐나다 플레이스	84
캐번디시	510
캐스케이드 오브 타임 정원	244
캐피털 전망대	495
캐필라노 현수교 공원	110
캐필라노 현수교	111
캘거리 타워	211
캘거리	202
캠롭스 박물관	197
캠롭스	196
컨페더레이션 공원	396
컨페더레이션 광장	415
컨페더레이션 다리	509
컬럼비아 대빙원	284
컬럼비아 아이스필드 스카이워크	286
케이브 앤 베이슨	246
켄싱턴 마켓	337
코너트 드라이브	294
코위찬 밸리 박물관	183
콜 하버	86
콜스 크리크	94
쿠트니 국립공원	270
퀘벡 시티	478
퀸 스트리트	388
퀸 엘리자베스 공원	108

Index

퀸스 공원	342
퀸스 키 터미널	325
크라이스트 처치 대성당(빅토리아)	168
크라이스트 처치 성당(몬트리올)	456
크레센 거리	446
크레이그다로크 성	173
크로풋 빙하	281
클리프워크	111
클리프턴 힐	370
키니 호수	306
키즈 마켓	96
키칠라노 해변	99
키킹 호스 고개	276
킬로나	199
킹스턴 교도소	399
킹스턴	392

ㅌ

탑 오브 더 월드	144
터널 마운틴	255
테라스 뒤프랭	487
토론토 310	
토론토 대학	342
토론토 시청	335
토론토섬	326
토템폴(밴쿠버)	104
토템폴(덩컨)	184
트랑블랑 호수	477
트레조르 거리	489
트리탑스 어드벤처	111

ㅍ

파노라마 익스프레스 곤돌라	477
파이낸셜 지구	327
패어몬트 재스퍼 파크 로지	297
패트리샤 거리	294
패트리샤 호수	295
퍼블릭 마켓 코트야드	96
퍼블릭 마켓	96
페기스 코브	512
페어몬트 밴프 스프링스	247
페어몬트 샤토 레이크 루이즈	265
페어몬트 샤토 로리에	415
페어몬트 샤토 프롱트낙	486
페어몬트 엠프레스 호텔	167
페이토 호수	283
페인트 포츠	273
펠러 와이너리	379
평화의 다리	214
포트 오브 몬트리올 타워	451
포트 조지 국립 역사 유적지	390
포트 헨리	396
프레더릭턴	505
프로스펙트 포인트	105
프린스 오브 웨일스 노던 헤리티지 센터	222
프린스 오브 웨일스 호텔	389
프린시즈 아일랜드 공원	214
프티 샹플랭 거리	490
플라스 데자르	457
피라미드 호수	295
피셔맨스 워프	170
피크 투 피크	144

ㅎ

하버프런트 센터	325
하버프런트 워크웨이	193
하버프런트	325
하키 명예의 전당	330
하트랜드 브리지	505
하트섬	405
할로우 트리	105
해비타트 '67	451
핼리팩스	507
홀슈 베이	115
홀슈 폭포	363
화이트 박물관	245
화이트 워터 워크	374
후두스	248
휘슬러 빌리지	142
휘슬러 크리크사이드	143
휘슬러	136
휘슬러산	141
휘슬러스 피크	297

프렌즈 시리즈 35

프렌즈 캐나다

발행일 | 초판 1쇄 2019년 10월 7일
　　　 개정 4판 1쇄 2025년 10월 6일

지은이 | 이주은, 한세라

발행인 | 박장희
대표이사·제작총괄 | 신용호
본부장 | 이정아
편집장 | 문주미
책임편집 | 장여진
기획위원 | 박정호
마케팅 | 김주희, 이현지, 한륜아
디자인 | 김성은, 변바희, 김미연
지도 디자인 | 양재연, 김미연

발행처 | 중앙일보에스(주)
주소 | (03909) 서울시 마포구 상암산로 48-6
등록 | 2008년 1월 25일 제2014-000178호
문의 | jbooks@joongang.co.kr
홈페이지 | jbooks.joins.com
인스타그램 | @friends_travelmate

© 이주은·한세라, 2025

ISBN 978-89-278-8114-8 14980
ISBN 978-89-278-8063-9(세트)

- 이 책은 저작권법에 따라 보호받는 저작물이므로 무단 전재와 무단 복제를 금하며 책 내용의 전부 또는
  일부를 이용하려면 반드시 저작권자와 중앙일보에스(주)의 서면 동의를 받아야 합니다.
- 책값은 뒤표지에 있습니다.
- 잘못된 책은 구입처에서 바꿔 드립니다.

중앙books는 중앙일보에스(주)의 단행본 출판 브랜드입니다.